여성의 완벽주의와 치료:
완벽중독과 여성성의 회복

여성의 완벽주의와 치료: 완벽중독과 여성성의 회복

2021년 7월 25일 초판 1쇄

지은이 마리온 우드만
옮긴이 김성민
펴낸이 김유빈
편집 및 디자인 김유빈
펴낸곳 월정분석심리연구원/도서출판 달을 긷는 우물

등록 2021년 02월 16일 제 566-10-01643호
주소 서울시 서초구 강남대로 365 대우도씨에빛 1차 1005호
전화 070-8100-3319
e-mail souyou67@gmail.com
홈페이지 https://blog.naver.com/souyou67
ISBN 979-11-91335-00-2 93180

값 24,000원

Addiction to Perfection: The Still Unravished Bride by Marion Woodman.
Copyright ⓒ 1982 by Marion Woodman. All rights reserved. Published by Inner City Books.
Korean translation copyright ⓒ 2021 by Éditions Le Puits de la Lune

이 책의 한국어판 저작권은 Inner City Books와 독점 계약한 도서출판 달을 긷는 우물에 있습니다.
저작권법에 의하여 한국 내에서 보호를 받는 저작물이므로 무단 전재 및 복제를 금합니다.

여성의 완벽주의와 치료:
완벽중독과 여성성의 회복

마리온 우드만 지음
김성민 옮김

달을 긷는 우물

역자 서문

　무슨 일을 해도 그것을 완벽하게 하려는 사람들이 있다. 그런 사람들은 무슨 일을 하든지 아주 꼼꼼하게 하고, "돌다리도 두드려보고 건넌다"는 식으로 철두철미하게 해서 다른 사람들에게 신뢰를 준다. 좋은 일이다. 그러나 그것이 지나친 사람들도 있다. 일을 너무 완벽하게 하려고 해서, 돌다리가 무너질 정도로 너무 두드리다가 일을 제대로 끝내지 못하는 경우가 생기는 것이다. 그런 사람들은 일을 시작할 때부터 너무 긴장해서 일의 진척도 더디지만, 그 일을 끝내고 그 다음 일로 곧 넘어가지 못하고 또 만지고, 또 만지고 해서 더 큰 문제다. 자기가 한 일이 미덥지 못해서 전전긍긍하는 것이다. 자연히 그런 사람들은 그 다음에 해야 할 일의 시작이 늦어져서, 막상 그 다음에 해야 할 일이 시작되면 시간이 부족해서 허둥지둥하게 되고, 그 일을 마무리할 때도 똑같은 현상이 생긴다. 그런 현상은 중요한 일을 할 때, 더욱더 그런데 그 일이 너무 중요해서 잘해야 하기 때문이다. 이런 "완벽주의"는 그 사람들의 강박성에서 비롯된 일종의 질병인데, 마리온 우드만은 이 책에서 그녀 자신에게도 그런 성향이 있음을 넌지시 암시하면서 "여성의 완벽주의"와 치료에 대해서 살펴본다. "완벽주의"가 알코올 중독, 약물 중독, 일중독처럼 치료되어야 할 잘못된 삶의 태도라는 것이다.

　그러면 사람들은 왜 "완벽주의"라는 덫에 걸리는 것일까? 우드만은 완벽주의를 신화적으로 말하면, 마음속에 메두사가 있기 때문이라고 주장한다. 메두사는 그 이름에 "지배하는 자"—발달하지 않은 남성 원리에 속해 있다—라는 의미를 가진 여신으로 머리카락이 뱀으로 되어 있고, 사람들이 그녀의 얼굴을 보면 돌로 굳어져서 페르세우스는 메두사와 싸울 때, 아테나에게 방패를 빌릴 수밖에 없었다. 그래서 메두사에 사로잡힌 여성은 현재를 살지 못하고 언제나 미래를 위해서 "무엇을 해야 한다"고

하며, 과거에 "그렇지 않았더라면 … " 하면서 후회하면서 산다. 그녀에게는 현재의 삶이 없고, 현재 다른 사람들과 관계를 맺으면서 기쁘게 살지 못하는 것이다. 그래서 그녀에게는 모든 것이 돌로 굳어져 있고, 삶에 활기가 없다. 모든 것이 당위 속에 있는 것이다. 그러므로 그녀는 현재 속에 영원(eternal now)이 있다는 사실을 깨닫고, 현재의 삶을 즐길 줄 알아야 한다.

그러면 그런 여성들은 어떻게 해서 메두사를 맨 눈으로 보면서 돌로 되었을까? 우드만은 그 이유를 분석심리학적으로 말하자면 그녀의 부성 콤플렉스 때문이라고 진단하고, 은유적으로 『분석심리학과 여성의 심리』(에스더 하딩, 달을 긷는 우물, 2018)에 나오는 "유령 같은 연인" 때문이라고 주장한다. 그런 여성들의 무의식에는 그녀들을 사로잡는 강한 원형적인 아버지가 있어서 언제나 그녀가 얻지 못할 너무 높은 이상적인 것을 설정하고, 그것을 얻으려고 완벽성을 추구한다는 것이다. 그러나 그 아버지는 이미 죽은 아버지이고, 이미 죽였어야 하는 아버지이다. 그래서 "유령 같은 연인"이다. 그런데 현대 사회에는 유령 같은 연인-아버지와의 근친상간 관계 속에서 사는 여성들이 너무 많은 병든 사회라서 완벽중독에 걸린 여성들은 점점 더 많아진다. 현대 사회는 여성들에게 업적, 성취, 능력, 미모, 몸매 등을 요구하여 그것들이 모두 유령 같은 연인이 되어 그녀들을 쫓아다니는 것이다. 그래서 여성들이 자기 생각을 가지지 않으면, 그런 집단의식에 사로잡혀서 그녀 자신이 메두사가 된다.

그러나 완벽은 신의 영역에 속한 것이지 사람들에게 가능한 것이 아니다. 그에 따라서 어떤 사람이 완벽을 구하려는 순간 그는 메두사의 눈을 보고, 돌처럼 굳어질 수밖에 없다. 그것이 앞에서 말한 완벽주의자들의 행태이다. 사람들이 완벽주의라는 강박에 붙들렸을 때, 그 사람은 돌처럼 굳은 몸으로 무엇인가를 해야 해서 전전긍긍하는 것이다. 거기에 대한 치유책은 여성들이 원형적인 부성 콤플렉스에서 벗어나서 여성 원리를 되찾는 것밖에 없다. 여성 원리는 무엇인가를 담는 그릇이라는 이미지로 제일 잘 표상되기 때문에 여성은 삐죽하게 앞으로 나아가려고 하기보다 많은 것을 그 안에 담아야 하는 것이다. 그리고 의미나 성취를 향해서 앞으로 나아가려는 남성 원리를 담고, 길러야 한다. 남성이나 여성 모두 부정적인 남성 원리에서 벗어나 여성 원리를 발달시켜서 의미나 성취를 강박적으로 추구하지 말고, 그것들을 품고, 기르면서 열매를 맺어야 하는 것이다. 그러나 우드만은 이 책에서 "여성의 완벽주의"를 다루기 때문에 초점을 여성에게 맞추어서 살펴볼 뿐이다.

사실 융은 온전성(wholeness)과 완전성(perfection)을 구분하였다. 온전성은 음과 양, 선과 악, 흑과 백, 남성과 여성을 모두 통합한 것이지만, 완전한 것은 그 두 가지 대극 가운데 어느 하나만 발달, 완성시킨 것이다. 따라서 완전한 것은 시간이 지나면 대극의 역전(enantiodromia) 현상 때문에 다시 처음의 혼돈 상태로 돌아가서 그 안에 변화의 역동을 담고 있다. 하지만 온전한 것은 그 두 가지가 안정되어 있으며, 그 다음의 발전을 위해서는 초월적 기능을 통해서 또 다른 조정을 통해서 나아가기 때문에 그런 혼란을 거치지 않아도 된다. 커다란 혼란 없이 계속적으로 새로운 창조가 이루어질 수 있는 것이다. 그러므로 완벽주의자들은 처음부터 신의 영역에 있는 것을 "유령 같은 연인"에 사로잡혀서 고통당하는 것이다.

그에 대한 해결책으로 우드만은 여성들이 "동정녀"가 되어야 한다고 강조한다. 하지만 그녀가 여기에서 말하는 동정녀(童貞女)는 성적 순결이라는 의미에서의 생물학적인 동정녀가 아니다. 동정녀는 그녀를 매혹하는 남성을 사로잡거나 소유하려고 하지 않고, 그녀를 위해서 남성을 선택하고, 그 대가로 헌신을 요구하지 않으며, "그녀의 본능적 에너지를 그녀의 남편, 가정, 가족의 안전을 위해서 사용하려고 하지도 않는다. 그녀는 사랑의 여신이지만, 여전히 동정녀인 것이다." 말하자면, 동정녀는 그녀의 정신에너지를 온전히 그녀의 여성 원리를 발달시키는데 투자하면서 온전한 그릇이 되려는, 그녀 자신을 찾는 여성을 말한다. 결혼을 했고, 자녀들이 있지만 그런 관계성 속에서도 그녀 자신을 잃지 않고, 그녀의 자기(自己)를 찾는 여성인 것이다. 그러나 동정녀를 통해서 그리스도가 탄생한다. 여성들이 온전히 자기가 될 때, 그녀들은 다른 사람들을 위한 구속자(redempteur)가 될 수 있는 것이다. 그러나 얼마나 많은 여성들은 가정에서 그럴 만한 능력도 없으면서도 모든 가족들에게 "완벽하게" 봉사하려고 하면서, 상처를 받는가? 그 대신 그녀들은 그녀들이 할 수 있는 만큼만 하고, 그녀 자신이 돼서 그녀의 모습 그대로 사는 것이 모두를 위해서 훨씬 더 건강한 길일 것이다.

 우드만은 그에 대한 또 다른 신화적 표상으로 데메테르와 코레(페르세포네)의 이미지를 제시한다. 코레는 그녀의 (작은) 아버지 하데스에게 겁탈 당해서 지하 세계에서 음울하게 지냈지만, 어머니 데메테르의 도움으로 지하 세계에서 나오다가 하데스가 준 석류를 먹어서, 지상에서 2/3의 시간을 지낸 다음 다시 1/3이라는 시간을 지하 세계에 와서 지하 세계의 여왕이 되는데, 그것이 동정녀의 모습일 수 있다는 것이다. 여성들은 사회에 나오면서 어쩔 수 없이 하데스(유령 같은 연인)로 상징되는 남성 원리(부성 콤플렉스)에 겁탈 당해서 처음에는 아니무스 우먼으로 살면서 고통당할 수 있지만―그것이 완벽주의에 빠져서 맥베드 부인처럼 되는 것이다―여성 원리(데메테르)를 회복해서 석류(남성 원리)를 자신의 의지에 의해서 먹으면(통합하면) 사람들에게 영감(inspiration)을 주고, 더 푸근한 큰 그릇이 될 수 있다는 것이다. 우드만은 그런 설명을 하면서 이 책에서 남성과 여성 모두에게 있을 수 있는 완벽주의를 특히 여성에 초점을 맞춰서 살펴보았는데―그러면서 완벽주의를 비만증, 폭식증, 거식증과 관련시켰다―현대 사회에서 특히 여성들에게 매우 유용한 책이라는 생각이 든다. 왜냐하면 외모를 중시하는 현대 사회에서 여성들에게 섭식장애가 점점 더 커다란 문제로 다가오기 때문이다. 그러나 우드만이 말하는 여성성과 남성성이라는 용어를 여성 원리, 남성 원리로 상징으로 읽으면, 똑같이 너무 외향적으로 치닫는 현대 사회에서 남성들에게도 그에 못지않게 새로운 통찰을 가져다 줄 수 있는 책이라고 생각된다.

2021. 06. 30.
月汀.

차례

역자 서문 4
서언 10

1. 서문 16
2. 거룩한 의식과 악마적 의식 38
3. 완벽중독 70
4. 풍뚱함과 날씬함 88
5. 여신으로의 상승 117
      성스러운 그릇으로서의 몸 126
      폭식에 대한 사례 연구 141
      은색 거울로서의 일기 150
6. 미즈의 신화 174
7. 겁탈과 유령 같은 연인 198
8. 황홀경을 체험한 신부 236

주석 285
용어 해설 290
참고문헌 293
찾아보기 297

... 순결한 꽃처럼 보이지만, / 그 아래 뱀이 있네.

- 셰익스피어, 맥베드.

해골을 가진 여인(맥베드 부인), 1906.- 구스타프 아돌프 모사.

서언

너는 여전히 더럽혀지지 않은 정적(靜寂)의 신부,
너는 침묵과 기나긴 세월 속에서 자란 양자(養子)
너는 숲의 역사가, 우리 시인의 노래보다 묘하게
꽃처럼 아름다운 노래를 이렇게 말하면서 전할 수 있다니
네 둘레에 감도는 것은 어떤 전설인가
 그것은 템페의 골짜기인가, 아니면 아르카디아 언덕의
신들의 일인가, 사람들의 일인가, 또는 신들과 사람들의 일인가?
그것은 어떤 사람일까, 어떤 신일까, 도망치려고 하는 것은 어떤 소녀일까?
그 얼마나 미친 듯한 구애인가, 또한 도망치려고 하는 몸부림인가?
어떤 피리이며 또 어떤 북인가, 얼마나 미친 듯한 황홀인가?

— 존 키이츠, "그리스 항아리에 붙이는 송가."

이 책은 사악한 마녀의 목을 자르려는 목적을 가지고 쓴 책이다. 결코 만족할 줄 모르는 권력의 기반에 고착되어 있고, 삶에서 실패한 사람을 지지할 수 없었던 맥베드 부인은 남성적 목표를 추구하기 위하여 그녀 자신의 여성성을 상실한 여성의 상징이 될 것이다. 그런데 그 모습은 진정한 남성을 흉내 낸 것에 불과하다. 셰익스피어의 비극에서 실제로 목이 잘린 것은 맥베드이지만, 그 머리가 잘려진 것은 치명적인 마녀의 사악한 저주 때문이다. 맥베드와 맥베드 부인은 한 사람이나 하나의 문화에서 작용하는 남성 원리와 여성 원리의 은유이며, 남성 원리가 그 자신의 현실적 입장을 상실하고, 여성적인 사랑의 원리가 지적이고, 타산적인 야심에 굴복할 때 그들 사이에서 악의 역동성이 보여주는 타락한 관계를 말한다. 셰익스피어가 그의 악당-영웅의 목을 친 것은 연극의 전체적인 맥락에서 보았을 때, 그 나라를 치유하기 위한 것이었다.

이 책은 참수(斬首)에 관한 책인데, 그것은 완벽중독이라는 단단한 바위로부터 잘라낸 것이다. 나는 나의 왼쪽 어깨에 앉아서 깍깍 대며 우는 검은 까마귀와 계속해서 싸웠다: "아직 충분하지 않아. 네가 더 말할 것도 없잖아. 네가 더 잘 말한 것은 아무것도 없어." 나는 여기에서는 문장을 더 완벽하게 표현하고, 저기에서는 문단을 더 다듬기 위해서 글을 쓰다가 멈춰야 했는데, 그러는 바람에 책의 나머지 부분들은 하나도 진척되지 않았다. 다행히 마감 날짜를 지켜야 했는데, 그렇지 않았더라면 나는 이 책을 묻고 있던 바위에서 캐낼 수도 없었을 것이다. 까마귀는 다시 운다. "그것뿐이네." 나는 이 책에 나온 대부분의 내용들을 처음 접하는 독자들과 나의 친구들의 격려와 이 책이 나올 수 있도록 그들 자신의 영혼을 너그럽게 공개해준 나의 분석자들과 함께 그것을 생각한다. 말하자면, 나는 나의 항해를 가능한 한 교묘하게, 나 자신의 중독성에 빠지지 않고 엄격한 학문적 방법과 자료들의 소용돌이라는 진퇴양난을 거치면서 나의 창조성을 거칠게나마 착륙시킨 것이다.

　나에게는 인상적인 것을 중심으로 작업하는 특성이 있다. 나는 그것을 자세하고, 완벽하게 살펴보고, 또 다른 인상적인 것이 나올 때까지 계속해서 살펴본다. 그러나 책을 쓴다는 것은 인상적인 것만 가지고 작업하는 것이 아니다. 사실 투박한 바위를 이 세상에 내놓는 것은 완벽주의자에게 쉽지 않은 일이다. 지금 이 책을 살펴보니 지루한 부분도 보이고, 어떤 부분들에서는 강박적인 스타일로 쓴 것도 있으며, 어떤 부분에서는 너무 자세하게 묘사한 것도 있다. 나는 그 부분들을 뺄 수도 있었겠지만, 그 부분들이 전체적인 과정에서 너무 중요해서 그대로 썼을 것이다. 때로는 비통한 좌절감을 느끼고, 지나간 시간들을 거울을 통해서 들여다보면서 앞으로 나아가면서 무한한 인내심으로 버텼던 그 과정들을 말이다.

　자연히 나에게는 직선적인 사고가 익숙하지 않다. 그런 사고는 나에게 상상력을 발휘하지 못하게 한다. 아무것도 생기지 않는다. 종소리가 들리지 않고, "지금 여기"라는 순간이 없으며, "그렇다"고 말해주는 것도 없다. 그러나 그런 순간들이 없으면, 나는 살아 있는 것도 아니다. 그래서 나는 목표를 향해서 나아가기보다는 나선형을 통해서 돌아다니기를 더 좋아한다. 그렇기에 나는 이 책을 읽는 독자들에게도 마음을 편안하게 먹고, 빙빙 돌아가는 것을 즐기라고 권하고 싶다. 당신이 혹시라도 첫 번째 국면에서 무엇인가 놓친 것이 있다고 할지라도 걱정하지 마시라. 당신은 그것을 두 번째나 세 번째, 아니면 아홉 번째 국면에서 찾을 수 있을 것이다. 아무 문제도 없다. 중요한 것은 편안해지는 것이고, 종소리가 나면 들으면 된다. 그리고 그 소리를 당신 자신의 나선형 계단의 층계참을 통해서 되울려 주면 된다. 그러면 여성의 세계에서 울림이 있게 될 것이다. '바로 그때'가 제일 중요하다. 종소리가 나지 않으면, 그것은 나선형 계단이 잘못됐든지, 아니면 아직 울릴 때가 되지 않았든지, 그것도 아니면 종이 없는 것인지도 모른다.

　나의 분석자(analysand, 분석가와 함께 자신을 분석하는 사람—역자 주) 가운데 많은 사람들은 섭식장애를 가지고 있어서 내가 설명한 것 가운데 많은 것, 특히 이 책의 전반부는 비만증이나 거식증을 중심으로 하고 있다. 이 증후군들은 서구 사회에서 일반적인 질병의 특정 증상들로서 여성들의 왜곡된 몸이 보여주는 고뇌의 문제를 날카롭게 제기한다. 그러나 그와 관계된 심리학에서는 단지 비만이나 거식에만 초점을 맞춘다. 사실, 심리학에서는 체중의 문제를 통제하려고 하지만, 꿈에서는 공허감, 감옥, 유리관 등의 이미지들을 보여주면서 대부분의 현대 여성에게 공통된 성적이고, 영적인 문제들을 지적한다. 그것에 대해서는 이 책의 후반부에서 다룰 것이다. 나는 대부분의 자료들 아래 있는 마녀(魔女)의 이 점이 남성들에게서도 나타난다는 사실을 덧붙이고자 한다.

*

　마녀 모티프의 그리스 판(版)은 그녀가 아테나 여신(제우스가 그녀를 임신한 어머니 매티스를 삼킨 다음 제우스의 머리에서 "큰 소리를 지르면서 완전무장을 하고" 태어났다)을 화가 나게 하기 전까지 아름다운 여성이었던 메두사라는 것이다.[1] 아테나는 그에 대한 보복으로 메두사의 머리카락을 뱀으로 만들었고, 얼굴도 흉측하게 만들어서 그녀를 보는 사람들은 모두 돌로 되었다. 메두사를 죽이는 임무는 영웅 페르세우스에게 맡겨졌다. 그 임무를 완수할 수 있도록 헤르메스는 그에게 굽은 칼과 신발을 주었고, 아테나는 거울로 된 방패를 주었으며, 하데스는 그의 모습이 보이지 않도록 모자를 주었다. 페르세우스는 그렇게 무장을 하고, 거울로 된 방패 속에 숨어서 그의 눈으로 메두사를 보지 않고 거울에 비친 메두사의 모습을 보아서 돌로 되지 않으면서 메두사를 찔러 죽일 수 있었다. 임신한 메두사의 목으로부터 페가수스와 그의 형제 크리사오르가 풀려나왔다. 페르세우스는 집으로 오는 길에 바다 괴물에 의하여 희생 제물이 돼서 바위에 묶여 있던 안드로메다 공주를 구했고, 그들은 나중에 결혼하였다.

오늘날 아버지의 머리에서 나온 현대판 아테나 여성들을 우리는 해방된 여성들이라고 보지는 않을 것이다. 그녀들 가운데 많은 여성들은 의심할 여지없이 남성들과 같거나 남성들을 능가하는 여성들일 것이다. 그녀들은 뛰어난 의사이거나 뛰어난 정비사이며 뛰어난 상담가들이다. 그렇지만 대부분의 경우 그녀들은 행복하지 않을 것이다. 그녀들은 "나는 모든 것들을 가지고 있다"고 말한다. "완벽한 직업, 완벽한 집, 완벽한 옷. 그런데 그게 어떻다는 말이냐? 그것이 여기에 무엇을 더 덧붙이겠는가? 이것보다 더 있어야 한다. 나는 태어났고, 죽었다. 나는 산 적이 없다." 이것들 뒤에 그녀들은 흔히 어떤 중독증에 묶여 있다: 음식물이나 술이나 청결벽이나 완벽주의 등에 묶여 있다. 앞에서도 말했듯이, 이 책의 많은 부분은 섭식 장애에 초점을 맞추고 있다. 그러나 나는 똑같은 문제가 모든 중독의 뿌리에 똑같이 자리 잡고 있다고 확신한다. 물론 그 문제가 개인들에 따라서 서로 다르게 나타나지만, 모든 사람들에게는 그들의 행동에 무의식적으로 영향을 미치는 집단적 유형과 태도가 들어있다.

이런 유형들 가운데 하나는 그녀의 구불구불한 머리 타래가 계속해서 꿈틀거리며 더 많은 것을 얻으려고 앞으로, 앞으로 비틀거리면서 나아간 아름다운 메두사에게 아테나가 잔인하게 복수한 것에서 잘 드러난다. 그런데 현대판 아테나는 그녀의 메두사와 만날 수 있을까? 그녀가 어두운 가부장적 시대의 어둠 속에서 동굴의 어디엔가 갇혀 있기 때문이다. 우리 세대는 그녀의 존재에 대해서 거의 알지 못하지만, 그녀는 끊임없이 무엇인가를 열망하게 하는 억누를 수 없는 욕망으로 점점 더 그녀의 존재를 알린다. 그런데 그 무엇인가는 각자의 개인사(個人史)에 따라서 다르다. 그녀에게 그 문제를 직접적으로 제기하려고 한다면 질 수밖에 없다. 그녀에게는 마거릿 로런스가 『돌의 천사』(The Stone Angel)에서 충격적이지만 감동적으로 정확하게 묘사했듯이 너무 화나 있고, 억압되어 있는 에너지가 너무 많기 때문이다. 우리는 우리 자신의 내적인 페르세우스를 찾아야 하고, 고뇌에 찬 머리를 베기 위하여 그에게 투구를 씌우며, 눈에 보이지 않는 옷을 입히고, 그를 제대로 무장시켜서 안으로 들어오게 해야 한다. 그는 맨 눈으로 메두사의 눈을 쳐다보아서는 안 되고, 거울에 비친 그녀의 모습에서 눈을 떼어서도 안 된다. 그녀의 머리가 잘렸을 때, 창조성을 나타내는 날개 달린 말인 페가수스는 황금의 칼 크리사오르와 함께 풀려났다. 그 다음에 승리한 영웅은 바다의 괴물에게 희생 제물로 바쳐진 처녀의 사슬을 풀어주었으며, 그녀를 아내로 맞았다.

나는 우리의 가부장적인 문화가 모든 사람들에게 특수성과 완벽성을 강조하기 때문에 많은 사람들—남성이나 여성이나 할 것 없이—은 본질적으로 어떤 방식으로든지 중독되어 있다고 생각한다. 우리는 학교나 직장이나 인간관계 속에서—우리 삶의 모든 모서리에서—최선을 다하도록 이끌리기 때문에 우리 자신을 하나의 작품으로 만들려고 한다. 우리는 한편으로는 효율적이고, 숙달된 여신 아테나가 되려고 하고, 다른 한편으로는 메두사의 탐욕스럽고, 억압된 에너지 속으로 들어가는 것이다. 아테나는 메두사가 그녀에게 묶여 있는 것과 똑같이 메두사에게 묶여 있다. 우리는 신들의 극단, 즉 우리의 소유가 아닌 영토에 사로잡혀 있는 것이다. 그런데 우리가 잊어버리고 있는 것은 무의식이라는 괴물에게 희생당할 위험에 빠진, 바위에 묶인 쳐녀 안드로메다이다. 그녀는 망각된 존재,

우리 문화에서 "아직 빼앗기지 않은 신부"이다. 그녀가 바위에 묶여 있는 한, 그녀는 아직 남아 있고, 빼앗기지 않았다. 그녀의 모습은 키이츠가 그리스풍의 단지 위에 그 열정적인 사랑을 대리석에 움직이지 않도록 새겨 놓은 것처럼 남아 있다.

> 영원히 따뜻하고, 언제나 즐길 수 있으며,
> 영원히 헐떡이고, 언제나 젊은,
> 인간의 열정을 모두 들이 삼키고,
> 지극히 슬프고 싫증난 가슴만 남기고,
> 불타는 이마와 불타는 혀.[2]

이 책은 쫓겨나는 아테나의 가슴과 몸부림치는 메두사의 고뇌를 살펴보면서, 그 처녀를 완벽성이라는 죽음에 희생당하기 전의 생동감 있는 여성성을 되찾도록 해방시키는 방법들을 제시하려고 한다. 우리는 오직 우리 자신의 처녀를 사랑하고, 그녀가 그녀의 안에 깊이 담겨 있는 열정을 찾게 해야만 중독의 핵에 있는 분노에 가득 찬 여신에게 우리 자신을 개방할 수 있다. 우리는 오직 사랑을 통해서만 그녀를 변환시킬 수 있고, 그녀가 우리를 변환시키도록 할 수 있는 것이다. 나의 처녀가 머뭇거릴 때, 나는 이런 생각을 가지고 그녀에게 용기를 북돋워 줄 것이다.

> 칼끝에서 말을 타고 가고
> 화염 속에서 몸을 숨기며
> 과일나무의 꽃들은 불 속에서 필 것이다.
> 해는 저녁에 뜬다.[3]

제1장
서문

다.
다미야타: 돛과 노를 능란하게 다루는 손길에
배는 즐거이 따라왔노라
잔잔한 바다에 그대 초대 되었다면
그대 마음 또한 다스리는 손길에 순종하여
고동치며 즐거이 따랐으리라
　　　　　- T. S. 엘리어트, "천둥이 말한 것", 『황무지』.

몇 년 전에 나는 잊지 못할 파티에 참석하였다. 그것은 훌륭하게 준비된 즐거운 폐막식 파티의 저녁 시간이었다. 모든 사람들이 기뻐하였는데, 마지막 장면이 제일 좋았다. 그때 훈련은 잠시 중단되었고, 사람들은 이 세상에서 더 이상 존재하지 못할 세계를 붙들고 있었다. 우리가 극장을 떠나기 전의 장면들은 매우 인상적이었다.

우리는 그렇게 우리에게 주어진 역할에서 완전히 떠나지 않았고, 우리가 "나"라고 인정할 수 있는 모습으로 아직 완전히 돌아가지 않은, 아무도 살지 않는 나라에서 춤추고, 먹고, 마셨다. 우리가 디오니소스 제(祭) 같이 즐기고 있을 때 지도자 가운데 한 사람이 방을 가로 질러서 나에게 다가와 그 파티에 대해서 치하하였다. 그의 발걸음은 신중하였고, 얼굴도 심각하였다.

"그러나 파티는 아직 끝나지 않았습니다"라고 나는 말하였다. "내일은 아무것도 없어요."

"대단한 파티였어요!" 그가 말하였다. "하지만 나는 가야 해요. 나는 또 다른 술자리 약속이 있습니다."

그는 나지막하고, 단호한 어조로 말하였다. 그는 마치 그의 삶에서 매우 사랑하지만, 결혼을 할 수 없는 여성과 약속이 있는 듯하였다. 나는 춤추는 사람들 가운데 서서 그의 자랑스러운 눈을 본 것이 생각났다. 내 입에서는 상 위에 아직도 술이 많이 있다는 말이 맴돌았다. 그러나 그것은 적절한 말 같지 않았다.

엄청난 술꾼들은 엄청난 폭식자나 엄청난 거식자와 똑같다. 그들은 심각한 약물-중독자와 똑같은 것이다. 그들의 중독은 그들이 하는 모든 일의 중심에 강력한 비밀로 작용하는 마법을 지니고 있다. 섭식에 심각한 문제를 가진 사람은 다른 사람들이 다이어트에 대해서 말하는 것을 유심히 듣는다. 체중에 신경을 쓰는 사람들은 운동하는 것에만 신경을 쓰고, 그녀는 그들이 매일 살이 얼마나 쪘고, 얼마나 빠졌나 하는 소리를 듣는다. 그녀는 그들이 서로 농담하고, 위로하며, 격려하는 소리를 듣는 것이다. 그녀는 그 사람들 가운데 하나가 아니다. 그녀는 그들보다 다이어트에 대해서 더 잘 안다. 그녀는 체중에 신경을 쓰는 사람이 그녀에게는 쓸모가 없다는 사실을 안다. 그녀는 그녀의 삶이 그녀가 혼자서 걸어가야 하는 전능한 존재에게 달려 있다는 사실을 안다. 그녀는 음식물과 일종의 계약을 맺고 있는데, 그 계약은 아마 그녀가 이해하지 못하지만, 그녀에게 마술적이고, 강박적인 힘을 행사하는 계약일 것이다. 그녀는 그 계약을 미워하지만, 그 계약을 사랑하기도 한다. 그녀는 그 계약을 조용히 지키는 것이다.

이 책은 진지하게 음식을 먹고, 진지하게 술을 마시며, 진지하게 집 청소를 하는 등 모든 종류의 진지한 사람들에 관한 책이다. 나는 정신분석가로서 여러 가지 종류의 강박증에 사로잡힌 사람들과 그들의 고뇌를 나누고 있다. 그들 대부분은 그들이 하는 일에서는 아무 문제도 없어서 직업적인 분야에서 매우 존경을 받는다. 그러나 그들의 내면에서는 매일이나 한 주 단위 또는 한 달 단위로 주기적으로 무너져 내리는 일들이 반복된다. 그들은 그들의 오른손이 하는 일을 왼손이 모른다는 사실을 알며, 왼손은 삶이 거의 성공할 무렵 그 밑바닥을 파헤치는 중이라는 것도 안다. 이 책은 일을 진지하게 하거나, "나는 내가 승진할 것이라는 것을 알아. 나는 일을 완벽하게 할 수 있잖아. 그러나 그것이 다라면, 나는 별로 관심이 없어. 그래 봐야 더 나아지는 것도 없잖아. 나는 일밖에 몰라. 나의 개인적인 삶은 구덩이야"라고 말하는 일중독자들에 관한 책이다.

 이렇게 겉으로 성공한 듯한 삶의 뒤편에는 공포와 환멸이 숨어 있다. 거기에는 하나의 공통된 요소가 계속해서 나타난다. 그들은 그들이 그들 자신을 위해서 만든 엄격한 틀 속에서 의식적으로 더욱더 잘하려는 충동에 사로잡혀 있는 것이다. 그런데 그들은 무의식적으로는 그들이 그렇게 하는 행동을 제어할 수가 없다. 일상적인 일들이 끝나자마자 혼돈이 찾아오는 사람들은 수도 없이 많고, 그 이유들도 가지가지이다. 그들의 의지력은 오랫동안 유지될 수 있다. 그런데 그 의지력이 그의 인격의 다른 모든 것들을 희생시킨 결과 얻어진 것이라면, 그 다음에 남는 것은 허무밖에 없다. 저녁이 돼서 이제 자신에게 돌아갈 시간이 되어도, 그의 외적인 삶과 내면의 존재는 서로 대화를 나누지 못한다.

 강박은 삶에 아무것도 남지 않을 때까지 생명을 조인다. 그때 생존은 있을지 모르지만, 삶은 없다.

 어네스트 베커(Ernest Becker)는 『죽음의 거부』(The Denial of Death)에서 이런 분열을 아주 분명하게 말한다.

한편으로 우리는 사람들이 자신의 운명을 덤덤하게 받아들이고, 그 자신을 삶의 흐름에 맡길 때 그를 가장 "존엄하게" 생각하는데, 그때 인간이라는 동물은 부분적으로 세상에 대해서 죽는다. 그는 그를 둘러싸고 있는 힘들에 편안하게 의존하면서 살고, 그 자신에게 거의 사로잡혀 있지 않으면서 살 때 가장 "자유롭다." 다른 한편으로, 우리는 이 세상에 대한 관심을 거두지 못하고, 그가 가진 보잘 것 없는 힘에 자신을 맡기면서 세상에 대해서 과도하게 예민한 인간이라는 동물의 이미지를 가지고 있는데, 그는 이 세상을 살거나 행동하는데 거의 자유롭지 못하고, 그 자신을 통제하지도 못하는 듯한데, 그것은 가장 존엄하지 않은 모습이다. 우리가 어떤 이미지와 동일시할지 선택하는 것은 대부분 우리 자신에게 달려있다.[1]

우리가 "부분적으로 세상에 대해서 죽은" 인간이라는 동물이든지 아니면 "세상에 대해서 과도하게 예민한" 인간이라는 동물이든지 우리 가운데 많은 사람들은 우리 바깥에서 오는 것으로 느끼거나 우리 안에서 온다고 느껴지는 똑같이 강력한 힘들에 이끌려 다니고, "내가" 내 삶을 통제하려고 마음먹지 않을 때까지 그 두 세력에게 난타 당한다. 그런데 이 "나"에게는 그 자신의 가치 체계가 없다. 그는 그 자신의 집에서 주인이 아닌 것이다. 그 가면(假面)이나 페르조나는 하루 종일 완벽하게 효율적으로 일을 한다. 그러나 일이 다 끝나도 낯설게, 날뛰는 리듬들이 계속해서 몸과 그의 존재를 지배한다. 멈추라고 하는 "나"가 없고, 자연스러운 리듬으로 내려가게 하는 강하고, 분화된 자아가 없는 것이다.

그 자연스러운 리듬들이 완전히 무의식으로 내려가면, '존재'가 사라지고, 몸은 망가지며, 신경증적이고, 겁에 질린 짐승처럼 그의 본성과 아주 다른 리듬을 가지고 나아가려고 한다. 낮 동안에는 "더해, 더해, 더해"라고 하는 늑대와 같은 태도가 울부짖고, 밤에는 "나는 원하고 있어, 나는 원하고 있어, 나는 원하고 있어"라고 울부짖는다. 작업 윤리와 완벽한 표준, 야망, 목표 등에 기반을 둔 사회적 가치들은 전문가들의 정글 같은 세계에서 늑대 같은 태도를 부추기지만, 사회는 정작 밤 동안 외로운 늑대를 달래줄 것이 아무것도 없다. 그래서 어떤 사람들은 일이 끝나면 다른 사람들과 함께 술 마시러 가거나, 성관계를 하거나, 약물을 취하러 간다. 그들은 그렇게 도피하면서 "술 마시는 것이 미치는 것보다 낫지, 토하는 것이 미치는 것보다 낫지, 뚱뚱해지는 것이 미치는 것보다 낫지"라고 말한다. 그러나 거기에서 어느 누구도 의식적으로 그렇게 하지 않는 사람도 없기 때문에 실제로 어느 누구도 진정으로 술 마시고, 섹스하며, 먹거나 토하는 것이 아니다. 본성적으로는 물리는 임계점을 가진 본능들이 거기에서는 작동하지 않는 것이다. 따라서 공허는 결코 채워질 수 없다.

내가 분석실에서 만난 어떤 사람들은 다른 사람들과 같아지려고 하지 않지만, 그 사람들도 그런 늑대증후군에 사로잡혀 있다. 그들은 술맛도 모르면서 술을 벌컥벌컥 들이켜고, 음식을 씹지도 않으면서 처넣으며, 밤

새도록 집안 청소를 하고, 그들의 가느다란 뼈에 살이 조금이라도 붙어 있으면 달리기를 한다. 그들은 그렇게 하는 것이 "미친 짓"이라는 것을 알기 때문에 진료실에 온다. 그들의 "나"는 그들이 통제할 수 없는 악마에게 사로잡혀 있는 것이다. 낮 동안 체면이라는 가면을 쓴 악마가 밤에 그의 진정한 모습을 보이는 것이다. 그는 완벽성을 요구한다. 완벽한 효율, 완벽한 세계, 완벽한 청결, 완벽한 신체, 완벽한 뼈 등을 요구하는 것이다. 그러나 그들은 사람이지 피크 타임 때 하는 텔레비전 광고가 아니다. 그래서 그들은 완벽한 혼돈과 완벽한 죽음으로 내몰린다. 악마는 그들을 말살하고, 그들은 말살 당해서 결국 잠에 빠지고 만다.

여기에서 부족한 것은 삶의 질을 되찾아주는 균형이다. 목표-지향적이고, 합리적이며, 완벽주의적이고, 남성적인 원리가 여성적인 것에 의해서 균형 잡혀야 하는 것이다. 오늘날 남성적인 것과 여성적인 것이라는 단어는 너무 많이 회자되기 때문에 나는 간단한 예를 들면서 그 심리학적 의미를 분명하게 밝히려고 한다.

지난 여름, 나는 친구 토니와 함께 맨발에 머리카락을 휘날리며 우리의 작은 배를 타고 조지아 만(灣)의 거친 파도를 헤쳐가고 있었다. 믿을 수 없는 조류와 변덕스러운 만의 바람을 맞으면서 수면 위를 미끄러지고, 흔들리며, 바람 부는 쪽으로 나아갔던 것이다. 그때 나는 배를 조종할 줄 모르지만, 배를 조종할 줄 아는 친구를 따라서 배를 탔다. 그는 배를 잘 몰았다. 그가 어느 정도 상기된 상태에서 돛을 똑바로 세우려고 모든 근육에 힘을 주는 모습을 보면서, 나는 갑자기 그에게 남성성과 여성성의 균형이 잘 잡힌 모습 같다는 생각이 들었다. 튼튼한 신체와 갑자기 집중했다가, 풀어지며, 우리가 헤쳐 나가는 사나운 바람의 에너지를 민감하게 느끼면서 완벽하게 조화를 이룬 섬세한 마음이 합쳐진 모습을 보았던 것이다. 그의 오른손은 돛 줄을 단단하게 쥐고 통제하고 있었고, 그의 손가락들은 풍력이 바뀌는 것을 섬세하게 느끼고 있었다. 그의 왼손은 똑같은 강도(強度)로 키를 잡았는데, 그것은 손에 힘을 준 것이 아니라 물의 에너지와 같도록 균형을 맞추려는 것이었다. 우리는 우리를 이끌어가는 바람과 물살에 의존했고, 똑같은 정도로 토니의 조종 솜씨에 의존해 있는 것을 알았다. 조금만 판단을 잘못하거나, 한 순간만이라도 우유부단하다면 우리는 거기에서 바다로 내던져질 것이다. 그때 우리 배의 돛은 바람을 가득 품었고, 작은 배는 면도날 위를 지나가는 것 같았다. 우리는 할 수 있는 만큼 배의 균형을 잡으려고 발가락에 힘을 주면서 물 위에 힘을 가하였다. 토니의 두 손은 키와 돛의 밧줄에서 전해지는 신호들을 따라서 움직였다.

배가 안전하게 정박한 다음, 나는 배에서 내렸는데, 나의 발가락은 내가 너무 세게 힘을 주었기 때문에 피가 났고, 나의 허벅지는 화끈거렸다. 토니는 아무 말 없이 돛을 내리고, 밧줄을 묶으면서, 모든 것을 다 안다는 듯이 미소를 지었다. 그의 그 앎은 그가 절벽을 걸을 때, 자신감 있고, 꼿꼿하게 서서 걷게 해주기도 한다. 그는 그 자신이 강하다는 것을 알고, 그 자신의 동물적인 신체를 신뢰한다. 그러나 그는 사람으로서의 그의 힘보다 무한하게 강한 힘에 그의 힘을 굴복시킬 수도 있다. 영원하신 분은 그가 그에게 불어온 바람에 아주 정확하게 반응할 줄 알았기 때문에 그의 돛에 바람을 가득 불어넣었던 것이다.

지금 나는 내가 잠깐 동안 약한 여성으로서 강한 남성에게 의존했던 상황에 대해서 말하는 것만은 아니다. 실제로 나는 토니만큼 배를 조종 잘하는 친구 메리와 함께 아주 행복하게 배를 탄 적도 있다. 내가 말하려는 것은 남성성(masculinity)과 여성성(femininity)은 단지 남성의 몸이나 여성의 몸에 담겨 있는 것이 아니라는 점이다. 우리가 생물학적으로 여성이면, 우리 자아는 여성이고, 우리 안에 융이 아니무스라고 말한 우리 자신의 내적 남성성을 지니고 살며, 우리가 생물학적으로 남성이라면, 마찬가지로 자아는 남성이고, 그의 안에 아니마인 그 자신의 여성성을 지니고 살 것이다. 우리의 서구 문화에서 그들이 역사적으로 오랫동안 그들의 성과 동일시해서 성(性)에 대해서 이렇게 자유롭게 생각하기가 어렵기는 하지만 남성성과 여성성은 그가 어떤 성(gender)을 타고났느냐 하는 문제가 아닌 것이다. 나는 이 책 전체를 통해서 성에 대해서 이렇게 자유로운 견해를 피력할 것이다. 성에 대한 인식은 생물학적 차이가 아니라 정신적 문제인 것이다.

　변화에 대해서 말하는 중국 책 역경(易經)은 한 사람 속에서 이루어지는 계속적인 변화에 대해서 알고 있었다. 남성의 창조적인 것을 나타내는 양(陽)의 힘은 그것이 너무 강해져서 부서지기 시작할 때까지 목표를 향해서 끈질기게 계속해서 나아간다. 그때 여성의 수용적인 것을 나타내는 음(陰)은 아래로부터 들어와서, 점점 꼭대기까지 움직인다. 삶은 이 두 세력을 균형 잡으려는 계속적인 시도이다. 사람들은 성숙해가면서 이 양극단을 피할 수 있다. 그래서 진자(振子)는 작용과 반작용, 팽창과 위축이라는 쉼 없는 순환 속에서 왼쪽 편을 너무 강하게 타격하려고 오른쪽 편으로 너무 멀리 가면서 많은 힘을 비축하려고 하지 않을 것이다. 오히려 우리는 이 극들, 즉 극도로 검거나 극도로 흰 것은 신의 영역이라는 사실을 안다. 우리가 이것이나 저것과 동일시한다면, 그것은 우리가 대극(對極)으로 뛰어드는 것이 될 것이다. 그 비율은 엄청나게 정확하다. 내가 한편에서 하얀 광채 쪽으로 멀리 가면 멀리 갈수록 내 뒤에서는 무의식적으로 배열된 에너지가 더 검게 된다. 내가 나 자신에 대해서 가진 이상적인 이미지를 완전하게 하면 할수록 내 꿈에서 화장실 변기는 더욱더 넘쳐흐를 것이다.

　자신의 이상과 동일시하는 남성은 스위프트의 소설에 나오는 다음과 같이 우는 연인과 같을 것이다.

> 내가 위트를 잃어버린 것은 두 말할 필요도 없다.
> 오! 카엘리아(Caelia), 카엘리아, 카엘리아! 빌어먹을![2]

　그는 그가 사랑하는 여인의 하얗게 빛나는 광채가 인간으로서의 그녀의 배변 기능 때문에 녹이 슬 수 있다는 것을 용납할 수 없다.
　우리는 신이 아니라 인간이기 때문에 구불구불한 길을 조금 왼쪽과 오른쪽으로 나아가게 하면서 대극 사이의 가운데로 계속해서 굳건하게 이끄는 회색으로 나갈 수밖에 없다.

그것이 남성이건 여성이건 할 것 없이 분화된 자아가 바람과 물 사이를 가르면서 나아가는 길이다. 긍정적인 남성적 에너지는 목표 지향적이고, 목적의식이 강해서 그 목표를 향해서 나아가게 한다. 그가 가진 재능들 사이의 균형을 맞추면서 그의 신체적, 지적, 영적 재능들을 단련시키도록 한다. 그는 그 자신의 개인성을 깨닫게 되는데, 그가 그의 개인성을 더 많이 깨달을수록 그는 덜 경직되고, 더 유연하게 된다. 그는 오래된 행동 유형이나 습관 또는 전통에 의존할 필요가 없다. 그에게는 자신감이 커져서 새로운 에너지가 지속적으로 샘솟고, 새로운 방식의 행동을 즐기게 되는 것이다. 그는 굳건한 표준과 내면에 있는 창조적인 여성적 힘에 복종하는 것 사이에서 긴장을 완벽하게 유지하는 방법을 배우고, 그의 파고드는 힘은 여성적 창조성을 심고, 커지게 한다.

여성적인 것은 영원한 존재의 거대한 바다이다. 그것은 과거에 그랬고, 지금도 그러하며, 앞으로도 그럴 것이다. 그것은 "이빨과 발톱이 붉은" 원초적인 동물을 담고 있다. 거기에 생명의 잠재적인 씨앗들이 들어있는 것이다. 그것은 자연의 법칙을 알고, 그 법들을 무자비한 정의 속에서 엄격하게 시행한다. 그것은 영원한 지금(eternal Now) 속에서 사는 것이다. 그것은 남성의 리듬보다 더 느린 그 자신만의 리듬을 가지고 있다. 구불구불하며, 영적인 운동인데, 마치 그 자신에게 돌아가려는 것 같이 보이지만, 어쩔 수 없이 빛으로 이끌려간다. 그것은 그에게 의미 있는 것을 찾고, 작동한다. 그것은 열심히 일할 것이다. 그러나 그의 태도는 언제나 놀이하는 것 같다. 왜냐하면 그것이 생명을 사랑하기 때문이다. 그것은 사랑한다. 그러나 그 사랑이 긍정적인 남성성과 통합되면, 그 에너지는 새로운 희망과 믿음과 사랑의 차원의 지속적인 흐름과 더불어 생명의 흐름 속으로 펼쳐진다. 그러나 영적인 여성성은 언제나 자연적인 본능에 기반을 두고 있기 때문에 그것이 아무리 영적으로 되어도 언제나 생명의 편에 머무른다. 여기에서 여성적인 것은 (남성 안에서는 물론 여성 안에서도) 과도하게 영적으로 되는 남성성과 다른데, 그 남성성은 우리를 "육신

이 물려받은 ... 마음의 아픔"을 끝내주는 잠으로 유혹하는 경향이 있다.[3]

　삶이라는 폭풍 속에서 훌륭한 항해자는 어떤 상황에서 그들의 남성성을 사용하고, 어떤 상황에서 여성성을 사용할 것인지 분별하기 위하여 그들 자신의 "나", 즉 그들 자신의 자아를 사용한다. 그들은 바람과 파도의 힘을 이용하고, 제어할 수 있을 만큼 충분히 강한 자아를 구축(構築)하는 것이다. 그런데 그런 자아는 오직 그 메시지가 본능과 직접 접촉할 수 있는 몸의 지혜에 의해서 지원받을 때에만 강해질 수 있다. 영과 몸 사이의 상호작용이 없으면, 영은 언제나 함정에 빠진다. 영(靈)이 높이 솟아오르는 바로 그때, 그가 그의 본능적 기반, 심지어 생존을 위한 본능적 기반을 의존할 수 없기 때문에 두려움과 자신감 부족으로 허물어지고 만다. 그런 기반이 없을 때, 몸은 원수가 된다. 방향타가 없는 배가 소용돌이 속에서 정신없이 맴도는 것처럼 항해자는 공포와 마비의 소용돌이 속으로 끌려 들어가는 것이다. 이와 반면에 영과 몸이 조화를 이루면, 영과 몸은 서로의 특별한 지혜를 가지고 상대방을 보완해준다.

　우리는 컴퓨터의 완전성을 믿는 기술적 시대를 살고 있다. 사람은 언제나 그가 숭배하는 신과 비슷해지는 경향이 있는데, 다행스럽게도 우리는 완벽한 로봇이 되려고 고뇌하지 않는다. 우리가 아무리 자연을 없애버리려고 할지라도, 자연은 그 자체의 가치 체계를 주장하고, 그의 고통스러운 대가를 치르게 한다. 우리 세대는 의식에서 커다란 발걸음을 떼려고 하는 교량적 역할을 하는 세대이다. 우리는 원자력과 우리 자신이 가진 파괴 가능성을 직면하여, 수 세기 동안 그 심층에 있던 자양분이 완벽한 기계 문명의 불모와 균형을 이루게 할지도 모른다는 희망 속에서 잠자던 뿌리들과 다시 결합을 시도하려고 한다. 그러나 우리 대부분에게는 그 작업을 어떻게 해야 하는지에 대한 모델을 가지고 있지 않다. 우리는 우리 가정과 가족들을 사랑하지만, 우리는 냉혹하게 우리 유산을 재평가해야 한다.

　대부분의 우리 어머니들은 우리를 "사랑하였고", 그녀들이 할 수 있던 최선을 다해서 우리가 잘 살 수 있는 훌륭한 기반들을 마련해 주었다. 또한 여러 세대를 걸쳐서 그녀들의 어머니들도 똑같이 하였다. 그러나 이 세대의 사람들은 그들이 남성이든지 여성이든지 할 것 없이 그들이 삶을 향해서 앞으로 나아갈 수 있는 강한 기반을 가지고 있지 않다는 사실이 여전히 남아있다는 것을 안다. 우리의 어머니들과 할머니들은 이미 여성들이 담당할 새로운 역할의 길에 나섰던 여성 참정권론자들의 딸들이다. 그녀들 가운데 일부는 남자가 되기를 원했던 사람들이다. 어떤 이들은 그녀들의 남성적인 부분과 관계를 맺었고, 그녀들의 가정을 남성적 가치가 지배하게 하였던 것이다. 그 결과 집안의 분위기는 질서정연하게 되었고, 목표 지향적 이상과 성공적인 삶을 향해서 나아가게 하였으며, 그녀들이 하지 못했다고 느꼈던 성공을 추구하게 하였다. 그녀들의 자녀들은 그녀들의 젖을 먹으면서 그녀들이 실패했던 쓴 맛을 먹지 않을 수 없었다. 이 어머니들은 그녀들 자신의 여성 원리와 관계를 맺지 못하여 삶에서 기쁨을 맛보지 못하였고, 그녀들 자신의 존재에 믿음을 가지지 못하였으며, 있는 그대로의 삶을 신뢰하지 못하였다. 또한 그녀들은 모든 것을 효율적으로 하려고 하면서, 삶에서 일어나는 일들을 그대로 내버려 둘 수 없었다. 그녀들은 기대하지 못했던 것들 앞에서 자발적으로 반응하지 못하였던 것이다. 그리고 그녀들의 자녀들도 때때로 기대하지 않았던 존재들이기 때문에, 이 아이들은 요람에 들어가기 전에 세 번씩이나 제지당한다. 그 아이들은 그네들 자체가 기대하지 않았던 존재일 뿐만 아니라 그네들의 생각이나 감정이 그녀의 아이들은 어때야 한다는 부모들이 투사했던 것과 달라서 그녀들의 기대에서 벗어나는 존재인 것이다. 그런 삶의 태도에서 삶을 있는 그대로 살 여지도 없고, 부모나 아이들 모두 "나는 나다"라고 하면서 편안해 할 수도 없었다. 그에 따라서, 그 아이들은 알 수 없는 죄의식 속에서 살았고, 어머니의 실망은 어머니만큼은 아니지만 아이에게도 어느 정도 의인화되어 있다. 그래서 아이는 그 자신의 존재를 정당화하면서 자라는데, 그것은 결코 정당화될 수 없는 정신적 실재이다.

어머니가 그녀 자신의 몸을 편안해 하지 않으면, 그녀는 아직 태어나지 않은 그녀의 아이와 상호반응을 제대로 할 수 없고, 아이를 제대로 낳을 수도 없으며, 오랜 기간 동안 수유기에 아기를 부드럽게 애무하면서 젖을 먹이지도 못한다. 피어스(J. C. Pearce)는 『놀라운 아이』에서 우리가 거쳐 가는 기반에 대해서 이렇게 강력하게 논한다. 최초의 기반인 자궁에 대해서 그는 이렇게 말한다.

> 산모의 몸이 임신 중에 만성적인 불안, 영양부족 또는 두려움 때문에 상당한 양의 부신 스테로이드를 방출하면, 태아는 자궁 속에서 자동적으로 그 스트레스 호르몬을 나누어 가질 수밖에 없으며, 그런 채로 태반을 통과하게 된다. 그런 아기는 일종의 영구적인 신체적 스트레스인 … 자유롭게 떠다니는 불안 속에 잠기게 된다. 아기는 이 긴장에 갇힌 채 자궁 속에서 지적으로 발달할 수 없거나 출생을 준비하면서 어머니와의 유대를 확립할 수 없다.[4]

그는 계속해서 이렇게 지적한다.

> 첫 번째 자궁의 형성이 불완전하거나 불충분하면, 그 다음의 자궁 형성은 두 배나 더 어려워진다. 자궁들의 변천이 자동적으로 이루어지기 때문에 어린 생명은 더욱더 위험에 처하게 된다.[5]

어스는 기계적인 분만실의 절차를 신랄하게 공격한다. 그는 출산이 이루어지는 것을 지켜보면서, 우리는 아이가 살아나는 것에 놀라움을 가지지 않을 수 없으며, 현대 의학에 의해서 그렇게 왜곡되게 작용하는 정신적 외상 속에서 영원히 파괴되는 부분에 대해서 의문을 가진다. 하나의 세계로부터 다른 세계로의 최초의 이동 때 각인된 것은 틀림없이 아기의 정신에 지워질 수 없는 흔적을 남길 것이라는 말이다. 이어서 그는 이렇게 말한다.

> … 그것은 시한폭탄처럼 작동한다. 범죄의 당사자 가운데서 어느 누구도 대가를 지불할 필요가 없다. 폭발은 수년에 걸쳐서 진행되었고, 거의 아무도 누가 거기에

불을 붙였는지 추적하지 못하도록 파괴가 그렇게 광범위하고, 다양하게 이루어졌기 때문이다.[6]

아기는 어머니로부터 천천히 나온다. 그러나 그는

어머니가 언제나 즉시 돌아갈 수 있고, 젖을 주는 절대적으로 안전한 장소라고 생각되는 한에 있어서만 그 작업을 성공적으로 수행할 수 있다. 어머니가 그를 버리지 않을 것이라는 사실을 아기가 알 때에만 아기는 신뢰와 힘을 가지고 아동기로 들어갈 수 있다. … 물리적인 어머니는 우리가 비록 어머니로부터 분리되고, 더 큰 기반들로 들어갈지라도 최우선적인 기반으로 남는 것이다. … 순수한 사고에 대한 우리의 탐구가 아무리 추상적이고, 그것이 우리의 현실을 만들지라도 우리의 마음은 두뇌로부터 에너지를 끌어내는데, 두뇌는 다시 우리의 몸이라는 기반으로부터 에너지를 끌어내고, 우리 몸은 대지라는 기반으로부터 에너지를 끌어낸다. … 실제로 우리에게는 두 개의 기반밖에 없다: 자궁, 어머니, 대지, 신체적인 몸에서 비롯된 물리적 기반과 관계성 및 상호관계의 능력에서 비롯된 추상적인 사상적 기반이 그것이다.[7]

피어스의 체계에서 볼 때, 우리 대부분은 우리에게 우리 자신과 우리의 삶을 신뢰하게 하는 이 초기의 기반들을 가지고 있지 않거나 부분적으로 밖에 가지지 않은 것을 볼 수 있다. 이렇게 그 자신의 본성에 어울리지 않으면서 남성적 이상을 담당하는 실현되지 않은 여성성에 대한 극단적인 형태는 셰익스피어의 『맥베드』에도 잘 요약되어 있을 것이다.

제1막에서 맥베드는 그의 상상의 힘을 인식하고 있다. 그는 그를 파괴로 유혹하는 비수(匕首)를 충분히 분명하게 보는 것이다. 그는 그의 야심을 집요하게 추구하면서 그가 왕을 시해하고, 그 자신의 영혼을 파괴할 때 비롯되는 도덕적 가치를 조심스럽게 헤아려 본다. 그래서 그는 "이 일을 더 이상 진척시키지 않기로" 결심한다. 그러나 맥베드 부인은 그렇게 생각하지 않는다. 그녀는 왕비가 되려는 그녀의 이상에 갇혀 있는 것이다. 그녀는 그 목표를 달성하기 위하여 그녀 자신의 본성을 "가장 깊은 곳에서" 배신한다. 그래서 셰익스피어는 그녀의 영혼이 "치명적인 어둠으로 향해서 나아갔다"는 것을 그녀의 가장 어두운 독백들 통하여 말한다. 따라서 그녀는 그녀의 남편과 이 관계에서 여성적 역할을 수행하기보다—다시 말해서, 그가 자신의 감정적 가치와 만나는 것을 도와주기보다—그의 자아를 모욕하고, 그를 그 자신과 아내와 결국 모든 우주적 구조들로부터 소외시키는 방향을 향해서 나아가게 한다. 그래서 그들은 그들의 이상과 계획에 갇혀서 그들을 인간으로 되게 하는 긴밀한 결속과 접촉하지 못하게 된다.

맥베드와 맥베드 부인은 다정한 말을 하기 시작한다. "가장 사랑스러운 사람, 나의 가장 사랑스러운 사랑." 그러나 그들이 왕위에 오르려고 했을 때, 그들은 서로를 잃어버렸다. 그녀는 결단의 가장 중요한 순간 그의 남성다움에 도전하였다: "그러나 용감하게 달라붙는 곳을 더 조이면, 실패하지 않을 것이어요." 그 순간 그녀의 감정 기능이 살아 움직였고, 그녀가 그녀 자신의 진정한 마음을 알았더라면, 그녀는 오히려 그가 얼굴을 돌려서 그녀의 얼굴을 보면서 "당신, 지금 왜 두려워해?"라고 속삭이게 했을 것이다. 그러나 결과는 전혀 다르게 나타났다. 우리가 마지막으로 보았던 그녀의 모습은 그녀가 잠옷을 입고 트랜스 상태에 빠져서 손으로는 허공을 움켜잡으려고 하면서 그들이 언젠가 사랑을 나누었던 침실로 가면서 "침실로, 침실로, 침실로"라고 소리 지르는 이미지이다. 그녀는 눈을 뜨고 있지만, 아무것도 보지 못한다. 촛불도 켜져 있지만, 비추지 못한다. 그녀는 잘못된 것을 하고 있다. 그녀는 스코틀랜드의 위대한 왕을 옹립하려고 한다. 그러나 그녀는 그녀의 남편이 그렇게 될 수 없다는 사실은 알지 못한다. 그녀의 남성성은 그녀의 여성성을 고갈시켜버렸는데, 이것은 어떤 여성들에게는 치명적인 잘못이다. 왜냐하면 이런 일이 생기면, 삶은 어쩔 수 없이 이렇게 된다.

   ... (그것은) 백치가 떠드는,

하나의 긴 이야기, 소란을 피우지만
아무 뜻도 없다.[8]

남성적인 것이 여성적인 것과 분리되고, 그 자체로서 자율성을 얻으면, 왕권이라는 관념을 왜곡시키게 된다. 권력을 그 자신을 위해서 행사하려고 하며, 진정한 것을 악마적인 것의 모사(模寫)로 축소시키는 것이다. 그래서 맥베드 부인의 남성성이 그녀의 여성성을 뚫고 나왔을 때, 맥베드는 그녀를 "나의 가장 사랑스러운 사랑"으로 만나지 못하고 그를 사로잡는 머리가 셋이나 달린 마녀로 만난다.

셰익스피어가 계속해서 살펴보는 진정한 왕권의 파괴라는 이 주제는 언제나 한 여성이 그녀의 여성적 정체성과 분리되어 권력-투쟁 속에서 남성적인 가치에 휩싸일 때 그녀의 진정한 본성을 저버리게 된다는 사실을 보여준다.

소위 해방된 여성들 가운데서 맥베드 부인이 점점 더 많아지는 것이 뚜렷하지만, 그에 대한 반동도 이미 시작되었다. 또 다른 많은 여성들이 맥베드 부인이 되려고 하지 않는 것이다. 그녀들은 이제 "지옥의 어두침침한 연기" 속에 사로잡히기를 거부하고, 그녀들을 광기로 몰고 가는 왕권에 헌신하려고 하지 않는 것이다. 또한 그녀들은 그녀들의 남자들을 그런 방향으로 밀지도 않고, 그녀들 자신도 거기에 끌려 다니지 않으려고 한다. 그녀들은 아라비아의 모든 향수(香水)가 살인을 저지른 작은 손을 아름답게 해 줄 수 없다는 사실을 의식적으로나 무의식적으로 알고 있는 것이다.

살해당한 것은 사실 그녀 자신의 영(靈)을 양육하는 상징 세계에서 그녀 자신의 모습을 드러내는 내면의 정신적 삶인 태모(Great Mother)이다. 융이 지적했듯이, 우리는 너무 바쁘고, 너무 많은 것들을 얻으려고 하는 바람에 우리의 내적인 삶과 만나지 못하는데, 그 삶은 상징들에 의미를 부여하고, 상징들이 또 다시 삶에 의미를 부여하는 그런 삶이다. 그 어떤 시대도 현대 사회처럼 외적인 삶과 내적인 삶이 이렇게 완전히 분리된 적이 없는데, 그 삶의 기반은 태모(太母)이다. 우리는 그 전에 한 번도 자연의 지혜와 우리 자신의 본능의 지혜로부터 그렇게 떨어진 적이 없는 것이다. 그래서 엘리어트로부터 베케트에 이르기까지 문학에서는 물이나 음식을 위해서 부르짖는다. 또한 미술계 역시 자코메티(Giacometti, 파리에서 활동한 스위스의 조형예술가. 뼈대만 남은 유령 같은 모습들의 작품을 많이 만들었다—역자 주)의 거식증에 걸린 해골로부터 보테로(Botero, 콜롬비아 출신의 화가. 관능과 풍만함을 나타내는 그림들을 그렸다—역자 주)의 비만한 부르주아에 이르기까지 비틀어진 상들을 그려낸다.

황무지와 같은 우리 문화의 중심에 있는 여신은 맥베드 부인이다. 우리는 그녀를 부르지 않았고, 그녀가 거기에 있는지도 모른다. 그러나 우리는 그녀처럼 눈을 뜨고, 아무것도 보지 못하면서 졸린 발걸음으로 걸어간다. 맥베드 부인은 극단적으로 부정적인 어머니를 의인화한 모습이다. 그녀는 그녀의 아이를 내던지고, 권력을 위해서 사랑을 희생시키는 존재이다. 우리는 그녀를 우리의 어둡고, 기괴하며, 본능적인 성향을 통해서 살지만, 기회를 얻으면 우리의 절망을 치유할 수 있는 기독교 신화에 나오는 검은 성모(121-124쪽을 참조하시오)와 혼동해서는 안 된다. 우리의 신성한 아이(divine child)는 그녀를 통해서 태어날 수 있다. 그러나 맥베드 부인으로부터는 그 어떤 신적인 것도 나올 수 없다. 그녀는 그녀 자신을 그녀의 여성적 본능과 단절시켰기 때문에 그녀에게는 사랑이 없고, 그 어떤 구원의 힘도 없다. 그러므로 소위 말하는 그녀의 "사랑"은 결합하기보다는 소외시킨다. 그녀가 하는 한탄의 소리는 "당신이 어떻게 나에게 그럴 수가 있어?"라는 말밖에 없다.

맥베드 부인이 그녀 자신이 무슨 일을 하는지 모르는 것은 사실이다. 그녀의 찬미자들도 마찬가지로 모를 것이다. 가장 달콤하고, 친절하며, 이기적이지 않은 마녀들은 그녀들이 "사랑하는" 사람으로부터 생명의 피를 빨아 먹는다. 그녀들은 그녀의 아이들이 그녀가 그렇게 헌신적으로 준비한 음식을 먹을 수 없을 때, 그것을 이해하지 못한다. 우리는 단지 그녀를 보고, 그녀의 이름을 부름으로써 그녀가 음험하게 빨아먹는 그 힘을 회복시킬 수 있다. 그녀는 아직도 잠을 자면서 우리 사이를 걸어 다닌다. 그녀는 아직도 완전히 무의식인 채 꿈에서 여성적 고뇌에 찬 비명을 지르면서 침실을 향해서 간다. 여기에 남성들을 거세시키고, 여성적 관계성을 살해하는 권력 원리가 있다. 그 여신은 많은 중독증의 중심에 있다. 우리가 우리 자신의 눈에서 깍지를 잡아떼고, 그녀와 그녀의 뒤에 있는 유혹의 마법을 보지 않는 한, 그녀를 구원할 수 없다.

나는 분석을 하면서 살찌고, 거식증으로 고통당하는 나의 분석자들이 분노에 찬 극적인 말들을 내뱉으면서 하는 내적 현실과 외적 현실, 여성적인 것과 남성적인 것, 존재와 행위, 무의식적인 것과 의식적인 것 사이의 투쟁을 많이 보았다. 그녀들은 대부분 전문대학교 이상의 교육을 받은 예민하고, 유능한 젊은 여성들인데, 학교에서도 성적이 좋았다. 그러나 그녀들의 감수성은 일상적인 삶을 자극이 없고, 따분하며, 투박한 것으로 생각하면서 멀리하게 하였다. 남성 원리에 대한 그녀들의 충정은 그녀들의 여성 원리를 흑과 백으로 분열시킨 것이다. 그래서 그녀들은 한편에서는 사랑이 많고, 양육적이며, 무조전적으로 사랑하는 좋은 어머니와 다른 한편에서는 질투가 많고, 관계를 잘 맺지 못하고, 호색적인 무례한 창녀로 나누어졌다. 그녀들의 어머니에 대한 감정도 보통 양가적이었다. 그녀는 남성 지향적 이상을 무의식적으로 동일시해서 그것들을 완전히 거부하든지, 아니면 양육적인 어머니와 달라붙는 딸과 무의식적으로 동일시하든지, 그것도 아니면 두 가지를 동시에 하든지 하였다. 그렇지 않으면 그 두 가지 역할을 동시에 완전히 거부하기도 하였다. 그녀들은 때때로 그녀들의 감정의 이중성과 그녀들 인격의 중심에 있는 모순을 알지 못해서, 한편으로는 삶에 집착하려고 하였고, 다른 한편으로는 그녀들을 하나씩, 하나씩 파괴하려고 하는 것처럼 보이기도 하였다. 그러다가 그녀들이 자신의 이런 이중성을 깨달으면, 그녀들은 이런 수동적이고, 조용한 가면 뒤에 숨은 진정한 갈등을 조심스럽게 감추려고 하였다.

그녀들은 너무 극적이고, 신경질적이며, 쾌락적이라고 비난 받는다. 이런 비난들은 아마 진실일 것이다. 그러나 이성의 관점에서 보면 명백하다. 그녀들에게는 삶의 위기들 속에서 그녀들을 붙들어주는 영원한 팔에 대한 감각이 없는 것이다. 그녀들이 삶의 초기에 어머니와 함께 했던 기반이 없는 것이다. 그런 결핍은 그녀들을 움직여서 삶에 난폭하게 달려들게 한다. 그녀들은 당분간 그렇게 할 수 있다. 그러나 그 다음에는 비존재의 조는 상태로 떨어져버린다. 그녀들의 존재는 그녀들에게 매일의 연속성에 대한 감각이 없기 때문에 불안정하다. 그런 소녀들은 매일, 매일 그녀들을 사랑해 줄 수 있는 남편을 추구하고, 결혼 생활에서도 그녀가 찾으려고 했지만 도망가 버린 어머니 안에 그녀들 자신을 다시 가둔다.

공정은 반칙이고, 반칙은 공정이다; / 안개와 더러운 공기를 통하여 날아다닌다.

- 셰익스피어, 『맥베드』.

Circle Limit IV, 1960. M.C. Escher(ⒸEscher-heirs 1982 c/o Beeldrecht Amsterdam; Collection Haags Gemeentemuseum, The Hague).

비만 여성들과 거식증 여성들은 음식을 통해서 의식을 찾으려고 싸운다. 음식을 먹거나 거부함으로써 의식을 찾으려고 하는 것이다. 우리 문화 속에서 음식은 거의 모든 정동의 촉매(觸媒)이다. 긍정적으로는 사랑, 기쁨, 수용을 나타내고, 부정적으로는 죄책감, 뇌물, 거부에 대한 두려움을 나타내는 것이다. 음식물과 음식물의 질은 모든 축제에서 중심에 있다. 음식물을 나누는 것은 축제의 한 부분이고, 그것을 거부하는 것은 삶에서 벗어나게 되는 것을 의미한다.

나는 음식 콤플렉스를 점점 더 지적인 여성들을 하나의 의례로 몰아가는 신경증이라고 생각한다. 이것은 음식 콤플렉스를 그의 목적적 의미에서 긍정적으로 보는 것이다. 물론 그런 의례가 지속될 수 없다는 것은 또 다른 문제이다. 그것은 체중의 문제처럼 보이는 것으로부터 시작한다. 갈등이 아직 의식되지 않은 곳에서 그것은 정신-신체적 형태를 취하는 것이다. 비만은 우리 문화에서 타부이다. 그래서 신경증은 가장 약한 곳, 즉 여성의 자아의 중심을 때린다. 뚱뚱한 소녀는 그녀의 또래와 같이 있지 않다. 그녀는 싸구려 음식을 먹을 수 없고, 청소년들의 잔치에 초대받지 못하며, 청바지를 입을 수 없고, 성적으로 매력적이지도 않다. 간단하게 말해서, 그녀는 우리 사회에서 여자가 아닌데, 그녀는 물론 어느 누구도 그런 사실을 모른다. 소외(疏外)는 그녀를 환상이 실현되지 않은 삶을 보상해주는 내면세계로 밀어 넣는데, 상상의 이미지들은 점점 더 신성력을 가지게 된다. 금지된 것은 곧 숭배되고, 위험한 대상으로 되는 것이다.

그 소녀와 어머니와의 관계를 담은 음식물 뒤에 숨은 무의식적 충동이 이해되지 않는 곳에서 그 충동은 파괴적으로 작용하게 된다. 그러나 그 충동이 이해되면, 그 충동은 어느 정도 창조적으로 작용할 수도 있다. 의식은 겉으로 드러난 것과 어머니에 대한 그녀의 양가적 감정들을 규정한 실재 사이의 차이를 깨달으라고 촉구한다. 한편으로 그녀는 어머니가 그녀에게 많은 것을 주었다는 사실을 인정한다. 그러나 다른 한편에서 그녀는 어머니가 준 것들 뒤에 있는 부정적인 것, 특히 그녀 자신을 하나의 인격으로 대하지 않은 것을 감지한다.

내가 이 책을 쓰면서 나에게 치료를 받았던 여성들 가운데서 머리에 떠올랐던 여성들은 그 여성들이 말했던 것과 실재 사이를 구분할 수 있을 만큼 충분히 의식적인 여성들이었다. 그녀들은 분석을 받으면서 1년부터 3년 동안 양가감정들 사이에서 싸웠다. 그녀들은 사회생활에서 유능하게 일했으며, 많은 여성들은 전문직에서 매우 책임적으로 활동하였다. 그녀들은 음식물 콤플렉스 뒤에 있는 모권적제 역동에 대해서 어느 정도 알고 있었다. 그녀들은 그녀들 자신의 여성성을 남성적 가치에 오염시킨 잘못된 맥베드 부인의 모권제적 가치 체계를 파악하려고 싸웠는데, 그것은 그녀의 몸이 음식을 소화시키려고 하지 않은 것처럼 무의식에서 받아들이려고 하지 않은 것이었다. 그녀들이 더 오랫동안 이 잘못된 가치 체계의 희생양이 되는 한, 그녀들은 그녀들이 외부 세계에서 그 어느 것을 성취하든지 간에 그녀들의 삶은 점점 더 "소란을 피우지만 아무 뜻도 없는 것"으로 되는 것을 알았다.

젊은 여성들은 종종 단지 살을 빼려고 분석을 받으려고 하지만, 더 성숙한 여성들은 그 뒤에 있는 원인을 찾고, 그녀들의 의식적 가치 체계와 삶의 태도를 거기에 맞춰야 한다는 사실을 안다. 그녀들은 여성이지만, 그녀 자신의 본성과 동떨어진 충동에 사로잡힌 여성들 속에 있는 왕권에 대한 잘못된 견해 속에 갇혀 있는 것이다. 그녀들이 해야 하는 것은 그녀 자신을 그녀들을 파괴하는 충동으로부터 구해내는 일이다. 음식물에는 그녀들 자신의 몸이 소화시키기를 거부하는 잘못된 가치 체계가 들어있다. 여기에서 내가 말하고 싶은 것은 그녀들의 몸은 부종(浮腫)으로 되고, 부풀어 오르며, 알레르기 체질이 되거나 독성이 빠지도록 토한다는 것이다. 그녀들의 무의식적인 몸과 틀림없이 의식적이기도 한 몸은 그 부정적인 어머니를 참으려고 하지 않는 것이다.

나는 여기에서 이 책은 어머니나 아버지를 비난하려는 것이 아니라는 사실을 강조하고 싶다. 이 책의 의도는 우리의 적(敵)이 누구인지 알고, 그 적을 창조적으로 다루기 위하여 그 적에게 이름을 붙이자는 것이다. 물론 아이들은 그들의 부모에 대한 긍정적인 감정과 부정적인 감정에 대해서 안다. 그러나 우리 대부분은 분석을 통해서야 비로소 우리 부모들은 우리보다 어떤 점에서는 훨씬 더 열악한 상황에서 살았다는 사실을 깨닫는다. 부모들 역시 그들이 덫에 걸렸다는 사실을 알았지만, 그들에게는 탈출구를 찾을 방도도 없었던 것이다. 한 세대의 죄는 그 다음 세대에 전해진다. 그것이 인간의 상황이다. 그리고 부모가 무의식적인 한, 그들의 자녀는 고통 받는다. 유아적인 이마고(imago)를 실제 부모의 이미지와 분화시키고, 그들이 물려받은 것 속에 있는 전체 가운데서 파괴적인 것과 용서해야 하는 것을 분화시키는 것이 성숙한 개인들이 해야 하는 일이다.

신경증의 창조적 목적은 여성들을 그녀들 속에 있는 그녀의 여성적인 몸이 본능적으로 거부하는 부정적인 어머니와 직면하도록 데려가는 것이다. 부정적인 어머니는 이상한 실체이다. 그 어머니는 소외되어 있고, 그녀가 잠자리에 들 때 먹는 450그램 정도의 초콜릿만큼 그녀에게 속해 있지 않다. 그녀의 몸은 그녀가 성숙한 여성으로서의 그녀 자신을 찾을 수 있도록 그녀 자신을 부정적인 어머니로부터 분화시킬 것을 요구한다. 그것은 그녀의 어머니가 하지 못했으며, 그녀가 완수해야 하는 과제이다. 그것이 새로운 의식이고, 비약적인 도약이며, 그녀 자신의 삶에 대한 치유이다. 그녀는 그렇게 통합되도록 부름을 받았다.

어느 날 나는 나의 유리잔을 앞에 두고 앉아,

휑한 장면을 불러냈는데,

기쁘고, 즐거운 광경이 아니라,

예전에 거기 비쳐졌던 것이었다—

여성의 모습, 있는 그대로

여성의 절망보다 더 한 것,

그녀의 머리칼은 뒤에 양 갈래로 넘어갔고

얼굴에는 사랑을 모두 잃어버렸네.

이제는 더 이상 감출 시기심도 없는데

이 세상 어느 누구도 짐작하지 못했던 것.

그것은 가시의 후광(後光)을 만들곤 하였지

결코 성스러워지지 않는 고통의.

그녀의 입술은 열려 있지만—그 어느 소리도

붉게 나누어진 입술 사이로 나오지 않네.

그것이 무엇이었던가, 끔찍한 상처

침묵과 비밀스러운 출혈 속에서.

한숨도 말해지지 않은 고통을 달래주지 못했고,

그녀는 그녀의 두려움을 말하지 않았다.

그리고 그녀의 창백한 두 눈에서는 빛나고 있었네

삶의 욕망의 죽어가는 불꽃이,

그 희망이 가버렸기에 미치게 하면서,

그리고 촛불은 높게 타오르네

질투와 타오르는 복수,

그리고 변할 수 없고, 지치지 않는 힘.

유리잔에 그림자의 그늘이 지네,

오 크리스탈 표면을 비우라!

지나가라—더 나은 광경이 지나가도록—

더구나 다시 오지 않도록

깨어진 시간의 유령,

그는 내가 듣도록 속삭인다, "내가 그녀이다!"

— 메리 엘리자벳 콜리지, "거울의 반대편."

두 주 전에 죽은 페니키아 사람 플레바스,

갈매기의 울음소리도 망각하고, 깊은 바다에서 부풀어 오르네

이익과 손해도.

바다 속을 지나는 해류는

속삭이면서 그의 뼈를 잡았네. 그가 일어서고, 넘어질 때

그는 그의 젊음과 중년의 단계를 넘어서

소용돌이 속으로 들어가네.

이교도이건 유태인이건

오 그대 키를 잡고 바람 부는 쪽을 내다보는 자여

플레바스를 생각하라, 한때 그대만큼 미남이었고 키가 컸던 그를.

— T. S. 엘리어트, "바다에서의 죽음", 『황무지』.

제2장
거룩한 의식과 악마적 의식

> 우리보다 먼저 살던 사람들은 이런 모습이나 다른 모습을 한 신들을 믿었다. 상징주의의 비할 데 없는 빈곤만이 우리에게 신을 정신적 요소, 즉 무의식의 원형으로 볼 수 있게 한다.
>
> — C. G. 융, "무의식의 원형."

왜 지금 이 특정한 시기에 구강기적 특성을 가진 이 중독이 우리 서양 문명에 스며들어 왔는지를 물어보는 것은 우리에게 우리 자신의 거룩한 암소(신성시 되어 비판이 허용되지 않는 것이나 사람—역자 주)에 대한 인식을 촉구하게 할 뿐만 아니라 우리가 맞서 싸우도록 강요하는 검은 천사에 대한 인식을 촉구하는 데도 도움을 준다. 최근의 통계에 의하면, 미국 남성의 30%가 과체중이고, 미국 여성의 40%는 9kg 이상 살이 더 쪘으며,[1] 캐나다의 여대생 가운데 7% 정도는 몸무게를 유지하기 위해서 먹은 것을 토한다.[2] 거식증 환자의 인구는 나이, 성별 및 사회 집단에 따라서 근본적으로 다른 양상을 보이지만, 엄격한 진단 기준을 사용하면, 대상 집단의 학생들 가운데 약 7%의 학생들은 거식증으로 고통 받는다.[3] 우리 가운데 왜 이렇게 구멍이 크게 났을까?

최근의 텔레비전 인터뷰에서 레오나르드 번스타인(L. Bernstein)은 말러(Mahler)의 음악이 요즘 젊은이들 사이에서 아주 유행한다는 사실을 지적하면서 말러의 모든 선율에는 모든 것들이 들어 있기 때문에, 그것을 별로 특별한 현상이라고 생각하지 않는다고 말하였다. 그는 젊은이들이 말러의 장엄한 선율에 그들 자신을 대입시킬 수 있게 하는 세상의 종말을 계속해서 직면하기 때문에 이 문제를 다룰 수도 있을 것이라고 덧붙였다.

이런 종말에 대한 감각은 부분적으로 왜 강박충동들, 특히 우리 몸과 관계되는 강박충동들이 우리 문화에 배열되었는지 말해준다. 우리는 모든 뉴스들에서 전쟁, 비행기 추락, 강간, 살인 등과 같은 파괴들과 만나고, 책, 영화, 연극 등 모든 측면에서도 임박한 멸절(滅絶)의 가능성으로 폭격당하고 있다. 그와 동시에 과거 우리를 지원해 주었던 가정과 공동체와 교회 같은 구조들은 무너졌고, 우리 삶에서 시금석이었던 의례들은 지금 비어가고 있으며, 묵주(默珠)는 장식물로 되면서 닳아버렸다. 이 모든 것들과 함께 현대인들이 느끼는 소멸에 대한 두려움은 미래를 강박적으로 볼 수밖에 없는 본능의 자연스러운 성향이다. 그들은 종종 직관적으로 그들이 대치할 수 없는 지금-여기서의 현실을 붙잡지 않고, 그들이 어떻게 될 수 있고, 어때야 하며, 미래에 어떻게 살 수 있을 것인지 꿈꾸는 것이다. 그때 현실과 꿈 사이의 간극(間隙)은 흔히 강박관념으로 채워진다.

더구나 현대의 기술 사회는 우리를 본능과 아무 상관도 없는 공간으로 몰아간다. 그래서 우리는 우리의 몸이 내는 소리를 듣는 방법을 잊어버렸다. 사람들은 흔히 그들에게 잘못된 모든 것들에 폭탄을 던진다. 그래서 우리는 우리 몸이 우리에게 무슨 말을 하려고 하는지 묻지도 않고, 약을 먹으려고 한다. 우리가 위험에 처했을 때, 우리는 그 위험 자체에서 지혜를 얻을 것은 생각하지 않고, 우리 정신을 바로 잡으려고 하지도 않으면서 몸의 병만 고치려고 한다. 그때 우리는 일시적으로는 성공할 수 있지만, 우리의 관심을 다른 어떤 기본적인 문제에 돌리고, 곧 또 다른 증상들이 생겨난다. 몸에는 그 자신의 길이 있기 때문이다. 그래서 우리가 작은 증상들을 무시하면, 몸은 결국 그 자신의 복수를 한다. 우리들은 문화의 산물로서 우리의 본능적 뿌리와 접촉하지 않고, 부모들은 그들의 자녀 역시 감정이 있고, 두려움을 가진 인간 존재로 보기보다는 하나의 기계로 취급하려고 한다. 우리가 아이들을 의식적으로나 무의식적으로 그렇게 다루면, 그들은 우리를 그렇게 대하고, 가족 가운데 어느 하나가 그 사실을 의식하고 바로 잡을 때까지 각 세대(世代)에서 병은 깊어간다.

예를 들어서 말하자면, 어떤 어머니가 자신의 모습을 거울 속에서 보면서, 자신의 몸을 그녀 자신으로 생각하지 않고, 자기 마음대로 조작할 수 있는 미술 작품의 자료로 본다면, 그녀의 딸에게는 "거울아, 거울아 이 세상에서 누가 제일 예쁘니" 하고 물으려는 태도가 자라게 된다. 그 딸 역시 그녀 자신을 하나의 인간 존재로 인식하지 못하고, 자신의 몸을 미술 작품의 대상으로 보게 되는 것이다. 그녀는 자신의 몸을 살지 않는 것이다. 그 결과 끔찍한 이분법이 자란다. 그녀는 어린 아이와 같은 목소리를 가진 상냥하고, 고분고분하며, 수동적인 젊은 소녀로 보이지만, 그녀의 입에서 나오는 말들은 무시무시하다. 그녀의 "순수함" 안에서, 그녀는 자신의 깊은 속에 살인자가 있는 것을 모르는 것이다. 다음과 같은 말은 스무 살 먹은 여성 거식증 환자가 말한 전형적인 사례이다.

> 내가 이 상자에서 언제 나올 수 있을까요? 나는 내 몸이 마치 어떤 뚱뚱하고 낯선 물건인 것처럼 이리저리 끌고 다닙니다. 나는 암, 전쟁, 학교, 그리고 다른 사람들이 나를 어떻게 생각하는지 아주 두렵습니다. 나는 지금 너무 화가 나서 머리가 터질 것 같고, 내가 너무 거대해지는 것을 느낍니다. 그리고 이 세상에 종말이 오는데, 내가 어디에도 없을 것 같아서 무섭습니다. 나는 여기에 있지 않습니다. 정말 여기에 있지 않습니다. 나는 무엇을 하는 것일까요? 나는 나를 위해서 이 표준들을 지키고 있으며, 이렇게 하지 않을 수 없습니다. 나는 그 어느 것도 할 수 없습니다. 아무것도. 아무것도. 추악하고, 더럽고, 뚱뚱한 덩어리만이 나입니다!

그녀가 사는 무심하게 흘러가는 이 세상에 대한 그녀의 반응은 철수(撤收)하는 것이다. 그녀는 그녀와 직접적인 관계가 없는 모든 것들을 증오한다. 아름다움과 정결함과 빛의 왕국에 기반을 둔 그녀의 부권제적 가치 체계는 그녀의 "더러운 몸"을 몹시 증오하지 않을 수 없게 하는데, 그녀는 그 몸이 더 이상 거기에 존재하지 않도록 아주 "작게" 축소시켜 버리거나 "개념화" 한다. 사회 역시 그녀에게 그녀 자신과 그녀의 여성성 사이에 난 간극을 잇는 다리를 만들어주는 어머니인 태모(Great Mother)의 이미지를 제공할 수 없다. 그런 원형은 아직 배열되지 않은 것이다. 그녀는 아무 모성적 기반도 없이 새로운 삶이 가져올 혼돈을 두려워하면서 그녀 자신이 만든 공포로 가득 찬 전망 속에서 혼자 걸어간다. 그녀에게는 인생이 문제가 아니다. 그녀가 가진 유일한 목적은 거울 속에 있는 것을 아이러니하게도 그녀가 경멸하는 집단적인 가치 체계에서 완전히 받아들일 수 있는 예술 작품으로 만드는 것이다.

고독이 현대 사회의 핵심적 요소이듯이, 강박 증후군에서도 고독은 중요한 요소이다. 정말 강박적인 사람은 그들의 의례를 혼자 치른다. 또 다른 젊은 여성 거식증 환자의 일기를 인용해 보자.

나는 완벽성의 다양한 단계들을 갑니다. 나의 삶이 조직될 때, 그것은 완벽하게 조직돼서, 어떤 것이 잘못되면, 나는 최선을 다할 수 없습니다. 나는 완전히 무너집니다. 모든 것은 나아갑니다. 내가 하는 모든 것에는, 심지어 내가 먹는 음식에 이르기까지 논리적인 이유가 있어야 합니다. "날씬할수록 더 좋다"가 나의 철학입니다. 그것은 매력적일 뿐만 아니라, 규율과 통제를 보여줍니다. 그러나 내가 하는 모든 것은 음식물과 사람들이 나에게 어떤 것을 먹일까 하는 걱정에 중심을 두고 있습니다. 언젠가는 그런 말이 이상하게 생각되었습니다. 그래서 거식증에 걸린 사람이 아닌 다른 사람들에게 나에 대해서 설명하는 것이 아무 소용도 없다는 느낌이 듭니다. 그 사람들은 나와 다른 사고의 지평에 있으니 말입니다.

이렇게 혼자서 궤도를 돌고 있다는 똑같은 감각이 다른 젊은 비만 여성에게서도 표현되었다.

나는 쓰레기 같은 음식에서 떠나서 그래놀라(귀리에 건포도와 붉은 설탕을 섞은 건강 음식—역자 주)로 올라왔습니다. 내 체중은 5kg 정도가 빠졌습니다. 내가 거울을 보기 전까지는 기분이 아주 좋았습니다. 거울은 살인자입니다. 나는 내 몸에서 피가 빨리는 것 같은 것을 느낄 수 있습니다. 나는 나의 창자 밑바닥까지 울리는 비웃는 소리를 듣습니다. 나는 이제 아무것도 믿지 않습니다. 내가 더 살 수 있을 것 같다고도 믿지 않습니다. 나는 그 끔찍한 비웃음을 멈추게 하려고 과자를 움켜쥡니다. 그러자 곧 죄책감이 밀려옵니다. 누가 이런 것을 믿을 수 있겠습니까? 과자 하나 때문에 삶이 옹색해진다는 것은 범죄입니다.

알코올 중독과 마찬가지로 음식물에 대한 중독의 문제를 다루는데 있어서도 가장 커다란 어려움 가운데 하나는 환자들이 이런 중독에서 어느 정도 벗어났을 때 느끼는 절망감을 극복하도록 돕는 것이다. 사실 하나의 중독증에서 벗어나면 다른 중독으로 넘어가기 쉽다. 거식증에 걸린 소녀나 비만증 소녀가 종교적 회심을 통해서 치유 받는 일은 종종 일어나곤 한다. 융도 익명의 알코올 중독자들의 자조 모임(Alcholics Anonymous)의 공동 설립자인 빌 윌슨에게 쓴 편지에서 신체적 갈증과 영적 갈등이 종종 혼동된다는 것을 인정하였다.

> 술에 대한 갈망은 중세 시대의 언어로 말하면 낮은 수준에서 하느님과 하나가 되는 존재의 전일성을 이루려는 영적 갈망과 같습니다. …
> 나는 이 세상을 덮고 있는 악한 원리는 우리가 진정한 종교적 통찰이나 인간의 공동체가 만든 방호벽을 가지고 제대로 대처하지 않으면 우리에게 잘 알려지지 않은 영적 욕구를 파멸시킨다고 아주 강하게 확신합니다. 보통 사람들은 위로부터의 행위에 의해서 보호 받지 못하고, 사회에서 소외되어 있으면 악의 힘과 맞설 수 없는데, 그것은 충분히 악마라고 부를 수 있습니다. …
> 당신은 "술"(alcohol)이 라틴어로 "바람", "숨"(spiritus)이고, 그 똑같은 단어가 사람들을 가장 타락시키는 독인 것은 물론 가장 종교적인 체험과 관계되는 단어로도 사용할 것입니다. 여기에서 도움이 되는 공식은 "알코올에 맞서려면 다른 영이 필요하다"(*spiritus contra spiritus*)라는 말입니다.[4]

익명의 알코올 중독자들의 자조 모임 프로그램의 첫 번째 두 단계는,
 1. 우리는 술을 제어하기에는 무력했었다는 사실을 받아들인다―우리 삶을 제어하지 못했던 것이다.
 2. 우리는 우리 자신보다 더 큰 힘이 우리를 건강하게 회복시킬 수 있

다는 사실을 믿게 되었다.[5]

음식물과 술은 우리 사회의 상당히 많은 사람들에게 놀라울 정도로 매력적인 것이고, 음식물과 음료수의 신성력은 아마 우리의 20세기 문화의 중심적 위기를 반영할 것이다. 우리는 물과 포도주의 상징주의와 진정한 관계를 전혀 맺지 못하는 기독교 문화가 지배적인 사회에서 산다. 영적 양식이 없어서, 우리는 정말 허기지고, 갈증을 느낀다. 지금 물과 포도주의 뒤에 있는 원형적 구조가 천천히 새로운 형상을 제시하려고 하는데, 우리는 그 변천기 동안 혼돈에 빠져 있으며, 그 혼돈은 고독과 두려움과 소외를 낳는다. 그 고독감을 견디기는 매우 어려운데, 분석 과정에서는 아주 잘 다루어질 수 있다. 그리스도가 소의 여물통에서 태어났듯이, 새로운 삶은 언제나 박탈당한 것으로부터 나온다.

어떤 사람이 어떤 집단에 가입할 때 생기는 위험은 그가 그 집단의 이미지나 사회가 그 집단에 부여하는 이미지와 동일시하는 것이다. 그러므로 여성주의 집단에 가입하는 여성은 자신의 창조적 과정의 흐름을 따르는 대신 1970년대의 억압적인 사고에 갇혀 있을 수 있다. 그래서 비만한 여성이 "큰 것이 아름답다"는 구호에 갇혀서 그 철학을 설교하기 시작하면, 그녀는 그녀 자신의 내적 발달을 완전히 막고 말 것이다. 그것은 마치 익명의 알코올 중독자들의 자조 모임에 가입하여 순회강연의 주요 강사가 된 알코올 중독자가 다시 술을 먹게 되는 것과 같은 현상일 것이다.

나는 익명의 알코올 중독자들의 자조 모임과 익명의 과식자들의 자조 모임을 깊이 존경하고, 나의 분석자들에게도 그 모임들에 가입하라고 격려한다. 다른 사람들로부터 이해 받는 것이 해방을 가져다 줄 수 있기 때문이다. 그러나 우리가 우리 자신의 내면의 진리를 찾아야 하고, 우리 자신의 어둠 속에 혼자 들어가야 하며, 우리 자신의 치유 원형을 발견할 때까지 내면 과정에 힘써야 한다면, 문제는 남는다. 그러나 우리에게 일단 그런 관계가 세워지면, 우리는 집단에 속해 있든지, 그렇지 않든지 간에 개인적인 길을 가야 한다. 우리가 우리의 과거와 단절하고, 혼자 서려면 대단히 커다란 용기가 있어야 하는 것이다.

요정담(fairytale)에서 전일성을 찾으려는 움직임은 종종 왕자나 공주나 보물을 찾는 것으로 상징적으로 그려지는데, 어떤 왕국에서 무엇인가가 부족한 것으로 배열(constellate, 외부 상황이 어떻게 주어졌을 때 정신적으로 그에 맞서서 준비 태세를 갖추는 것을 말하는 심리학 용어—역자 주)된다. 마찬가지로 그 어느 인간 사회에서도 새로운 원형적 유형은 그 집단의 의식에 부족한 것을 집단적 무의식에서 보상하려는 방식으로 배열될 것이다. 그래서 나는 오늘날 우리 사회에서 음식물과 음료수를 둘러싸고 일어나는 모든 것들은 태모가 새로운 원형적 유형, 즉 여성적 유형을 드러내려는 방식이라고 보려고 한다. 우리 문화에서 누미노스(신성력으로 번역되는 numen의 형용사로 사람들에게 어마어마한 신비와 매혹적인 신비감을 동시에 주는 것—역자 주)한 영적 가치의 상실과 남성적 이상에 대한 추구가 지나쳐서 그것을 보상하려는 배열이라고 보려고 한다.

우리 주위에는 물질들이 산을 이루면서 쌓이고 있으며, 우리는 점점 더 물질적으로 된다. 우리는 아무리 가져도 더 가질 수 없다. 그러면서 우리는 그것이 우리의 소유이든지, 살(flesh)이든지 할 것 없이, 모두 그 속에 묻어버린다. 우리는 거의 아무 죄의식을 느끼지 않으면서, 태모인 자연을 겁탈한다. 우리는 집어삼키는 어머니가 우리에게 다가오지만 눈을 뜨고, 보려고 하지 않는다. 거식증에 걸린 소녀는 그 마녀에게 무의식적으로 "아니야"라고 말하지만, 무의식적으로는 거기에 삼켜지고 있다. 뚱뚱한 소녀는 그녀의 안과 밖에 있는 마녀에 대한 증오에 사로잡힌 채, 거기에서 도망가려고 그녀 자신의 성을 쌓는다. 또한 알코올 중독자는 그의 트릭스터(사기꾼, 속이는 자를 의미하는데, 무의식은 사람들을 속인다—역자 주) 영을 가지고 도망치려고 한다. 그러는 사이에 에로스 원리, 즉 사랑의 영(靈)은 매일 황폐화되는 인간의 본능과 관계 맺지 못한다. 언젠가 존재하였던 인간과 자연 사이의 사랑은 이제 거의 없어졌다. 새로운 삶은 아마 죽음의 순간에 다가올 것이다. 지금 여성성의 원형이 배열되고 있지만, 그것은 아직 뚜렷하지 않다. 아마 어둠이 아직 충분히 깊지 않기 때문일 것이다.

 우리 사회에서 많은 사람들은 그들의 본성에서 나온 영적 욕구를 담을 집단적인 그릇이 없어서 중독으로 내몰린다. 그들에게 초월적인 체험과 의례, 그들 자신보다 더 큰 어떤 에너지와 관계 맺으려는 본성의 경향이 중독적 행동으로 왜곡되는 것이다. 그 어떤 수준에서의 의례들도 매일의 삶에서 매우 중요하고, 우리는 우리의 삶을 영위하게 하는 작은 일상성도 사랑한다. 우리는 아침에 깰 때, 의식으로 돌아오는 것으로 생각한다. 그래서 우리는 세수를 하고, 체조를 하며, 빵과 커피와 오렌지 주스를 먹고, 마신다. 우리는 침실에서 일어나 욕실과 부엌에 간다. 그러다가 어느 날 집에 손님이 있으면, 우리는 욕실에 가지 못하고, 부엌으로 가는데 부엌에 가서는 우리가 제일 좋아하는 커피 잔을 떨어뜨리기도 한다. 무엇인가 불편한 것이다. 아침을 먹으면서도 이야기를 잘 하지 않고, 출근하는 길에 버스도 놓친다. 하루가 어떻게 지나갔는지도 모른다. 우리는 그렇게 작은 세세한 것에도 우리의 삶의 의례(ritual)들을 세워 놓는데, 우리는 그것들이 잘못될 때까지 거기에 대해서는 기본적으로 잘 모르고 있다. 그때 우리는 우리가 우리의 세계를 하나로 묶어 놓은 반복적 패턴들이 있는 한 우리가 얼마나 무의식적으로 있을 수 있는지 깨닫게 된다.

 매일 편안한 일들을 습관적으로 하면서 우리 삶을 어느 정도 고정시키는 것도 필요할 수 있다. 그래서 어떤 사람들은 상당히 짜인 삶 속에서도 잘 살고 있다. 그러나 다른 사람들, 예를 들어서 말하자면 강박적인 사람들은 경직된 세계를 만들어 놓고, 겉으로 보기에는 균형이 잡힌 삶을 살지만, 그들의 에너지 가운데 상당히 많은 부분이 좀 비밀스러운 방에 갇혀 있는지 모르면서 딱딱한 일상에 노예가 돼서 사는지도 모른다. 심리학적으로 말해서, 그들의 에너지는 콤플렉스 속에 잠겨 있는데, 콤플렉스는 곧 우리를 무시무시하게 하는 신성력을 가진 금지되어 있고, 자성(磁性)을 띤 타부의 영역이다. 그 에너지들은 주기적으로나 정기적으로 그 끔찍한 에너지를 그들 속에서 만나지 않을 수 없다. 음식물이 금기의 대상이라면, 그녀들은 그녀들의 자아가 원형적인 에너지에 굴복하고, 복종할 때까지 먹고, 그때 그 에너지는 풀어진다. 그녀들이 거식증 환자라면, 그녀들은 음식에 대한 그녀들의 의례를 수행하고, 어두워지기 시작할 때까지 운동을 한다. 그녀들은 밝은 데로 나가고, 그녀들 자신이 내면의 빛으로 밝아지게 하는 것이다. 또한 그녀들이 의례적으로 토하는 폭식증 환자라면, 그녀들은 하루에 수만 칼로리까지 먹으면서 하루에 여섯 차례나 토하고, 이뇨제와 완하제(緩下劑)를 먹으면서 그녀들을 깨끗하게 한다. 이 모든 것들은 완전히 정신병적 유형이다. 그녀들의 인격의 한 측면은 그녀들을 허기지게 하는 사회에 아주 사납게 반항하고, 다른 측면은 사회가 요구하는 날씬함을 얻으려고 그녀들 자신을 죽이는 것이다.

거기에서는 사실 범죄적인 정신 체계가 작동한다. 아이스크림이 금지되어 있다면, 그녀들은 아이스크림 하나를 먹고, 그것을 먹을 때를 빼고는 하루 종일 그녀들 자신을 미워할 것이다. 슈퍼마켓의 선반에 초콜릿 마카롱 과자가 쌓여 있으면, 그녀들은 그것들을 한 아름 잡을 것이다. 이런 행동들을 자세히 살펴보면, 그녀들이 먹는 거의 모든 음식물이 훔친 것이라는 사실은 명백하다. 아무리 그녀들이 그것들을 그녀의 냉장고에서 꺼낸 것이라고 할지라도 말이다. 그녀들은 굶을 것이라고 했지만, 그러지 않았던 것이다. 그녀들은 그녀들로부터 음식물을 훔친 셈이 된다. 금지된 행동에 대한 갈망은 종종 평생에 걸친 부정적인 어머니와의 관계로부터 온다. 그녀들은 끊임없이 판단한다. 그래서 내가 원하는 것을 "내가" 한다면 그것은 잘못된 것이다. 따라서 내가 그것을 야단맞지 않고, 그것을 즐기려면 나는 그것을 재빨리, 은밀하게 해야 한다.

갈등이 지속되는 동안, 그녀들의 에너지는 하나의 극(極)에서 다른 극으로 흔들린다. 에너지의 이런 갑작스러운 변화는 대극의 역전(*enantiodromia*)이라고 불린다. 대극의 역전은 에너지가 하나의 방향으로 너무 멀리 떠밀려가고, 그 에너지와 싸우던 반대쪽 에너지로 갑자기 방향을 바꿀 때(마치 다마스커스로 가는 길에서 이루어졌던 바울의 회심처럼) 일어난다. "나"는 그것을 통제할 수 없지만, 그 "나" 없이 그 결과도 생길 수 없다. 그것들은 바로 그들이 맞서 싸웠던 것이다. 서로가 상대방을 미워하고, 협상을 거부하는 내전(civil war) 상태를 조성하고, 그들은 그들의 뒤를 활짝 열어 놓는 것이다. 거기에서 진짜 적이 그 내전이 다 끝나기를 기다리다가 어렴풋이 모습을 드러낸다. 그리고 모든 것을 접수한다.

융은 종교(religere, 신중하게 고찰하는 태도)는 인간의 본능 가운데 하나이고, 그렇기 때문에 그 본능적 욕구는 충족되어야 한다고 믿었다.[6] 오늘날의 세계에서 제도적인 거룩성이 점점 세속화되는 상황에서, 그에 대한 보상이 생긴다. 사람들은 그들 자신의 개인적인 대상들을 보물처럼 여기고, 그것들에 신성력을 투자하기 시작하는 것이다. 그들은 그것들을 위한 의례를 창조한다. 그러나 그들은 그들이 지금 무엇을 하고 있는지 알지 못하기 때문에 거짓된 신에게 기도하고, 그 힘에 사로잡힌다. 그들이 그 힘을 좋아하든지, 좋아하지 않든지 하는 것은 상관이 없다. 그러면서 그들은 그들이 숭배하는 것에 사로잡힌다. 그들이 있는 그대로의 세계를 거부하면, 그들은 무의식적으로 그들 자신의 허구(虛構)를 창조하고, 그들 자신의 "거룩한" 세계를 바깥에 있는 세계에 투사하려고 한다. 그때 생기는 충돌은 점점 더 파괴적으로 된다.

어떤 여성은 반복해서 나에게 다른 사람의 야비한 반응들에 그녀가 얼마나 상처를 받는지 이야기할 수 있다. 그녀의 감정은 난타당하여 그런 계속적인 학살로부터 물러서는 것이다. 그때 그녀가 알지 못하는 것은 그녀가 그녀 주위에 있는 모든 것들을 거룩하게 만들려고 하는데, 다른 사람들은 그들이 그녀의 거룩한 공간에 들어가거나 거룩한 시간에 움직인다는 사실을 알지 못한다는 사실이다. 그래서 그들은 그들도 모르는 사이에 그녀의 거룩한 사원(寺院)을 훼손하는 것이다. 사람들은 그 자신의 하느님에게 들어가고, 어느 누구도 들어올 수 없도록 강한 벽을 쌓아올리려는 유혹을 받는다. 그때 하느님은 다시 마녀의 음료로 될 위험이 있다. 비개인적인 것과 개인적인 것, 성스러운 것과 세속적인 것, 하느님과 악마 사이의 경계를 확실하게 하는 교회가 없으면, 우리는 우리 자신을 우리의 안과 밖에 있는 악마성으로부터 우리 자신을 지키기 위하여 아주 의식화되어 있어야 한다.

과거에는 완전성이 하느님에게 투사되었다. 그러나 하느님이 "죽은" 다음 그 완전성은 종종 남편에게 투사된다. 그런데 지금 많은 사람들에게 그 투사가 남편에게서 벗겨지고, 머핀(muffin, 옥수수 등으로 만든 작은 빵)에게 옮겨졌다는 것이 끔찍한 진실이다. 머핀이 하느님의 신성력의 대부분을 지니고 있는 것이다. 거기에 사로잡힌 포로들은 그 주문(呪文)을 풀지 못한다. 그러나 어떤 건강한 목소리나 내면의 웃음은 그 거룩한 머핀과의 '신비적 융합'에 대한 모든 생각들을 조롱할 수 있다. 머핀은 결코 거룩하지 않고, 그것이 풍기는 힘은 그것이 아무리 블루베리의 향과 섞일지라도 거룩한 힘을 가지지 못하는 것이다.

그러면 어떻게 될 것인가? 종교의 구조 속에서 의례는 그것을 통하여 한 개인을 사회의 한 차원으로부터 다른 수준으로 변환시키거나 깨달음을 한 수준으로부터 다른 수준으로 이행하게 하는 변환의 불로 인식된다. 그 불이 실제적이거나 상징적이거나 관계없이 입문자들은 거기에 복종하여, 옛날의 삶을 태워버리고, 새로운 인간이 돼서 나온다.[7] 그 불의 중심에는 원형적인 힘, 즉 그 참가자들이 그네들의 삶에 참여하도록 간구하는 신이나 여신이 자리 잡는다. 고통과 죽음과 부활이라는 신성력이 깃든 체험 속에 있는 그 에너지와 접촉함으로써 자아는 그 자신을 더 높은 힘에 희생시키고, 확장되며, 변환돼서, 새로운 전망(outlook)을 가지고 일상적인 삶으로 돌아온다. 그러나 이렇게 타고나는 영적 바람(longing)이 교회가 제공할 수 있는 것 같은 비인격적인 틀 속에서 조직화되지 못하면 어떤 일이 생기는가? 머핀은 성찬식의 과자를 대신할 수 없고, 술은 성찬식의 포도주를 대신할 수 없으며, 허기는 종교적 금식을 대신할 수 없다. 우리에게서 나오는 동물의 신호와 영적 신호가 혼동될 때, 이상한 행동들이 생겨난다. 그래서 어떤 종류의 의례가 완수될 때까지 공허가 녹이 슬게 하고, 늑대는 먹이를 찾아서 헤맨다. 그것이 만일 강박적인 의례라면, 그것은 고작해야 그 희생자들을 무의식으로 곤두박질하게 하는 허리케인으로 될 것이다.

거룩한 의례 속에서 참가자들은 언제나 교회, 방벽이 세워진 도시, 거룩한 테메노스(*temenos*, 거룩한 공간, 신에게 바쳐진 안전한 지역—역자 주)를 둘러싸고 조심스럽게 시계 방향으로 가려고 한다. 그들은 그 방향으로 움직이면서 착한 신들에게 빌고, 그들의 신들을 통해서 들어갔다 나왔다 하면서 새로운 깨달음과 조화감을 지닌 의식 속으로 들어간다. 그러나 참가자들이 악마에게 비는 흑(黑) 미사 속에서 그들은 왼쪽으로 돌고, 의례화 된 행동을 통하여 반대 방향으로 가며, 그 자신들에게 악마적인 힘이 실린 것을 체험한다. 그 두 유형은 메두사의 눈이나 태모의 눈으로부터 나오는 에너지의 나선형 운동에 의해서 상징화될 수 있다.[8] 그것은 이 도형 속에서 이렇게 나타난다.

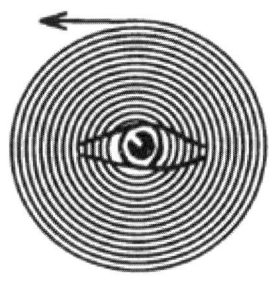 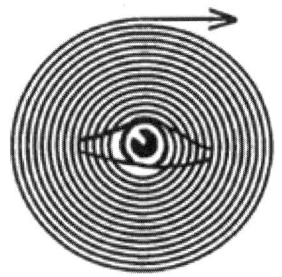

메두사의 눈	태모의 눈
무의식으로 들어가는 시계반대 방향으로 가는 에너지의 운동	의식으로 향하는 시계 방향으로 가는 에너지의 운동
우울증	새로운 에너지가 풀려남
메두사에 의해서 돌로 됨	존재가 행동하게 함

에너지가 시계 반대 방향으로 돌면서 악마적인 혼란으로 들어갈 때, 내면의 독백은 부정적인 만트라(*mantra*, 영적이나 물리적 변형을 일으킬 수 있다고 하는 발음이나 낱말—역자 주)처럼 들린다.

나는 소진되었다. 나는 내 주위에 있는 사람들 때문에 황폐해졌다. 나는 배가 고프다. 나는 나 자신을 붙잡을 수 없다. 나에게는 음식물이 필요하다. 내 삶에는 사랑이 없다. 나는 사랑스럽지 않다. 그것은 내 잘못이 아니다. 달콤한 것들이 필요하다. 나는 달콤한 것들을 먹었다. 나는 모든 것들을 빼앗기지 않을 것이다. 내 삶은 모두 잘못 되었지만, 내가 할 수 있는 것은 아무것도 없다. 그것은 내 잘못이 아니다. 그것을 어떻게 할 수가 없다. 나는 그것을 할 수 없다. 나는 그것을 할 수 없다. 나는 그것을 할 수 없다.

심리학적으로 볼 때, 이 여성은 그녀의 그림자에 대해서 책임지려고 하지 않고, 그녀가 처한 상황을 있는 그대로 보려고 하지 않으며, 그녀 자신을 돌보려고도 하지 않는다. 그녀는 자신의 책임을 거부하면서, 그녀 자신의 죄책감과 자기-파괴적인 행위도 부정한다. 즉각적인 만족에 대한 그녀의 유아적 욕망은 그녀가 그녀 자신의 진정한 감정에 대해서 무디게 하였고, 그 결과 폭식이 최저점에 도달하면, 그녀는 부정적 감정(이 모든 결과는 58-59쪽에 있는 글들 속에서 명백하게 드러난다)이 범람하도록 문을 연다(나는 여기에서 융이 감정(feeling)과 정감(affect)을 구분했다는 사실을 강조하고 싶다. 감정은 우리에게 어떤 것의 가치에 대해서 말하는 합리적 기능이고, 정감이나 정동은 활성화된 콤플렉스로부터 오는 것이다).

이와 반대로, 한 사람의 에너지가 태모를 중심으로 하여 시계 방향으로 돌면, 내면의 독백은 긍정적 만트라처럼 들린다.

나는 피곤하다. 나는 나 자신을 사랑한다. 나는 나의 몸을 사랑한다. 나는 내가 영양을 섭취하도록 한다. 나는 내 안에 있는 여성을 사랑한다. 그녀에게 제일 좋은 음식물은 어떤 것일까? 내가 정말 원하는 것이 음식물일까? 그것은 음악이나 춤추는 것은 아닐까? 그래, 나는 뚱뚱해. 그러나 나는 내 몸이 어떻게 생겼을지라도 나의 진정한 여성으로서의 몸을 해방시키려고 할 것이야. 여기에서 실재하는 것은 무엇일까? 나에게 일어나는 것들은 바로 나야. 나는 긴장을 풀고, 가만히 있고 싶어. 목욕을 해야겠구나. 나는 나 자신의 삶을 긍정하려고 해. 나는 그렇게 할 수 있어. 나는 그렇게 할 수 있어. 나는 그렇게 할 수 있어.

이 독백에서 비만은 어쩌면 그 전에 한 번도 충분히 살아지지 않았던 그림자의 밝은 면처럼 사실 그대로 제시된다. 부정적 사고를 강화시키면서 "나는 그렇게 할 수 없어"라고 다이어트에 대해서 말하는 대신, 비만이 긍정적으로 다루어지는 것이다. 그때 자아는 세워진다. 자아가 강해지면 강해질수록 투사는 음식물로부터 더 잘 철회될 수 있는 법이다. 이렇게 정신적 건강이 끈질기게 재구축되면, 몸무게가 빠지기 시작해도 다른 새로운 증상이 생기지 않는다.

직업세계에서 추진력은 폭식만큼 악마적일 수 있다. 마리-루이제 폰 프란츠는 악마의 상징성에 대해서 다음과 같이 말한다.

> 현대 여성의 꿈에서 늑대는 종종 아니무스나 여성들이 아니무스에 사로잡혔을 때 가질 수 있는 이상하게 모든 것을 집어삼키려는 태도를 나타낸다. ... 늑대는 모든 사람과 모든 것을 삼켜버리려는 이상하게 무분별한 욕망을 나타내는데, 그것은 그 주된 문제가 그들의 불행했던 유년기 때문에 유아 상태에 머물러 있는 많은 신경증 환자들에게서 볼 수 있는 것이다. ... '그들이' 그것을 원하는 것이 아니라, '그것이' 그것을 원하는 것이다. 그들의 '그것은' 결코 만족을 모른다. 그래서 늑대는 그런 사람들에게 계속해서 원한으로 가득 찬 불만족을 만들어낸다. ... 늑대는 빛(*lykos*)이라는 이름을 가지고 있다.[9]

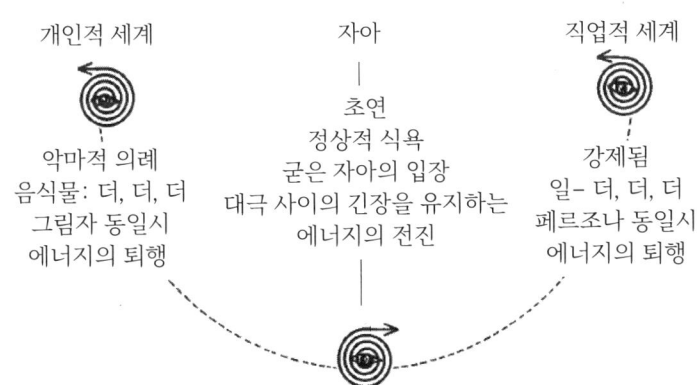

늑대증후군: 강박적 에너지가 개인적 활동과 직업적 활동 사이를 왕복하면서 힘을 얻음.

위의 도형은 시계추처럼 움직이는 에너지의 움직임을 보여준다. 에너지가 어느 한쪽으로 더 많이 움직이면, 다른 쪽의 보상은 더 커지고, 시계추의 흔들림이 더 빠르고, 더 넓어질수록, 더 빨리 꼭대기를 넘어가려고 할 것이다(대극의 역전). 여기에서 비결은 탐욕을 지배하고, 그 에너지가 올바른 목표를 향해서 바르게 나아가게 하는 자아의 자리를 발견하는 것이다.

의례적인 폭식(暴食)에서 부정적인 어머니는 다음과 같은 방식으로 불려오면서 폭식으로 이끈다. 폭식자는 집에 가려고 버스를 탄다. 그녀는 그녀가 보통 내리는 버스 정류장에서 내리지 않으려는 결심을 한다. 거기에는 머핀 가게가 있고, 그녀는 그것들을 사려고 발걸음을 하게 되기 때문이다. 그녀는 참는다. 그녀는 머핀을 먹고 싶다. 신경증이 될 지경이다. 그녀는 두 정류장이나 지나쳤는데, 아무리 참으려고 했지만 이제 더 참지 못하고 그 타부, 그 거룩하고, 증오스러운 것을 사려고 달려간다. 그녀는 물론 혼자이다. 어떤 사람이라도 같이 있었으면, 그녀는 부끄러웠을 것이다. 그녀는 그 전에도 그녀의 의지대로 걷지 않고, 이렇게 걸은 적이 있다. 그녀는 서둘러서 은밀하게 그녀의 집에 돌아와서, 문을 잠그고, 전화선을 뽑고, 그녀의 의례복을 입고, 의례를 하는 자리에 앉아서 먹기 시작한다. 처음에 그녀는 무시무시할 정도로 고요한데, 그 정적은 머핀이 의례의 머틴(MUFFIN)이 될 때까지 그녀를 일종의 엑스타시 상태로 이끌 것이다. 그녀의 늑대는 이제 배열되었다. 그녀의 몸은 부풀 것이고, 그녀의 영은 소멸된다.

그녀가 비만증이라면, 그녀는 혼미한 상태에서 침대에 몸을 던질 것이다. 그렇지 않고 폭식증이라면 그녀의 목구멍에 손가락을 넣고, 토할 것이다. 그녀는 그녀 자신을 배반했는데, 그녀 자신이 배반당했다고 느낀다. 그녀 안에 있는 그녀가 도저히 어떻게 할 수 없는 어떤 힘에게 속은 것이다. 그녀가 무의식적으로 육화시키려 하고, 흥분한 상태에서 물건을 살 때 잠깐 동안 굳게 믿었던 선(善)은 출현하지 않았다. 그렇지 않으면, 그것이 나타났지만, 악마적인 형태로 나타났는지도 모른다. 그녀가 향연

(饗宴)을 준비할 때, 그녀는 긍정적인 어머니에게 빌었다고 생각하였다. 그녀는 사랑 받는다고 느꼈고, 안전하고, 보호 받으며, 존중 받는다고 느꼈던 것이다. 그러나 어린 시절에 긍정적인 어머니에 대한 욕구가 너무 자주 부정적인 어머니의 현존으로 나타났거나 그 두 어머니가 혼합된 형태로 나타났듯이, 이 향연에서도 긍정적인 어머니는 그녀의 눈앞과 뱃속에서 마녀로 변한다. 성찬식이 거룩하게 시작되지만, 악마적으로 끝나는 것이다. 어머니에 대한 어릴 때의 경험이 반복되는 것이다.

어머니 역시 틀림없이 딸의 욕구에 의하여 덫에 걸렸다고 느낄 수도 있을 것이다. 그녀가 아이들과 같이 집에 갇혀 있고, 거기에서 빠져나갈 희망이 없고, 사랑이 없는 결혼생활에 감금되어 있다면, 그녀의 아이들이 보채는 것은 그녀에게 악몽이 될 것이다. 따라서 그녀가 아이들에게 아무리 많은 것을 "줄지라도", 긍정적인 어머니에 대한 아이들의 갈망은 부정적인 것으로 나타날 것이다.

강박적으로 폭식을 하였던 어떤 여성은 삼 년 동안 분석을 받은 다음에 그녀의 어린 시절의 체험에 대해서 다음과 같이 기록하였다.

내 존재 구조의 모든 것은 '나는 다른 사람들을 기쁘게 해야 한다'는 하나의 명제에 기반을 두고 있었습니다. 나는 그밖에 다른 생각은 할 수가 없었습니다. 내가 나 자신의 감정이 어떤 것인가를 알려고 아무리 열심히 작업을 할지라도, 또한 아무리 내가 그 순간 온 정신을 차려서 붙잡으려고 결심할지라도, 나는 여전히 시간이 지난 다음에야 알 수밖에 없습니다. 내가 그때 어떻게 느꼈는지는 내일이나 그 다음 날 알 수 있을 것입니다. 그때 그것은 때로는 분노, 두려움, 기쁨으로 마치 번개처럼 나를 칩니다. 그러나 나는 즉각적인 것들이 모두 지날 때까지 아무리 해도 그 감정들을 붙잡을 수 없습니다. 분석을 받을 때도 나는 그 전 회기에 느꼈던 감정을 소화시키느라고 한 시간을 낭비합니다. 그러나 그 감정에 따르는 행동을 하기에는 너무 늦습니다. 실제 상황에서 나는 한편으로는 분석가를 기쁘게 하려고 하고, 다른 한편으로는 나 자신의 감정에 빠지려고 하는 바람에 마비되고 맙니다. 나는 내가 가장 사랑하는 사람들과의 관계에서도 그것이 불가능합니다. 사실을 말하자면, 그것이 가장 어려운 일입니다. 내가 나 자신에게 돌아오면, 나는 내가 정동적인 것을 받아먹지 못했고, 나 자신을 주지 못해서 존재의 깊은 수준에서 나를 표현했다고 느끼지 못하고, 완수하지 못했으며, 나 자신을 배반했기 때문에 허기(虛飢)를 느끼고, 내가 삭제되었다는 느낌이 듭니다. 서로 사랑하는 사람 사이에서 이루어지는 에너지의 흐름이 나에게서는 간단하게 처리되는 것 같습니다. 나는 말하고, 다른 사람이 말하는 것도 듣습니다. 그러나 나는 나의 내면 깊은 곳을 열기가 두렵습니다. 거기에서 무엇이 나올지 모르겠습니다. 나는 정동적이고, 영적인 성장은 인간의 상호 관계에서 이루어진다는 것을 지적으로는 압니다. 그러나 나는 나를 삶으로부터 봉인된 유리관에 산 채로 묻습니다. 나는 거기에서 시들어갑니다. 내 몸은 더 굳어지고, 내 영혼은 더 목말라 갑니다. 나는 사실 너무 허기가 져서 먹었습니다. 나는 내가 무의식적으로 될 때까지 먹을 것이라는 사실을 알기 때문에 그것은 자기-파괴입니다.

우리 가족의 저녁 식사 자리를 그리면 다음과 같습니다. 나의 어머니는 그녀가 할 수 있는 최선을 다해서 상을 차리고, 아버지는 고기 굽는 것을 지시합니다. 식탁에는 선의와 사랑이 가득합니다. 우리는 어머니가 하루 종일 준비한 음식들을 다 먹어야 합니다. 그것을 거부하는 것은 어머니를 거부하는 것을 의미합니다. 내가 아버지가 말씀하시는 것에 내 목소리를 내서 반박하면, 아버지는 내가 무슨 말을 하는지 나 자신조차 모른다고 하시면서, 조용하게 내가 정말 생각하는 것은 어떤 것이라고 말을 하십니다. 언젠가 내가 그것은 내가 정말 생각했던 것이 아니라고 울면서 이야기 했을 때, 어머니는 나를 식탁에서 쫓아내면서 그녀는 그런 울보를 키우지 않았다고 하였습니다.

우리 집 식당 벽에는 명판이 있는데, 하늘을 바라보는 그리스도의 머리 아래 이렇게 쓰여 있습니다: "그리스도가 이 집의 머리이며, 매 끼마다 보이지 않는 손님으로 함께 하신다." 그렇습니다. 보이지 않는 손님이 있었습니다. 나는 그의 현존을 확실히 알고 있었습니다. 그러나 그는 악마 자체였습니다. 내가 차려진 음식을—신체적으로, 정동적으로, 정신적으로—다 먹지 않으면, 그가 그것을 물질화한다는 것을 알았습니다. 그는 살인자였습니다. 나에게는 아무 선택권이 없었습니다. 나는 내 목구멍을 막고 있는 것을 삼키든지, 아니면 죽든지 해야 했습니다. 처음부터 나라는 작은 소녀로부터 생겨난 것은 무엇이든지 조롱당하거나 무시당했습니다. 그 미사는 내가 태어나기 전부터 시작되었습니다. 나의 어머니는 임신한 것을 싫어했고, 하느님에게 아들을 달라고 하였습니다. 분만할 때도 여러 시간 동안 고생하다가, 결국 마취를 해야 했습니다. 그리고 나는 어머니가 내적으로 많이 상처를 받은 다음 세상에 나오게 되었습니다. 그녀가 나를 환영하지 않은 것은 놀라운 일이 아닙니다. 그녀는 나에게 젖을 먹이는 것을 아주 고통스러워했고, 나 역시 젖을 먹는 것이 아주 고통스러웠습니다.

나에게는 그 어릴 때의 유형이 아직도 남아 있습니다. 나의 지난 사십 년은 피가 나는 세월이었습니다. 내가 무엇인가를 받으려고 할 때마다 나는 지옥에 갑니다. 겉에서 보면, 풍성한 젖에서 나오는 흘러넘치는 인간의 친절이라는 젖이 있고, 나는 관대한 어머니로부터 나의 허기를 채우는 성실한 아기입니다. 그러나 내면에서 보면, 나는 어머니를 기쁘게 해야 하며, 내가 어머니를 기쁘게 하는 유일한 길은 나 자신을 죽이는 것이라는 사실을 나는 압니다. 그녀가 주는 독을 마시고, 그녀에게 고맙다고 해야 하는 것입니다. 그 보이지 않는 손님은 언제나 거기에 있고, 그는 나에게 속한 모든 것은 독이 있고, 내가 살 수 있는 유일한 방법은 내가 받은 것을 마셔야 하는 것이라고 말합니다. 그것이 비록 독이라고 할지라도 말입니다. 내가 폭식할 때, 그것은 아기 독재자가 마녀인 엄마를 게걸스럽게 먹는 것이고, 무시무시한 아이러니는 그것이 바로 내가 어머니를 제일 기쁘게 하는 일이라는 사실입니다. 그녀가 주는 독을 마시고, 나를 멸절시키는 것입니다. 내가 배고플 때, 그것은 아기 독재자가 마녀인 어머니를 거부하는 것입니다. 그러나 결과는 언제나 똑같았습니다. 나는 생명을 거부하고, 죽습니다. 나는 나의 존재 자체를 받아들일 수 없습니다. 나는 젖의 달콤함을 믿을 수 없습니다. 나는 그 어떤 친교도 받아들일 수 없습니다. 나는 성찬식의 빵을 손에 들지만, 그것을 받지 않습니다. 나는 아무리 봄이 와도, 보기는 하지만 봄이 얼마나 아름다운지 느끼지 못합니다. 나는 죽음의 덫에 갇혀 있고, 계속되는 모순 속에 있습니다. 나는 살아남기를 바랍니다. 내가 살아남으려면, 어머니를 기쁘게 해야 합니다. 그러나 어머니를 기쁘게 하려면, 나는 죽어야 합니다. 나와 여성으로서의 나의 감정, 나의 성욕, 나의 욕구들과 나의 욕망들을 죽여야 합니다. 나는 그것들을 받아들이는 대신 도망칩니다. 나는 나의 유리관 속에서 살고—그것은 흉합니다—삶이 내 곁을 지나가는 것을 봅니다.

이 글들은 몇 가지 점을 매우 분명하게 한다. 폭식에는 자기장(磁氣場)이 있고, 그 안에 사랑의 어머니(Loving Mother)의 현존에 대한 약속이 있는 듯하다. 그런 기대 속에서 허기진 영이 사랑의 공동체 속으로 들어가면서 물릴 정도로 먹으러 가는 고정된 중심과 함께 에로스가 주관하는 거룩한 의례가 나타난다. 사실 그것은 그 숭배자들을 더 깊은 소외, 즉 더 깊은 허기와 아무 해방도 없는 소외에 사로잡히게 하는, 타나토스가 주관하는 강박적 반복에 불과한 것이다. 그것은 다만 그의 의미가 결국 분명해질 때까지 다시금, 다시금 사라져야 하는 기계적 행위에 불과한 것이다. 그 의미를 해독할 수 있는 유일한 방법은 그 사람이 "이것이 나에게 의미하는 것은 무엇인가?" 하고 물을 수 있을 정도로 충분히 의식적으로 되는 것이다.

그런 질문이 던져지지 않는 한, 그 보이지 않는 손님은 감상적인 그리스도나 또 다른 구원자의 형상으로 변장한 마녀-어머니일 것이다. 그러나 의식이 그 문제를 붙들고, 일단 무의식과 대화하게 되면, 그 손님은 그 자신을 아주 다른 형태로 드러내고, 그 전에 거룩하게 보였던 것은 악마적인 것으로 드러나게 된다. 어떤 여성이 그녀가 무엇을 하고 있는지 알지 못하면, 그녀는 현혹당하기 쉽다. 그녀가 "여기서 일어나는 것이 어떤 것인가?" 하고 물어볼 용기를 가지지 못한다면, 그녀는 그녀의 내면에서 진행되는 무의식에 빠지고 마는 것이다. 그녀가 머핀을 살 때 그녀가 잊은 것은 어둠 속에 담겨 있는 공황(恐惶)이다. 그녀가 무의식에서 마주하는 것은 부정적인 어머니 마녀이고, 그 두려움이 크면 클수록 그녀는 콤플렉스에 더 가까워진다. 그녀가 어린아이로서 감히 마주하지 못하는 부정적인 어머니에게 다가가는 것이다. 그녀가 메두사와 마주할 때 불러일으켜진 두려움과 격노는 폭식을 할 때 함께 목에 삼켜진다. 폭식과 축복 받은 잠은 그녀가 정신병이라는 구석으로 몰리지 않게 하는 자연의 보호이다. 그녀는 아직 정신병을 마주할 수 없기 때문이다.

일단 한 여성이 어머니와의 동일시에서 벗어날 준비가 되어 있고, 그녀의 의식이 일단 무의식에서 진행되었던 것들을 이해하게 되면, 그녀는 그녀의 진짜 어머니와 그녀의 내면에 있는 어머니가 그녀에게 음식물을 줄 수 없다는 것을 이해할 수 있게 된다. 그러나 그녀가 무의식적으로 그녀를 멸절시키려고 하는 실제의 어머니나 내면의 어머니에게 복종하는 한, 그녀는 마녀에게 사로잡힌 상태 속에 있게 된다. 그러므로 그녀는 그녀 자신의 삶을 살기 위해서 그녀 자신을 마녀와 분화시켜야 한다. 그렇게 될 때에야 비로소 그녀는 그녀 자신을 양육할 수 있고, 악마적 의례를 거룩한 의례로 변환시키게 된다. 그래서 먹는 것이 단지 세상사의 하나가 되는 날이 온다. 그러나 음식물이 신성력을 잃을 때까지 먹는 것은 그녀에게 거룩한 제의로 된다.

조용해지기를 거부하는 무의식적이고, 본능적인 목소리가 있는 것은 틀림이 없다. 무엇인가가 자아의 요구에 적응하기를 거부하는 것이다. 그 목소리가 경청되고, 그 목소리를 조심하지 않으면, 삶 자체는 위험에 빠진다. 영적 갈망은 자아의 친구가 되고, 그것과 함께 삶을 풍성하게 하든지, 아니면 원수가 되어 삶을 에워싸고, 삶을 공격한다. 그런데 자연의 신령들은 사람들에게 그들의 요구를 느끼게 한다. 우리가 그것을 좋아하든지, 좋아하지 않든지 간에 우리는 그것을 듣지 않을 수 없다. 우리에게 통찰력이 조금이라도 있다면, 우리는 어떤 점에서는 우리 몸에 영양을 보충하려는 가장 근본적인 문제에 있어서도 우리를 구하려고 노력하는 신들에게 소리 지르고, 악마 편에 서든지, 아니면 우리의 의식적인 가치들을 그들의 요구와 조화시키려는 것 사이에서 선택할 것이다. 다시 말해서, 우리는 삶에 필요한 것들만 먹고 소화시키려고 할 것인지, 아니면 음식물들을 덩어리처럼 넣고 토하거나 몸이 부풀어 오르게 하거나 신장이 막히게 하든지 할 것이다.

마치 타자(打字)를 친 것 같은, 다음에 소개하는 글은 악마적인 폭식을 하는 동안 일어난 전투 장면을 보여준다. 이것은 전혀 일상적이지 않은 철자법인데, 폭식이 행해질 때, 사람들은 그들에게 무슨 일이 일어나는지 의식할 수 없기 때문이다. 이 글은 자아가 악마의 조롱과 콤플렉스의 비웃음에 맞서서 그 자신의 기반을 지키려는 모습을 보여준다. 처음에는 두 개의 목소리들이 분명하게 들렸다. 그러나 광기가 시작되자마자, 이 교양 있는 여성(타자 전문가)은 철자법이나 구두점 등을 포함하여 타자를 제대로 칠 수 없었다. 연약한 자아는 버티려고 하였지만, 곧 도망치려고 했고, 점차 타자 판을 두드리면서 무자비하게 공격하고, 좌절하였고, 격노에 사로잡혔다. 그것은 결국 "몸에서-벗어난" 상태로 끝난다. 마녀는 바람을 타고 날아간 것이다.

나는실패하지않을텐데, 당신은왜그렇게애씁니까. 당신이동맹을맺은것은그것이아닙니다그들은어디있습니까그들은당신을돕습니까그렇습니다그들은나를잠자게합니다당신은왜잠에서깨어나지않으려고합니까잠에서깨어나는것은아프기때문입니다그것이얼마나아픈지말해주세요좋습니다자이제준비가됐습니까? 언제나.

모든사람이너를멍하니바라봐멍하니바라봐그들이너를보고있어그들이너를젊잖게보고있어젊잖게본다는것은주목한다는것이아니야그들은너를주목하지않아너무냄새가심하다여름에너는언제나보기흉해몸과얼굴이말이야하하하하하하하하하하하너는네가여드름을다짜냈다고생각했어하하하하하하하하하하그들은돌아왔어행복한것은누구지? 행복한자여그대의이름을말하라??????네가누구인지나에게말하라네가무엇을돌보고있는지나는악마다하하하너는어떤척하는거야? 아니야나는나는행복해왜너는행복한거지먹어그리고입을닥쳐먹어그리고입을닥쳐음악연주를하지마음악은나를숨기게해네가음악을연주하면네가나를숨기게하는거야네가음악을연주할때는꿈에대해서생각하지마네가깨어있을때는일을하지말고꿈을꿔네가날씬했을때의꿈을꿔네가먹을때하하하하하하하하하내가할수있는것은이것이야너는왜더나아가려고하니왜냐하면왜냐하면그렇지않으면내가없기때문이야그래나는너에게내안에있는더좋은집을줄꺼야너는아주강한왕자가될꺼야그리고이냄새나는사람이아니라나의왕이

될꺼야너는나와함께자라날꺼야뛰지마뛰지마뛰지마뛰지마뛰지마뛰지마뛰지마뛰지마뛰어뛰어뛰어

　너는왜뛰니너는왜그렇게애쓰니너는어디에서뛰었니??????? 너는아무것도아니야너는코딱지만해너는나에게아무것도줄수없어하하하하하하하하하하하하하하하하하하하하나를비웃지마너는거룩한자야너는뛰는사람이야그러나너는뚱뚱해하하하하하하하하하하하너는나에게독을먹이는사람이니????? 아니야좋은음식좋은음식을먹이는거야먹이는거야달콤한것말이야달콤한것달콤한것여드름은곧사라질꺼야내가월경전증후군에있기때문이야내피부가건강하기때문에그것들은금방없어질꺼야그리고살은곧빠질꺼야아냐그러지않을꺼야아니야그럴꺼야너는그렇게심하게하지마그렇게하지마다만기다려나중에지금말고왜지금하면안돼그렇게하는것은너무힘들어너무싫어싫어너무가나다라마바사사바마라다나가가나다라마바사사바마라다나가가나다라마바사사바마라다나가가나다라마바사사바마라다나가가나다라마바사사바마라다나가가나다라마바사사바마라다나가가나다라마바사사바마라다나가가나다라마바사사바마라다나가가나다라마바사사바마라다나가가나다라마바사사바마라다나가가나다라마바사사바마라다나가가나다라마바사사바마라다나가가나다라마바사사바마라다나가바람이분다바람너는바람을좋아하지바람은너를그것과함께하늘을나르게해다른사람들은바람을좋아하지않아그들은바람속에서몸을움찔거려그들은바람이불때몸을숨겨나는바람을좋아해우우우우우우 바람을타고날라. (본문에서는 모든 글자를 대문자로 표기했는데, 우리말에는 대문자가 없어서 그와 비슷한 느낌을 주려고 띄어쓰기를 하지 않았고, 글자체도 바꾸었다―역자 주).

　이 구절을 쓴 스물여섯 살 먹은 비만 여성은 여섯 번째 회기에 "어떤 의미에서 나는 태어나지 않았어요. 나는 어머니로 사는 것이에요"라고 하면서 이것을 건네주었다. 무의식의 이 말(그녀는 2분 후에 그녀가 이런 말을 했는지 기억하지 못하였다)과 62쪽에 나오는 어떤 거식증에 걸린 심리학과 학생이 그린 그림은 폭식이 어머니를 삼키는 것과 관계가 있는

것을 암시한다. 위에서 말한 구절에서 어머니는 아직도 권력을 행사하는 부정적인 어머니로서 적이고, 자아는 아직 그녀를 "삼키면서 그것을 제어할 만큼" 강하지 못하다. 그 결과 화산이 폭발한다. 다음 구절에서 그 여성은 어머니가 변환된 것을 인식하고, 그녀가 그 전에 으레 토했던 것들을 동화시키려고 한다.

그 결과 그녀에게 신체적으로는 물론 영적으로도 그녀가 "변환의 해방을 가져오는 화염의 홍수"라고 부른 것이 만들어진다. 여기에 그녀가 그 그림에 대한 설명과 (여섯 개의 시리즈 가운데 네 번째 것) 그녀가 이것을 그리면서 느꼈던 감정이 있다.

이 그림에 직접적인 영감을 준 것은 괴테의 『파우스트』에 나오는 "어머니들"이라는 장면입니다. 여기에서 기본적인 형상은 연금술의 그릇입니다. 그것은 구원의 자궁이기도 합니다. 바닥에는 두 개의 가마솥이 있는데, 하나는 검은색이고 다른 하나는 흰색이며, 대극을 위한 것입니다. 거기에는 귀와 눈의 연출이 거의 감추어져 있습니다. 그것들은 가장 중요한 감각 기관들입니다. 그것들은 말과 시간의 소리를 의미하는 로고스와 창조와 공간의 형상인 에로스를 나타냅니다. 증류기의 바닥 주위에는 여성들의 이미지가 있습니다. 노현부인은 열쇠를 구멍 아래로 건네줍니다. 거미 여인은 경이의 여인인 아마존을 생각나게 합니다. 사기꾼 같은 여성은 충분하다는 듯이 눈을 아래로 뜨고, 춤추는 여성은 한 팔을 들고 있습니다. 1890년대 풍의 옷을 입은 여성들은 그 역할이 위성 같았던 시대가 끝났고, 참정권 운동의 시대가 도래했음을 알려줍니다. 귀신같은 여성이 변환 속에서 타오릅니다. 이 여성들의 뒤에는 에페수스의 다이아나, 빌렌도르프의 비너스, 레스퓌그의 비너스 등 풍요의 여신들이 있습니다.

그 뒤에는 그릇 전체를 가득 채우면서 강한 초기의 대지모(大地母)가 있습니다. 그녀의 눈에서는 피눈물이 나며 다친 것 같습니다. 모든 것은 그녀의 자궁에 담겼고, 그 벽에는 가마솥이 있습니다. 그 형상은 연금술의 그릇, 자궁, 불꽃이고, 모든 것들은 꼭대기에서 초인간적인 신비의 에너지 속으로 들어갔다 나왔다 하는 것에 열려 있습니다. 그 그림의 마지막 외부의 모양은 이집트 태양신의 상징인 황금충을 기억나게 합니다. 여성 원리와 남성 원리, 즉 "만들어지고 변환되며 영원한 마음을 영원한 재창조하는 달의 제의와 아폴로적 밝음을 추구하는 태양의 원리 모두가 그림 안에 상징적으로 나타나있습니다.

가장 중요한 상을 아직 말하지 않았는데, 그것은 가운데 있는 검은 부인입니다. 그 여성의 그림을 그리고, 그 여성과 관계 맺은 것은 그림 속의 다른 상들보다 오래 걸렸습니다. 그녀는 독일 농촌의 여성으로 시작했지만, 나는 무엇인가 대지적이고, 지하계적인 것을 찾았습니다. 나는 그녀의 겉옷을 검은 잉크로 칠하면서 몸을 검게 만들었는데, 그것은 나중에 투명한 망사로 되었습니다. 그녀의 몸은 일련의 고무로 된 바퀴처럼 구근(球根)으로 되어 있습니다. 그녀의 위와 가슴 너머에 달걀 모양의 형상들이 있습니다. 그녀는 뾰족한 모자를 써서 어릿광대나 마법사 같습니다. 그녀의 두 팔은 원질료 속에 들어있습니다. 두드러지게 남근처럼 보이는 이 모양이 무엇인지 파악하기는 좀 당황스럽습니다. 그녀는 거칠지만 모성적인 것도 동시에 지니고 있습니다. 내가 이 상을 가지고 적극적 상상을 했는데, 그 속에서 나는 검은 거름으로 된 거대한 어머니인 그녀를 타고 올라가서, 대지의 비옥한 거름 냄새를 맡으면서 그녀의 풍성한 습기(濕氣) 속에 잠겼던 것 같습니다. 그녀가 대지 자체인 동정의 어머니였고, 내가 그녀의 본래적이고, 양육적인 진흙에 붙어 있었기 때문에 나는 고통과 기쁨 속에서 울면서 올라갔습니다.

그때 나는 내 그림 속에서 공중변소의 좌석을 보았습니다. 나는 변기 속에서 "어머니들"을 본 것입니다. 내가 폭식하고 또 토하면서 씻어낸 죄의식이 담긴 이분법 속에서 내가 여성적인 것을 거부했다는 것을 보았던 것입니다. 내가 의례적으로 토한 음식물들은 내가 "어머니들"을 내쫓은 것이고, 그녀들의 변환의 신비를 배척했던 것입니다. 내가 칠 년 동안 내던진 것은 내가 여성이 되기를 거절했던 것입니다. 목구멍에서 올라온 음식들을 다 토한 것은 내가 태모를 끔찍이도 거부한 것입니다.

이 그림을 그린 다음에야 비로소 몸과 피, 신체적인 것과 영적인 것의 친교에 대해서 이해할 수 있었습니다. 왜냐하면 나는 여기에서 세속적인 것과 거룩한 것을 함께 나누기 때문입니다. 그것은 해방의 변환을 가져오는 화염으로 벽을 무너트립니다. 그 대지적인 검은 태모는 나에게 새로운 삶을 살게 하는 구원과 구속

(redemption)을 가져왔습니다. 내가 그녀를 아무리 나 개인적으로 알지라도, 나는 그녀가 모든 사람들을 위한 존재라는 것을 압니다.

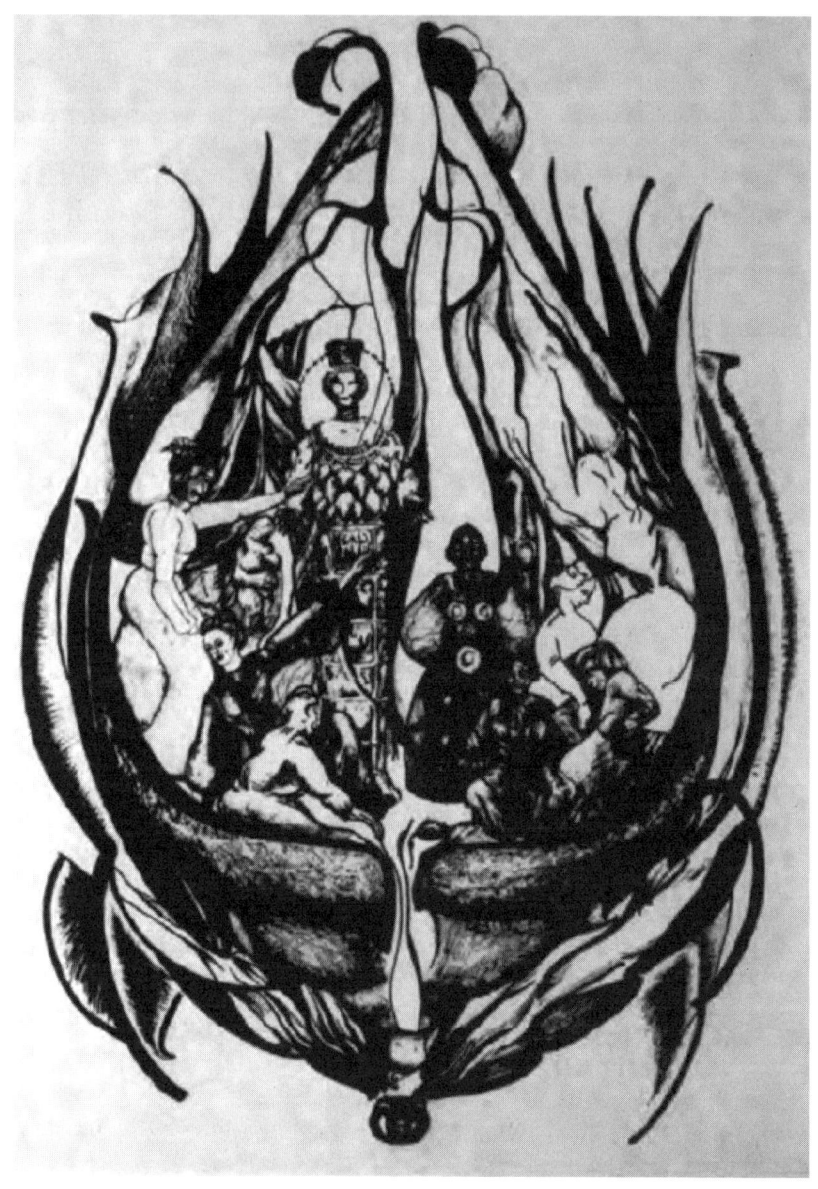

분석자의 그림: "가장 중요한 상은... 가운데 있는 검은 부인입니다... 왜냐하면 나는 여기에서 거룩한 것과 세속적인 것을 함께 나누기 때문입니다" (본문 61쪽).

일단 의례가 분석가나 다른 지각 있는 사람에게 "그 모습을 드러내면", 그것은 변화되지 않을 수 없다. 일단 마력이 의례로부터 흘러나오면, 거짓된 두려움과 진정한 두려움은 분리되고, 사람들은 그때 정말 위험한 것을 직면할 수 있는 것이다. 여성들이 미디어 때문에 소외되고, 휘둘려서 무의식적으로 마법에 걸린 상태에 깊이 들어가서 음식물 먹기를 두려워하는 것은 살찌는 것이 두려워서 그런 것이라고 생각할 수 있다. 그러나 그녀가 그 상황에 대해서 정신 차리고 생각해보면, 그와 전혀 다른 것이 그녀의 중심에 있다는 사실을 알게 된다. 그 두려움은 종종 그녀가 그녀 자신에 대한 통제력을 상실할까봐 두려워하는 것일 수 있는 것이다. 지극히 양심적인 완벽주의자들은 그녀가 자신의 강박성을 통제할 수 없다는 사실을 안다. 그녀는 그 중심에 그녀가 그렇게 미워하고, 그녀를 소용돌이치게 하는 또 다른 힘이 도사리고 있다는 사실을 아는 것이다. 낮 동안의 능률과 밤 동안의 강박은 그녀가 새로운 눈을 가지고 직면하면 피할 수 있다. 그런데 그렇게 직면하려면 엄격하고, 자기-기만적인 "나"가 굴복되어야 한다.

그런 굴복은 오직 시간이 무르익어야만 가능하고, 그 전에 있을 수 있는 저항이 존중되어야 한다. 무명의 알코올 중독자 자조 모임 프로그램은 알코올 중독자들이 그들은 아무 능력이 없고, 그들보다 더 큰 힘에 굴복할 수 있을 때에만 비로소 그 프로그램이 무엇인가 할 수 있다는 사실을 인정한다. 그 눈에 대한 자아의 태도가 무엇보다도 중요한 것이다. 자아가 적대적이면, 그는 그 자신을 희생자라고 느끼고, 자기-파괴를 하려고 한다. 그러나 그의 태도가 수용적이면—포기하는 것이 아니라 받아들이면—그 파괴는 의식적인 희생으로 된다. 태도의 그런 변화는 그 눈으로부터 나오는 사랑의 힘에 눈을 여는 것이 된다. "나"를 파괴하기보다 도와줄 수 있는 양육하는 사랑, 모든 것을 품에 안는 사랑에 개방하는 것이다. 심리학적으로 말해서, 의식과 무의식이 원수가 되면, 자아는 그 자신을 언제나 죽음 앞에 있는 것으로 느끼게 된다. 그러나 의식과 무의식이 조화를 이루면, 자아는 그 자신이 모성적인 사랑의 원천에 개방되어 있고, 무의식의 도움을 받는다고 느끼게 된다.

　모든 사람들이 보통 그렇게 믿고 있음에도 불구하고, 폭식은 어떤 사람이 음식을 굉장히 많이 먹는 것을 말하지 않는다. 왜냐하면 어떤 사람이 부정적인 모성의 덫에 걸려 있으면, 단 한 조각의 머핀이라도 어머니 때문에 먹은 것이라면, 몸이 심각할 정도로 부풀게 하거나 알레르기 반응 때문에 부풀어 오르게 되기 때문이다. 그들의 삶의 많은 기간 동안 음식물에 대한 콤플렉스를 가지고 산 사람들을 치료하는 과정에서는 상당한 정도의 인내가 필요하다. 그런 사람들의 몸은 상당히 오랫동안 호르몬 계통의 불균형 때문에 고통을 받았기 때문이다. 그들에게는 신경증의 자취가 음식물과 관련된 그들의 본래적인 죄의식과 두려움을 자극할지도 모른다. 그러나 그녀의 몸은 마녀의 침입에 대항하여 소리 지르고, 자신의 몸의 신호를 들을 수 있을 정도로 의식적으로 된 그 여성은 이미 그녀 나름대로 그녀 자신의 원형적 뿌리를 발견할 수 있다.

　의례적인 구토는 어머니를 위 속에 남겨두지 않으려는 거부로 볼 수도 있다. 먹기를 거부하지만 쇠고기를 의례적으로 열여섯 토막으로 자르고, 한 조각만 먹은 거식증 환자는 어쩌면 오래된 신화, 즉 어머니를 해체하는 신화를 재연(再演)하는 것인지도 모른다. 그것은 제의적인 도전과 권력 행사 행위일 수 있다. 이 사례에서 무의식은 매우 계산되었고, 폭식이 하지 않은 방식으로 행동하게 강압하였다. (많은 신화 속에서 아들은 그 자신이 자른 어머니의 해체된 몸으로부터 세상을 창조한다는 사실이 상기될 필요가 있다). 그 해체는 부정적인 어머니로부터 긍정적인 어머니로의 변환 과정이고, 결국 그녀 자신을 부정적인 어머니와 분리할 수 있게 되었고, 음식물의 의미 역시 그녀 자신의 몸의 욕구를 따라서 들을 수 있도록 새롭게 발견하게 된 사람의 의식에서 일어난 변환 과정이라고 할 수도 있다. 이런 욕구들은 그녀가 마녀에게 사로잡혀 있는 한 전혀 들을 수 없었던 것들이다.

　다음에 소개하는 꿈은 내가 지금 말한 것을 보여줄 것이다. 어떤 비만 여성은 살도 빼고, 영적 통찰도 얻으려는 두 가지 목적을 가지고 칠일 동안 금식하려고 결심하였다. 그녀는 그녀 자신을 여성 원리에 맡겼는데, 다음은 그녀의 꿈이다.

나는 열두 살 난 나의 딸과 같이 차를 타고 사나운 눈보라가 치는 고속도로를 운전하고 있었다. 눈보라가 너무 심해서 나는 운전을 하다가 도로로 나왔다. 딸과 나는 길을 잃어버릴까봐 도로의 방벽을 잡으면서 깊은 눈 속에서 터덜터덜 걸어갔다. 어떤 집시 여인이 우리를 그녀의 작은 텐트로 데리고 가서, 가죽으로 된 텐트 자락을 열었고, 우리 세 사람은 불 주위 바닥에 앉았다. 그녀는 우리에게 차를 대접하였다. 그녀가 나에게 건네준 컵은 나의 어머니의 것으로 내가 제일 좋아했던 것이었다. 거기에는 가녀린 꽃들이 새겨져 있었다. 그러나 이 컵은 매우 거칠고, 무거웠다. 나는 그 컵을 돌려서 보았고, 그 컵은 구리에 도료를 칠해서 어머니의 도기(陶器) 잔처럼 보이게 한 것이라는 사실을 알았다. 집시 여인은 나에게 부드러운 가죽을 건네주었는데, 나는 그것을 가지고 무엇을 해야 하는지 알지 못했다. 그녀는 나에게 그것을 열어보라고 하였다. 내가 그것을 여니까 귀걸이가 있었다. 그것은 왼쪽 귀에 맞을 만한 주형(鑄型)으로 만든 사슴뿔로 된 사슴의 머리 모양이었다. "그것이 너의 선물이다"라고 그녀가 말하였다.

꿈의 이 장면은 꿈꾼 이와 그녀의 젊은 여성적 측면이 길을 잃고, 어디로 나아가야 할지 모르게 혼돈된 춥고, 무감각한 세계를 그리고 있다. 그녀들은 그 집단적인 고속도로를 강제로 떠나야 했지만, 여전히 일부 합리적인 방향을 붙들고 있었다(도로의 방벽을 붙든 것). 그녀들은 고대 자연의 지혜를 나타내는 여성상인 나이든 집시를 만났다. 그녀는 그녀들을 가죽으로 된 텐트 자락을 지나서 자궁 같은 동굴로 데리고 갔다. 어머니의 자연적인 자궁이다. 그 다음에 그녀들은 변환의 불 둘레에 앉아서 가장 자연스러운 여성들의 의례를 한다. 차를 나누는 것이다. 이 속에서 세 여성의 가슴은 변환적인 사랑의 불로 가득 차고, 꿈꾼 이가 그녀의 여성성과 다시 접촉하게 되면서 그 전에 세속적이었던 의례는 거룩하게 된다. 여기는 거룩한 터전이고, 그것을 통하여 그녀가 살고, 움직이며, 그녀의 존재를 가질 수 있는 고정점(fixed point)이다. 그녀들이 나누었던 침묵은 그녀들 사이에서 태어난 사랑의 신비와 함께 진동하고, 그녀들 가운데 어느 누구도 그 침묵을 더럽히지 않는다.

그 늙은 집시 여인이 꿈꾼 이에게 건네준 컵은 그녀의 어머니의 컵으로, 그녀의 연상에 의하면 꿈꾼 이와 그녀의 어머니 사이에 심각한 번민을 일으켰다. 그녀는 어렸을 때, 이 컵이 제일 좋고, 제일 예쁘기 때문에 이 컵을 손님에게 주도록 교육 받았다. 어머니는 언제나 그녀가 그 컵을 행주로 닦을 때 깨트리지 말라고 잔소리하였고, 그녀는 언제나 그 컵을 볼 때마다 어떤 일이 있어도 그 컵을 깨트려서는 안 된다는 감정을 가지고 있었다. 이제 꿈에서 집시 여인은 그녀가 한 번도 그것으로 마셔본 적이 없는 컵을 건네준다. 그리고 그 컵은 사랑의 여신인 비너스의 금속인 단단한 구리로 만들어졌다. 그녀 자신이 받을 수 없었기 때문에 그녀의 어머니가 줄 수 없었던 여성적 유산(遺産)은 그녀가 마신 컵의 원형적 이미지―마치 성배의 전설에서처럼―를 통하여 꿈에서 회복되었다.

그런 성찬식이 행해진 다음, 집시 여인은 그녀의 손에 더 개인적인 선물을 쥐어 주었다. 그녀가 선물을 받기를 망설이고, 받지 않으려고 했던 것은 꿈꾼 이의 삶에 대한 두려움과 자발성의 부족 때문이었다. 그녀는 그녀의 삶의 전반을 통해서 그녀에게 있는 재능에 책임지기를 두려워했기 때문에 그녀의 그림자 측면을 가지고 살아왔다. 이제 그녀는 왼쪽 귀에 맞는 주조된 귀걸이 하나를 받았다. 그 귀걸이가 완벽하게 맞았기 때문에, 그것은 그녀에게 개인적으로 그것을 받을 수 있는 능력이 생겼다는 사실을 암시하며, 마리아가 그녀의 귀로 그녀가 임신할 것이라는 수태 고지를 받은 그림을 생각나게 한다. "왼손잡이의 사고방식은 일차적 과정, 즉 사물의 흐름과 관계되고, 그 자체는 땅과의 통일성과 결속을 통해서 표현된다."[10]

어렸을 때 그녀에게 거절되었던 컵은 이제 그녀 자신의 사랑의 컵으로 변환되었다. 집시 여인과 불은 변환적 요소인 것이다. 그녀의 딸이 같이 있는 것은 그녀에게 여성성이 새로 정열된 것을 암시한다. 이 주제는 이 여성이 집시 여인, 불, 딸이 나오는 꿈에서 동일시된 더 높은 수준의 여성 원리를 위하여 부정적인 모성성과의 결합을 사려 깊게 삼갔기 때문에 그 전 주에 있었던 금식과 깊은 관계에 있을 것이다. 그 부드러운 가죽은 물고기 기름을 바른 동물의 가죽이다. 전설에서 뱀을 먹으면서 새롭게 된다는 사슴은 본능의 통합의 상징이다. 다시 말해서, 인간의 본성은 동물의 본성에서 생기는 것이 아니라 그것을 자신의 통합적인 부분으로 동화시키면서 생기는 것이라는 의미이다.

그런 꿈은 여성적 터전을 확실하게 해준다. 그 안에서 여성적 자아가 울려 퍼질 수 있는 우주로서의 여성적 사랑을 단단하게 하는 것이다. 이것이 그녀의 궁극적인 만남이 아니었을지라도, 꿈꾼 이가 그녀의 콤플렉스와 직면했기 때문에 그런 꿈을 꿀 수 있었다. 그녀는 강박적 사고 때문에 오랫동안 왔다 갔다 많이 했기 때문에 이제 금식을 하면서 그것을 그만했으면 하고 바랐다. 그녀는 이제 음식을 먹으면서 부정적인 감정들을 억누르려고 하기를 거부하고, 여신들을 그녀의 어둠으로부터 해방시키는데 필요한 희생제를 하려고 하였다. 그녀는 그녀 자신의 여성 원리를 위해서 그녀 자신의 거룩한 의례를 봉헌하였던 것이다. 그 여신이 그녀에게 준 선물은 그녀의 신적인 여성성과 관계 되는 새로운 우주였고, 그와 동시에 그녀는 그녀 자신의 대지적인 현실을 선물로 받았다. 그녀가 전에는 한 번도 마셔보지 못했던 컵으로 마심으로써 그녀의 마녀는 사랑스러운 어머니로 변환되었다. 마녀의 쓸개즙이 젖으로 변환된 것이다. 그녀는 이제 들을 수 있는 귀와 볼 수 있는 눈을 선물로 받았다. 그리고 그녀의 내면에 있는 처녀를 더 잘 받아들일 수 있게 되었다.

셰익스피어의 비극에서 부정적인 모성으로서의 맥베드 부인은 맥베드 자신의 파괴적인 이미지, 즉 잡풀이 무성한 광야에 그를 파멸로 이끈 잘못된 왕권을 배열시킨 세 명의 마녀 형상을 담고 있다. 그녀들은 그녀의 운명의 부정적 측면이다. 그러나 위의 꿈에서 세 명의 마녀들은 긍정적인 모성의 세 측면을 나타내는 세 명의 긍정적 여성들로 대체되었다. 그녀들은 다 같이 중세에 그리스도의 상징이었던 사슴의 머리에 있는 여왕의 긍정적 이미지로 배열되었다.

   3은 전통적으로 운명의 숫자이다. 나의 거식증 환자들과 비만증 환자들은 그녀들에게는 어떤 운명적인 것이 있는 듯하다고 말한다. 운명은 맥베드에게 그랬듯이, 그녀들이 자신의 앞에 그렇게 확실한 것으로 보았던 파괴 속으로 그녀들을 이끌어 갈 수 있다. 그와 동시에 그녀들이 오랫동안 분석을 받았으면, 그녀들은 그녀들의 운명을 다른 얼굴로 보기 시작할 것이다. 그녀 자신의 얼굴로 보기 시작할 것이라는 말이다.

   어느 유명한 선사(禪師)는 그의 제자에게 이렇게 말하였다: "네가 태어나기 전의 얼굴을 나에게 보여달라."

비너스의 탄생―산드로 보티첼리.

여성적 이상(理想)이 남성성의 방향으로 더 많이 기울어질수록 여성은 완전성을 추구하느라고 남성성을 보상하는 능력을 더 많이 상실하게 된다. 그때 전형적으로 남성적인 이상적 상태가 생기는데, 그것은 우리가 앞으로 보게 될 테지만 대극의 역전(enantiodromia)의 위협을 당하지 않을 수 없다. 완벽주의를 뛰어넘어 미래로 가는 길은 어디에도 없다. 할 수 있는 것이라고는 오직 되돌아오는 것, 즉 (남성적) 이상을 파괴하는 것인데, 그것은 온전성이라는 여성적 이상에 관심을 기울이면서 쉽게 외면했던 것이다. 야훼의 완벽주의는 구약성서로부터 신약성서 속으로 전해져왔다. 우리가 아무리 여성 원리를 인정하고, 찬양하더라도, 그것이 가부장적 우월성보다 지배적이었던 때는 한 번도 없다. 그래서 우리는 그 어떤 경우에도 거기에 대해서 들어본 적이 없다.

— C. G. 융, 『욥에의 응답』.

그때 (나의 어머니는) 더 이상 어느 누구도 보려고 하지 않았고, 언제나, 심지어 여행을 다닐 때에도 그녀가 마시는 모든 것을 거르는 작고, 고운, 은으로 된 채(sieve)를 가지고 다녔다. 그녀는 비스킷이나 빵 조금을 제외하고는 딱딱한 음식을 더 이상 들지 않았는데, 그녀는 혼자 있을 때 어린아이들이 그렇게 하듯이 그것들을 작게 잘라서 조금씩, 조금씩 드셨다.

그 당시 바늘에 대한 공포는 이미 그녀를 완벽하게 지배하고 있었다. 그녀는 다른 사람들에게 단지 변명하려는 듯이 이렇게 말하였다: "나는 정말 그 어느 것도 더 소화시킬 수 없어. 그래도 걱정하지는 말아. 나는 정말 괜찮아." 그러나 나에게는 갑자기 돌아서 (나는 이미 어느 정도 컸기 때문에) 상당히 애를 써서 미소를 지으며 이렇게 말한다: "말테야, 웬 바늘이 이렇게 많으니? 여기 저기 많이도 있구나. 너는 그것들이 언제 그렇게 떨어졌다고 생각하니 … " 그녀는 그 말을 장난하듯이 말하려고 하였지만, 그 바늘들이 언제, 어디서나 다른 것을 뚫고 들어갈 수 있다는 생각 때문에 굉장히 두려운 것 같았다.

— 라이너 마리아 릴케, 『말테 라우리드 브리게의 수기』.

제3장
완벽중독

거울아, 거울아
우리 모두 가운데서 누가 제일 예쁘니?

나의 분석자는 나의 맞은편에 있는 의자에 앉았다. 그녀는 그녀의 꿈 일기책을 지나치게 애쓰면서 가지런하게 하는데, 내가 그녀를 보고 있다는 사실을 거의 잊은 듯하였다. 우리는 말을 하지 않았다. 나는 그녀가 분홍색과 엷은 자주색으로 된 새 블라우스를 입었다는 것을 보았고, 그녀가 새로 한 머리 모양을 보았다. 그 머리 모양은 그녀의 젊은 얼굴을 두드러지게 하였다. 그녀의 주위에는 정적이 감돌았는데, 그것은 너무 많은 것들이 그녀에게 달라붙어서 생긴 일종의 조용한 강함이었다. 너무 많은 것들이 그녀에게 짐을 지우고, 그녀는 그것을 끌고 다닌다. 그녀는 그것들을 너무 잘 끌고 다녀서 스물다섯이라는 나이보다 더 늙었고, 그녀의 몸집이 감당할 수 있는 몸무게보다 더 무거웠다. 그녀는 그녀의 눈을 밝게 하지 않으면서 신랄한 미소를 지으며 천천히 웃었다. 나도 그녀에게 웃어주면서 "아파서 집에 있을 때/낯선 옥수수 가운데 눈물을 흘리며 서있는 룻(Ruth)의 서글픈 마음"에 대해서 생각한다.[1]

그녀가 룻이라는 이름에 어울릴 정도로 용감하고, 위엄이 있으므로, 그녀를 룻이라고 부르자. 그녀는 대학을 졸업하였고, 유능한 전문직 여성이었으며, 놀라울 정도로 초능력자였지만, 148kg이나 되는 몸무게는 평생 그녀의 멍에였다. 그녀는 자신의 몸에 대해서 이렇게 말하였다: "내가 나의 이 끔찍한 악기를 연주했다면, 그 연주는 둔중하고 성급한 화음 때문에 어느 누구도, 나조차 들으려고 하지 않았을 것입니다. 그녀는 그녀의 어머니가 하는 말에 '나는 그것이 스트라디바리우스라고 생각했지만, 낡은 바이올린이라고 말했어요'라고 하였다."

룻은 그녀의 다섯 남매 가운데 맏이었다. 그녀의 부모는 모두 전문직 종사자였는데, 부모님은 십팔 년 동안의 불화 끝에 이혼하였으며, 그녀의 아버지는 십 년 동안 거의 알코올 중독이었다. 그녀는 분석을 시작한 지 몇 달 지나지 않아서 그녀에게 권력에 대한 욕구와 완벽성에 대한 갈망과 다른 사람들이 아닌 그녀의 삶에 대한 통제 욕망이 있음을 인정하였다. 또한 그녀는 그녀가 습관적으로 꾸는 백일몽에 근본적으로 반대되는 것이 있음도 깨달았다: 삶에 대한 갈망과 거부, 희망과 절망, 육체에 대한 갈망과 정신에 대한 갈망 등. 그녀의 이런 태도에 대한 풍자는 그녀의 일기에서 나온 다음 구절들에 들어있다.

나는 나 자신을 속이는 것이 아니다. 나는 달콤한 것을 먹는 것이 계속해서 죽으려고 하는 것이라는 사실을 안다. 그것들은 이제 나를 소화불량과 편두통을 앓게 한다. 나는 나의 에너지를 나의 자아가 아니라 나의 병에 쏟는다. 나는 나에게서 살이 빠질 것이라고 생각하고, 무의식이 나를 도와줄 것이라고 생각했었다. 그러나 나는 여전히 치즈 가게 앞에서 초콜릿을 먹으며, 절망감은 그 전보다 더 커진다. 네가 옳다. 지금은 비상 상황, 내가 여기 오지 말아야 하니까 영적 비상 상황이다. 신체적 비상 상황이기도 하다. 그렇다. 나의 몸에는 고질적인 절망이 있고, 계속해서 나에게 "나는 언젠가는 무엇인가를 할 거야, 그러나 지금은 비상 상황이잖아"라고 말한다. 다른 사람은 비상 상황이 무엇인지 모른다. 그러면서 내 몸이 비상 상황이라고 말하고, 내 몸을 거부해서 나는 세상으로부터 버림받는다. 나는 세상에 들어가기를 거부하고, 하느님이 성육되기를 거부한다. 나는 좋은 것을 선택하고, 나머지는 내버려둔다. 나는 단지 문 앞에 서서 내가 취할 수 있는 것만 가진다. 나는 악을 미워한다. 나는 나에게 있는 악을 미워한다. 나는 그것이 어리석은 것이라는 사실을 안다. 나는 사물들이 진실하도록 바라지만, 내가 보는 나 자신의 이미지는 완전히 잘못된 것이다. 나는 세상으로 들어가도록 아무것도 하지 않는다. 내가 그 모든 것을 할 수 없으면, 나는 아무것도 하지 않는다.

다이어트를 하는 것은 진정한 세계에 직면하는 것이다. 준비가 된다면, 나는 다이어트를 할 것이다. 나는 내가 삶에 들어갈 때 나에게 다가올 재난을 두려워한다. 나는 다른 사람들이 살면서 만들어 놓은 폐기물 더미를 보는데, 나의 것은 그렇게 나쁠 것 같지 않다고 생각한다. 나는 여전히 내가 여기 있다고 주장하지 않는다. 내가 정말 세계를 생각할 때, 나는 두려움과 긴장과 적대감이 가득 찬다는 것을 안다. 가능한 모든 위험들에 대한 생각은 나의 신뢰를 파괴하고, 나의 에너지를 주된 문제로부터 비켜나가게 한다. 나는 실패하는 것이 너무 무섭다. 나는 아주 열심히 노력한다. 엄격성과 훈련은 잘못된 것이다. 심지어 나는 『타임』지(誌)도 읽을 수 없고, 『햄릿』도 너무 무겁지만, 그것은 잡지에 있는 것과 같은 종류의 무게는 아니다. 내가 있는 그대로의 세상으로부터 철수했기 때문에 나는 예민해졌다. 나는 빨리 영적 고지에 올라가려고 한다. 그것은 아마 이렇게 잘못된 시대에 대한 올바른 질문을 하기 위해서이다. 나는 나의 몸의 문제에 대해서는 생각하지 않는다. 내가 세상에 들어가기 싫기 때문이다. 나는 거기에서 나오는 결과들이 무섭다. 그래서 나는 벌써 세상으로부터 나왔다. 내가 살을 뺀다면, 나는 세상으로 들어가야 할 것이다.

나는 나의 동기들을 의심한다. 나는 범죄를 저지르면서, 수많은 다른 사람들을 피하는데, 그들은 모두 똑같은 사람들이다. 나는 내가 나를 타락하게 하는 것을 안다. 그러나 그것은 내가 세상 때문에 타락하는 것과는 다른 것이다. 어른들은 모두 잘못됐다. 나는 어른이 되어도 잘못되지 말아야 하고 생각하였다. 나 자신을 아는 것은 옷을 입는 것과 같다. 나는 실패하기를 원하지 않는다. 나는 다른 사람들과 같은 방식으로 나 자신을 타락하게 하고 싶지 않다. 이것이 내가 존재하는 방식이다. 다른 사람들이 그것을 좋아하지 않아도 할 수 없는 일이다! 물론 그것은 가짜 갑옷이다. 나는 다른 사람들보다 더 근본적으로 실패할 것이다. 싫다. 나는 세상에 들어가지 않을 것이다. 나는 작게 조정하지는 않을 것이다. 누가 삶은 당근과 삶지 않은 당근 가운데서 어떤 것에 열량이 더 많은지 신경을 쓰겠는가? 성배의 전설에 나오는 기사들은 눈 앞에 있는 것들에는 신경을 쓰지 않았을 것이다. 큰 문제들은 커다란 방식으로 다루어져야 한다. 큰 항목들이 필요하다!

모든 것은 쌓여 있다. 올바른 일이다. 변명의 여지가 없다. 나는 거대한 방식으로 들어갈 수 있을 것이다. 그러나 나는 날 당근을 먹을 수 있을 것이다. 나는 진리를 말한다. 그러나 나는 그와 동시에 게임을 한다. 나의 한 부분에서 나는 날씬하면 좋겠다고 말하지만, 다른 부분에서는 "거짓말쟁이"라고 대답한다. 아, 이런 것들을 하지 않았으면! 그러나 너는 먹지 않을 수 없다. 그들은 너의 다리를 잘라버렸다. 너는 어떻게 해야 하는지 배울 수 있다. 너는 목발을 사용한다. 그러나 그것이 매번 미끄러져 나가면, 정말 곤란할 것이다.

아빠(알코올 중독인 아버지)는 깜빡이는 불빛이었다. 만일 전기가 없었고, 아빠가 가버렸다면, 우리는 촛불을 가지고 사는 법을 배웠을 텐데. 그러나 우리는 그 다음 순간 우리가 어둠 속에 있을 것이라는 사실을 알았기 때문에 믿을 수가 없었다. 네가 일단 빛 안으로 들어가면, 너는 다시는 어둠 속으로 갈 수 없다. 내 속에는 그것을 끔찍이 두려워하는 것이 있다. 나는 고통을 마주할 수 없다. 살은 약하다. 그 약함에 먹이를 주지 말라. 여기에서 나와라. 몸은 너무 크다. 나가서 다른 것을 취하라. 영의 문제는 다음에 생각하라.

이 마지막 언급에 암시된 삶에 대한 거부와 절망은 룻의 일기에서 볼 수 있는 특징적인 결론이다. 그녀는 펜을 놓고, 죽음의 소용돌이 속으로 움직이며, 그녀 자신이 회오리바람 속으로 빨려 들어가는 것을 느끼고, 무의식적으로 초콜릿, 머핀, 우유를 마구 먹는 것을 느낀다. 그러다가 나중에는 그녀 자신이 무감각해질 정도로 먹고, 겨우 숨을 쉬는 것을 발견한다. 그녀의 그 가증스러운 몸은 정신이 그 안에 깃들기를 거부했을 때도 살려고 몸부림치는 것이다.

몸의 지혜는 자아가 그것을 좋아하는지 좋아하지 않는지 맛을 판단하는 조절장치이다. 오직 의식적 태도가 변하고, 그녀의 몸을 가지고 지구 위에서 인간의 한계 안에서 살면서 자아가 인간 존재로서의 책임을 지도록 강해져야만 식욕 조절중추는 자연스러운 "조정점"을 발견할 수 있을 것이다. 자아가 책임을 질만큼 강해질 때까지, 에너지는 언제나 다시 통과제의를 하고, 소용돌이 속으로 들어가며, 압도적인 갈등을 겪고, 마녀에게 뒷걸음질 치고, 부활하지 못하거나 해결책을 찾지 못한다. 그러나 자아와 무의식이 아직도 대화하고 있다면, 그런 악순환이 이루어지면 그녀에게 새로운 힘을 가져다주면서 새로운 단계로의 이행이 가능할 수도 있다(그것이 제일 중요한 역설이다).

그런 교체 속에서 자아는 무의식에 의해서 영양을 공급받는다. 그리고 꿈에는 언제나 음식물의 이미지들이 가득하다. 자아의 태도를 확장시키려는 음식물은 자아가 그 음식물을 동화시키면, 다시 말해서 새로운 통찰에 따라서 행동하면 굳건한 입지를 마련해준다. 이 똑같은 음식물—그것이 신체적인 것이든지 아니면 영적인 것이든지—은 새로운 일들이 일어나게 하면서 자아가 덜 경직되게 한다. 그 전에 두려움 때문에 회피되었던 장애물은 이제 그녀의 경험을 더 풍부하게 해주는 가능성을 가진 도전으로 볼 수 있게 된다. 분석의 초기 단계에서 룻에게 모순처럼 보였던 것은 결국 하나의 역설이 되었는데, 그녀의 자아가 더 강해질수록 자아는 더 유연하게 될 것이다.

어떤 여성이 기독교나 다른 종류의 교회 의례에 참여할 수 있으면, 그 여성은 어느 정도 무의식과 개인적으로 직면하지 않을 수 있도록 보호받는다. 의례는 일종의 미학적 거리를 제공하는 것이다. 또한 의례는 고통당하고, 죽은 신이 다시 일어날 것이라는 확신을 준다. 그러나 어떤 사람이 아무 정통적인 의례도 없이 그런 체험을 혼자 한다면, 그 사람은 옛 것의 희생이 새로운 것의 탄생을 가져온다는 것을 경험할 수 없다. 그녀가 경험할 수 있는 유일한 것은 결국 빛에 대한 진정한 믿음도 없는 산도(産道)의 어둠뿐이다. 그녀가 그녀의 뚱뚱한 몸에서 벗어난다면 (그것이 그녀가 알고 있는 유일한 안전책인데), 다시 말해서 그녀가 그것을 희생시킨다면, 어떤 것이 그녀를 땅에서 붙들어줄 것인가? 어떤 것이 그녀가 본질적으로 거부한 삶의 공포로부터 그녀를 지켜줄 것인가? 그녀가 삶을 온전히 받아들이기 전에 뚱뚱한 몸을 희생시키는 것은 그녀와 정신병의 발병이나 죽음 사이에 있는 유일한 보루(堡壘)를 파괴하는 것이 될 수 있다. 사실, 그녀가 그렇게 싫어했던 비만은 그녀가 삶에 내려놓은 닻이고, 그녀의 비만 정도는 그녀가 자신의 인간성을 얼마만큼 받아들이거나 거부하는 정도와 완전히 비례한다. 그래서 그녀는 비만을 겉으로 보는 것만큼 싫어하지 않았다. 왜냐하면 그녀에게 체중이 감소하기 시작하면, 그녀는 갑자기 체중이 증가하지 않도록 살이 빠진 것에 대해서 애도하였기 때문이다.

종교 의례는 언제나 신화를 재연(再演)하였다. 의례는 사람들이 신의 삶에 대신 참여하게 하는 방편이었던 것이다. 그것에 대해서 바울은 이렇게 말하였다: "이제는 내가 사는 것이 아니라, 내 안에 있는 그리스도가 사는 것이다"(갈 2:20). 이제 신의 양탄자가 우리 밑에서 뽑아졌거나, 아니면 우리가 그것을 우리 밑에서 뽑아버렸다. 그래서 그 전에 대신했던 의례들은 이제 우리 안에서, 매일의 삶에서 행해지고 있다. 우리는 우리 자신의 삶에 책임을 져야 한다. 나는 룻이 그 어떤 종교 생활도 하지 않는다는 사실을 지적해야 한다. 그녀의 정신적인 삶에서 교회의 성례전들은 아무 역할도 하지 않는 것이다. 따라서 그녀가 세우려는 정신(spirit)은 그녀 자신의 고통과 그녀 자신의 희망으로부터 건설되어야 한다. 하지만, 고통과 희망이 의미를 가지려면, 그것들은 반드시 연약한 자아보다 더 큰 어떤 것이나 어떤 사람에게 기반을 두고 있어야 한다. 우리는 그것을 운명, 신, 에너지, 사랑, 아니면 생명 에너지(Prana)라고 부를 수 있을 것이다. 혼자서 의례를 행할 때 생기는 위험은 자아가 신의 긍정적이거나 부정적인 측면과 동일시된다는 점에 있다.

그것은 분명히 그녀의 일기에서 암시되듯이, 룻 같은 여성을 곤경에 빠트렸다. 그녀는 그녀의 삶을 소설 속으로 집어넣고, 영적 원형과 동일시하려고 했던 것이다. 햄릿과의 동일시는 아마 11kg의 가치가 있고, 그리스도와의 동일시는 54kg의 가치가 있을 것이다. 그녀의 정신 안에 있는 남성적 권위가 깜빡이는 촛불 같을 때, 내면의 신상(神像)은 빛을 비춰줄 수 없을 것이다. 또한 그녀의 정신 안에 있는 여성적 권위가 그녀 자신의 여성으로서의 몸을 조롱할 때, 내면의 여신으로부터 사랑을 기대할 수 없을 것이다. 그래서 그 의례는 행해지지 않는다. 그것이 삶에 직면하지 못했던 알코올 중독자인 아버지를 영속화하고, 그녀 자신의 여성적 본능과 단절되었던 해체된 어머니를 영속화하기 때문이다.

기반이 없는 세계에서 행하는 의례들은 사람들이 게임을 하는 것들이다. 거기에서는 어느 누구도 정말 어떤 것이 생기기를 기대하지 않는다. 기반이 없는 여성은 분석이 재미있는 놀이인 한 분석에 열심히 임한다. 그러나 그 게임이 삶으로 되고, 무엇인가 실제로 일어나고, 실제로 변화가 생기면 두려워서 뒤로 물러난다. 내가 여기에서 말하려고 하는 것은 많은 현대 남성들과 여성들에게처럼 룻에게도 원형에 실제로 있는 자율성이 결여되어 있는 듯하다는 사실이다. 그때 그녀의 원형적인 하느님의 이미지는 슬프게도 그녀의 적절하지 못한 아버지와의 경험에 뿌리박고 있었다. 또한 그녀에게는 사랑의 여신의 원형적 이미지도 없었다. 이 점에서 신뢰의 신학은 의문의 여지가 있으며, 그녀의 삶의 경험과 무관하게 독립적인 신에 대한 인식은 그녀에게 전혀 불가능하였다. 음식물에 대한 그녀의 콤플렉스를 생각해 볼 때, 그녀는 그것들과 완전히 다른 질서 속에서 살았던 것이다.

이때 그녀의 신뢰의 대상은 분석가일 수밖에 없다. 분석가가 남성이든지, 여성이든지 분석가는 당분간 그녀가 한 번도 받아본 적이 없는 풍성한 음식물을 제공하는 긍정적인 어머니가 된다. 자아는 신이 음식물에 대한 중독을 끊어내는 삶의 과정에 터를 잡을 수 있어야만 제의를 할 수 있을 만큼 강해진다. 평생 동안 어머니에게 양육 받지 못할지 모른다는 두려움과 아버지에게 박해 당할지 모른다는 두려움 속에서 살았던—다른 말로 해서, 근본적인 거부 속에서 살았던—정신은 새로운 기반에 설 때에만 탯줄을 끊을 수 있는 것이다. 포기에 대한 두려움은 25일 동안 당하는 것과 25년 동안 당하는 것이 다르지 않다. 무(nothingness)는 언제나 무(無)인 것이다. 자아는 그녀가 그녀 자신을 오래된 삶의 연장, 즉 그녀가 집어삼키는 마녀에게 사로잡혀 있는 것으로 보는 한 그녀는 죽음을 마주하고 있다는 사실을 깨달아야 한다. 그러나 그녀가 일단 집어삼키는 방식이 변화될 수 있다고 깨달으면, 그녀는 자유도 가능하다는 사실을 깨달을 수 있다. 이것이 창조의 순간이다. 자아가 그때 그 자신의 실재를 움켜쥘 결심을 하면, 그녀는 콤플렉스에서 나와서 그녀의 삶을 경축(慶祝)

할 수 있다. 그리스도는 이것을 간결하게 말하였다: "사람이 거듭 나지 않으면, 하느님의 나라에 들어갈 수 없다."²

룻의 일기를 보면, 그녀의 삶은 그녀가 실패를 인정한 한 복판에서도 완벽하려고 애썼고, 그녀의 완벽중독과 실패의 고백 사이에는 밀접한 관계가 있음이 분명하다. 완벽의 추구는 실패임이 분명한 것이다. 융은 완전(perfection) 또는 완벽과 온전(completeness) 사이를 구별하였다.

> 우리는 완전과 온전 사이에는 커다란 차이가 있음을 명심해야 한다. 우리가 알고 있는 한 원형은 완전한 것과 거리가 멀고, 온전을 가리키지만 그리스도-이미지는 아주 완전하다(적어도 그렇게 알려져 있다). ... 사람들은 완전성을 추구할 수 있지만 ... 온전성을 찾는 그의 반대되는 의도 때문에 고통을 당한다.³

여기에서 중요한 것은 완전이 신들에게 속한 것이라는 점이다. 온전성 또는 전일성(wholeness)이 인간이 바라는 최선의 것이다.

그 어떤 원형적 유형도 그 자체로 전일하고, 온전하다. 그러나 그것은 단지 인간의 한 측면일 뿐이다. 예를 들어서 말하자면, 노현자(wise old man) 원형은 인간의 비합리적인 어리석음의 대가로 외골수적으로 지혜를 추구하면서 삶의 수많은 즐거움을 놓치고 마는 전일성의 한 측면을 가리킨다. 마찬가지로 이상화된 성모도 어떤 의미에서는 여성적인 것의 완전한 이미지이지만 실제 여성들은 온전성을 위해서 그녀 자신 안에 있는 창녀를 받아들여야 한다. 이 말은 우리 자신의 어떤 부분을 과장하고, 소외시킴으로써 완전성을 추구하다가는 신경증적으로 될 수밖에 없다는 것을 의미한다.

완전성을 추구하는 으뜸가는 징표는 강박관념이다. 강박관념은 모든 정신에너지가 인격의 여러 가지 부분들이 조화를 이루기 위하여 분산되어야 하는데도 불구하고 인격의 한 영역에만 초점을 맞추면서 모든 것들을 제외시키는 것이다. 강박관념은 언제나 고착, 즉 인격이 얼어붙어 있는 것이다. 그래서 그 사람은 산 사람이 되지 못하고, 조각(彫刻)의 한 부분처럼 콤플렉스 속에 갇혀서 고착되어 있다. 거기에는 언제나 강직증(剛直症)이 있으며, 그 뒤에는 맹목적인 공포를 가속화하는 두려움이 숨어있다. 그래서 그 사람은 헤드라이트의 불빛에 사로잡혀서 꼼짝도 하지 못하는 야생 동물처럼 된다.

완전성을 인간의 삶에 적용시켜볼 때 그것과 아주 비슷하다. 어떤 종류의 사람들, 예를 들어서 말하자면 영화배우들은 카메라 플래쉬 불빛 때문에 얼어붙을 수 있고, 그들의 삶 전체를 통해서 똑같은 행동들을 하고, 또 하면서 고정시킨 채 보낼 수 있다. 마릴린 먼로는 그런 스포트라이트를 깨트리려고 했지만, 성공하지 못하였다. 영화 제작사들이나 관객들이 그렇게 하지 못하게 했던 것이다. 완벽중독은 근본적으로 자살 중독이다. 그런데 중독자들은 삶을 흉내 내는 것이 아니라 죽음을 흉내 낸다. 완벽중독에 걸린 여성들은 그녀들 자신을 하나의 예술 작품으로 본다. 그래서 그녀들의 진정한 공포는 절대적으로 훌륭해야 할 그 예술 작품이 한 순간에 파괴될 수도 있다는 사실에 있다. 그녀는 그녀 자신을 아주 귀한 명(明) 나라 시대의 도자기로 다루거나 키이츠가 묘사한 "아직 더렵혀지지 않은 정적의 신부"라고 하거나, "침묵과 기나긴 세월 속에서 자란 양자(養子)"처럼 다룬다(10쪽을 참조하시오).

완전성 쪽으로 나아가는 것은 삶의 바깥으로 나아가는 것이며, 더 좋지 않은 것은 삶으로 결코 들어가지 못하게 하는 것에 있다. 완벽중독은 심리학적으로 말하자면 콤플렉스의 노예가 되는 것을 가리키는데 거식증에서도 똑같이 나타난다. 그녀의 음식물 콤플렉스는 비만 여성의 경우와 마찬가지로 부정적인 어머니에게 뿌리를 두고 있다. 그녀의 폭식은 금식의 형태를 취하거나 알코올 중독자들이 말하는 "술을 마시지 않지만 알코올 중독자와 같은 행동을 하는 사람"과 같다.

*

룻의 회기가 끝날 무렵 엘리너는 이미 기다리고 있다. 그녀는 들어와서 같은 의자에 앉는다. 그녀는 코펜하겐의 도자기처럼 높고, 우아한 모습으로 앉았고, 그녀의 하얀 피부는 가는 뼈 위로 팽팽하게 당겨져 있었다. 그녀의 긴 금발은 섬세한 비단 같았고, 커다란 파란 눈은 또랑또랑하고, 지적으로 보였지만, 불안한 듯하였다. 그녀는 경기장의 문을 들어가는 경주마 같았다.

룻처럼 엘리너도 스물다섯 살이었고, 다섯 자녀 가운데 맏이었다. 그녀의 부모는 모두 전문직에 종사하였고, 그들의 사회적이고, 직업적인 분야에서 높이 존경 받았다. 엘리너도 룻처럼 학교에서나 그녀가 참여하는 공동체에서 중심적인 역할을 하였는데, 그녀들은 모두 집단적인 사고에 갇혀 있었다. 룻처럼 엘리너 역시 그녀의 가정에서 모든 짐을 짊어지고, 한 사람의 사정을 다른 사람이 이해할 수 있도록 도와주면서 가정의 평화가 계속해서 유지되도록 완충기의 역할을 하였다. 그녀의 삶 전반을 통해서 그녀는 운동도 잘했고, 리더로서 매우 뛰어난 학생이었다. 스물세 살에 그녀는 그녀가 팝콘밖에 먹지 않으며, 결정을 내리지 못하고, 다른 사람이 그녀에게 그녀가 감당하지 못할 짐을 지우는 것이 두려워서 어느 누구에게도 말을 하지 못한다는 사실을 발견하였다. 그녀가 더 이상 그녀에게 주어진 일들을 제대로 하지 못하게 되었을 때, 그녀는 병원에 입원해야만 하였다. 그녀의 건강은 서서히 회복되었고, 그녀의 삶을 제대로 영위해 나가기 위해서 분석을 받으려고 하였다. 분석을 시작한 지 몇 주가 지난 다음 그녀는 나에게 자신의 삶의 계획표를 보여줄 만큼 나와 신뢰관계가 생겼는데, 거기에는 그녀의 연간 계획, 월간 계획, 주간 계획, 일간 계획, 특별 계획들이 아주 세세하게 기록되어 있었다. "이것이 미친 짓이라는 것을 알아요." 그녀는 스트레스가 가득 한 눈으로 말을 이었다. "그러나 그렇게 하지 않을 수 없어요. 여기에 한 가지가 빠졌다면, 어떤 것이 빠졌을까요?"

내가 그녀에게 자발성이 들어갈 여지가 있으면 좋을 것이라고 하자, 그녀는 충실하게 받아들였다. 그러나 일주일이 지난 다음, 그녀는 "자발적으로 할 시간이 없었으며, 제 삶에서는 자발적인 것이 없었어요"라고 슬픈 듯이 말하였다. 그런 다음에 내가 그녀의 일간 계획을 보았을 때, 거기에는 "2:15-2:30 p.m. ― 자발성"이라고 쓰여 있었다. 그 간단한 말에 그녀의 삶의 비극이 담겨 있었다. 엘리너의 일기에는 다음과 같은 구절이 들어 있었다.

많은 사람들은 거식증과 비만에 대한 생각에 진저리를 친다. 광기를 붙잡으려면 다른 광기를 이용해야 한다. 내가 가장 나쁜 상태에 있었을 때, 나는 뚱뚱하기도 했고, 마르기도 했다. 나는 몸무게가 제일 많이 나갈 정도로 먹었지만, 의례적으로 비우기도 해서 외적으로는 날씬했다. 그것이 가득 채우면서 동시에 비우는 역설을 구현(具現)하는 방법이다. 나를 완전히 비워서, 하느님의 현존이 내 안에 들어올 수 있는 깨끗한 그릇이 되게 하는 것은 중요했다. 그래서 나는 요가의 기술을 따랐다. 나는 죽음을 추구했다. 나의 개인적인 자아가 완전히 죽고, 내 주위에 있는 혼란이 완전히 죽었으면 했다.

 내가 알고, 이해하는 것들이 모두 지나가도록 나는 흑암 속으로 계속해서 들어갔다. 나는 "나"를 잃어버렸고, 비게 되었다. 때때로 나는 내가 고통스럽게 감전사하는 꿈을 꾸었다. 결국 그 꿈들에 있던 에너지는 순수하게 방사되는 빛으로 변환되었다. 그 빛의 밝음과 힘은 무엇으로도 표현할 수 없다. 나는 한밤중에 일어나 어둠 속에서도 햇빛을 문자 그대로 하나의 잔상으로 본다. 조명의 범위는 어디에서나 그 안에서 흘러넘치는 기쁨에 따라서 다르다. 자연히 나는 내가 신의 지복의 원천을 돌파해서 들어갔다고 생각하였고, 모든 것도 그렇게 되었다고 생각하였다. 그러나 그것이 아니었다. 나는 배우기 시작했지만, 창의적으로 살기 시작하지는 못하였다. 하느님은 모든 순간 창조성을 일깨우는 존재이다.

 빛에 도달하는 것은 쉬운 일이 아니다. 물질은 순수한 무(無)이다. 하느님은 드러나지 않은 것 너머에 존재하는 드러나지 않은 존재이다. 나는 공허를 받아들여야 한다. 가득 채우고, 비우는 제의는 나의 행동의 상징적 의미 뒤에 있는 현실을 비웃는, 도망치려는 의례였다. 나의 자아는 폭식에 빠졌고, 나의 몸은 부풀어 오른 것처럼 느껴졌다. 나는 부풀어서는 안 된다. 나는 망가진 튜브를 타고 물 표면에서 떠내려가기를 원하지 않는다. 나는 헤엄을 치면서 돌아오고 싶었다. 이제 나는 해를 보려고 했는데, 해를 볼 수 없었다는 사실을 깨달았다. 내가 갈망했던 것은 내 입에서 불에 타지 않지만 타오르는 아름답게 빛나는 해가 떠오르는 것이었다. 그 대신 내 배는 뱀으로 가득한 것 같고, 정념(情念)의 잔인무도한 어머니(mater saeva cupidinum)와 굴레를 쓰지 않고, 파괴되지 않은 본성의 혼돈으로 가득 찬 것 같다. 나는 창조 이전의 혼돈 같은 것을 느꼈고, 창조가 이루어진 다음에 보편적으로 살아있고, 잘 정돈된 삶 속에 있는 질서의 그림을 찾았다.

엘리너의 분석은 룻의 분석보다 더 잘 진전되었다. 그녀는 그녀 자신을 비우고 공허 속으로 들어가려는 욕망을 의식적으로 알고 있었기 때문이다. 그녀에게는 모든 어둠에서 분리된 순수한 빛의 광채에 대한 욕망이 있었지만, 동시에 창조를 향한 움직임, 즉 몸의 욕구를 인식하려는 움직임이 시작되었다. 그녀는 창조주 신과 창조를 동일시하기 시작하였다. 그와 반면에 룻은 그 둘을 여전히 분리시켰다. 말하자면, 엘리너는 덜 신적으로 되고, 더 인간적으로 되려고 했던 것이다.

비만증/거식증 증후군에서 본래적인 모성적 기반은 악마적으로 배열된다. 어린이는 무의식적으로 어머니에게 거부돼서, 그녀는 사람이 아니라 사물인 것이다. 분석을 막 시작한 어떤 비만증 여성은 그녀가 사람이 아니라 골프공으로 나오는 꿈을 반복해서 꾸었다. 한 사람이 아니라 사물로 취급 받는 데서 오는 위험은 그것이 역설적이게도 그를 무한하게 팽창시킨다는 점에 있다. 그런 아이들은 그들 자신을 신으로 경험하는 것이다. 그러나 그는 물질들을 가지고 작업하고, 먼지에 그의 생기를 불어넣으면서, 그의 창조물들에게 좋다고 한 창조주 하느님이 아니라 공허 속에서 제임스 조이스가 묘사한 "무관심한 채, 손톱을 다듬는" 창조 전의 하느님이다.[4]

이런 증후군에서 느껴지는 고양된 의식은 그녀들이 자신은 이 세상에 들어가든지, 들어가지 않든지 선택할 수 있다고 믿는 것이다. 그녀들은 "나는 나다"라고 선포하면서, 그녀들의 "나"를 삶의 구체적인 상황과 나누느냐 마느냐 하는 것은 그녀들의 선택에 달려 있다고 생각한다. 그녀들은 그 증후군에 갇혀서, 그렇게 하지 않도록 선택한다. 그녀들이 먹는 것은 물질을 인정하는 것일 뿐만 아니라 그 속으로 진입하는 것인데, 더 나쁜 것은 그녀들의 진입이 그녀들의 전능성에 도전하면서 동시에 부정하는 그녀들의 의지에 반하는 것이라는 사실이다. 하지만 그것은 "그녀들이 그녀들이 아니라"는 것을 인정하는 셈이 된다. 그녀들 자신이 아닌 또 다른 힘이 있는데, 그 힘은 물질이다. 부정적인 물질, 여성-악마 또는 마녀이다. 하느님은 혼자가 아니고, 전능하지도 않다. 그에게는 대적해야 하는 악마가 있다. 그녀가 머핀 한 조각을 베어 문 것은 이브가 사과 한 조각을 베어 문 것과 같으며, 그것은 그녀의 세계에 죽음을 가져왔다. 그것은 에덴동산의 상실을 가져왔는데, 그것은 전능성의 상실이다. 그런 여성들이 보지 못한 것은 융이 『융의 생애와 사상』과 『욥에의 응답』에 썼던 대로 악마나 물질 또는 머핀이나 "숨어 있는 신"(deus absconditus), 즉 아직 삼켜지지 않고, 소화되지 않은 하느님의 무의식적 부분이다.

융의 입장의 과격성은 교회가 "다행스러운 잘못"(felix culpa)이라고 부른 것과 관계되는데, 그것은 기독교 전통에서 오랜 역사를 가지고 있지만 늘 새로운 개념이다. 그녀가 처음 머핀 한 조각을 베어 문 것은 그녀가 그녀 자신의 망상적인 전능성과 분화시키는 길에 첫 걸음을 내딛게 하고, 하느님이 성육되는 첫 걸음을 내딛게 한 것이다. 그것은 그녀가 사람으로 되게 하는 머뭇거리는 첫 걸음인 것이다. 짧게 말해서, 그녀가 한 입 베어 물어서 그녀의 살에서 빨아들이기 전에 그녀에게 요청되는 것은 그녀의 일방적인 신학을 재평가하라는 것이었다. 그녀는 그림자나 악마를 받아들일 수 있도록 되어야 하는 것이다.

이런 증후군에 갇혀 있는 대부분의 사람들은 타고난 영지주의자들인데, 그들은 육화를 거부한다. 하느님이 하느님으로 머무는 것이다. 그들은 그들 자신이 육화되어 신으로부터 강등되려고 하지 않는다. 그들은 태어나지도 않고, 고통을 받지도 않는다. 죽지도 않는다. 그래서 죽음으로부터 다시 일으켜지지도 않는다. 그들처럼 하느님은 땅 위에서 살았던 적도 없다.

엘리너는 음식물을 거부하면서 삶도 거부하였다. 그녀가 먹기 시작하면서 극복했어야 하는 가장 커다란 문제는 그녀가 굶으면서 느꼈던 지고(至高)의 행복감이었다. 삶은 이제 줄타기와 같은 저항에서 오는 강렬함과 역동이 없어서 살 만한 가치가 없어졌다. 그녀는 그녀 자신이 샤머니즘의 입무식(入巫式)에서 문자 그대로 살과 뼈밖에 남지 않는 샤먼처럼 순전히 영과 본질로 바뀌졌다는 느낌이 들었다.[5]

룻이 보지 못하는 것은 그녀의 살이 그녀에게 그녀 자신의 개인적인 여성적 정체성을 발달시키도록 하면서 그녀를 구원하려고 한다는 사실이었다. 그러나 그녀는 뚱뚱한 것을 사실로 생각하면서 그녀를 거대한 몸과 무의식적으로 동일시하는 함정에 빠져 있었다. 그녀에게는 뚱뚱한 몸을 살아내는 것이 모든 신화와 분리되는 것이라고 알려주는 자아가 없었다. 그녀의 몸무게가 147.5kg가 된 이유는 그녀가 그녀의 몸이 점점 더 크게 소리치는데도 그녀의 실존적 현실을 받아들이지 않았기 때문이다. 사람의 몸과 정신 사이에는 서로 반대되는 두 편이 상대방의 고함을 듣지 못하도록 소리 지르는 것과 같은 게임이 있다. 몸이 있는 힘을 다해서 정신에 147.5kg이 되도록 했다는 것은 정신이 우리 살에 있는 힘을 다해서 바흐, 모차르트, 블레이크, 도스토예프스키처럼 한 것이라고 생각될 수 있는 것이다. 그런 특성을 가진 소리 지르는 게임은 그런 게임을 즐겨서 하는 악마가 의도하는 것은 아니라고 할지라도 하느님을 물에 빠트리게 한다. 그가 아직 의식화되지 않은 하느님의 한 부분이기 때문이다. 룻이 얼마나 조용했는지 당신이 볼 수 있었다면, 당신은 내면세계와 외부세계가 얼마나 다를 수 있는지 알았을 것이다.

정신분석에서 육화(肉化)를 위한 투쟁, 즉 하느님이 인간의 몸으로 되고, 정신이 물질에 깃드는 투쟁은 계속해서 반복된다. 그러나 그것은 신학적으로가 아니라 심리학적으로이다. 그것은 머핀 중독자가 머핀 속에 있는 것이 사실은 교회에서 화체(化體)된 그리스도라고 하는 것과 같다는 사실을 이해할 수 있을 때에야 비로소 가능해진다. 다시 말해서 그것은 폭식이라는 악마적 의례가 그리스도의 몸, 즉 하느님이 "좋다"고 했던 대지의 열매를 받는 거룩한 의례로 대체되어야 비로소 이루어진다는 것이다. 심리학적으로 말해서, 그것은 부정적인 어머니나 마녀를 태모로 변환시키는 것을 의미한다.

    기독교 신학에서 영적인 것과 심리학적인 것, 십자가와 부활 사이에는 언제나 커다란 간격이 있어왔다는 사실이 논의되어야 한다. 그것들은 각각 어떤 과정의 정점에 있는 사건으로 보기보다 서로 분리시켜서 생각되었고, 그 분리에서 고통에 대한 피학대적인 태도나 고통의 중요성에 대한 평가 절하가 이루어졌다. 그 결과 비만증/거식증 증후군에는 피학대적인 태도로 가는 상당히 강한 경향이 생겼으며, 그 안에서 십자가와 고통은 점점 더 그 자체가 하나의 목적으로 되었다. 그래서 사람들은 자신의 몸을 보면서 계속적인 패배를 느끼고, 그 자신을 보잘 것 없이 생각하면서 그 경향은 더욱더 커진다. 그때 일관성 없는 전능성은 실제적인 고통과 너무 완전히 단절돼서 그것은 고통과 아무 관련이 없는 것으로 된다. 부활은 십자가 안에서 이루어지지 않고, 십자가와 아무 관계도 없게 된다. 따라서 전혀 비현실적인 것으로 된다. 룻과 엘리너는 모두 그녀들의 일기에서 계속하여 그녀들을 속이는데, 그것은 다행스럽게도 그녀들을 완전히 속이지 못하였다. 실패했다는 의식이 그녀들의 현실 인식을 지배했던 것이다. 그런데 이것은 그녀들의 자아가 현실을 창조적으로 다룰 수 없어서 계속해서 그녀들에게 부정적인 영향을 미쳤다.

    그녀들에게 확립되어야 할 것은 몸에 대한 자아의 사랑스러운 태도이다. 그래서 자아는 이제 몸에 어떻게 영양 공급을 할 것인지 신경을 써야 한다. 그래서 자아는 몸이 분명한 목소리로 대답할 수 있도록 이런 질문들을 해야 한다: "내가 정말 바라는 것은 무엇이지? 오늘 그 모임은 별로였어. 나는 정말 무엇을 하려는 것일까? 나의 몸이 정말 바라는 것은 어떤 것일까? 내 몸은 운동하기를 바라나? 내 몸 대신 내 영을 먹이는 것은 무엇일까? 내 살덩어리들로 어떻게 내 몸을 만들 수 있을까? 나는 내 몸을 사랑하기는 하는가? 나는 살기를 바랄까? 나는 삶에 뛰어들기를 바랄까?" 자아가 마주하는 것은 뒤틀어진 몸의 이미지이다. 거울에 비친 상과는 거의 아무 관계가 없거나 전혀 관계가 없는 이미지이다. 자신의 몸의 추함에 사로잡힌 여성은 몇 시간이고 자신의 콤플렉스를 들여다본다. 자신의 실체를 보지 못하는 것이다. 그런데 그것은 그 자신을 실제로 전능하다고 믿는 마음이 만든 것이지 실제의 모습은 아니다.

그러므로 치유 과정에서 중요한 것은 거부된 몸과 창조적 작업을 하는 것이다. 그것은 처음에는 적어도 콤플렉스 바깥에서 이루어져야 한다. 자아가 그것을 직접 다루기에는 너무 약하기 때문이다. 그때 몸과 마음의 새로운 관계가 발달하기 위해서 어떤 것들이 필요한가에 대해서는 제5장에서 깊게 다루어질 것이다. 여기에서는 다만 자기-증오로부터 자기-사랑으로의 전환이 일어날 수 있으며, 어느 날 여성들은 그녀의 몸과 정신이 서로를 인정할 수 있을 때 "기쁨에 찬 놀라움"을 가질 수 있을 것이라는 말을 하는 것으로 충분하다.

이런 종류의 정렬은 정신적 극(極)에서 신체적 극으로 가는 움직임이 신체적 극에서 정신적 극으로 가는 움직임과 만나면서 이루어지는 치유 과정의 본질적인 부분이다. 몸에 영향을 주려는 정신적 작업을 할 때는 언제나 정신에서 아무리 많은 것들을 했을지라도 몸에 그에 알맞은 준비가 되어 있지 않으면 몸은 그것을 결코 흡수할 수 없다는 사실을 명심해야 한다. 키이츠(Keats)는 정신이 마치 그 속에는 자연의 물질적인 어떤 것이 있음을 인정하는 것처럼 성령이 새와 꽃과 나무의 자연 세계에 인사하는 것에 대해서 말한다. 그리고 무의식은 언제나 지각된 대상이 되어야 비로소 반응한다. 그러므로 어떤 의미에서 이 세상에서 일어나는 모든 것들은 의식과 무의식, 정신과 물질이 만나서 제3의 것을 만드는 상호성인 듯하다. 그때 제3의 것은 몸과 영이 만나서 기쁘게 서로를 인정하는 행위가 된다.

존 던(John Donne)은 "엑스타시"에서 꽃의 제방에 "무덤의 조각상"처럼 누워 있는 두 연인에 대해서 묘사한다. 그들의 몸이 서로를 강하게 끌어당길 때, 그것들은 그들의 영혼이 허락할 때까지 뒤섞이기를 거부한다. 영혼들은 그들의 머리 위에서 그들의 몸이 서로에게 자연스럽게 응답을 할지 말지 협상하려고 그들의 몸을 떠나 있다. 그들의 협상에서 영혼들은 점점 더 그들의 몸의 중요성에 대해서 인식한다. 몸이 없이는 영혼의 만남이 불가능한 것이다. 영혼들은 위대한 왕자들처럼 서로에게 알려지지 않은 포로들로 남을 것이다. 따라서 그들은 몸에 대한 감사 때문에 몸의 욕망을 승인할 뿐만 아니라 거기 기쁘게 참여하면서 그들 속으로 다시 들어가려고 한다. 던은 기쁘게 다음과 같이 결론을 짓는다.

> 그때 우리는 우리 몸으로 돌아서서,
> 사랑에 약한 사람들이 드러날수록,
> 영혼에 있는 사랑의 신비는 커지지만
> 그러나 아직도 몸은 그의 책.
> 그리고 우리 같은 어떤 연인들이 이 독백을 들었다면
> 여전히 우리를 표시하게 해주세요, 그는
> 우리가 몸으로 사라질 때까지 그 작은 변화를 볼 것이기 때문이다.[6]

몸과 영혼이 분리된 여성은 그녀 자신의 독백을 이어갈 수 있고, 던의 황홀한 연인들을 향한 미묘한 협상을 기대할 수 있을 것이다.

『욥기』, 1825. 윌리엄 블레이크(British Museum).

제4장
뚱뚱함과 날씬함

> 반대가 없으면 발전이 있을 수 없다. 당기는 힘과 떠미는 힘, 이성과 에너지, 사랑과 미움 등은 인간의 실존을 위해서 모두 필요하다.
> — 윌리엄 블레이크, 『천국과 지옥의 결혼』.

나는 여러 차례 맥베드 부인의 왕권에 대한 왜곡된 개념에 대해서 언급하였는데, 내가 권력 콤플렉스라는 용어를 사용하지는 않았지만, 그녀에게는 강박적인 성격을 가진 사람들이 으레 그렇듯이 모든 것을 통제하려는 지칠 줄 모르는 욕구인 전능성이 들어있던 것이 틀림없다. 하지만 그런 욕망의 뒤에 있는 동기에 대해서는 살펴보아야 한다. 왜냐하면 그것이 단순히 "나는 이 성의 왕이고", 나머지 세계는 모두 "더러운 무뢰배"라고 환원시키는 것은 아니기 때문이다.

맥베드는 지상에서의 신의 대표자인 던컨을 죽이면서 왕에 대한 그의 맹세를 저버리는데, 그것은 심리학적으로 말해서, 자아가 자기와의 유대(紐帶)를 깨트리는 것이다. 그 범죄의 공범자인 맥베드 부인은 그 순간 그녀 자신이 칼을 휘두를 것이라고 믿으면서 "죽음에 대한 생각들로 가득 찬" 영들에게 그녀를 "여자로 되게 하지 말고", 그녀에게서 "양심의 가책"을 모두 거두어달라고 기도한다. 맥베드는 "지름길을 택하기에는 인간성의 본래적인 선(善)의 젖을 너무 많이 먹었기 때문이다."[1] 그러나 그녀는 그것을 결행하려는 순간 자고 있는 던컨이 그녀의 아버지를 닮아서 그럴 수 없었다.

이것은 그녀가 선택한 것들이 그녀는 감정보다 원리를 더 충실히 따른다는 것을 보여주지만 맥베드 부인이 아버지의 딸(father's daughter)이라는 힌트를 보여준다. 그녀는 던컨의 실제 모습에서 벗어났을 때, 그녀가 바라던 것으로 다시 돌아와서 맥베드로 하여금 실제로 시해(弑害)를 거행하게 한다. 그러나 모든 것을 그렇게 하게 한 것은 그녀이다. 그가 그 다음의 결과를 가지고 고뇌하고, 결코 그의 "영원한 보석"을 파괴하지 않을 것이라고 결심하였을 때, 그녀는 독약과 칼을 준비하고 있었다. 그가 "이 계획을 더 이상 진행하지 않으려고"[2] 결심할 때, 그녀는 그가 수행할 종합 계획을 준비하였던 것이다.

맥베드 장군과 맥베드 부인이 남성 원리와 여성 원리를 감안하였다면, 그 두 사람은 처음부터 그들과 왕 사이의 유대에 내포된 가치를 느꼈을 것이 틀림없을 것이다. 그러나 두 사람은 그 뒤에 있는 환상과 현실의 복잡한 실패를 돌리는 마녀에게 위협을 받았다. 맥베드는 남성 원리로서 합리적으로 장단점을 살펴보고, 운명이 그를 왕으로 되게 한다면, 그에게 왕관을 씌워줄 것이라고 받아들였다. 여성 원리를 인격화한 맥베드 부인은 권력 콤플렉스에 갇혀서 결국 관계성이라는 진정한 여성 원리를 배신하였다. 맥베드는 그녀를 기쁘게 하려고 왕을 시해했는데, 그것은 그를 하느님으로부터만 단절시킨 것이 아니라 모든 것으로부터 단절시켰는데, 거기에는 그녀도 포함된다. 아이러니한 것은 그의 감수성은 그가 그의 영적 가치를 배신한 결과를 예견했지만, 그가 그 자신의 기반 위에 서지 못했다는 사실이다. 그 대신에 그는 이미 자신의 감정적 가치를 짓밟아버린 그녀에게 굴복하였다. 그래서 내면의 진정성은 결코 시행되지 않았고, 그에 따라서 일단 그런 선택이 이루어지자 그는 의식적으로 그 자신을 파괴하는 비극으로 뛰어들었다. 그리고 그의 아내는 무의식의 악몽에 시달리면서 병적인 자기-파괴로 뛰어들었다.

20세기의 많은 결혼한 부부들과 거기에서 자라는 아이들은 왕의 복장을 하고 있지만, 그들의 내면을 채워주는 은혜가 하나도 없는 똑같은 상황을 산다. 자기(Self)와의 관계성이 단절된 곳, 다시 말해서 사람과 신적인 존재와의 사이에서 사랑이 없는 곳에서는 은혜가 있을 수 없기 때문이다. 심리학적으로 말해서 자아와 자기가 의식적 관계를 맺지 못하면, 자아는 무의식을 너무 두려워해서 무의식으로부터 아무것도 받지 못하는 것이다. 그런 의사소통이 없을 때, 자아는 그 자신의 왕국을 세운다.

아버지와 할아버지, 그리고 그 앞 세대의 사람들이 그들 자신의 감정이나 본능과 접촉하지 못하면, 그 다음 세대의 자녀들의 존재의 기반은 침식당한다. 융은 현실에 적응하기를 거부하는 사람들에게 다가오는 점점 더 커지는 두려움에 대해서 말하면서, 다음과 같이 기록하였다.

> 삶에 대한 두려움은 결코 단순한 상상 속의 요괴(妖怪)가 아니라 그 진정한 원천이 무의식이고, 그에 따라서 투사된 것이기 때문에 무엇이라고 말할 수 없는 진정한 공황(恐惶)이다. 인격의 자라나는 새로운 부분의 성장이 방해받거나 통제 받으면 두려움이 생기고, 두려움으로 변한다. 그 두려움은 어머니로부터 오는 것 같지만, 그것은 실제로 본능, 무의식, 내면의 인간으로부터 오는 죽을 것 같은 두려움인데, 그는 현실에서 계속하여 뒷걸음질 치다가 삶에서 완전히 단절되고 만다. 어머니가 실제로 장애물로 느껴지면, 그때 어머니는 복수하려는 추격자가 된다. 자연히 그것은 아무리 실제의 어머니 역시 그녀의 아이에게 병적으로 부드럽게 하면서 그 아이가 어른이 될 때까지 계속해서 돌봐주고, 시간이 지나서까지 유아적인 태도를 연장시키고, 심각하게 해를 끼칠지라도 실제의 어머니가 아니다. 오히려 그것은 요괴(lamia)로 변한 모성-이마고이다. 그런데 모성-이마고는 무의식을 나타내고, 의식이 무의식과의 관계를 잃지 않을 뿐만 아니라 무의식이 의식과 결합하는데도 반드시 필요하다.[3]

긍정적인 모성적 기반이 없으면, 강박적 섭식은 많은 경우 자아가 그 자신을 동일시하는 구체적인 기반을 만든다. 그래서 다이어트를 하면서 체중이 줄면 그것이 상징적으로 어머니의 상실과 동일시되기 때문에 사람들을 불안하게 하고, 슬픔에 잠기게 한다. 갓난아기가 태어날 때부터 기본적인 위협 아래 있으면, 그 위협은 본질적으로 매우 강하지만 그 자신을 생존하게 하려는 반작용에서 나온 유순하거나 공격적인 방어적 기제를 불러일으킨다. 그때 진정한 자아는 그 자신의 창조적 중심으로부터 행동하지 않아서 강하게 해야 한다. 그러나 그 강함은 그 자체로 경직된 것이고, 그의 몸에 기반을 두고 있다. 이런 상황에서 어머니는 그녀 자신의 유산 때문에 그녀의 아기에게 그녀 자신의 본능에 뿌리박은 땅과의 강한 유대를 마련해 줄 수 없다. 어머니와 딸은 밀접한 관계에 있을 수 있다. 그러나 두 사람은 부정적인 모성 콤플렉스를 나누고 있으며, 그 때문에 "삶으로부터 단절된 ... 본능적이고, 무의식적인 내적 인간(그리고 내적 여성)의 위협을 받는다. 그 본능적인 무의식에서 나온 공포는 매일의 삶을 괴롭힌다. 우리가 이 분석에서 규명하려는 것은 그 악마이다. 그 악마가 존재하는 한, 정신은 그를 땅에 묶어놓는 무거운 몸으로부터 안전하게 되려고 하기 때문이다. 그래서 그 콤플렉스가 성공적으로 다루어진 다음에도, 그의 삶을 위협하는 상황이 오기만 하면, 몸은 열량의 섭취가 전혀 변하지 않을지라도 체중을 증가시키려고 할 것이다.

언제나 어머니가 원하는 것들을 했고, 아버지가 말하는 것을 모두 믿었던 "세상에서 제일 착한 작은 소녀"는 사춘기에 접어들었을 때 갑자기 반항할 수 있다. 그녀는 그녀 자신을 아기 괴물이나 사내 녀석 같은 해골로 변하게 할 수 있는 것이다. 그것들은 어느 것이나 그녀에게 꽃피려는 여성성을 완전히 파괴해 버린다. 그때 그녀에게 반항으로 나타났던 것들은 그녀의 내면을 붕괴시킨 것들이다. 그녀가 심하게 짜증내는 것은 그녀가 실패했다고 소리 지르는 것일 수 있다. 그녀는 여성이 되라고 부름 받았지만, 그녀에게 제대로 된 역할 모델이 없는 것이다. 그녀는 그녀의 어머니를 아직 충분히 어른이 되지 못한 여성으로 볼 수 있다. 그녀는 심지가 아주 굳고, 더 높은 원리를 가지고 산다고 생각하며, 집에서는 언제나 바지를 입는다. 그녀에게는 두 가지 선택이 있다. 그녀의 어머니에게 복종하고, 어머니를 동일시하거나, 아니면 어머니 같은 것만 아니면 되기 때문에 복종하지 않는 것이다. 한 가지 선택은 그녀에게 열려 있지 않다. 그녀에게 아직 그녀 자신의 가치체계가 없기 때문에 그것을 따라서 살 수 없는 것이다. 그녀는 열두 살의 나이에 그녀 자신의 내면세계를 추구할 만큼 아직 충분히 강하지 않은 것이다. 그녀는 그녀의 가슴 사이에 연필을 낄 수 있을 만큼 가슴이 커졌어도 그것이 결코 여성성의 모든 것을 완전히 나타낸다고 느끼지 않는다. 한편 그녀의 어머니는 그녀 자신의 소녀 시대가 커다랗게 눈앞에서 지나가는 것을 지켜보면서, 자신의 삶이 온통 실패했다고 느낀다. 그녀가 그녀 자신의 독립성을 찾으려고 했고, 그녀 자신의 원리대로 살려고 했던 모든 것들이 그녀의 가슴에서 실패했다고 메아리치는 것이다.

원리를 가지고 사는 것은 당신 자신의 삶을 사는 것이 아니다. 당신 자신으로 살려고 하는 것보다는 당신보다 더 낫게 되려는 것이 더 쉽다. 그러나 당신이 이상을 가지고 살려고 노력한다면, 당신은 계속해서 비현실감 때문에 고통당하게 된다. 당신은 이 세상 어딘가에는 기쁨이 있을 것이라고 생각하지만, 그것은 결코 "그럴 수 없고", "그렇지 않으며", "그래서도 안 된다." 그러다가 위기가 다가오면, 당신은 당신이 거기에 있지 않았다고 하는 진리를 깨닫게 된다. 그때 종이로 만든 성은 무너진다. 당신은 당신의 원리와 이상들을 살아내려고 하면서, 중요한 부분들은 잃어버리게 된다. 그러면 당신은 숨어있던 역설들과 마주하게 된다. 거기에 대해서 어떤 여성은 다음과 같이 말해주었다.

> 나에게는 모든 것이 있지만, 아무것도 없습니다. 세상의 기준으로 보면, 나에게는 모든 것이 있지만, 나 자신의 마음의 기준으로 보면, 아무것도 없는 것입니다. 나는 나의 귀중한 독립을 얻으려는 싸움에서 승리했지만 나에게 가장 귀중한 것을 잃어버렸습니다. 나는 사랑하고, 사랑 받기 원하지만, 내 안에 있는 무엇인가는 사랑을 보냅니다. 나는 이해할 수 없습니다.

이상(理想)들을 추구하면서 사는 사람들에게서 보이는 본질적인 문제는 흔히 사랑과 권력 사이의 차이이다. 어떤 여성은 어머니—그렇지 않으면, 남편, 회사, 교회, 집단적 가치 등 어머니의 대체물—에게 정동적으로 영향 받고, 양육 받으며, 어쩌면 그녀 자신과의 관계를 목말라 할 것이다. 그녀는 어머니에게 의존적으로 되고, 어머니에게 조종당할 수 있으며, 어머니의 찬양이나 거부에 취약한 것이다. 그녀는 그녀 자신을 양육하지 않아서, 그녀 자신의 감정들은 인정받지 못했거나, 부정되었다. 그래서 그녀는 목말라 한다. 그녀는 다른 사람에게 사랑받기 위해서 완벽하게 해야 한다. 그녀의 정동적 안정은 다른 사람의 반응에 의해서 결정된다. 한편으로 그녀는 조작당하고, 다른 한편으로는 조작자이다. 그녀가 사랑 받기 위해서는 그렇게 해야 하기 때문이다. 그녀는 그녀를 있는 그대로 받아들이는 사랑에 의존할 수 없다. 그녀를 처음 조작했던 사람이 그녀의 삶에 아직도 관여하는지는 중요하지 않다. 그 사람은 아직도 그녀의 정신 속에 콤플렉스로 살아있고, 그녀가 그 사람을 그녀의 "사랑하는 이"에 투사하지 않으면, 그녀는 그로부터 돌아설 것이다.

그런 여성은 성숙해지고, 독립적으로 되기 위해서 더욱더 완벽해지려고 한다. 그녀가 그렇게 판단적인 목소리에서 벗어날 수 있는 유일한 길은 그 목소리가 소리를 내지 못할 정도로 완벽해져야 한다고 생각하기 때문이다. 그러나 그런 소리를 막을 수는 없다. 그 소리는 점점 더 커지기 때문이다. 그러므로 대극들은 무시무시할 정도로 모순 속에서 만난다. 그녀가 완벽성을 통해서 최대한 빨리 독립적으로 되려고 할 때, 그녀는 그녀 자신을 완전히 의존적으로 되고, 음식물을 찾게 하면서 굶주리게 하는 것이다. 아이에게 너무 신경을 쓰는 어머니는 아이에게는 야단을 너무 많이 치는 어머니처럼 부정적인 어머니이다. 그녀가 아이에게 그녀 자신의 이상들을 투사할 때, 그녀의 기대는 그녀의 딸에게 잘못된 가치 체계를 만들게 하기 때문이다. 무의식적 동일시에는 언제나 권력의지에 숨어 있다. 그래서 어떤 사람은 다른 사람이 그녀의 기대를 그대로 살아주기를 바란다. 그때 아이는 부모의 무의식에서 어떤 것을 찍어내는데, 그것이 아이에게는 커다란 짐이 된다.

나의 비만한 분석자 가운데 하나인 레이첼의 어머니는 유명한 연기자였는데 가족을 위해서 그녀의 직업을 포기한 매우 창조적인 여성이다. 레이첼은 그녀가 어릴 때 벙어리장갑을 잃어버린 이야기를 한다. 그녀는 그 이야기를 하는 것이 아주 두려웠지만, 마침내 용기를 내서 이야기하였다. 그녀의 어머니는 신경질적으로 울면서 소리를 질렀다. "내가 결혼을 하지 말았어야 했는데 … " 그리고 이어서 "내가 아이들을 낳지 않았어야 했어"라고 어머니는 말하였다. 레이첼은 슬픈 듯이 웃으면서, "나는 아직도 나의 삶이 문자 그대로 그 벙어리장갑에 묶여 있다고 느껴집니다. 내가 음식물을 먹지 않으려고 하면, 나는 촛불의 심지가 잘라지는 것처럼 느껴집니다"라고 말하였다.

그 어린이는 그녀가 그녀의 어머니의 실패작이라고 느꼈고, 그 여성은 그녀가 하는 모든 일에서 완벽함으로써 그녀 자신의 실존이 그렇지 않다는 것을 입증하려고 하면서 살거나, 아니면 초콜릿 속으로 완전히 모습을 감추었다. 서른 살이 된 레이첼은 그녀의 어머니를 거의 보지 않는다. 그러나 그녀가 자신의 삶을 살려고 하면 곧 전쟁이 시작된다. "나는 어머니의 간섭을 받기 싫어요"라고 그녀는 선언한다.

> 무엇보다도 먼저 나는 교양 있게 되기가 싫어요. 교양이란 언제나 어머니가 "더 잘 해라"고 말하는 것이어요. 나는 교양 있는 세상을 바라보지만, 나는 교양 있는 사람이 되기가 싫습니다. 그러나 우리 어머니는 이 세상에서 일어나는 모든 일들에 책임을 느끼고 있어요. 내가 기르던 고양이가 죽은 것, 포크랜드 사태(아르헨티나와 영국 사이에서 작은 전쟁이 있었던 사건—역자 주), 레바논 분쟁 등 말입니다. 하지만 나는 아주 화가 나요. 나는 나의 머리로는 그것을 어떻게 할 수 없어요. 전쟁도 끝났잖아요. 나는 아직도 내가 살아나려면 싸워야 한다고 느낍니다. 나는 다른 사람들이 나를 사랑할 수 있으리라고는 거의 믿지 못합니다.

그녀의 에너지가 콤플렉스와의 싸움에 집중되는 한, 그녀는 그녀 자신이 누구이고, 그녀에게 필요한 양식이 어떤 것인지를 찾는 데 쓸 수 있는 에너지를 가지지 못할 것이다.

힘의 원리가 어떻게 나타나는지를 보여주는 예를 다른 여성의 다음과 같은 언급에서 찾아볼 수 있다.

> 두 개의 검은 눈을 가진 커다란 방울이 언제나 나를 지켜본다. 언제나 나를 잡아먹으려고 하는 것이다. 모든 것들은 나의 어깨 위로 떨어지고, 나는 모든 것을 바

르게 해야 한다. 어느 누구도 나처럼 할 수 없다. 나의 어머니는 완전히 무능하게 행동한다. 나의 누이도 마찬가지다. 나의 남성은 주도권을 잡지 않는다. 나는 내가 무엇인가를 해야 하리라고 느낀다. 나는 엄청난 스트레스를 받았지만, 그래도 내가 올바르게 한다고 확신한다. 나는 무시무시한 공허감을 느끼고, 엄청난 격노를 느끼게 하는 중독이 작용하고 있다. 내가 아무리 그렇게 큰 에너지를 다 감당할지라도 아무 소용없이 끝난다. 절망이다. 나는 포기하려고 결심한다. 나는 내가 몸을 바쳐서 했던 것들을 그만두고, 떠나려고 한다. 그 결심은 끔찍한 우울을 불러왔다. 그래서 나는 믿을 수 없으리만큼 손해를 보면서 사람들에게 나의 분노를 터트리거나 아니면 화내기를 포기하면서 그 결과를 받아들였다. 나는 일을 바로 하려는 것에 중독되었던 것이다.

내가 삶에서 만났던 어른들에게 책임이 있는 것이 아니다. 나의 어머니의 아니무스는 파괴적이었고, 나의 아니무스는 내가 나의 길을 가기만 하는 한 창조적이다. 나는 나 자신의 길을 간다. 내가 내려가면, 나는 모든 것을 가지게 될 것이다. 나는 화물 열차처럼 간다. 나는 가면서 모든 것들을 평평하게 한다. 나는 브레이크를 밟을 수 있지만, 때로는 그렇게 하려고 하지 않는다. 그가 남성이라면, 그도 그렇게 할 것이다. 빌어먹을 어뢰(魚雷)가 전속력으로 오는구나! 내가 격분하는 것은 내가 나의 주위에 아무 영향도 주지 못한다는 사실에서 온다. 나는 어머니가 떠밀지 않으려고 했던 삶을 산다. 나는 싸움꾼이고, 아버지는 패배자이다.

언제인가 내 속에 있는 남자는 손톱을 자르려고 하였지만, 내가 저지하였다. 우리는 싸웠지만, 결국 그가 잘랐다. 나는 자살할 수도 있었다고 느꼈다. 내가 막을 수 없었다면, 나는 죽었을 것이라고 느꼈다. 내 손톱을 자르는 것은 나의 존재에 대한 침입이다. 나는 내 머리카락들을 잘랐다. 나는 무력하고, 죽었다고 느꼈다. 그때 나는 먹어야 하고, 그렇게 나를 파괴한다고 느꼈다.

권력과 사랑 사이의 미세한 선을 발견하기는 대단히 어렵다. 예를 들어서 말하자면, 작은 소녀가 그녀의 어머니와 과자를 만들 때, 그녀는 지켜보면서, 어머니를 닮으려고 한다. 그녀의 작은 손들이 할 수 있는 만큼 세게 두드리면, 과자들은 딱딱하게 된다. 그것이 중요한가? 어머니는 소녀가 요리책을 혼자 읽도록 요리책을 주지 않으면서 의존적으로 만들 수 있다. 어머니는 소녀가 뜨거운 프라이팬을 다루다가 불에 데지 않도록 보호할 수 있고, 소녀가 그 재료들의 분량을 재고, 적당량을 넣게 하지 못하게 함으로써 쏟지 않게 할 수도 있다. 그것이 올바르고, 합리적으로 보인다. 그러나 아이의 정동을 충족시켜 주려면 아이 혼자서 과자를 만들어야 한다. 그렇지 않으면, 아무리 그 소녀가 잘 만들었다고 칭찬을 받을지라도, 그녀 안에 있는 어떤 것은 그것들이 그녀가 한 것이 아니라는 사실을 안다.

이것은 작은 문제일 수 있다. 그러나 이것이 어머니와 소녀 사이의 관계성의 유형으로 되면, 소녀는 찬양을 들으려고 하는데, 그녀가 찬양을 더 많이 들을수록 그녀는 더욱더 그녀 자신을 부정하게 된다. 그 어떤 것도 그녀와 아무 관계도 없는 것이다. 그래서 그녀가 더 많이 성취할수록 그녀는 그녀 자신과 더 관계를 맺지 못하게 된다. 그녀는 무의식적으로 너무 많이 먹고, 마시는 피학대적인 유형을 설정할 수도 있는데, 거기에서 그녀는 더욱더 많은 것을 얻으려고 하지만, 더 얻는 것은 적어진다. 그녀가 더 완벽하게 할수록, 그녀 자신과 더 관계를 맺지 못하는 것이다. 필요한 모든 것들을 다 하고, 그것들을 가지고 딸에게 칭찬하는 어머니는 딸에게 성취감을 주지 못하며, 더 나쁜 것은 세상 사람들이 그 딸이 한 것이라고 생각하는 것들도 다른 사람이 한 것이라는 생각을 심어준다. 그녀가 더 성공적일수록, 그녀의 내면에서 그녀는 더욱더 그것이 그녀의 것이 아니라, 어머니의 것이라고 생각한다. 그러므로 그녀의 내면의 패배감은 외적 성공에 따라서 직접적으로 달라지는 것을 볼 수 있다.

이런 상황은 성공적인 전문직 여성의 꿈에 묘사된 것을 볼 수 있다.

나는 어두운 계단을 올라가 우리 집에 있었는지도 몰랐던 숨 막히는 다락방으로 들어갔다. … 계단 꼭대기에는 사자처럼 커다란 장엄한 하얀 페르시안 고양이가 있다. 그 방 가운데 있는 빅토리아 시대의 긴 의자에는 자기의 팔을 들지도 못할 정도로 약한 여성 유령이 있다. 나는 그녀에게 가려고 했지만, 내가 움직일 때마다 그 고양이는 그녀의 주위를 젠 체하고, 걸으면서 그의 꼿꼿한 꼬리를 내 얼굴 쪽으로 흔든다. 고양이는 적대적이지 않았다. 고귀하고, 높이 있는 듯하였다. 그러나 나는 그녀 곁에 갈 수 없었다.

산드라 길버트와 수잔 구바르는 여성 작가들과 19세기 문학의 상상력에 대한 그녀들의 선구자적인 연구에서 창조적인 여성들의 분열에 대해서 분석하였다. 그녀들은 샬럿 브론테의 『제인 에어』에서 다음과 같이 말하였다.

"귀신이 출몰하는" 조상의 저택에 대한 사회심리학적인 의미를 분석하면, 그런 이야기들은 거실과 다락 사이의 긴장, 즉 남성적 언명(言明)에 복종하려는 귀부인과 거기에 반항하는 광녀(狂女) 사이의 심리적 분열에 대해서 탐색하는 것이다. 그러나 이런 사실들을 살펴볼 때, 예를 든 여성들의 이야기는 또한 어쩔 수 없이 추운 바깥 세계로의 추방과 더운 실내에서의 숨 막히는 상황 같은 똑같이 불편한 공간적 조건들을 생각하게 한다. 더구나 그것은 종종 기아 상태로 죽을 것 같다는 강박적 불안과 괴물적인 주거 환경에 대한 강박적 불안을 육화시킨 것이기도 하다.[4]

위의 꿈에 나타난 반항하는 굶주린 광녀는 커다랗고, 완벽하게 손질받고, 완벽하게 양육된 하얀 고양이—그것은 오만한 영적 본능인데—에게 학대받고 있다. 또한 그 꿈은 그녀의 숨 막히는 상황, 즉 기아 상태로 죽을 것 같고, 괴물적인 주거 환경에 대한 강박적 불안을 제시한다. 꿈 자아는 다락에서 죽어가고, 우아한 아니무스에게 갇혀 있는 그녀의 부분을 깨달을 것을 강요받는 것이다. 그 아니무스는 꿈꾼 이 자신의 기대에 사로잡혀서 거식증 환자의 입으로부터 음식물을 훔치는 트릭스터이다.

그 우아하고, "귀족적인" 아니무스가 투사되면, 그 여성은 평생 동안 자신의 어머니를 기쁘게 하려고 노력하는 남성과 사랑에 빠진다. 그는 그의 감정을 완벽해야겠다는 생각과 연결시킬 수 있다. 따라서 그는 완벽한 아버지, 완벽한 남편, 완벽한 아들이 되려고 노력하지만, 정작 그 자신의 진정한 감정들을 거부할 수 있다. 그는 현재의 그 자신보다 더 낮게 되어야 한다고 생각해서 현재의 그 자신을 쫓아낸다. 그가 믿는 것을 충족시키려고 시작하는 것은 그의 어머니이고, 그는 완벽한 행동을 통해서 그녀의 상을 받으려고 한다. 그는 그녀를 먹인다. 그러나 그녀는 부정적으로 등을 돌리고, 그가 준 선물을 던져버린다. 그녀의 영은 그에게 감사할 수 없는 것이다. 그는 "내가 그녀를 기쁘게 하려고 노력할수록 상황은 더 나빠진다"고 말한다. 그것은 콤플렉스에 사로잡힌 현상이다. 그와 관계를 맺으려는 여성은 "그가 무엇인가를 느끼게 하려면 어떻게 해야 할까요?" 라고 말할지도 모른다. 그가 이미지들을 버리고, 그 자신이 느끼는 것이 정말 무엇인지를 말하면, 그는 그의 피학대적인 행동들과 그 증상들에 대해서 다룰 수 있을 것이다. 그는 그의 어머니, 아내, 딸, 세상을 기쁘게 하려고 하는 대신, 그 자신이 되는 것에 대해서 생각하기 시작할 것이다. 이 시점까지 그는 "나의 진정한 감정은 어떤 것인가?" 하는 진정한 질문을 하지 않았고, 그에 따라서 그 자신에 대해서 책임을 지지 않았다. 그는 부정하는 피학대적인 심리학을 살아왔고, 종종 다른 사람들이 그를 거부하기 전에 다른 사람들을 거부하였다.

그 여성이 투사를 되돌리고, 그녀의 남성을 비난하는 대신 그녀 자신을 똑같이 대하면, 그녀는 그 우아한 아니무스가 그녀 어머니의 아니무스와 그녀의 아버지를 조합해 놓은 것이라는 사실을 알게 될 것이다. (배우자들은 좋은 쪽이든지 나쁜 쪽이든지 서로 닮아간다). 인디언의 옛날이야기에서, 어떤 여성은 그녀 자신을 반으로 잘랐다. 그녀는 그녀의 위의 반쪽을 그녀의 남자에게 붙여서 그 남자의 입에서 나오는 것들을 모두 삼켜버렸다. 그녀의 허리께에 매달린 창자들은 그가 하는 모든 것들이 그녀의 똥으로 없어지도록 뒤에 매달았다. 그가 확실히 돌아오도록 그녀의 아래 반쪽은 집에다 놓았다.

그것이 우아한 아니무스(마녀의 뒤에 있는 마법사)가 남성에게, 또는 여성 자신의 긍정적 아니무스에게 할 수 있는 모든 것이다. 부정적인 어머니가 한 사람의 입에서 나오는 모든 말들을 삼켜버리려고 할 때, 그 사람은 그것이 완벽하게 알맞은 것이라는 생각이 들지 않는 한 거의 말을 하지 않을 것이다. 왜냐하면 "그것은 그렇지가 않아"라는 말이 그가 말하려고 하는 것들을 목 졸라 죽일 것이기 때문이다. 그래서 사람들에게서 자발성은 파괴된다. 이것은 아주 교묘하게 작동할 수 있다. 어떤 여성은 그녀의 남편이나 아이가 무엇인가를 하는 것을 열심히 보다가 "나는 네가 그것을 할 수 없다는 것을 알아. 그것은 결국 내가 하게 될 것이야"라고 하면서 그녀의 본래 모습을 숨긴다. 이것은 모든 것을 돌봐주려는 긍정적인 어머니의 태도이다. 그러나 긍정적인 돌봄도 여전히 돌봄을 받아야 하는 아이가 있다는 전제에서 나온 돌봄이다. 그에 따라서 성인 여성의 개인적인 감정과 여성으로서의 자아는 여전히 어머니 안에 갇혀 있게 된다. 어렸을 때, 자기보다 더 어린 동생들이나 심지어 자신의 "사랑하는" 어머니를 돌보아야 했던 여성들은 이 무력한 아이를 다른 사람들에게 투사한다. 이 아래에는 그녀들이 그녀들 자신의 어린 시절을 허락받지 못했다는 것 때문에 엄청난 원망이 있기 마련이다. 그런데 역설적인 것은 그런 여성들은 자동적으로 대부분의 경우 그런 책임감을 감당하고, 후회한다는 사실이다.

 부정적인 모성과 완벽주의적인 부성이 합쳐져서 혼돈을 만들어내는 또 다른 영역은 사람들이 소논문을 쓰거나 시험 준비를 할 때이다. 그때 그 사람들의 내면에서는 다음과 같은 대화들이 진행될 것이다: "나는 칸트는 읽지 않았는데; 나는 마르크스를 읽었어야 했으; 그래, 니체의 책에는 아주 훌륭한 구절이 있어. 나는 그것을 다 하지 못했어. 아니 이것이야. 나는 그것을 이런 관점에서 다룰 수 있어—아니면 그런 관점—아니면 또 다른 관점." 그래서 실 감기가 시작되었지만, 실들은 그 주위에 너무 심하게 꼬여서 그녀는 분명한 관점을 얻지 못한 채, 몇 시간 동안 앉아서 더 많은 자료들을 가지고 그려간다. 그러나 하루 종일 수많은 책들과 노트들을 가지고 감아 올렸지만 그 자료들에는 통일되고, 일관성 있는 접근을 전혀 찾아볼 수 없다.

 그런 혼란은 그녀가 한편으로는 도피하려는 목적에서, 다른 한편으로는 땅에 머무르려는 목적에서 먹고, 마시도록 몰아갈 수 있다. 물론 그녀는 그것을 쓰려고 했을 때, 정말 흥미를 느끼고 시작했을 수 있다. 그러나 그 콤플렉스가 그녀에게 엄습하면, 산더미 같은 자료들이 그녀의 긍정적이고, 창조적인 아니무스를 질식시킨다. 창조적인 영이 그 자료들에 파묻혀 숨을 쉬지 못할 때, 그 영이 죽어버리는 것이다. 그때 그 소논문은 그녀를 짓누르는 의무로 된다. 콤플렉스가 미워하는 것 가운데 하나는 즐거움이며, 콤플렉스는 모든 것들을 지겨운 책임으로 환원시키고 만다. 다시 그것에 대한 태도는 매우 중요해진다. 자아가 고집스러우면, 자아는 모성 콤플렉스의 긍정적인 측면의 압도적인 다산성을 두려워한다. 그녀가 무엇인가를 더 원하면, 끊이지 않고 씨앗들과 가능성들을 날라다 주기 때문이다. 자아는 이것들을 즐길 수는 있다. 그러나 자아는 그의 놀랄 만한 결단력으로 그것들 가운데서 어떤 것들이 성장할 수 있고, 어떤 것들이 성장할 수 없는지 결정해야 한다. 그 대신 자아가 모든 것들을 움켜잡으려고 하면, 쓰러지고 만다. 그 무거운 짐에서 빠져 나올 수 있는 유일한 길은 부정적인 모성을 의식화하는 것이다. "내가 이 논문을 쓰고 싶어 하는가? 그렇지 않은가? 나는 원한다. 나는 원한다 말이야. 내가 이기적이지만, 나는 그것을 쓰기를 원해. 그래, 내가 이기적이지만, 나는 이 책임을 감당하려고 하며, 그것을 즐기기를 원해. 나는 그렇게 하려고 하며, 나의 식대로 하려고 해."

부정적인 모성은 사람들의 개인적 발달을 원하지 않는다. 그녀는 그녀 주위에 있는 사람들의 즐거움과 창조적 흥분과 자유를 바라지 않는 것이다. 다시 말하지만, 다이어트를 하는 젊은 여성은 파티에 가려는 커다란 기대를 가지고 새 옷들을 산다. 그러나 파티에 가기 전 날 밤 폭식을 하고, 그녀 자신의 몸이 두 치수나 더 부풀어 오른 것을 발견한다. 그녀 자신을 즐기려는 가능성—일에서나 파티에서—은 의식적으로 다루어야 하는 위험 지대인 것이다. 그렇지 않으면, 그 콤플렉스가 의무라는 검은 보자기로 덮어 버린다.

그녀가 그녀와 마찬가지로 부정적인 모성 콤플렉스를 가진 남성과 결혼하면, 그 역시 거미집에서 질식당할 위험이 있다. 그는 그의 아내가 소화시키지도 못할 파일 더미 앞에서 고통스러워하는 것을 보고, 그가 그것을 의식하지 못한다면, 그녀보다 더 흥분하게 된다. 그들이 그 문제에 대해서 이야기를 하지 않았을지라도, 그녀의 불안은 그에게도 불안을 조성하여, 그 역시 불안에 사로잡혀서 더 불안해하거나, 아니면 위협을 느끼고 화를 내게 된다. 그러나 그가 아내와 함께 그 심연에 굴복하면, 그들은 모두 진창에 빠지고 만다. 그 반면에 그가 정신을 차리고 합리적인 태도를 취하면, 그 자체가 아내의 자아를 튼튼하게 해 줄 것이다. 두 사람 다 그 콤플렉스에 대해서 잘 알고 있어야 하며, 그것이 아직 위협적이지 않을 때 거기에 대해서 많은 대화를 나누어야 하고, 거기에 대비할 방책들을 마련해야 한다.

메두사 콤플렉스가 극단적인 형태로 나아가면, 그것은 정신에너지를 자연스럽게 주고, 받게 하지 못하도록 생명의 흐름을 멈추게 하면서 얼어붙게 한다. 그 콤플렉스는 그것이 주는 한에 있어서는 의식적인 자아가 선택하지 않으면서 주는 행위가 조금 조작할 수 있기 때문에 행복할 수 있다. 하지만 부정적인 모성의 "이기적이지 않은 주기"에 의하여 조작되었던 어린이는 받는 것을 대단히 경계한다. 분석의 첫 번째 주에 그런 사람은 강한 페르조나를 보이고, 마치 모든 것이 잘 되는 것처럼 이야기할 수 있다. 그러던 어느 날 분석가는 분석자에게 "당신은 어떤 느낌이세요?"라고 물어 보았다. 그때 그 부인은 그런 태도를 더 강화시키거나, 붕괴시키게 되는데, 그 여성은 분석가의 반응을 통해서 그녀 자신의 감정을 느낄 수 있게 되었다. 그런 경험은 "나"가 인정받으면서 종종 기적처럼 느껴질 수 있다.

나는 그녀의 삶의 이야기가 하나하나 그녀를 파괴시킨 사건들로 이어진 여성 분석자를 만난 적이 있다. 그녀는 석 달 동안 자신의 이야기를 아무 정동적 반응 없이 이야기하였다. 그래서 그녀는 베일에 싸인 듯하였다. 그러다가 어느 날 그녀는 버려진 강아지를 보았고, 그녀 자신에 대한 그녀의 모든 감정을 떨고 있는 작은 강아지에게 투사하였다. 그녀는 딱딱하게 앉아 있었고, 아무 말도 하지 않았다. 나는 손을 뻗어서, 그녀의 손을 잡았다. 그녀는 나의 눈을 난생 처음 보는 듯한 눈길로 바라보았고, 어깨가 흔들리면서 울기 시작하였다. 그 날의 분석은 그렇게 시작되었다. 그녀는 그녀가 살아왔던 이야기들을 다시 했는데, 마치 그 전에 나에게 그것들을 이야기했던 것을 기억하지 못하는 것 같았다. 그러나 이번에는 그녀 자신의 감정이 담겨 있었다. 그녀를 마술 걸리게 했던 콤플렉스는 내가 그녀의 손을 잡은 것을 무력화시키지 못하였다. 그것은 내가 단지 직업적으로 분석을 하는 분석가일 뿐이라고 그녀를 설득시키지 못했던 것이다. 그것은 그녀에게 나는 단지 그녀를 이용할 뿐이고, 나중에는 숨은 동기가 나올 것이라고 말할 수도 있었을 것이다. 그러나 그녀는 나의 행동이 자발적으로 뻗어 나온 사랑과 인정의 행동이라는 것을 알았다. 그녀의 반응은 그녀가 평생 동안 그 안에서 살아왔던 돌을 쪼갤 만큼 강했다. 물론 그 다음에도 의심과 두려움이 주기적으로 다시 나타나기도 했지만, 그 순간 그녀는 그녀가 사랑받고 있으며, 그 사랑을 무서워하지 않으면서 받을 수 있다는 사실을 알 수 있었다.

그 돌, 얼음, 유리, 꿈들의 단단한 벽을 녹인 눈물은 빅터 프랭클(Victor Frankl)이 그의 포로수용소에서의 경험담에서 말한 눈물과 같은 눈물이다. "눈물에는 한 사람이 가질 수 있는 가장 커다란 용기, 즉 고통을 견디려는 용기가 있다는 증언이 담겨 있기 때문에 눈물을 부끄러워할 필요는 없다." 그 수용소에 있던 모든 수인(囚人)들 가운데서 오직 한 사람만이 그의 부풀어 오른 발에 장화를 신을 수 있었다. 프랭클이 그의 부종(浮腫)을 어떻게 극복할 수 있었는지 질문 받았을 때, 그는 다음과 같이 대답하였다. "나는 그것을 가지고 울었습니다."[5] 윗입술을 뻣뻣하게 하는 것은 한 가지 일이고, 우리가 처한 상황에서 우리 자신의 현실에 맞춰서 사는 것은 또 다른 일이다. 부정적인 어머니는 무의식성을 사랑한다. 우리가 정체적인 세계에서 굳어 있는 한, 우리는 우리 자신을 열어서 우리 자신의 눈물을 흘리거나 우리 자신의 노래를 부르지 않아도 된다.

마녀인 어머니는 모든 것을 만들 수 있는 아주 간단한 요리법들을 가지고 있다. 그래서 그것을 그대로 따라가기만 하면 (그것을 따라가는 것은 엄격하게 따라가는 것이다) 그것들은 성공을 보장해준다. 그녀들은 실수를 용납할 만한 그릇이 없기 때문에 실수를 참지 못한다. 실수할 필요가 없기 때문이다. 그녀는 아주 유능한 전문가이다. 그녀의 관할 아래서 배우는 사람들은 누구나 처음부터 분명하게 규정된 목표와 대상을 향해서 나아갈 수 있다. 현실 세계는 사물의 세계이고, 인간이 하는 일은 그것들이 제대로 작동하는지 지켜보는 것이다. 완벽성은 개인적 약함이나 감정을 허용하지 않는다. 그런 어머니 밑에서 자란 딸은 그녀 자신을 더 높은 수준의 효율성을 향해서 나아가도록 조작되는 물건으로 느끼게 된다. 그녀가 배우지 못하는 것들은 어머니의 지식이 미처 지혜를 터득하지 못했던 것들이다. 즉 삶의 의미와 개인적인 사랑을 배우지 못한 것이다. 그녀는 그녀 자신을 하나의 대상으로 생각한다. 그것이 얼마나 겉으로 아름답고, 지적이며, 효율적이고, 가치 있으며, 귀하게 보일지라도, 그것은 여전히 비인간적인 것이다. 그런 딸에게는 그녀 자신의 내적 관점이 없는 것이다.

우리 문화에서 행복하게 살지 못하는 많은 여성들은 물론 비만하고, 거식증을 앓는 여성들의 비극은 바로 여기에 있다. 그녀들은 실제로 그녀들과 전혀 관계도 없는 목표를 달성하기 위하여 정신적인 것을 추구하고, 과도하게 훈련하는 것이다. 그것은 자세히 들여다보면 그녀 자신을 말살시키게 하는 목표이다. 그녀의 목표에는 그녀 자신의 죽음이 포함되어 있다. 그런 목표 주위에서 창조적인 힘은 나올 수 없다. 그녀의 진정한 여성적 본성에 있는 그 어떤 것도 그녀를 도와줄 수 없는 것이다. 멸절(滅絕)을 향해서 나아가는 에너지는 마녀의 악마적 에너지이다. 그래서 여성이질 수밖에 없는 패배 안에는 맥베드 부인이 그녀의 작은 손을 좀 편하게 하려고 할 때 외쳤던 고뇌에 찬 세 마디의 우 우 우 하는 소리처럼 버림받은 아이의 마지막 울음이 들어있다.

이런 일은 그 딸 쪽에서 자신의 삶에서 의미를 추구하려고 할 때 의미를 찾는 것이 어머니에 대한 배반으로 느껴지면서 너무 깊은 불안을 불러일으키는 방식으로 일어날 수 있다. 그녀가 인간으로 되는 것은 자신의 딸이 성공한 여성이 되도록 온 힘을 다했던 어머니를 실망시키는 것처럼 느껴지기 때문이다. 그 딸이 인간으로 살려면 어머니의 이상들을 극복해야 하기 때문에 그녀의 문제를 정말 잘 풀 수 있는 것은 그녀가 지금 하고 있는 것이 왜 필요한 것인지 알아야 할 필요가 있다. 악은 언제나 비인간적인 이상에 들어있기 때문이다. 그 이상에 사로잡혀 있으면, 궁극적으로 현실로 돌아올 수 없다. 그녀는 그녀가 하는 행동의 의미를 알려고 도망치는 현실을 반드시 살펴보아야 한다. 그녀의 어머니가 그녀의 삶에 한 번도 소개하지 않았던 '살아 있는 것에 대한 깊고, 풍부한 사랑'을 발견하기만 하면, 그녀는 자신의 삶을 붙잡을 수 있다. 그리고 그때 그녀는 그녀 자신의 삶을 마음껏 만들어갈 수 있다. 어머니와의 동일시로부터 그녀 자신의 기반에 그녀 자신의 신을 신고 우뚝 서는 근본적인 변화는 마녀로부터 소피아로 가는 원형적인 변화이다. 메두사는 인간의 무의미성이지만, 소피아는 의미인 것이다.

제3장의 마지막 부분에서 나는 몸과 정신이 하나로 되는 것에 대하여 언급하였다. 나는 근본적인 변화가 생기는 곳에는 정신적 작업을 받아들이기 위하여 신체적 그릇이 반드시 준비되어야 한다고 믿는다. 정신에 대한 환영이 있어야 하고, 포도주를 받는 술잔이 있어야 하는 것이다. 3년 동안 분석을 받은 여성의 다음과 같은 꿈은 몸과 정신 사이에 있을 수 있는 조화를 보여준다. 영적 에너지는 본능적 뿌리들 속에 굳게 자리 잡고 있으며, 그와 동시에 자기와의 관계성도 잘 유지하고 있다. 이 꿈은 악한 마녀와 소피아의 차이를 분명하게 보여준다.

내 친구와 나는 울퉁불퉁한 돌로 된 시골 교회에 있다. 거기에는 두 개의 측면 복도와 제단으로 이끄는 가운데 복도가 있다. 그 교회는 목동들과 시골 사람들로 가득 찼다. 긴 가죽 가운을 입고, 원시적인 왕관을 썼으며, 지시봉으로 쓰는 왕비의 지팡이를 든 어떤 여인은 그 목동들이 노래 부르게 하려고 애쓰면서 측면 복도로 내려온다. 그녀는 그들을 설득하고, 야단치다가 마침내 화를 낸다. 그러나 목동들은 그녀가 그쪽을 볼 때만 마지못해서 노래 부른다. 그녀가 그들 옆을 지나갈 때, 그들 사이에서 불쾌한 듯한 중얼거림이 들린다. 그녀가 왕처럼 옷을 입은 남자와 상의하는데 그는 더 화를 낸다.

"그녀는 왕비가 아니야"라고 나는 나의 친구에게 속삭인다.

그때 다른 여성이 같은 측면 복도로 들어오는데, 키가 컸고, 왕족이었으며, 단순한 가운을 입었고, 왕관을 쓰지 않았으며, 왕비의 지팡이도 들지 않았지만, 그녀 자체는 왕비이다. 그녀는 복도 아래로 내려가는데, 모든 사람들이 노래를 부른다. 농부들은 그녀를 찬양하고, 그녀는 그들을 사랑한다. 그녀의 광채는 다락에 서 있는 진짜 왕 같은 사람과 관계되어 있다. 그녀의 눈이 그에게 돌려지지 않지만, 그녀의 안테나는 그녀를 어쩔 수 없이 그에게 향하도록 하는 듯하다. 그녀는 그녀의 손을 그의 내뻗은 손 안에 넣었고, 교회 전체에는 승리의 혼인 노래가 울려 퍼진다. 나는 나의 손을 내 친구의 손 안에 넣는다. 그는 이렇게 말한다. "그녀에게는 은혜가 충만하다."

꿈의 설정은 들판에 세워진 시골 교회인데, 그것은 대지에 우뚝 솟은 성소(聖所)이고, 거기에는 자연 가까이에서 사는 단순한 목동들이 있다. 그녀의 분석에서 이 여성은 이 꿈의 설정이 보여주듯이 영적이고, 본능적인 것을 함께 가져오려고 노력했지만, 자아는 아직 그 어느 것과도 올바른 관계를 맺지 못하고 있다.

이 꿈은 꿈꾼 이가 그녀의 분석에서는 물론 그녀의 삶에서도 위기에 봉착했다는 사실을 보여준다. 이 꿈은 그녀의 거짓 자기와 참 자기 사이의 선택을 분명하게 배열하고 있으며, 화해는 본성에 깊이 뿌리박은 자기(교회)로부터 온다는 사실을 분명하게 말한다. 그녀는 두 가지 태도를 상징적으로 나타내는 두 명의 왕비를 바라본다. 하나는 그녀의 자아와 권력 원리 위에 서있어서 무의식으로부터 흘러나오는 창조적인 것을 틀어막는 왕비이고, 다른 한 왕비는 자아를 꿈이 "은혜"라고 부르는 것에 복종하게 하여 그녀 자신을 사랑, 내적 조화와 그녀의 창조적 심층에서 나오는 에너지에 개방시킨다.

꿈꾼 이는 그녀가 언제나 알고 있던 집단적이고, 딱딱한 세계로 되돌아가든지 아니면 그녀 자신이 그녀의 내면에 있는 영적 인도를 신뢰하여 그녀 자신의 운명을 향하여 나아가는 것 사이에서 어느 하나를 선택해야 한다는 것을 깨달았다. 그녀는 그것이 무의식성으로 되돌아가는 것과 자기에게 복종하는 것 사이의 선택이라는 사실임을 알았다. 그녀가 만일 되돌아가는 것을 선택한다면, 그녀는 그녀가 그녀 자신의 실재(Reality)에게 비난받을 것을 두려워해야 한다. 그러나 그녀가 복종하는 것을 선택한다면, 그녀는 그녀가 잘 알지 못하는 세상에서 여태까지 살아왔던 삶의 방식을 잃어버려야 하는 것을 두려워해야 한다. 그것은 우리 모두가 개성화 과정에서 적어도 한 번은 봉착하는 위기이다. 그녀는 거짓된 왕비로서 그 원형을 동일시하고, 원형적으로 왕 같은 옷을 입은 남성을 수여받았다. 그때 그녀에게는 은혜가 주어지지 않았고, 그녀 자신의 목적을 위해서 강한 자아에서 나온 것들을 하였다. 그녀는 사람들의 지지를 강요하려고 하지만, 그것은 권력을 얻으려는 동기에서 나온 것이고, 그때 의식의 에너지와 무의식의 의미 사이에 분열이 있다. 꿈꾼 이는 이 이미지를 그녀의 감정과 본성적인 본능을 거슬러서 그녀 자신의 권력의지를 사용하려는 것과 연관시키려고 하는데, 그렇게 되면서 그녀는 남성적 충동에 이끌린다. 그러나 그런 태도는 그녀의 발달을 불가능하게 한다. 창조적 에너지가 그녀의 의식을 증진시키지 못하여 감정이나 통찰의 측면에서 진정한 성장이 전혀 이루어지지 않기 때문이다.

진정한 왕비로서 그녀는 공식적인 복장을 하지 않고, 수수한 가운을 걸친 단순한 여성이다. 그러나 그녀에게는 내적인 은혜가 가득하다. 그녀는 원형을 동일시하지 않는다. 다시 말해서, 자아는 자아에 온당하게 속해 있지 않은 힘을 남용하려고 하지 않는 것이다. 그래서 신이 그녀에게 그 자신을 알게 한다. 이런 태도는 에로스가 그녀를 통해서 부어지게 하고, 그녀의 무의식의 정동과 이미지가 개인적 차원으로 흐르게 한다. 그에 따라서 그녀는 그녀의 친구와 인간적인 한계를 벗어나지 않으면서도 개인적 관계성을 맺을 수 있게 된다. 그때 정신의 모든 이질적인 부분들에서는 자동적으로 조화가 잘 되는 노래가 터져 나온다. 모든 음들을 조율한 것은 자아를 은혜의 선물에 복종하게 된 것이고, 심리학 언어로 말하자면 의식과 무의식을 서로 양육하는 관계에 있게 한다.

왕비와 왕이 손을 잡고, 꿈꾼 이가 친구와 손을 잡은 두 개의 이미지는 상호 신뢰의 표현, 즉 각 존재의 내적인 삶이 상호 교류에 의해서 변화된 것에 대한 인정을 나타낸다. 더 깊은 차원에서 그것은 꿈꾼 이가 남성적 타자성에 굴복하는 것을 상징적으로 나타낸다. 그것은 그녀 자신의 취약성과 더 나아가서 자아의 복종을 부드럽게 인정하는 것을 말한다. 그녀의 취약성은 그녀로 하여금 그녀의 깊은 상처에 눈을 돌리게 하였기 때문이다. 분석의 이 지점에서 신뢰는 가장 어렵게 된다. 지금부터 그는 그 자신의 그림자를 보고, 그가 가장 신뢰할 수 없는 것을 신뢰해야 한다는 사실을 깨닫기 때문이다. 그러나 그가 할 수 있는 것은 신뢰밖에 없으며, 작업을 더 하고, 기다려야 한다. 그것은 하느님의 영역이기 때문이다. 이 꿈에서 그녀에게 그와 그녀 자신을 향한 여행이 계속되게 한 것은 제단에 자신만만하게 버티고 서있는 아니무스 상, 즉 그녀의 진정한 자신을 사랑하고, 자기-기만을 하지 않게 하는 굳건한 사랑이다. 그녀가 그녀의 남성적 자아에 마지못해서 굴복하는 것이 아니라 그녀 자신을 그에게 주면, 그녀는 그녀 자신의 진정한 모습을 향해서 한 걸음 더 나아가게 된다.

오늘날 많은 여성들은 가부장적 문화에 의해서 수 세기 동안 지하 세계에 있을 수밖에 없었던 진정한 여성성을 찾으려고 한다. 융과 마리-루이제 폰 프란츠는 성모몽소승천 교의의 의미에 대해서 길게 논의하였다. 가부장제가 낡고, 파괴적으로 된 것으로부터 물질적인 것들을 해방시키는 모권제로의 더 큰 대극의 역전(*enantiodromia*)을 반영하기 때문이다. 예를 들어서, 여기에 관해서 폰 프란츠가 1959년 연금술의 강연에서 말한 것은 다음과 같다.

(지금) 기독교 문명의 전반에 걸쳐서 ... 물질주의와 모권제로의 은밀하고, 조용한 귀환이 이루어지고 있다. 이런 대극의 역전(逆轉)은 유대-기독교 종교가 모성 원

형을 의식적으로 충분히 대면하지 않았다는 사실에 기인하고 있다. 모성 원형은 어느 정도 유대-기독교에서 문제가 되지 않았다. 또한 교황 비오 12세가 성모몽소승천 교의를 선포했을 때, 그의 의식에서는 가톨릭교회에서 물질에 상징적 의미를 고양시켜서 공산주의가 강조하는 물질주의에 타격을 가해서 공산주의라는 배를 바람에 날려버리려는 목표가 담겨있었음은 잘 알려져 있다. 그러나 거기에는 그것보다 더 깊은 함의(含意)가 담겨 있었는데, 그것이 그의 진정한 의식적 생각이었다. 즉, 물질적 측면과 싸우는 유일한 길은 여성적 신성의 상징과 물질을 더 높은 자리에 올리는 것이라고 생각했던 것이다. 하늘로 들어 올려지는 것은 성모 마리아의 몸이기 때문에 강조되는 것은 몸의 물질적 측면이다.[6]

이 책에서 내가 관심을 가지는 것은 공산주의의 유물변증법 교리가 아무리 얼핏 생각할지라도 신화에서 육화된 것으로서 러시아의 수용소에서 종말을 맞은 마녀라는 사실을 금방 알 수 있지만 거기에 담긴 정치적이고, 종교적인 의미만은 아니다. 오히려 나는 그녀의 음식물 콤플렉스가 어머니와의 관계에서 비롯된 여성의 치유 과정에서 나타나는 정신 과정이라는 점에 집중시키려고 한다. 그녀가 꾸는 악몽의 해결책이 교회가 성모몽소승천 교리에 관심을 기울이면서 더 넓은 세계에서 시행된다는 사실은 이런 여성들의 중요성을 강력하게 암시한다. 그녀들은 우리 문명의 미래를 위하여 그 문제를 그녀들 속에서 해결하려고 싸우기 때문이다.

융은 그가 쓴 글들에서 그의 환자들이 앓는 정신질환은 그것이 신경증이든지, 아니면 정신증이든지 그 핵심에 시대정신(spirit of the age), 즉 집단적 세계관을 담고 있다는 사실을 계속해서 진술하였다. 병든 풍요한 사회에서 살면서 부풀어 올랐든지 아니면 또 다른 사회의 기근 때문에 비쩍 말랐든지, 정신분석을 받으러 오는 여성들은 서구 사회의 종말론적 상황을 그녀들의 몸으로 사는데, 그것은 역설적이게도 똑같은 사회의 부풀어 오르고, 굶주린 모습을 보여준다는 것이다. 이런 증상들 때문에 고통 받는 여성이 더 넓은 세계의 문제들에 관심을 가지고 있지 않다는 것은 두 말할 필요도 없다. 그녀들은 다만 체중만 줄이기를 원한다. 그녀들은 그녀들의 정신적 상태와 공산주의에 대한 교회의 싸움 사이의 어떤 관계가 있다는 것은 전혀 알지 못한다. 지금의 교황이 그녀의 꿈들에 긍정적인 어머니로 나오지도 않는다. 그러나 그녀의 분석이 진행되고, 그녀의 자아가 형성되고, 몸이 제대로 되면서 자기애적인 국면에서 벗어나면, 그녀는 그녀의 주위에 있는 세상을 바라보기 시작한다. 처음에 그녀는 곧 뒤로 물러서고, 세상과 아무 관계도 맺으려고 하지 않는다. 그녀는 너무 순수한데, 세상은 너무 야만적이고, 기만적이며, 잔인하다. 그러나 그녀와 그녀의 몸 사이의 관계처럼 그녀가 세상과 인사를 나누고, 그녀의 몸과 정신이 세상과 밀접한 관계에 있을 뿐만 아니라 세상에 대해서 책임이 있다는 사실을 느끼는 시점이 온다. 더 바람직한 것은 그녀가 처음 분석 받으러 갔을 때의 그녀로 존재하지 않게 된다는 사실이다. 그녀는 이제 더 이상 그것이 나아질 수 없다는 사실을 알면서도 자신의 손에 묻은 눈에 보이지 않는 피를 씻는 맥베드 부인이 아닌 것이다.

이제 나는 분석과정에서 나타나는 대극의 역전 과정에 대해서 말하려고 한다. 그 중심적인 이미지는 두 가지 방향으로 움직이는 나선형인데, 바깥으로 나가면 해방하는 것이고, 안으로 들어오면 파괴하는 것이다. 거기에는 십자가와 부활과 마찬가지로 파괴와 해방이 오랫동안, 그리고 그 사이에 있는 하나라는 조건이 붙어 있다. 그런 깨달음은 그리스도가 "제 목숨을 얻으려는 자는 잃을 것이다"[7] 라고 역설적으로 말한 것처럼 여성의 신비이다. 앞 장에서 살펴보았던 룻과 엘리너가 이런 역설을 가지고 작업했지만, 그것은 그녀들에게 역설이 아니라 모순이었다. 우리가 여성의 신비에서 보는 것은 '모순이 역설로 변환되는' 과정이다. 그 변환이 바로 여성이 하는 일이다. 허리케인의 눈인 돌풍의 중심에 있는 정점(靜點)에 두려움에서 나온 뻣뻣함을 가지고 붙들지 않고, 그것을 발견하는 것은 우리가 분석하면서 도달하려는 것이다. 나는 그 중심을 소피아, 즉 하느님의 여성적 지혜라고 부른다. 그것은 아주 원칙적으로 "내가 여기 서있다"고 하는 남성적 관점이 아니다. 성당의 문 위에 마틴 루터의 95개조를 붙이는 것이 아닌 것이다. 또한 그것은 선언(宣言)이 아니다. 그것은 오직 창조의 과정 속에서만 만날 수 있는 눈에 보이지 않는 중심으로, 처음에는 의식적으로 인식되지 않지만, 그 과정이 펼쳐지면서 점점 계시되는 것이다. 다른 말로 해서, 그 점은 그 과정과 떨어져서 존재하지 않는다. 그것의 존재는 그 과정에 그 자신의 실재를 보장하면서 언제나 생성 중이다.

마티스는 "나는 하느님을 믿는가?"라고 질문하면서, "그래, 내가 작업할 때는 믿는다"라고 대답하였다.[8] 자연은 금방 변하는 것이 아니라 계속해서 변한다. 하나는 다른 하나와 떨어질 수 없다. 우리는 그 속에 자리잡은 영원성에 대한 더 깊은 인식 때문에 자연의 모든 변화—계절들, 날들, 달의 국면들—를 받아들일 수 있다. 영원한 것 속에 있는 계속적인 과정이 내가 소피아, 즉 여성의 지혜, 신성에 있는 여성적인 것이라고 생각한다.

폰 프란츠가 연금술에 관한 강연에서 제안했듯이, 영지주의에 있는 여신의 여성적인 것은 유대-기독교 전통에 제대로 나타나있지 않다.

> 그 밑에 물질과 동일시되는 어둡고, 혼란에 빠진 모성-더미에 대한 모호한 암시는 거의 없고, 신의 지혜인 고상한 여성상이 있지만 그녀 역시 기독교에서는 신이 그리스도의 영혼이나 성령과 동일시되기 때문에 삭제되었다. 물질은 악마에 의해서 지배받는 것이다.[9]

여기에서 폰 프란츠는 가부장제로 나아가는 기독교의 경향에 대해서 기술한다. 그의 아들 안에 계시된 남성으로서 성부는 여성 원리를 악마의 지배 아래 있다고 여겨지는 물질에 부여한 것이다. 간단하게 말하자면, 이브로서의 여성 원리는 이 세상에 죽음과 모든 불행을 가져오면서 뱀과 묶여 있는 것이다. 마녀로서의 여성 원리이다.

비만하거나 거식증인 여성은 그녀의 부모와의 관계에서 매우 개인적인 이유 때문에 이런 가부장적 상황에 갇혀 있다. 그러므로 그녀는 기독교의 구원이 남성 원리의 일방성으로부터 벗어나야 하는 것과 똑같은 문제에 긴밀하게 연관되어 있다. 이 과정은 특히 연금술의 본문에서 여성이나 하느님의 지혜가 물질에 떨어져서 사람들이 그것을 알고, 그녀를 파내도록 부르는 것으로 그려진다. 폰 프란츠가 쓴 어떤 글에서 여성적인 것은 이렇게 외친다: "그의 품 안에서 내 몸이 온통 녹아내리면서 그에게 나는 아버지가 되고, 그는 나의 아들이 될 것이다."[10] 여기에서 사랑하는 자와 사랑받는 자, 하느님의 여성적 지혜와 그녀의 남성 배우자는 옛날의 가부장제의 아버지와 아들을 대체한다. 폰 프란츠는 하느님의 지혜는 "단순히 하느님 자신을 그의 여성적인 형태 속에서 체험한다"[11]라고 말한다. 그러므로 비만 여성의 비명과 그녀가 파묻혀 있는 물질로부터 구원받으려는 갈망은 원형적으로 말해서 하느님의 지혜가 조야(粗野)하고, 구원 받지 못한 물질로부터 해방되어야 하는 부름으로 들릴 수도 있다. 가부장적인 기독교는 물질에 타락한 이브 같은 여성성을 부여한 것이다.

나의 분석자 가운데 하나는 그리스도가 그녀의 뚱뚱한 넓적다리에서 태어나는 꿈을 꾸었고, 또 다른 분석자는 시골 극장에 가서 화장실에 갔는데, 그 뒤편에 있는 창문을 통해서 더러운 마구간과 짚으로부터 오는 눈부신 빛을 보았다. 그래서 여관에 그를 위한 공간이 없어서 마구간에서 태어난 그리스도는 비만 여성의 버림 받은 몸에서 태어나는 자기의 이미지를 돋보이게 한다.

여기에 포함되어 있는 것은 모든 사람들 속에 그리스도가 상징하는 것이 있다는 인식으로 이끄는 대극의 역전이고, 많은 잔다르크들을 마녀로 화형 시킨 기둥으로 이끈 전망으로 볼 수도 있다는 사실이다. 그녀가 느꼈던 공포는 비만과 거식증 때문에 고통 받는 모든 여성들 속에도 무의식적으로 담겨있다. 특히 그녀가 생존을 위한 투쟁에서 실제로 점점 더 그녀의 여성적 본성을 파괴하는 남성의 페르조나를 채택하고 있기 때문에 더 그렇다. 그녀를 삼켜버린 불은 그녀를 변환시키지 못한 파괴적인 불이다. 그것은 남성 원리의 불, 즉 여성적 과정을 해방시키기보다는 파괴하는 고정되고, 뻣뻣한 관점인 것이다. 그것은 가톨릭교회가 성녀 잔다르크를 영국에게 넘겨주었을 때 그녀를 정죄한 불이기도 하다.

나는 소피아가 아직 충분히 의식화되지 못했지만 우리 서구 문화에 영과 물질 사이의 관계성을 새롭게 이해하도록 다가오는 떠오르는 원형적 유형이라고 기술하려고 한다. 우리 가운데 많은 사람들이 체험한 것으로서 남성적인 하느님의 지혜는 신학, 교의, 도덕 철학 안에 자리하고 있다. 그것이 알 수 있는 지혜이기 때문에 거기에 이성으로 접근할 수 있고, 그 접근 가능성을 규범화할 수도 있다. 그것은 종종 교리 교육으로 되고, 그렇게 축소될 수 있는 것이다. 그때 그것은 제도화된 집단적 지혜로 된다. 그와 반면에 소피아의 지혜는 알 수 없는 지혜이다. 그것은 합리적인 것이 아니고, 반복될 수 없으며, 일관되지도 않다. 그것은 지금-여기, 즉각적인 순간에 속해 있다. 윌리엄 블레이크는 그것을 매일 사탄도 찾을 수 없는, 동맥의 맥박처럼 짧은 순간이라고 말하였다.[12] 그것은 너무 독특하고, 특별하기 때문에 삶에서 반복적으로 도저히 담을 수 없는 짧은 순간인 것이다.

알 수 있는 하느님의 지혜—즉, 교회의 독재—에 어두운 면이 있는 것처럼 알 수 없는 하느님의 지혜에도 어두운 면이 있다. 그것은 순전한 혼돈, 공허(空虛)이다. 소피아의 어두운 면은 그 전에 빛이 한 번 꿰뚫고 들어온 적이 있는 본래적인 공허이다. 다시 말해서, 그 안에서 빛이 처음으로 드러났던 모태인 것이다.

연금술에 관한 폰 프란츠의 강연 중에 그녀와 어떤 신학자 사이에서 재미있는 의견 교환이 있었다.

폰 프란츠 박사: 당신에게 분석자가 있다면, 당신이 그를 도울 수 있는 유일한 방법은 언제나 이렇게 말하는 것일 것입니다. "저는 모릅니다. 우리 하느님에게 물어봅시다." 그렇게 함으로써 당신은 그 분석자가 경솔하게 의식적으로 결론을 내리거나 당신을 유혹해서 당신이 그렇게 하지 않을 수 있게 할 것입니다. 그러므로 모든 종교체험은 독특한 사건으로 됩니다. 모든 종교체험에서 하느님은 특별하고, 독특한 형태로 체험되고, 거기에는 붉은 유황(성욕)도 포함됩니다. 다시 말해서, 당신이 하느님에게 붉은 유황에 대해서 질문한다면, 하느님은 각 경우마다 그의 독특한 답을 해주실 것입니다.

언급: 나는 하느님이 이미 그의 독특한 대답을 각 경우마다 해주셨다고 생각합니다.

폰 프란츠 박사: 우리가 서로 다른 것은 그 점에서입니다. 당신은 하느님이 그 자신을 지키는 일반 규칙을 공표했다고 생각합니다. 그러나 우리는 그는 언제나 무엇인가 새로운 것을 창조할 수 있는 모든 사람들의 정신에 나타나는 살아있는 영이라고 생각합니다.

언급: 그가 이미 공표한 뼈대 안에서입니다.

폰 프란츠 박사: 신학자에게 하느님은 그 자신의 책들로 한정되어 있고, 더 이상 출판할 수 없습니다. 거기에서 우리는 경적을 울립니다.[13]

그것이 소피아의 지혜이다.

당신이 대극의 역전을 지금 금방 체험하고 싶으면, 당신은 아침부터 내내 책상에 앉아서 수수께끼 같은 문제와 씨름하던 것에서 벗어나 조지아 만(灣)의 얼음같이 차가운 물속으로 풍덩 뛰어 들어가기만 해도 된다. 그러면 금방 마음으로부터 몸으로의 즉각적인 전환이 일어난다. 그 결과는 놀라울 수 있다. 몸에 느껴진 충격은 마음에 있던 수수께끼를 해결해 줄 것이다. 책상 앞에서 점점 더 불명료했던 것들이 조지아 만의 수정 같은 물처럼 갑자기 수정처럼 맑아질 수 있는 것이다. 이런 일은 왜 생기는 것일까? 물에 뛰어드는 것이 본능들을 풀어버리기 때문이다. 본능들은 곧 표면으로 올라와서 몸의 빛으로 되는 것이다. 마음속에 있던 문제는 종종 본능에 의해서 직관적으로 대답을 얻을 수 있다. 열을 내면서 곰곰이 생각하다가 차가운 물에 뛰어든 것은 그 문제를 본능의 영역으로 집어넣은 것인데, 마치 무의식이라는 물의 심층에 대답이 있는 것처럼 본능의 영역이 경직되어 있다가 다시 흐르기 시작하는 것이다.

소피아는 얼음 같이 차가운 물에서 솟아난 즉각적인 조명(illumination)이다. 신비인 것이다. 심리학적으로 말해서, 그것은 자아가 대극들 가운데 몸이나 마음, 어느 하나와 동일시하던 것을 그칠 때 생긴다. 그런 상호작용을 한 번만이라도 경험하면, 자아는 화해의 자리가 될 수 있다. 그 반면에, 그 어느 하나와 동일시하면 다른 것과는 원수가 돼서 몸과 마음 사이에서 전쟁이 난다. 현실에 뿌리박은 자아는 "그래, 그것들은 나의 한 부분이야, 나는 부분적으로 몸이고, 부분적으로 마음이야. 그러나 나는 몸도 아니고 마음도 아니며, 몸과 마음이야. 나는 어쩌면 사이클론(열대성 저기압―역자 주)에 의해서 희롱당하는 배인지 모르지만, 뚱뚱하고 날씬한 것을 통하여 그 중심에 나의 입장을 세울 수 있어. 그리고 나는 여기에서 보는 눈과 듣는 귀를 가지고 있기 때문에 복종할 수 있어. 생명은 솟아날 수 있어. 생명은 나를 통하여 퍼부어질 수 있는 것이야. 나는 죽었던 반면, 다시 살았고, 잃어버렸지만 찾았어"라고 말할 수 있다.

소피아에게 복종하려면 매우 강한 자아가 필요하고, 오랫동안의 작업이 필요하다. 사람들은 대극들 사이에서 무한하게 앞으로 갔다, 뒤로 갔다 할 수 있다. 복종 속에서 자아가 자리하는 지점인 정점(still point)에 집중하는 것이 더 좋다. 그 점이 없으면 춤도 없다. 오랜 시간 동안 매순간, 매순간 몸의 근육에 의식을 집중하면서 작업하고, 에너지를 태양신경총으로부터 몸의 각 부분으로 뻗어가게 했던 사람들, 그러면서 거기에서 어떤 견해를 만들려고 애썼던 사람들은 누구나 어느 날 불현듯이, 아주 잠깐 동안이라도 춤에서 도약이 이루어지는 것을 알게 될 것이다. 그는 그 순간 정말 중요한 것이 무엇인지 알게 되는 것이다.

아 음악에 흔들리는 몸, 아 빛나는 시선,
우리는 춤을 보고 어떻게 춤춘 이를 알 수 있을까?[14]

대가의 이미지들,

순수한 마음에서 나와 완성된 것이기에, 하지만 어디에서 시작되었던가?

쓰레기 더미들, 거리에서 쓸어 모은 것,

낡은 주전자들, 낡은 병들, 그리고 부서진 깡통,

낡은 쇳조각, 낡은 뼈, 낡은 넝마, 돈을 지키는 미친 여자.

하지만 나의 사다리가 사라진 지금 모든 사다리들이 시작하는 장소로 내려와야 한다.

형편없는 내 마음의 넝마와 뼈의 장소로.

— W. B. 예이츠, "서커스 동물의 탈출."

해방은 분화를 통해서 얻어진다. ... 영이 "습하고, 거칠면", 영은 심층으로 내려간다. 즉 대상들과 뒤엉키는 것이다. 그러나 고통을 통해서 깨끗해지면, 영은 "건조하고, 덥게" 되며, 다시 올라간다. 그것을 그의 지하계적 주거에서 비롯된 습한 특성으로부터 분화시키는 것은 불의 특성이기 때문이다.

— C. G. 융, 『심리학적 유형들』.

물론 가장 먼저 말해야 하는 것은 하기아 소피아가 하느님 자신이라는 사실이다. 하느님은 아버지일 뿐만 아니라 어머니이다. 그는 동시에 그 둘이다. 하기아 소피아는 신성 안에 있는 "여성적 측면"이나 여성 원리이다. 그러나 물론 당신이 이것을 말하면 모든 것들은 잘못 되게 된다. "추상적인" 신성이 두 개의 추상적인 원리들로 분열되는 것이다. 그럼에도 불구하고 이런 구분을 무시하는 것은 하느님의 충만과 접촉하지 못하게 한다. 이것은 가장 오래된 동양적 사고로까지 거슬러 올라가는 실재(實在)에 대한 매우 오래된 직관이다. ... "남성적인 것-여성적인 것"의 관계성은 모든 실재 안에 있는 기초이기 때문이다. 모든 실재들은 하느님의 실재를 비추고 있다. ...

우주 안에 있는 이 여성 원리는 이 세상에 있는 성부 하느님의 영광의 창조적 실현의 마르지 않는 원천이고, 그의 영광의 표출이기도 하다. 그것을 더 밀고 나아가면, 우리들 자신 안에 있는 소피아는 하느님의 자비, 즉 끝이 없는 용서의 신비한 능력으로 우리 죄의 어둠을 하느님의 사랑의 빛으로 돌려놓은 부드러움이다. 그래서 소피아는 성부 하느님의 힘, 정의, 창조적 역동의 여성적이고, 어두우며, 부드러운 반대쪽이다.

― 토마스 머튼, 모니카 횔롱, 『토마스 머튼 전기』.

제5장
여신으로의 상승

그러나 아아, 지금까지
우리 몸을 왜 우리가 참아야 하나요?
그것들은 우리가 아니지만 우리의 것이다. 우리는
지성이고, 그들은 공(球)이다.
우리는 그들에게 감사해야한다. 그들이 그렇게,
처음으로 우리에게
그들의 힘과 감각을 넘겨주었기 때문이다. 우리에게,
찌꺼기가 아니라, 누그러트리게.

— 존 던, "황홀."

 이것이 존 던이 의도한 것은 아니지만, 그는 "황홀"에서 정신분석을 받는 여성이 어머니와 긴밀한 유대가 부족할 때, 다시 말해서 그녀의 몸의 기초가 안전하지 않을 때 일어날 수 있는 종류의 상황을 설정한다. 그런 유대가 없을 때, 그녀는 그녀의 머리속으로 들어가려고 한다. 그러나 그것을 살펴보면 그녀의 문제의 성격을 통찰할 수는 있지만, 그 통찰 자체는 아직 구현되지 않은 채 남아 있다. 던의 말로 하면 '지성은 지성이고, 공은 공'이다. 그때 분석가와 분석자는 두 연인의 몸 위에서 흥정하는 두 영혼처럼 된다.

 삶의 문제를 너무 주지적으로 생각하면, 몸은 완전히 포기된다. 그래서 분석시간 이후에 충격은 몸으로 돌아온다. 영혼이 몸으로 다시 들어가자마자, 갑자기 아무것도 변한 것이 없는 것처럼 되는 것이다. 분석시간에 일어났던 것은 영혼이 잠시 그의 무덤에서 해방을 경험한 것에 불과하다. 영혼이 축복 받은 사람들의 땅에 있는 그의 무덤에 다시 들어가서 그 자신이 땅에 산 채로 묻힌 것을 느끼기 전에 천국에 있는 것처럼 될 수 있는 것이다. 산 채로 묻혀있다는 느낌은 비만한 상황에 대한 은유이고, 무덤에서 풀려났다는 느낌은 "몸무게가 없는" 거식증 환자에 대한 은유이다. 분석이 하는 일은 몸과 영혼의 분열을 더 강화시키는 것이 아니라 몸 안에 있는 영혼이 결국 "조금 변하는" 것을 체험하고, 하나가 될 때까지 치유되는 것이다. 그러다가 지적 수준의 한계가 일단 인식되고, 극복되면 그들의 몸과 영혼 사이를 흥정하는 연인들의 대화는 "한 사람의 대화"로 된다(87쪽의 이미지를 보시오).

분석이 진행되면서 정신/신체 사이의 분열이 심할 때, 특히 분석가는 물론 분석자도 몸이 단지 그 안에 매우 분명하고, 무엇인가를 갈망하는 영을 담은 동물에 불과하다는 생각을 하지 않는다. 몸의 언어 속에는 은유를 변화시키면서 본능의 신호만 보내는 열 달 된 갓난아이의 중얼거림보다 훨씬 더 많은 것을 담고 있는 것이다. 그 안에 수많은 동물적 욕구가 담겨 있기 때문이다. 분석관계가 일단 단단해지면, 우리는 몸이 없는 척하거나 몸을 아무것도 아닌 척할 수 없게 된다. 그것은 마치 사람에게 그림자가 없는 척하는 것과 같기 때문이다. 그것은 벌거벗은 임금님 동화에서 사기꾼이 하는 것과 같은 속임수이다. 매 회기마다 어떤 점에서, 심지어 첫 번째 분석 시간에서도 몸의 메시지는 아주 짧게라도 인식되어야 한다. 그러나 분석이 끝난 다음, 그 여성이 머리로는 무엇인가 깨달은 것 같아서 기쁘지만, 코트를 입으면서 곧 거울 속에서 자신의 그림자를 본다면, 그것은 그녀의 분열을 강화시키는 것이 된다. 턴이 말하듯이, 몸은 "그들의 힘과 감각을 우리에게" 넘겨주어야 하는 것이다. 분석가와 분석자는 그들의 힘을 "찌꺼기가 아니라, 안정적인 것으로" 인식해야 한다.

신체적 감각의 이미지를 찌꺼기가 아니라 안정된 것으로 느끼는 것은 야금술에서 온 것인데, 거기에는 연금술의 역사가 있다. 찌꺼기는 금속을 약하게 하는 불순물이지만, 완화제(緩和劑)는 금속을 강하게 한다. 사실, 금과 같은 영혼이 너무 정련되거나 순수하면 너무 부드러워서 모양을 만들지 못한다. 그때는 그것이 무엇인지 알 수 있는 형태를 갖추면서 단단해지도록 불순물을 섞어야 한다. 영혼이 그에게 아무 정체성도 없고, 형태를 가지기에 너무 순수하다고 생각된다면(이것은 비만증 여성이나 거식증 여성들 모두가 스스로 느끼고 있는 것이다), 그녀는 자신의 몸에 있는 '완화제'를 불순물이라고 생각한다. 그러므로 그런 여성들은 그녀가 그것을 불순물이 아니라 단단하게 해주는 합금 재료라는 사실을 깨달을 때까지 그녀의 몸이 견디게 해야 한다. 그렇게 하는 방법은 그녀가 그녀의 몸이 즐기도록 하고, 그렇게 할 수 있는 공간을 마련하며, 몸이 하고 싶어 하는 모든 동작들을 할 수 있도록 해주어야 한다.

불순물이 아니라 완화제로 보는 인식의 전환은 자아가 태모, 즉 창조의 몸 안에 기반을 두기 시작할 때 이루어진다. 성서적인 신화 용어로 말하자면, 그것은 몸이 없고, 처녀인 마리아가 지혜로운 소피아의 무릎 위에 자리 잡을 때 이루어진다. 그때 그녀의 위축된 본능은 꿈에 상처 받은 본능에까지 잇닿아 있는 정신의 치유의 이미지를 만나게 된다. 녹아 있거나 너무 연약한 상태 안에 있는 그 이미지, 즉 꿈꾸는 상태에 있는 이미지는 살아있는 몸의 세계 속에서 단단해지기를 바란다. 내면세계와 외부 세계 사이에서 왔다 갔다 하면서 "작은 변화"가 생기기를 바라는 것이다.

우리가 반드시 알아야 하는 것은 몸을 자연스럽게 풀어주거나 즐기게 하는 것은 어떤 점에서는 무의식을 꿈에서처럼 배열시키게 한다는 사실이다. 그래서 나는 나의 많은 분석자들에게 몸 연수회(body workshop)는 꿈 분석만큼 필요하다는 결론에 도달하였다. 대부분의 나의 분석자들이 이런저런 방식으로 깊은 정신/신체적 분열로 고통 받기 때문에 나는 무의식의 탐색에서 몸을 배제시키는 것은 적어도 꿈을 배제하는 것만큼 일방적인 것이라고 생각한다. 나는 몸의 움직임은 깨어있는 상태의 꿈으로 이해할 수 있다고 생각한다. 몸의 자발적인 움직임은 들려지고, 이해받으며, 반응되기를 바라는 갓난아기의 울음과 똑같다. 그것은 꿈이 무의식으로부터 신호들을 보내는 것과 똑같은 것이다.

통제된 연수회 상황에서 하는 몸의 움직임이 가져다주는 이점은 거기에 참가한 개인들이 혼자 있을 때와 잠잘 때보다 훨씬 덜 분명한 방식으로 그들의 꿈에 등장인물로 참여한다는 점이다. 그러므로 그들은 유일한 증인이 오직 꿈꾼 사람인 잠잘 때 꾸는 꿈에서 모든 것을 즉시 잊어버리는 것보다 깨어 있을 때의 꿈(즉 몸의 움직임)에서는 더 직접적으로 작업할 수 있다. 사실 꿈은 입증될 수 없고, 구체적인 각성의 세계에 직접적으로 참여할 수도 없다. 거짓말을 하지 않는 몸과 달리, 꿈은 망각되고, 반쯤만 기억되며, 파편만 남게 되거나 심지어 꿈의 내용을 기억하려고 애쓸 때 심하게 왜곡되기도 한다. 꿈의 주제를 꿈꾼 상태의 상징적 논리와 전혀 다른 문법적 논리인 산문적 의미를 가진 것으로 만들려고 하기 때문인데, 꿈꾸는 상태는 산문보다 시에 훨씬 더 가까운 것이다. 꿈이 비록 무의식으로부터 오는 정보의 가장 풍부한 원천이고, 앞으로도 계속 그럴 테지만, 몸의 움직임은 우리를 꿈의 실제성에 더 가까이 데려갈 수 있다. 꿈과 몸의 운동은 그것들이 서로에게 속해 있기 때문에 같이 작용하는 것이다. 몸은 그의 가장 직접적이고, 지속적인 형태로 무의식적인 것이며, 꿈 역시 이미지로 되어 있어서 직접성과 지속성이 결여되었지만 무의식적인 것이다.

무의식 자체는 알 수 없다. 그것은 몸의 움직임과 꿈 같이 자발적이거나 비의지적인 것으로부터 전해지는 하나의 실재(實在)이다. 우리는 몸의 움직임과 꿈꾸는 상태를 궁극적으로 무의식의 표현으로서가 아니라 우리 안에서, 우리에게 작용하는 의식적인 것이라고 생각한다. 이 세상에는 오늘날 우리가 무의식이라고 생각하는 것이 전통적으로 신(神)이라는 관념, 즉 우리 안에 있는 잠도 자지 않는 존재이며, 전지(全知)한 내적 현존에 해당된다고 믿는 사람들이 많다. 같은 맥락에서 나는 소피아나 성모를 이야기한다. 그녀들이 하느님의 여성적 측면과 관계되는 신의 여성적 존재이기 때문이다. 그녀들을 무의식에 놓고, 나는 바깥에서 안으로 들어오면서 하느님의 길을 따라가는데, 그 길은 의식의 흐름의 성격을 가지고 있다. 더 나아가서 나는 우리가 지금 무의식이라고 부르는 것은 정신적 실재에서 단지 그동안 너무 오래 지하에 있던 의식이라고 제안한다. 연금술에는 '숨어있는 신'(*deus absconditus*: 남성), 즉 물질 속에 숨어있는 신이라는 관념이 있다.[1] 그러나 무의식에는 '숨어있는 여신'(*deo absconditus*), 즉 그녀를 죽이는 파괴적인 결과로부터 인류를 보호하려고 그녀 자신이 숨어 있으려고 한 여신인 검은 성모(Black Madonna)도 있다.

현대 사회는 우리가 알고 있는 것보다 훨씬 더 니체가 선포한 "신은 죽었다"는 상황의 후예이다. 그러나 신은 죽지 않았고, 여신도 죽지 않았다. 그들은 다만 숨어있을 뿐이다. 그들이 숨은 곳은 무의식이다. 사람이 그들을 파괴함으로써 그 자신을 파괴하지 못하도록 그들을 숨길 필요가 없어지면, 신과 여신은 다시 같이 나타날 것이다. 그들이 그렇게 나타날 때, 우리는 무의식이 어떤 것인지 알게 된다: 그 안에 몸이 그 자신을 의식하는 것이 포함된 그 자신의 창조에 대한 하느님의 의식이 그것이다. 니체는 그런 움직임을 디오니소스와 동일시하였다.

신의 귀환은 인류의 가장 오래된 대망(大望) 가운데 하나이다. 세계의 모든 종교는 그 자신을 신의 귀환을 준비하는데 바쳤고, 지금도 여전히 신의 귀환을 기다린다. 이 대망에는 무엇이 내포되어 있는가? 우리는 이미 신을 그의 율법과 명령과 말씀 등 밖으로 드러난 그의 표현을 통해서 알고 있다. 우리가 그의 재림에서 기다리는 것은 우리에게 지금 부족한 신의 내적 역동과 내적 과정이다. 그의 창조 안에 있는 것이 아니라 그의 창조성인 그것은 고대 사회에서 전통적으로 실행되었던 신비 안에 있는 여성적인 것의 본질이다. 그러므로 그 귀환은 우리가 수 세기 동안 무의식이라고 불렀던 것 안에서 서서히 모양을 갖춘 신의 여성적 측면의 출현이다. 이제 우리는 신이라는 관념을 대극의 통일로서 창조적으로 다룰 수 있는 시간이 왔고, 그에 따라서 여성적인 것을 더 이상 남성적인 것의 거울을 통해서 보지 않고, 양성구유적인 얼굴로 직면하게 되었다.

태모(Great Mother)는 신의 여성적 측면이다. 성서에서 그녀는 지혜(소피아)이고, 레오나르도 다빈치의 그림(194쪽)에서 동정녀(童貞女)를 무릎에 앉힌 성 안나이다. 남성들과 여성들 모두 안에 들어있는 여성성으로, 그녀의 안에서 신과 인간이 만나는 수용적 존재인 것이다. 다빈치가 이렇게 강력한 동기가 담긴 그림을 지극히 연약한 연필과 목탄으로 그렸다는 사실은 매우 재미있다. 그래서 런던에 있는 국립미술관에서는 그 그림이 너무 상하기 쉬워서 매우 작고, 어두운 방에 유리를 씌워서 보관해야 할 정도이다. 그 그림은 보통의 햇빛만 받아도, 점점 모두 사라질 것이기 때문이다. 그것은 가부장적 세계에서 여성성이 많은 것을 해도 되는 것으로 허락받은 역할을 했던 것을 상징적으로 가장 명확하게 나타내는 이미지일 것이다.

동정녀(Virgin)라는 단어도 그것이 종교적으로나 사회적으로 수많은 함의(含意)를 담고 있기 때문에 그 의미가 분명하게 밝혀져야 한다. 나는 그 단어를 전혀 신체적 순결이라는 의미에서 사용하지 않고, 기독교 교회의 교의와 연관된 그 어떤 정통적 의미로도 사용하지 않는다. 마리나 워너(Marina Warner)는 그녀의 저서 『그녀의 성 안에서 홀로』(*Alone of All Her Sex*)에서 동정녀, 여왕, 신부, 어머니, 중보자로서의 동정녀 마리아를 둘러싸고 변화된 관념들에 대해서 연구하였다. 그녀는 이 "이상적인" 여성에 내재된 모순들을 고찰한 다음, 다음과 같은 결론을 내렸다.

> 동정녀 마리아는 이 세상에 있는 가장 고상한 건축물들과 가장 감동적인 시들과 가장 아름다운 그림들에 영감을 주었고, 남성이나 여성들에게 깊은 즐거움과 열렬한 신뢰를 가득 채워주었다. 그녀는 남성들과 여성들에게 가장 고상한 사랑의 정동과 경건과 경외를 자극하였고, 그 감정들에 잠기게 한 이상적(理想的)인 이미지였던 것이다. 그러나 그녀가 말했던 신화의 실재는 끝이 났고, 그녀가 주장한 도덕규범은 고갈되었다. …
>
> 모든 사람들이 인정했던 기독교 신화의 창조물인 동정녀 전설은 그 화려함과 서정(敍情)으로 견딜 수는 있을 테지만, 이제 더 이상 도덕적 의미는 비어버렸다. 그에 따라서 치유하고, 해를 주는 실제적인 힘을 잃어버렸다.[2]

동정녀 마리아는 20세기의 두려움들과 이상들로 뒤범벅이 되어있기는 하지만 여성성의 원형적 유형 가운데 하나인 것이 틀림없다. 그런데 워너는 동정녀에 대한 숭배가 발달할수록, 마리아는 이교도의 여신들에게 있는 특성들을 찬탈하여 가부장제가 허용했던 것보다 훨씬 더 어두운 여성성을 육화시켰다고 지적하였다.

검은 성모와 아기(15세기) —아인시델른, 스위스.

마리아가 가장 엄격한 금욕주의에 초점을 맞추는 한편 궁극적으로 다산의 상징이 기도하기 때문이다. 산에 꽃이 만발하면, 집에서 일하는 하녀들도 그렇게 된다. 달과 뱀에 신적 속성을 부여한 고대의 의미는 마리아가 거기에서 다산과 기쁨의 원천으로 존경받기 때문에 아직도 몬세라트(Montserrat, 바르셀로나 북서쪽에 있는 바위산으로 검은 성모를 모신 베네딕트 수도회 수도원이 있다—역자 주) 같은 성지에 남아있다. ...

거기에서 경배 받는 것은 검은 성모이다. ... 예술가들이 그 이미지들을 복원할 때, 그들은 성모와 아기가 입은 옷들과 장신구들의 색깔을 다시 칠하였는데, 경외감 때문에 그들의 얼굴을 검은색으로 남겨 놓았다. 그러나 경외감은 단지 그 거룩한 이미지들에 대한 존경으로부터 나오는 것이 아니라 ... 그들의 용모에 있는 신비하고, 이국적인 검은색이 그들에게 즉시 특별한 숭앙심(崇仰心)을 주어서 그랬을 것이다. 검은색이 천사가 아니라 악마의 분위기를 나타내고, 대부분 오직 마술이나 비술과 연관돼 있는 가톨릭 국가들에서 검은 성모들은 특히 연금술적 지식과 힘을 가진 기적으로 여겨졌다. ...

시실리에서 원숙한 옥수수의 여신 데메테르 숭배와 발굴된 작은 조상(影像)은 그녀가 그녀의 딸 코레-페르세포네를 그녀의 팔에 안고 어르거나 어깨 위에서 잠든 것을 붙잡은 모습을 보여주는데, 그 이미지는 엔나(Enna)에 있는 성모와 아기의 이미지와 너무 비슷한데, ... 엔나는 페르세포네가 지하세계에 삼켜진 장소이며, 그 성당은 그리스의 데메테르와 그녀의 딸을 제단 위에 모셔 놓곤 하였다. ...

왕의 군대(royal army)의 수호신인 동정녀의 이미지는 도시와 국가와 백성의 인도자이고, 평화와 승리를 가져오는 자로서 아테나와 비슷하다. 동정녀는 정말 아테네의 평화의 여신의 속성을 찬탈했던 것이다.[3]

우리의 정신적 뿌리는 그 뒤로 수 세기에 걸쳐서 초기의 여신들과 달의 숭배를 흡수한 유대-기독교의 뿌리와 맞닿아 있다. 우리의 삶은 위대한 기독교 전통에서 나온 문학, 음악, 예술과 더불어 영위되어 왔고, 보름달을 만끽하면서 우리 안에서 메아리치는 원초적 에너지는, 감히 말하자면, 우리가 성 바울 성당에서 헨델의 메시아의 모든 합창과 오케스트라의 노래 소리를 감상할 때 메아리치는 영적 에너지와 단절되지 않았다. 그것은 다만 또 다른 분열을 일으킬 뿐이다. 하느님(또는 그리스도)의 여성적 측면과 동정녀에 대한 관념이 새로운 방식으로 체험될 수 있다면, 정통성의 굴레는 벗겨질 수 있을 것이다. 새로운, 살아있는 믿음이 우리의 신체적이고, 영적인 현실에 새로운 차원을 가져오면서 매일, 매일의 삶을 통하여 울려 퍼질 수 있고, 우리는 우리의 유산과 단절되는 대신, 그것과 다시 하나가 될 수 있을 것이다. 그때 죽은 것처럼 보였던 이미지들과 잊혀진 구절들은 심오한 내적 진리와 역동적 에너지를 담은 채 다시 살아날 수 있을 것이다.

에스더 하딩(Esther Harding)은 『여성의 신비』(Woman's Mysteries)에서 동정녀라는 단어의 본래적 의미에 대해서 고찰한다. 나는 여기에서 그것을 좀 길게 인용하는데, 그 이유는 다른 측면을 빼고 어느 하나만 인용하면 의미의 통일성이 심하게 왜곡될 것이기 때문이다.

여신의 배(boat)에 들어가는 것은 본능이 생명의 창조적 세력의 표현 자체로서 종교적 영(靈) 안에 밀려드는 것을 받아들이는 것을 의미한다. 그런 태도가 이루어질 때, 본능은 이제 더 이상 개인적인 삶의 이익을 위해서 이용될 자산으로 여겨질 수 없다. 그 대신 개인적인 나, 즉 자아는 나 자체를 마치 신적 존재에게 굴복시키듯이 생명력의 요구에 굴복시켜야 한다.

여신이 그녀의 초승달 국면에 있을 때 가장 두드러지는 특징은 그녀가 동정녀라는 사실이다. 그녀의 본능은 그녀를 매혹하는 남성을 사로잡거나 소유하려고 사용되지 않는다. 그녀는 그녀 자신을 위해서 남성을 선택하고, 그 남성에게 그 대가로 헌신을 요구하지 않고, 그녀의 본능적 에너지를 그녀의 남편, 가정, 가족의 안전을 위해서 사용하려고 하지도 않는다. 그녀는 사랑의 여신이지만, 여전히 동정녀인 것이다. 그녀는 본질적으로 그녀 안에서 하나이다. 그녀는 단지 그녀가 자신의 여성적 형태에 맞춰서 변화시켰지만, 그녀와 비슷한 특성과 기능을 가진 남성 신의 짝이 아니다. 그와 반대로, 그녀에게는 그녀 자신이 하는 독특한 역할이 있으며, 그녀의 성격은 그 어떤 신을 복제한 것도 아니다. 그녀는 고대의 영원한

신의 어머니이다. 그녀와 관련된 신은 그녀의 아들이고, 그녀가 그보다 앞선다. 그녀의 신적 권능은 그녀의 남편-신과의 관계에서 나오지 않고, 그녀의 행동 역시 그의 환심을 사거나 그의 특성과 태도에 맞춰주는 것에서 나오지도 않는다. 그녀의 신성은 그녀 자신에게서 나오기 때문이다.

　이와 똑같은 방식으로 동정녀인 여성은 그녀 안에서 하나이고, 그녀가 하는 일을 한다. 누군가를 기쁘게 하려고 하거나, 사랑 받으며, 승인 받으려고 하는 것이 아니다. 심지어 그녀 자신에게까지도 그렇다. 다른 사람을 능가하는 힘을 얻으려고 하지 않고, 그의 관심이나 사랑을 얻으려고 하지도 않으며, 그녀가 하는 것이 진실하기 때문에 그렇게 한다.[4]

이 구절은 내가 이 책에서 말하려는 동정녀라는 단어를 이해하는데 대단히 중요하다. 전통적으로 태모의 무릎이나 옥좌에 앉은 모습으로 그려지듯이 동정녀가 이런 방식으로 여성의 자아나 정체성으로 이해되면서 그녀 자신의 지혜에 굳게 서있을 때, 진정한 여성은 그녀 자신의 생물학적, 문화적, 영적 유산으로부터 등장하게 된다.

성스러운 그릇으로서의 몸

　모든 원형에는 부정적 측면과 긍정적 측면이 모두 담겨 있다. 아마도 동정녀의 부정적 측면은 그녀가 완벽성을 요구하면서 마비시키려는 것에서 가장 잘 찾아볼 수 있을 것이다. 이렇게 마비된 상황에서 그녀는 부정적 모성이나 마녀의 악마적인 모습을 나타낸다. 몸의 지혜에서 단절되어 동정녀가 얼어붙는 것이다. 언제나 '무엇인가를 하도록' 단련된 완벽주의자에게 단순히 '존재하는 것'은 아무것도 아니거나 존재하기를 그치는 것을 완곡어법으로 말하는 것이다. 그래서 그녀의 존재를 정당화하려는 에너지가 그녀 자신을 찾고, 그녀 자신을 사랑하는데 재투자되면, 그녀에게는 심각한 불안전감이 느껴진다. 그래서 깊은 공허감이 그녀가 정말 여기에 있는지 묻는다. 그녀가 평생 동안 완벽성을 추구했던 것이 그녀에게 절망의 보따리를 만드는 것이다. 이런 불안들과 저항들은 존중되어야 한다. 그것들은 올바른 시간에, 다시 말해서 자아가 그것들을 다룰 수 있을 만큼 충분히 강해졌을 때에만 떠오르도록 허용되어야 하는 깊이 뿌리박은 공포와 격노의 모습을 하고 있기 때문이다.

첫 번째 장애는 내적 헌신이다. "나는 정말 내가 하루에 단 한 시간만이라도 살펴볼 만한 가치가 있는 사람이라고 믿고 있는가? 나의 삶을 다른 사람들에게 바쳤던 내가 나를 찾는데 하루에 한 시간을 드리는 것이 정말 이기적인 것인가? 어디서 한 시간을 뺄 수 있을까? 무엇을 해야 하는가?" 이것은 처음 생각했던 것보다 훨씬 더 깊은 문제이다. 부정적 모성은 기쁨을 싫어하고, 그를 기쁘게 하는 것은 무엇이든지 죄책감을 불러일으키기 때문이다. 한 사람의 임무가 완수되기만 하면, 그것이 아무리 강박적인 방식으로 이루어졌을지라도 용납될 수 있다. 하지만 그 에너지를 무엇인가 그 자신을 위한 어떤 창조적인 것에 사용하려는 목적에서 의무에 투입하지 않았다면, 그는 세탁기에 던져져서 처음에는 이쪽, 다음에는 다른 쪽을 얻어맞게 될 것이다. 그렇게 하지 않는 것은 모성에게 굴복하는 것이고, 그때 자아는 모성과 동일시되고, 처음에는 무엇을 해야 할지도 모르게 된다. 그는 주는 것을 너무 많이 했기 때문에, 정작 그 자신이 무엇인가를 받을 만한 사람이라고 생각하지 않거나, 받으려고 하는 것을 이기적인 것이라고 생각한다.

그러나 자아가 자신을 한번 열면, 망각되었던 에너지는 춤추기, 그림 그리기, 노래하기 등을 통하여 흐르기 시작하고, 즐거움이 이기적이거나 사치한 것으로 느껴지지 않고, 절대적으로 필요한 것으로 느껴진다. 부정적인 동정녀가 긍정적으로 되는 것이다. 그때 조심해야 하는 것은 너무 많은 것을 너무 빨리 얻으려는 것으로 나타난다. 그러므로 명심해야 할 것은 목표에 초점을 맞추지 않고, 과정에 맞추는 것이다. 현재에 머물면서, 무의식이 하도록 하는 것이다. 노스럽 프라이(Northrop Frye)는 그가 최근에 한 어느 강연에서 잠언을 인용하였다. 지혜는 이렇게 외친다. "(그녀는) 만세 전부터, 영원히, 땅이 있기 전부터 세우심을 입었다." 그리고 하느님은 하늘과 땅을 창조하셨고, "내가 그와 함께 하려고 불린 것처럼 그의 곁에 있으며, 날마다 그의 기쁨이 되고, 그의 앞에서 언제나 즐거워한다."[5] 프라이는 "기뻐하다"(rejoicing)는 단어의 어근을 "논다"(play)로 보면서 번역하고, "기뻐하다"라는 단어보다는 "놀며 즐기다"(playing)라는 의미를 더 좋아한다. 그에게서 뛰어노는 소녀는 지혜의 상(像)이다. 나는 그 이미지를 볼 때, 몸과 영은 하나이고, 소피아는 그 사이에 사랑으로 존재한다고 생각한다.

받는 것에 대한 두려움은 정신의 가장 깊은 수준에서 울려 퍼진다. 하지만 받는 것은 삶에서 무엇인가 일어나게 하는 것이고, 그 자신을 사랑과 기쁨과 회한과 상실에 열어놓는 것이다. 소피아는 다리이며, 우리 몸이 영을 받아들이도록 개방하는 사랑이다. 그러므로 어떤 사람이 몸에 뿌리박고 있지 않으면 커다란 문제가 생긴다. 어머니가 그녀의 몸과 충분히 접촉하지 못하면, 그녀는 아이들에게 자신의 본능을 신뢰하는데 필요한 유대감을 줄 수 없다. 그래서 아이는 그녀의 몸에서 긴장이 풀어지는 것을 느끼지 못하고, 나중에도 그녀 자신 안에서 휴식을 취하지 못하게 된다. 삶의 근저에 있는 두려움과 버려질지 모른다는 두려움은 최소한으로 감춰지고, 두려움에 가득 찬 자아는 언제나 외부에서나 무의식에서 밀려오는 알지 못사는 세력에게 잠겨버릴지 모른다는 위험을 가지고 산다. 그녀의 그렇게 취약한 존재의 기반 위에 훈련이나 효율성이나 의무 같은 집단적 가치로 만들어진 엄격한 구조물이 세워진다. 그리하여 창조하고, 살고, 놀이하는 데로 흐르려는 에너지는 맹목적인 충동들로 빠져나간다.

자아가 실제로 안전함을 느끼지 못하면, 자아는 그 자신을 건립(建立)할 올바른 이미지를 가질 수 없다. 창조적인 상상력이 그 자신을 위한 기반을 만들 시간과 공간이 없으면, 정신은 그가 할 수 있는 최소한의 것만 하는 것이다. 그 결과 정신은 상징을 구체적인 것으로 만든다. 예를 들어서 말하자면, 비만증의 경우 긍정적인 모성의 부재는 그 여성에게 자신의 몸을 살찌우게 하고, 땅 위에서 제대로 살지 못하지 않을까 하는 두려움이 그 안에 영(spirit)이 깃들게 하려고 아주 커다란 몸집으로 보상되는 것이다. 영이 사라질지 모른다는 위험이 커질수록, 배를 빵으로 채우려는 강박증이 더 커지는 것이다. 그러나 그런 과정이 너무 길어지면, 빵은 돌처럼 느껴질 수 있다. 본능을 충족시키는 강박증이 실현되면서 그런 파괴적인 행동이 지속되면, 그 분열은 점점 더 커지는 것이다.

거식증 환자와 폭식증 환자의 뱃속에서 돌로 된 빵은 그녀들이 동화시키지 못한 영적 양식을 잔인하게 비꼰 모습이 아닐 수 없다. 그녀들의 상황은 말씀을 상징적으로 받아들이지 못하고 문자적으로 받아들인 신앙인들의 모습과 비슷하다. 그러므로 영적으로 제대로 분간했다면, 생명을 주었을 것이 바울의 말대로 "문자에 의해서 죽임을 당한 것"이다. 이런 강박증 환자들은 문자에 치명적으로 이끌린다. 예를 들어서 말하자면, 그런 사람들에게는 성경을 상징적으로 해석하기를 거부하는 근본주의적인 믿음으로 향하는 강한 추진력이 있는 것이다. 그런 사람들의 상황에서 찾아볼 수 있는 궁극적인 역설은 그들이 모성을 갈망하지만, 정작 어머니를 거부한다는 사실이다. 그래서 그들은 물질 속으로 빠져들수록, 더욱더 만족하지 못한다. 그들은 더 많이 먹을수록, 더 배고파하는 것이다. 그들은, 좀 비극적인 수준에서 말을 한다면, 그들의 심장이라도 먹을 수 있을 것이다.

그 분열을 치유하기 위해서는 파괴적인 행동에 대한 의식적 이해가 긴요(緊要)하고, 그것이 말하려고 하는 것을 형상화해야 한다. 나는 왜 음식물을 필요로 하는가? 내가 몸집을 키우는 이유는 무엇인가? 나는 왜 달콤한 것을 찾는가? 그 중심에 있는 구멍은 무엇인가? 이 두려움은 무엇인가? 그 대답은 사람에 따라서 다를 것이다. 그러나 몸과의 그런 대화는 그 자신을 이해하는데 무엇보다도 필요하다. 정말 문제가 되는 것은 모성적 기반 어딘가에 있을 것이기 때문이다. 나는 몸과의 관계가 비록 상대적으로 안전할지라도 꿈들에 나온 상징들이 자아를 내면의 에너지와 관계 맺게 하고, 외적인 삶을 변환시킨다는 사실을 말하고자 한다. 그러나 몸과 영 사이의 분열이 너무 커서 본능들이 상처 받은 곳에서는 정신이 치유 에너지들을 만들지만, 본능적 에너지는 그 에너지와 관계를 맺을 수 없다. 안전하다고 느끼지 못하는 몸은 이것을 상상할 수 없는 것이다. 멸절(annihilation)에 대한 공포가 근육을 사로잡고 있어서, 마음이 아무리 다른 일들이 일어나도 된다고 하더라도, 몸은 그렇지 않다. 그리고 그 부정적인 에너지를 변환시키면서 몸으로부터 나와서 두뇌로 나아가는 에너지들도 흐르지 않는다. 분석시간에도 몸이 여전히 회복되지 않았을지라도 대화가 진행되면 신뢰가 더 커지는 것을 볼 수 있다.

모성적 기반에 해를 입으면, 어린이는 그 자신의 몸에 뿌리를 내릴 수 없고, 그가 아무리 마음을 통해서 안전을 찾으려고 노력할지라도, 다른 사람들에게 의존하며, 버림 받을까봐 두려워한다. 그래서 정신은 치유를 위한 단단한 기초를 만들어주려고 가능한 것을 다하지만, 몸으로부터 오는 메시지들이 꿈에서 오는 메시지들과 다르면 치유는 일어나지 않는다. 몸에 있는 그림자가 의식화시키기에는 너무 멀리 있어서 꿈으로 나타나지 않고, 몸과 정신을 이어줄 수 있을 만큼 의식화된 소피아도 없는 것이다. 그때 어머니(Mater)는 물질(matter)로 구체화되고, 사랑으로 붙잡아야 할 육신을 붙잡게 된다. 그러나 분석시간이나 연수시간은 그런 사랑이 존재로 들어올 수 있는 공간을 마련할 수 있고, 어머니로부터 물질로 가는 과정을 돌이킬 수 있다.

내가 분석에서 발달시킨 연수회들은 거기에 참여했던 각 사람들이 그들 자신의 길을 만드는데 충분한 분석을 제공할 수 있었기 때문에 그들에게 색다른 체험이었다. 우리의 주된 목적은 단지 몸이 그들에게 말할 수 있는 공간을 마련하는 것이었다. 거기에서는 집단의 역동이 발동하게 되었고, 그 집단이 하나의 테메노스(temenos, 성전이나 성지처럼 보호막을 제공해주는 곳—역자 주)로 존중되었고, 각 개인은 그녀 자신의 거룩한 공간을 유지할 필요성을 의식하게 되었다. 개인적인 상징들은 그것들이 햇빛에 데려가기 전에 그들 자신의 어두운 땅속에서 발아(發芽)할 필요가 있는 작은 씨앗처럼 존중되었다. 마치 꿈이 변환 과정이 일어날 때까지 침묵 속에 있어야 할 필요가 있는 것처럼 말이다. 그것들을 너무 일찍 빛으로 데려가면, 그것들은 다른 사람들의 자료들과 뒤섞여서 오염되거나 의식을 너무 많이 쏘여서 시든다. 그렇지 않으면 긴장이 너무 풀어져서 아무 변환도 일어나지 않게 된다.

이런 연수회의 목표는 살을 빼는데 있지 않고, 몸매를 다듬는데 있지도 않지만, 그 부산물로 그런 것들이 이루어진다. 그 목표는 몸과 정신을 통합하는데 있다. 꿈에서 치유의 상징들을 꺼내어 그것들을 무의식적인 몸의 영역에 집어넣고, 그 에너지들이 치유 작업을 하게 하는 것이다. 분석의 위험 가운데 하나는 우리가 꿈의 이미지들을 이해한다고 생각할 때 우리가 우리의 작업을 완수했다고 상상하는 것이다. 우리가 그런 해석에 매료되는 것이다. 그러나 그 상징이 관조(contemplate)되지 않을 때, 치유력은 상실된다. 그것은 변환이 이루어지도록 마음의 불 속으로 들어가야 하는 것이다. 폰 프란츠가 말했듯이, "정동(emotion)이야 말로 의식의 운반자이다"인 것이다.

연수회는 매번 몸이 그 자신의 리듬을 찾기 위하여 이완하는 것으로부터 시작된다. 호흡이 자연스럽게 되도록 촉구되고, 근육에 사로잡혀 있는 정동들을 해방시키기 위하여 호흡에 초점을 맞추도록 한다. 호흡이 자연스러워질 때까지 이미지들은 뇌 속에 저장되어 있다. 두려움과 불안이 우리 호흡을 막기 때문이다. 우리는 아주 어릴 때부터 고태적이거나 원시적인 정동들이 용납 받을 수 없다는 것을 배우고, 또한 깊은 정동을 통제하려면 가능한 한 숨을 목구멍에 거의 넘기지 않아야 한다는 것을 (무의식적으로) 배운다. 산소는 물론 정동을 인식하면서 몸의 살아있는 기관들에 깊이 들이마셔서 가슴의 위쪽에 단단히 붙들어 매고, 둥근 배에 숨이 깊이 퍼지게 하는 것은 현대 사회에서는 금물이다. 그래서 정동은 모두 목 아래 갇혀있을 수밖에 없어서, 우리는 목이 뻣뻣하며, 짐을 들 수 없을 정도로 어깨와 등이 아프다는 불평을 많이 듣는다. 남성적 특성을 가진 영의 숨(breath of the spirit)이 여성적 특성을 가진 몸이라는 물질(matter of the body)을 꿰뚫고 들어오도록 허용되지 않으면, 사람들에게 "개념이라는 것이 불가능해진다. 우리 사회는 하느님의 숨을 담은 자연의 그릇인 의식적인 몸을 거부하는 경향이 있고, 그 대신 흠잡을 데 없는 기계를 칭송하는데, 그 아이콘이 보그(Vogue) 지(誌)에 나오는 시체 같은 몸이다. 우리 몸은 너무 경직되고, 표현되지 못한 정동들로 막혀서 창조성이 깃들 자리가 없다. 이 말이 믿어지지 않는다면, 당신은 얼마나 화장실에 관한 꿈을 꾸는지 생각해 보라: 당신이 사용할 수 없는 꽉 막힌 화장실, 물이 흘러넘치는 화장실이나 거실 한복판에 있는 화장실, 말도 안 되는 것들로 채워진 화장실 등에 대한 꿈을 꾸는가? 신약성서는 이런 상황을 아주 재치 있게 표현한다: 새 포도주를 낡은 가죽 부대에 담지 않는다. 그렇지 않으면 부대가 터져버린다." 표현이 막혀버리면 우울증으로 되고, 우울증은 결국 붕괴로 이어진다.

다음에 소개하는 꿈은 프뉴마(*pneuma*, 그리스 말로 숨이나 영이라는 의미)의 힘을 뚜렷하게 보여준다.

나는 커다란 방에서 상여에 담긴 죽은 여성과 같이 있었다. 나는 그녀와 같이 있는 것이다. 사람들이 문상을 하려고 들어왔다. 어떤 사람들이 그녀가 조금 움직이는 것을 알았다. 조금 있다가 나는 그녀를 돌아보았고, 그녀의 옷이 헝클어진 것을 알았다. 곧 나는 내가 등을 돌리고 있을 때에도 그녀가 움직였다고 느꼈다. 나는 그녀에게 가서, 그녀를 흔들고, 그녀에게 말을 하였다. 그녀는 살아났던 것이다. 우리는 문을 통해서 바깥으로 나갔다. 그녀는 이렇게 말하였다. "내가 폐렴에 걸렸을 때 도와주셔서 감사합니다."

이것은 부정적인 모성 콤플렉스 때문에 어린 시절 그녀의 정동들과 감정들이 표현되지 못했던 중년 여성의 꿈이다. 그녀는 그녀에게 일어나는 일들이 그대로 직면하기에는 너무 고통스러워서 그 괴로움들을 감추었고, 가능한 한 용감하게 그녀의 결혼생활과 직장생활을 계속해 나갔다. 그녀는 비유적으로 말하면, 때로는 문자 그대로 평생을 숨을 멈추면서 살았는데, 그것은 두려움에 대한 자동적인 반응이었다. 그녀는 일들이 그저 일어나도록 허용하였고, 그것들이 지나가기만을 바랐는데, 그것은 사실 그녀가 적들에게 항복하는 행위였다. 그녀의 얕은 숨은 그녀를 깊이 잠겨 있는 여성 원리로부터 끊어냈다. 그 결과 그녀는 심장의 통증으로 고통을 받았다. 그러다가 그녀는 곧 꿈으로부터 오는 메시지들을 받아들였고, 그녀의 머리와 몸 사이의 간극이 점점 더 커진다는 사실을 인정하였다. 더 정확하게 말하면, 영과 물질 사이의 간극이다.

그녀는 통찰과 감정을 다시 추스르려는 노력의 일환으로 이완훈련을 하였고, 숨을 의식적으로 그녀 몸의 무의식적인 영역으로 들이쉬려고 하였다. 며칠이 지나자, 그녀가 이런 의례에 바친 사랑의 대가로 위에서 말한 꿈의 형태로 배당금을 받았고, 삶에 대한 새로운 감각이 그녀에게 주어졌다. 그녀는 머리로 깨달았고, 몸이 그것을 체험한 것이다. 이 꿈의 첫 문장, "나는 커다란 방에 죽은 여성과 같이 있다"는 말은 우리 모두에게 우리 자신의 창조성의 원천을 발견하는 것이 얼마나 중요한 일인가 하는 것을 보여주는 것임에 틀림없다. 우리 본성은 우리가 본능에 복종하지 않으면 우리에게 영수증을 내밀기 때문이다. 또한 마지막 문장, "내가 폐렴에 걸렸을 때 도와주셔서 감사합니다"라는 말은 창조적인 영인 프뉴마를 연결 고리와 동일시하는 것이 틀림없다. 메두사가 모든 것을 돌에 박혀서 영원하고, 완벽하게 되기를 바라는 반면, 소피아는 그것들이 움직이고, 숨을 쉬며, 창조적으로 되기를 바라는 것이다.

몸이 일단 이완되면 창조적인 영은 머리와 몸 사이를 흐른다. 그래서 우리의 연수회에서는 꿈에서 나온 이미지들에 초점을 맞춘다. 각자는 몸이 의식하는 곳이 어디이고, 의식하지 못하는 곳이 어디인지 깨달으려고 하고, 습관적인 반응과 의식적인 몸의 반응 사이를 분화시키면서 그녀들 자신의 에너지의 순환을 가지고 작업한다. 어떤 여성이 그녀의 몸이 "까맣게 되었다"는 것을 알았다면—즉 에너지가 그 영역으로 들어가는 것을 거부하는 것—그녀의 꿈에 나온 긍정적인 치유의 상징을 가지고 실습한다. 그 상징을 그 영역에 집어넣으려고 하고, 그 에너지가 움직이고, 변환될 때까지 그 작업에 집중하는 것이다. 이것은 상징을 구체화하거나 문자 그대로 취급하는 것과는 매우 다른 과정이다. 융은 상징이 창조적인 상상을 통해서 몸과 마음과 영혼을 같이 가져오기 때문에 치유는 상징에 들어있다고 믿었다. 집단적 무의식과 만난 시인은 우리 몸에 거위의 살을 가져다주는 올바른 상징을 받는다. 즉 우리의 마음에 의미, 눈에 눈물을 받을 수 있는 것이다. 우리는 당분간 하나이다. 그래서 스티븐 스필버그의 영화에서 외계에서 온 어린 E. T.가 버려졌을 때, "집으로 와, 엘리엇, 집으로 와"라고 속삭일 때, 수많은 나라에서 모든 연령대의 수 백 만의 사람들이 같이 울었다. 우리 연수회에서도 우리는 몸과 마음과 영혼 사이의 조화를 가져오려고 각자 자기의 상징을 가지고 묵상한다.

참가자 가운데 한 사람인 실비아는 2년 동안 분석을 받고, 연수회에 참가하였다. 그녀는 평생 동안 그녀의 아버지와 매우 양가적인 관계성을 가지고 있었다. 그녀는 아버지와 가까워지는 것을 끔찍하게 느꼈지만, 그와 동시에 아버지를 흠모하고, 언제나 "아버지의 사랑스러운 딸"이 되려고 하였다. 그녀가 어렸을 때 화를 내면, 그녀의 어머니는 그녀에게 "너는 말벌처럼 미쳤구나"라고 말하였다. 그녀는 언제나 심한 감기와 호흡기 질환에 잘 걸렸다. 그녀는 다음과 같은 꿈을 꾸었을 무렵, 그녀의 삶에서 처음으로 그녀가 하는 일에서 혼자 서보려고 하였다. 그녀는 자신의 재능을 깨달았고, 그것들을 인정하기로 결심하였다. 그러나 그것은 때때로 그녀의 동료들을 화나게 하였고, 아버지의 작은 딸도 그것을 좋아하지 않았다. 그때 그녀는 이런 꿈을 꾸었다.

나는 아버지와 같이 어떤 방에 들어간다. 거기에서는 말벌들이 날아다니고 있었는데, 그것들은 검은색이었다. 아버지는 금방 그 방을 나가서 다른 방으로 들어갔다. 나도 아버지를 따라가려고 했지만, 말벌들이 나를 위협하였다. 나는 내 손에 말벌이 있는 것을 발견하였다. 그래서 그것을 떼어내려고 했지만, 그것은 떨어지지 않았다. 나는 그 말벌이 내 손에 붙어있으면 다른 방으로 갈 수 없을 것이라는 것을 느꼈다. 나는 아버지에게 나를 도와달라고 불렀지만, 그는 오지 않았다. 나는 공포에 질려서 깨었다.

그녀는 실제의 삶에서 느끼는 것보다 훨씬 더 심한 "아주 끔찍한" 두려움을 느끼면서 그 꿈에서 깨었다. 그 다음 날, 그녀는 아주 긴장하였고, 두통을 느꼈다. 그녀의 머리는 감기 때문에 막혔다. 그날 밤 그녀는 연수회에서 다음과 같은 적극적 상상을 하였다.

꿈에서처럼 그 말벌이 나의 손에 있다. 나는 그 말벌에게 그것이 나의 몸 안으로 들어오기를 바라는지 묻는다. 그것은 나의 아버지가 나가는 문으로 날아가고, 문이 닫힌다. 그것은 내 손에 다시 온다. 그것은 내 팔을 기어 올라와, 턱 밑을 가로질러서 얼굴의 오른쪽으로 와서 코에 올라온다. 그것은 거기에 앉는다. 나는 말벌에게 나와 대화를 할 수 있는지 묻는다. 그것은 윙윙거린다. 나는 그것에게 그 의미가 무엇인지 설명할 수 있는지 묻는다. 말벌은 윙윙거린다. 내가 그것이 내 머리에 속해 있는지 묻자, 그것은 분명하게 그렇다고 한다. 그것은 막혀있는 나의 오른쪽 콧구멍으로 기어오른다. 그것은 거기에서 나와서 왼쪽 콧구멍으로 간다. 그 사이에 나는 말벌에게 그것이 지금 집을 찾는 것인지 묻는다. (그것은 나에게 말벌이 진흙으로 만든 집을 연상시킨다). 그것은 윙윙거린다. 그것은 한 조각의 피부나 조직 같은 것을 물고 왼쪽 콧구멍에서 나온다. 그리고 그것은 그 피부를 물고 날아가서 나의 왼손 손바닥에 앉는다. 말벌은 피부를 떨어트리고, 날아간다. 그 피부는 똬리를 튼 작은 뱀으로 변한다. 내 손가락들은 모두 뱀을 쥐고 있으며, 내 손은 에너지로 온기와 살아있음을 느낀다. 그 에너지는 팔을 통해서 어깨를 가로질러서 이제는 손가락 모두에 뱀 꼬리를 쥔 오른쪽 팔로 내려간다. 나의 발들도 그 에너지로 욱신거린다.

추기(追記): 그 말벌에 대한 나의 느낌을 인식하는 것이 중요하다. 나는 그 말벌 때문에 깨었다. 그것을 다시 불러내는 것이 아주 걱정스럽지만, 그래야 한다는 것을 안다. 그것은 내가 허용해야만 했던 모든 것들을 다 취하였다. 내 코로 올라왔고, 나는 그것을 거의 끝까지 지켜보아야 했다. 이것이 의미를 설명해줄 것이라고 나에게 확신을 준 것은 나와 의사소통을 하려고 했던 말벌의 진정한 의도였다.

실비아는 그 말벌은 그녀의 아버지가 배열했을 것 같은 그녀의 "본능의 부정적 측면"일 것이라고 말하였다.

나는 그것들을 부정적으로 보았지만, 그것들은 사실 긍정적이었다. 나는 언제나 분노를 나쁜 것으로 보았다. 나의 어머니가 사람들을 갈가리 찢어 놓는 것처럼 "아니무스적인" 분노로 본 것이다. 그러나 이 일이 있은 다음부터, 나는 사무실에 들어가서 화가 났으면 화를 터트릴 수 있게 되었고, 발로 두드리고, 주먹으로 탕탕 칠 수 있게 되었는데, 그것들은 그 전에는 전혀 할 수 없는 일들이었다. 나는 화가 났다. 정말 남성적인 에너지가 풀려나온 것이다. 그것은 여성적인 분노가 아니었다. 내 안에 있는 여성이 화가 나면, 내 눈은 커지고, 내 콧구멍은 불끈거리며, 내 몸으로부터 열기가 나간다. 아니다. 이것도 남성적인 분노이다. 나는 나 혼자 직업적으로 서있다. 그리고 나의 머리는 명료하고, 그 어떤 때보다 냄새를 더 잘 맡을 수 있게 되었다.

여기에서 말벌은 해방되어야 하는, 아버지의 사랑하는 딸과 연관된 격노(rage)의 상징이다. 그 말벌이 피부 조각을 떼어오고, 콧구멍을 열었을 때 그 전에 막는 것으로 작용했던 피부 조각은 뱀의 활기찬 힘으로 변환되었다. 손가락들은 모두 그 에너지를 취하였고, 어깨 위까지 확장되었다. 그리고 다른 팔에 전해져서 결국 온 몸으로 퍼졌다. 실비아는 이 에너지를 즉시 그녀의 삶에서 사용할 수 있었다. 격노는 곧 그녀에게 직업적인 면과 개인적인 면에서 신뢰를 가져다 준 것이다.

실비아가 꿈에 나온 말벌을 가지고 적극적 상상을 한 것은 어떤 면에서 근친상간에 관한 소재이다. 그런데 융은 프로이드와 달리 근친상간은 상징적으로 말해서, 언제나 퇴행적인 것은 아니라고 믿었다(209쪽 이하를 참조하시오). 실제적인 근친상간과 결부된 타부는 유아적 퇴행을 막아주고, 그 금기(taboo)에는 한 여성이 그녀의 진정한 여성적인 자아를 형성하는데 중요한 역할을 하는 부성상 안에 있는 더 높은 목적을 위하여 에너지를 되돌려주려는 의도를 가지고 작용하는 것이다. 실비아의 묵상 안에서 근친상간은 동정녀에 적극적인 작용을 하였다. 그녀의 손가락들을 자극하면서 말벌이 뱀으로 변환된 것은 그녀가 가지고 있던 근친상간에 대한 무의식적 두려움이 그녀 자신의 여성적 본성에 대한 사랑이라는 긍정적 주장으로 변환된 것을 가리킨다. 근친상간적 에너지의 재정향(redirection)은 조각가의 손처럼 무서웠던 아버지를 긍정적인 아버지로 다시 빚어 놓았다. 그리고 그 사랑스러운 상은 실비아의 몸에 그렇게 강하게 자리 잡고 있던 여성성을 긍정하게 하였고, 그녀 자신에 대해서도 긍정하게 하였다. 실비아의 적극적 상상에서 뚜렷하게 보이는 것은 그녀가 그녀의 몸에 있는 여성적 지혜와 밀접하게 접촉하고 있다는 사실이다. 그녀는 그녀 자신을 그녀가 새롭게 발견한 동정녀 안에서 소피아의 무릎에 안기게 한 것이다.

몸에 갇혀 있는 무의식의 에너지는 자동적으로 풀어지기도 하고, 그렇지 않으면 풀어지지 않기도 한다. 그 에너지가 의식의 통제 아래 있지 않으면, 구원받지 못하는 것이다. 그 에너지가 통제되지 않고 표출되게 내버려두면, 우리는 우리 자신이 우리의 정감을 완전히 동물처럼 행동으로 표출하는 것을 알게 될 것이다. 분석을 받는 목적은 영(靈)을 죽일 수도 있는 채찍을 사용하지 않고, 사나운 말이 가진 어마어마한 에너지를 기수(旗手)의 통제 아래 두려는 것이다.

우리가 꿈의 작업에서처럼 몸의 작업에서 발견한 것은 얼마나 많은 에너지가 갇혀 있었나 하는 것이다. 그 에너지가 일단 풀려나면 (이것은 아주 빨리 일어날 수 있는데) 사람들은 그 에너지를 주저하지 않고 그것이 커다란 구원을 가져다주는 은혜로 받아들일 위험이 크다. 그러나 그것은 그림자의 에너지이고, 그림자는 언제나 문명화된 의식에 의해서 묵상되어야 한다. 그림자는 오랫동안 잃어버렸던 누이처럼 감히 단순하게 끌어안을 수는 없다. 자아는 어디까지나 건강한 태도로 의심해 보아야 한다. 인격의 무의식적 부분인 그림자를 그저 몸으로 사는 것은 그것을 통합하는 것이 아니다. 진정한 통합은 그것을 소화시키기 위하여 원시적인 자료들을 곱씹을 것을 요청한다. 본능을 의식화하고, 자아가 그것을 인정하게 하지만, 그것들을 충동적으로 행동화하지 않는 것은 기수를 말 등에 올려

놓고, 그가 결정하도록 하는 것을 의미한다. 문명화된 인간의 본성이 그 본능들을 담당하여 에너지가 가려는 곳으로 책임 있게 나아가게 하는 것이다.

다음의 꿈은 몸에 대한 훈련을 전문적으로 받았지만, 단지 최근에 와서야 몸을 사랑하는 것에 대해서 배운 30대 중반의 여성에게서 몸과 영 사이의 관계가 발달하는 모습을 보여준다.

> 일요일 새벽이다. 그 도시의 거리들은 한산하다. 레아(커다란 말)를 타고 거리의 왼쪽 지역에서 도심을 향하여 내려간다. 레아는 즉시 내가 발뒤꿈치로 치는 것과 고삐를 당기는 것에 반응한다. 내가 보내는 신호는 아직 서툴지만, 나는 이 커다란 동물이 나의 지시에 분명하게 반응하고, 나의 서투른 솜씨에 보상하는 것을 즐긴다. 그를 다루는 데서 편안함을 느낀다. 아니면, 레아가 나를 다루는 것인가? 그녀는 믿을 만하고, 정력적이다. 나는 그녀와 하나가 된 것 같다.
>
> 나는 그녀를 풀밭으로 데려갔다. 나는 그녀의 귀에 속삭인다. "너는 아름다워!" 그녀는 나를 알고, 사랑한다는 듯이 즉시 코를 내 볼에 비비면서 반응한다. 그때 그 말의 주인이 "레아는 최근에는 별로 운동을 하지 않았어요. 그녀는 부드러워요"라고 한다. 그녀는 하루에 다섯 차례 운동을 하려는 것 같다.

그 에너지를 인식하고, 그것이 삶에서 허용되며, 삶의 일부로서 삶을 통하여 표현되도록 사랑하는 것은 소피아의 지혜를 상징적으로 나타낸다. 그 동물의 에너지가 영적 에너지로 변환되게 하는 것은 소피아의 다른 측면이다. 강력한 본능적 충동은 거룩하지만, 자아는 동물적인 힘이 영적인 힘으로 변환시키기 위해서 그 충동들에 대해서 깊이 살펴보아야 하는 것이다. 마리아가 태모의 무릎에 안겨 있는 것은 그 변환을 인식한 이미지이다. 그 기반으로부터 반성을 통하여 여성 자신의 개인적인 감정이 흘러나온다. 그때, 바로 그때에만 여성은 의존이나 힘을 통해서가 아니라 공감을 통해서 관계를 맺을 수 있다. 그러면 그녀는 그녀의 어머니와 어머니인 남편과 어머니인 교회의 비위를 맞추지 않을 수 있고, 그녀가 그녀 자신의 개인성을 가지고 행동하는 것을 안다. 동정녀 안에서 신적인 것과 인간적인 것이 만나는 것이다.

우리의 연수회는 그런 실험의 무대이다. 우리는 본질적으로 초도로우(Joan Chodorow)가 그녀의 책에서 기술한 것과 같은 방향으로 발전한 것 같다.

> 한 사람의 기본적인 성향이 아무리 이쪽이나 저쪽 가운데 하나일 테지만, 자기-지향적 움직임은 감각 영역과 이미지 영역의 관계성을 모두 발달시키려는 경향이 있다. 신체적인 감각이 신체적 활동처럼 나타날 때, 그 움직임에 의미를 부여하는 이미지가 생길 수 있는 것이다. 그렇지 않으면, 내적 이미지가 신체적 활동처럼 나타날 때, 자기-수용적 운동의 체험은 운동하는 사람을 그 또는 그녀의 본능적인 신체와 관계시키는 쪽으로 끌고 갈 수 있다. 가장 활발한 운동 체험들은 앞뒤로 흔들거나 동시에 일어나게 하면서 감각과 이미지를 모두 내포하고 있는 듯하다.[8]

이것이 우리 연수회의 기본 철학이다. 그것은 탄트라 요가처럼 오래된 철학이지만, 영이 물질로 변환되고, 물질이 영으로 변환되는 체험을 하는 우리에게는 그 연수회가 바로 여성의 신비를 체험하는 자리가 된다.

이 책 전반을 통하여 나는 동정녀를 의식을 향한 여성적인 "길"로 초점을 맞추고 있다. 융은 '도'(道)를 설명하면서, 이렇게 말하였다.

> 우리가 도를 분리되어있는 것들을 통일시키는 방법이나 의식적인 길로 생각한다면, 우리는 아마 그 개념의 심리학적인 의미에 가깝게 다가간 것이라고 할 수 있을 것이다.[9]

동정녀에게는 두 면이 있는데, 그것들은 그녀의 어두운 면과 만날 때 분출될 수 있다. 어떤 여성이 그녀를 마비시키는 사악한 마녀의 주문 아래 살았다면, 그녀에게는 에너지를 가진 그 어떤 자아도 거의 없었을 것이다. 그럴 경우, 자아는 정신증적 삽화나 충동적으로 되는 퇴행을 막기 위해서 아주 조심스럽게 준비되어야 한다. 동정녀는 여성의 자아가 의식화를 향해서 나아가는데 필요한 "길" 가운데 하나이다.

연수회 상황에서 생기는 유형 가운데 하나는 여신의 양극적인 측면이다. 실비아 페레라(Sylvia Perera)는 『여신으로의 하강』(*Descent to Goddess*)에서 이 이중적 관계성(개인들은 연수회에서 양 측면을 체험할 수 있는 공간을 허용하기 위하여 거기 참여해도 되고, 참여하지 않아도 된다)에 대해서 다음과 같이 아주 분명하게 말하였다.

> 심리학적으로 볼 때, 우리는 에너지의 이 두 유형을 여성의 심리에 기본적인 공감적 양태와 자기-소외적 양태에서, 그리고 모든 내적이고 외적인 파트너들과의 관계에서도 발견할 수 있다. 아이들, 창조적인 계획, 연인, 심지어 여성 자신의 자율적인 정동들과 지각들과 사고들에서도 볼 수 있는 것이다. 다른 사람들을 원하고, 그들을 열렬하게 사랑하며, 싸우면서 끌어안는 파트너십을 둘러싼 적극적인 참여—그것이 이난나(Inanna, 수메르의 비와 뇌우의 여신으로 셈족의 이슈타르에 해당된다—역자 주)이다. 뒤와 아래로 돌고, 다른 이들에게 무관심하며, 혼자 있고, 심지어 차갑기까지 한 것은 에레슈키갈(Ereshkigal, 이난나의 쌍둥이 자매로 지하세계를 다스린다—역자 주)이다. ...
>
> 지성적인 이들 때문에 억압받는 존재로, 가부장제에서 성취하는 딸은 반드시 어머니와 아내의 역할에 사로잡힌 사람들에게 무시 받고, 평가절하 되지 않는다.[10]

우리의 연수회는 거의 언제나 창조적인 춤으로 끝난다. 고도의 집중은 거룩한 공간과 시간을 창조하였고, 그 세계에서 우리는 그릇이 제대로 준비되었을 때면 언제나 들어오려는 고대의 에너지와 다시 접속한다. 춤추는 것은 지금-여기로 들어가는 것이고, "지금"이 거기 있는 모두라는 것을 아는 것이다. 춤의 동작 안에서는 과거도 없고, 미래도 없다. 춤에는 오직 움직이는 순간밖에 없다. 그 움직임은 반복될 수 없다. 몸에 지금 존재하는 그것이 놀이의 본질이고, 춤의 본질이다. 그것이 우리 연수회가 여신에게 "그렇다"고 말하는 방식이다.

폭식에 대한 사례 연구

사로잡히는 체험인 홀림(bewitchment)은 자아의 통제 바깥에서 자유롭게-떠다니는 무의식적 에너지의 기능의 산물이다. 앞의 장들에서 나는 어린 아이들은 부모의 무의식과 아주 가까이 살며, 그에 따라서 무의식적으로 부모의 문제들과 해결되지 못한 갈등들은 물론 이루지 못한 꿈들과 야심들을 나른다는 사실을 지적하였다. 융은 이 사실을 위크스(F. Wickes)의 『아동의 내면세계』의 서문에서 분명하게 말한다.

> 부모들은 그들 자신이 그들의 자녀가 앓는 신경증의 주된 원인이라는 사실을 언제나 인식하여야 한다. ...
> 아이들에게 보통 가장 강하게 영향을 미치는 것은 부모(조상들도 마찬가지다. 우리가 여기서 다루는 것은 원죄라는 오래된 심리학적인 현상이기 때문이다)들이 다 살지 못했던 삶이다. 이 말은 우리가 권위 있는 증거를 대면서 말하지 않으면, 자칫 괜히 하는 말처럼 들릴 수 있다. 그들이 그렇게 살았어야 하는 삶의 그 부분은 부모들이 그렇게 하지 말았어야 하는 것에 대한 누추한 변명이 될 수 없다. 거칠게 말하면, 그것이 바로 그들이 언제나 책임지지 않으려고 하는, 아마 선의의 거짓말을 하는 삶의 그 부분이다. 그것이 제일 고약한 씨를 뿌린다.[11]

부모가 다 살지 못한 삶은 딸에게 어떤 종류의 섭식장애로 드러날 수 있다. 폭식증의 경우에서 그녀는 종종 그녀가 삼킬 수 없거나, 삼키지 말아야 하는 것을 무의식적으로 삼키려고 하고, 그녀의 정신은 그녀를 정화시키려고 토하게 한다. 하나의 작은 예는 정신이 어떻게 그 여성으로 하여금 그녀 자신의 삶을 살게 하려고 해방시키는지를 보여줄 것이다.

엘리자벳은 대학을 졸업한 스물여섯 살 여성으로, 매우 예술적인 아버지와 지적이고, 감각적인 어머니 사이의 막내딸이다. 엘리자벳은 어린 시절 그녀의 가족들(부모님, 오라비 둘, 누이 하나)과 같이 행복하게 살았고, 공부를 매우 잘했으며, 운동면에서도 두드러졌고, 그림 그리기, 음악, 글짓기를 아주 좋아했다. 그녀가 아버지의 예술적 창조성을 나누었을 때, 그녀는 아버지보다 어머니와 더 가까웠다. 그녀의 깊은 직관적 본성은 그녀의 주위에 있는 무의식적인 그림자의 활동에 상처를 많이 받게 하였다.

아동기 동안 그녀는 체중의 문제로 고통 받지는 않았다. 그녀가 열여덟 살에 첫사랑에 실패했을 때, 체중의 문제가 시작되었고, 그녀의 눈에는 매우 과장되게 보였다. 그녀의 체중은 그녀가 어떤 것을 먹고, 어떤 것을 거부하는지에 따라서 달라졌다. 그녀는 자신의 몸에 대해서 책임을 지기 위해서 분석에 왔지만, 더 큰 이유는 그녀가 의례적으로 토하였기 때문이다. 그녀는 게걸스럽게 먹고, 하루에 네 차례나 토했던 것이다. 여덟 달 동안 분석을 한 다음, 그녀가 어린아이로 사랑했던 남성이 그녀의 꿈들에 자주 나타나기 시작하였는데, 하도 자주 나타나서 그녀는 그가 그녀에게 정확하게 무엇을 의미하는지 물어보아야만 하였다. 그는 그녀의 가족의 가까운 친구에 불과한 존재였다. 그러나 그녀의 증상들은 더 심해졌다. 토하는 횟수가 늘어났고, 체중이 불어났으며, 감기는 아무리 치료해도 낫지 않았다. 그녀는 여덟 달에 걸쳐서 일련의 꿈을 꾸었는데, 이 꿈을 시작으로 해서 그녀의 정신적 상황이 그려졌다.

나는 어머니와 함께 오두막집에서 기다린다. 나는 누군가를 방문하려고 하는데 마땅한 옷이 없다. 어머니는 나에게 어머니의 재킷과 슬랙스를 입으라고 한다. 나는 그것을 입으려고 한다. 그 옷이 맞지만, 살이 너무 쪘다. 목 있는 데가 꽉 낀다.

딸이 어머니의 옷을 입는데서 어머니와 딸의 동일시가 분명히 드러난다. 목 있는 데가 꽉 끼는데, 그것은 흔히 어머니로부터 자유롭지 않아서 숨이 막히고, 질식할 것 같다는 느낌을 암시한다.

열흘이 지난 다음 엘리자벳이 꿈에게 그녀가 "체중을 조절할 수 있겠는가" 하고 물어보았다. 다음의 꿈은 그에 대한 대답으로 나왔다.

나는 다이어트 클럽의 신체 관리 강사이다. 나는 몸이 비정상인 친구를 측정한다. 그녀는 늦게 왔고, 협조적이지 않다. 나는 그 다이어트 클럽 이름을 "직면"이라고 부르기로 했다.

같은 날 밤(마찬가지로 그녀의 질문에 대한 답변으로, 그리고 영화 "부활"을 본 다음에) 그녀는 다음과 같은 꿈을 꾸었다.

영혼이 다음 영역으로 빠져나가는 것 같은 커다란 빛의 터널이 있다. 에드워드(예전의 가족 친구)가 빛의 원천으로부터 나와서 나에게 다가온다. 우리는 커다랗고, 어두운 집에 있다. 어머니가 에드워드와 내가 있는 같은 방에 있어서, 나는 어머니를 보고 놀란다.

그 다음에 이어지는 꿈들은 에드워드가 엘리자벳에게 잘못을 했었는데, "누가 잘못했는지는 중요하지 않고, 우리는 그 잘못을 어떻게 시정해야 하는지 알고 있다"고 강조하면서 엘리자벳과 에드워드 사이의 유대를 발달시켰다. 그리고 그는 그녀에게 수영을 배영(背泳)으로 하라고 격려하였다. 그 다음에 그녀는 이런 꿈을 꾸었다.

두 사람의 남성이 있다. 나는 나의 이모 케이트와 그 밖의 다른 여성들과 소풍을 왔다. 나는 그 남성 가운데 한 사람을 바라보는데, 그의 젊은 옆 모습밖에 보이지 않는다. 어린아이 둘이 말도 안 되는 짓을 하는데, 이 남성이 부드럽게 그들을 제지한다. 그 남성은 잘생겼다. 그는 떠난다. 나는 케이트 이모가 그 남성과 사귀고 있으며, 그 결과 그녀가 엄청나게 활기 있고, 행복하다는 사실을 내가 아는 것인지, 아니면 들은 말인지 알았다.
  나는 집에서 케이트의 어머니를 찾는다. 나는 그녀에게 이 놀라운 사실에 대해서 말할 수 있을 것이다. 나는 부모님들에게 이모에 대한 이야기를 하고, 그녀가 얼마나 달라져서 기쁜지 말한다. 어머니는 충격을 받는다. 나는 나의 삼촌도 더 행복해졌다고 말한다. 어머니가 나에게 "네가 너의 이모와 삼촌에 대해서 무엇을 아느냐? 이것은 잘못된 일이다. 아, 짐이 불쌍하구나. 이것은 부도덕한 짓이다"라고 소리 지르기 시작한다. 내가 어머니에게 맞받아서 소리 지르면서, 나는 불쌍한 짐 아저씨의 문제에서는 어머니가 옳았을지 모르고, 내가 그에 대해서는 생각하지도 않았다는 것을 알았다. 케이트 이모는 너무 발그레하다. 어머니와 아버지가 나간다. 나는 문을 열면서 소리 지른다. "우리들은 사람이에요. 우리는 이 믿을 수 없는 세포들과 기관들로 모여진 존재인데, 여태까지 아무 소리도 하지 못했어요. 우리는 마치 원시인의 아기처럼 살았고, 모든 것을 잃어버렸어요. 도덕이 문제가 아니에요. 케이트 이모의 놀라운 변화가 중요해요."

나는 완전히 기진맥진해졌다. 어머니와 아버지가 돌아왔다. 분위기가 맑아졌고, 우리는 서로 말할 수 있다. 나는 안도감과 감사를 느낀다.

그 꿈의 여파는 두통, 탈진, 뾰루지, 폭식, 구토 등으로 나타났다. 사흘이 지난 다음에 다음과 같은 꿈을 꾸었다.

나는 식당에 있다. 나는 어머니가 남자 친구와 같이 있는 것을 본다. 나는 어머니가 나를 볼 수 없지만, 어머니와 가까운 자리에 앉는다. 나는 어머니와 합석을 할지, 말지 결정하지 못한다. 메뉴에 가려져서 그녀가 잘 보이지 않는다. 그녀는 가리고 싶은 것 같다.

세 주가 지난 다음 엘리자벳은 그녀의 "아직 태어나지 않은 어린이" 그림을 그렸다. 이것은 그녀의 영을 새롭게 하였고, 그녀는 "빈 것"을 신뢰하려고 결심하였다. 석 주가 지난 다음, 그녀는 다음과 같은 꿈을 꾸었다.

나는 유콘(Yukon)에 있다. 나는 물에 있는 개구리 위에 서있다. 나는 생리 때문에 물속에 있지 않다. 내가 개구리를 타고 있는 동안 개구리는 거북이로 바뀐다. 어떤 이누이트(Innuit, 에스키모의 다른 말—역자 주)인지 아니면 인디언 여성이 바닷가에 앉아서 그녀의 아기를 나에게 안겨준다. 나에게 그 아기를 보이는 것이다.

그 꿈은 여성으로서의 그녀 자신의 탄생을 예시하는 입문식의 꿈이지만, 그녀의 몸은 아직 준비되지 않았다. 그녀는 그 다음 날 아침, 그녀의 몸 바깥으로 나온 것 같은 느낌을 가지면서 깨었다. "해변으로 올라온 고래처럼 너무 크고, 널찍하고, 흉한 몸으로 돌아갈 수 없다. 나는 그 안으로 돌아갈 수 없다는 두려움, 내가 그 속에 있기를 원하지 않는다는 두려움, 내가 그렇게 되기를 바라지 않지만, 돌아가는 방법을 모른다는 두려움을 느낀다."

두 달 후, 그녀는 부모님들과 같이 저녁을 먹었다. 그녀와 그녀의 어머니는 모두 똑같이 목에 통증을 느꼈다. 그녀는 일기에 이렇게 썼다.

나는 어머니와 떨어져서 내가 확실하게 성장했다는 것을 느낀다. 나는 차갑게 끊거나, 그녀로부터 완전히 단절되어야 한다고 느낀다. 나는 그것을 그려낼 수는 없다. 그러나 나는 강하고, 뚫고 들어갈 수 없는 장벽을 만들어야 한다. 어머니는 내가 그녀를 저버려서 고통 받지만, 나는 내가 나를 구해야 한다는 것을 안다. 나는 어머니의 가치관과 분리되기 위하여 일부러 옷을 간소하게 입는다.

분리를 위한 이 절망적인 욕구와 함께 다음과 같은 꿈을 꾸었다.

나는 어떤 남자가 길에서 걷는 것을 본다. 나의 아버지 같다. 나는 그 사람이지만, 아직도 그의 바깥에 있다. 길 건너편에는 반대 방향으로 걸어가는 미친 여자가 있다. 나는 남자 같은 의식을 가지고, 동요되지 않으려고 하면서 그녀가 눈치 채지 못하도록 나의 내면을 진정시키려고 한다. 그렇게 잘 되지 않는다. 절망스럽게도 나는 그녀가 나를 알아보았고, 나를 향해서 머리를 돌리는 것을 안다. 나는 깜짝 놀랐지만, 침착하게 있다. 나는 내가 무감동한 사업가임을 안다. 그 여성은 총을 가지고 있고, 나에게 총을 쏘려고 한다.

그녀는 아주 가까이 있고, 총이 발사된다. 나는 가슴에 총을 맞았고, 그녀는 가까이 온다. 나는 땅바닥에 쓰러졌다. 내 생각들은 여전히 무감동하고, 분석적이다. 나는 내 몸의 감각을 완전히 의식한다. 나는 통증을 느낀다. 내 안에 이렇게 고통스러운 것들이 많지만, 내 마음은 여전히 논리적으로 생각하고, 도표를 그리고 있는 것에 대해서 고통스럽고, 더 나아가서 짜증을 내는 것을 보고, 한편으로는 슬프고, 다른 한편으로는 놀랍기도 하다. 나는 더 이상 생각하지 않기를 바란다. 나는 그 미친 여자가 내 머리 위에 있는 것을 안다. 나는 내가 보는 것을 믿을 수 없다. 그 여자는 총구를 조금 위로 옮겨서 내 두 눈 사이를 겨누고, 더 가까이 움직인다. 나는 그녀가 총을 쏘기 전에 총구를 내 몸의 오른쪽에 대는 것을 알고, 공포에 질린다. 그녀가 총을 쏠 때, 나는 총구와 총이 움직이는 것을 온 몸으로 느낀다. 나는 그 충격을 느끼면서 깨었다.

엘리자벳은 그녀 자신을 구원하려고 그녀의 "무감동한" 부성-아니무스와 동일시하고, 마녀와 거리를 두려고 하지만, 잘 되지 않는다. 그녀의 에로스 측면—여기에서는 가슴으로 나타난다—은 총알로 관통 당한다. 그녀는 통증을 심하게 느끼지만, 여전히 그녀의 상황을 분석할 수 있다. 그때 마녀의 죽이는 아니무스(남근 같은 총구)는 오른쪽으로 와서 그녀의 머리(분석적인 마음)에 다가가 방아쇠가 당겨진다. 그것은 그녀에게 그녀가 거기에서 벗어나지 않으면, 죽을지도 모르겠다는 사실을 깨닫게 한다. 여기에서 마녀의 행동은 그녀가 그 소녀를 깨우게 한다는 의미에서 긍정적으로(*felix culpa*, "다행스러운 잘못") 보일 수 있다. 새로운 것이 탄생하기 위해서 과거의 삶은 죽어야 하는 것이다.

두 주 후에 일련의 비일상적인 동시성적 사건들을 겪은 다음 그녀는 부모와 말다툼을 하였고, 엘리자벳은 으레 그렇듯이 묵상을 하였다. 그녀의 일기는 이렇게 이어진다.

아버지가 떠난다. 어머니는 내가 점점 더 어머니로부터 멀어지는 느낌이 들어서 나와 이야기해야겠다고 말한다. 내가 실제로 아주 차갑게 어머니와 멀어진다는 것이다. 나는 어머니와 의사소통을 잘해 왔는데, 얼마 동안 서로 말을 하지 않았기 때문에 어머니가 이렇게 말하자 안심이 되었다. 어머니는 완전히 마음을 열었고, 나에게 그녀가 이해할 수 있도록 나의 삶에 대해서 이야기하라고 하였다. 우리는 이야기하였는데, 어머니가 폭탄을 터트렸다. 그녀는 18년 동안 애인이 있었다는 것이다. 그것은 나를 임신한 다음 시작된 것이다. 나는 "에드워드 아저씨냐?"고 물어보았다. 그녀는 고개를 끄덕였다. 이제 조각이 맞춰졌다.

그녀는 두 번이나 가족을 떠나려고 생각했지만, 그녀의 아이들을 떠날 수 없어서, 모든 노력을 다해서 긴밀하게-엮어진 가정을 만들려고 하였다고 말했다. 나는 그녀가 그 말을 할 때, 그런 사랑을 느꼈다. 그녀의 삶에 그런 열정이 깊이 존재해 왔다는 것에 대해서 안도가 느껴진 것이다. 나는 어머니에게 있는 고통, 분노, 죄책감 등을 거두어 왔다. 그것이 내가 풀려고 했던 것이다. 내가 정신적으로 발달하려고 할 때 내가 알아야 했던 것이다.

그녀의 어머니의 그림자와 거기에 결부된 모든 고통, 분노, 죄책감 등은 무의식적으로 엘리자벳과 그녀의 삶에 전해졌다. 그러나 그것이 그녀 자신의 것이 아니었기 때문에 그녀는 그것을 삼킬 수 없었다. 그래서 그녀의 정신은 그녀의 꿈이 말하려고 하는 것을 그녀의 몸을 통해서 행동화하였다. 폭식증은 한 번에 그쳐지지 않는다. 그녀에게 급격한 재조정 기간이 있었지만, 그녀는 이제 마음 놓고 그녀의 내면의 아이를 낳을 수 있었다.

이것은 매우 고통스럽지만, 완전히 주술에 걸리게 하는 이야기이기도 하다. 모든 사람들은 이런 저런 방식으로 부모의 무의식을 지니고 있으며, 각각의 상황의 심리학적 결과들은 그것들 자체의 시점에서 그것들을 작업하라고 요구한다. 이 사례에서 어머니와 딸은 그녀들 모두가 다른 사람의 욕구에 민감하였고, 그 어떤 판단도 하지 않고 사랑할 수 있었기 때문에 성숙한 관계성을 수립하였다. 그녀들은 모두 서로의 눈을 보았고, 소피아를 보았다.

메두사의 눈을 바라보는 것과 어두운 소피아(바빌로니아의 에레쉬키갈이나 검은 성모)의 눈을 보는 것 사이에 있는 차이는 엘리자벳이 어머니로부터 풀려나기 전과 후에 그녀를 압도했던 우울증에 대한 그녀의 글에서 아주 잘 찾아볼 수 있다.

내가 나의 여성적인 자기에게 다가가는데 너무 준비가 되어 있지 않아서 나는 거기에 맞지 않는 것들을 다 버리고, "그것을 증대시키는 일"에 의존해야만 하였다. 이것은 나에게는 아무것도 없고, 나는 아무것도 아니며, 어느 누구와도 관계 맺을 수 없다는 느낌을 주었다. 그래서 나는 친구들이나 가족과 헤어졌고, 그 차가운 단절은 나에게 공허감만 더 크게 하였다. 나의 어머니가 자신의 과거에 있었던 일에 대해서 말한 그 날 밤 내 가슴에서는 온기가 돌기 시작하였고, 오랫동안 묵혔던 정동들이 흘러나갔다. 나는 한 번 더 느낄 수 있었고, 소리 지를 수 있었다. 나는 살아났다. 금방 변화가 일어났다. 마음이 고양된 것으로부터 앞으로 갔다, 뒤로 갔다 하면서 다시 우울증에 빠지기도 할 것이다. 그러나 그런 우요 아래 풍요가 있다. 잠에서 깨어났고, 그 자신을 알게 하려고 싸우는 영혼의 삶의 심층이 담겨 있는 것이다. 이보다 앞서서 고양되었다가 우울했다가 하는 정동의 변화들은 나를 깨부수었고, 그 정동들이 가라앉았을 때에는 공허감을 느꼈다. 그것은 마치 나에게 구원해야 할 것은 아무것도 없고, 나는 다만 그 흐름을 따라서 올라갔다가 되돌아가고 있는 것 같았다. 내 몸은 내 머릿속에서 일어나는 흐름들을 따라서 부풀어 올랐다가 줄어들면서 나의 원수가 되었다. 내 몸도 나를 깨부수었고, 내가 어디를 가든지 의식적으로 살펴보아야 하는 "불한당"이 되었다. 그 전과 같은 이 유형은 새롭게 찾은 심층과 함께 변하기 시작하였다. 나의 우울증들은 천천히 내 안에 있는 자궁 속에서 내가 붙들고, 양육해야 하며, 그 학습을 통해서 얻은 깨달음을 인정하면서 그것들을 낳을 때까지 간직해야 하는 학습으로 되었다. 모든 것들은 긍정적인 것이든, 부정적인 것이든, 의미를 가지고 있다. 내가 나 자신과 관계 지을 수 있고, 책임져야 하는 의미를 가지고 있는 것이다. 나는 내가 안전하다고 느꼈다.

엘리자벳은 사실 그녀의 어머니의 불안과 죄책감을 담고 다니면서 마술에 걸려서 살았다. 따라서 그녀는 어머니의 진정한 여성적 감정(에드워드에 대한 사랑에서 표현된 진정한 동정녀)을 담는 대신, 어머니의 부정적 측면인 마녀로서의 동정녀를 담고 다녔다. 그녀가 어머니를 가깝게 느끼면 가깝게 느낄수록, 더욱더 어머니의 죄책감을 취했던 것이다. 그녀는 실제로 그녀가 어머니와의 관계성에서 바랐던 것(즉 소피아의 무릎 위에 있는 동정녀)을 소화시키지 못하였다. 그녀는 자신을 영양 있는 것들에게 열었지만 독을 받았다. 그래서 폭식증이 되었다. 결국 그녀의 어머니가 18년이나 된 애정 행각의 부정적인 측면들이 엘리자벳의 꿈에 모두 배열되어(constellate, 배열은 외부에서 어떤 사건이 생길 때, 우리 정신에서 그에 대처하도록 정신요소들이 준비 태세를 갖추는 것을 말한다—역자 주) 나타났던 순간 (그것은 어쩔 수 없이 그녀를 구토로 몰고 갔다) 그것을 고백하자, 그녀는 즉시 풀려났다. 이런 해방도 배열된 것이다. 엘리자벳이 점점 더 에드워드에 대한 어머니의 사랑이 진정한 것이라고 느끼는 꿈을 꾸었기 때문이다. 엘리자벳은 그녀의 어머니를 판단하거나 정죄할 이유가 없다. 그와 반대로, 그녀는 어머니의 가장 깊은 사랑과 동정을 느낄 수 있었다. 어머니의 고백은 엘리자벳에게 어머니의 동정녀적 정체성을 긍정하는 것으로 보였기 때문이다. 결국 그녀는 이제 그녀 자신이 소피아의 무릎에 앉을 수 있게 되었다.

여성이 그런 위치를 차지할 수 있을 때까지, 그녀는 존재-이전이나 태어나지 않은 상태에 머물러 있다. 그녀는 자신의 몸을 찾는 영혼인 것이다. 그런 여성의 정체성은 아직 그녀의 몸과 구분되지 않으며, 그녀가 자신의 몸이 여성적 정체성을 길러주는 원천으로 보게 될 때까지 여성적 자아와 소외된 이 세상에서 방황하며 그녀 자신과 접촉하지 못한 채 살게 될 것이다. 엘리자벳 같은 여성들은 분석의 첫 번째 해에 실제로 자아가 너무 약해서 다른 사람이나 그녀들 자신의 무의식으로부터 병적으로 침범 당할 수 있다. 그녀들은 자연히 마술에 걸리는 매체인 것이다. 그래서 그녀들은 대체로 다른 사람들의 행동을 비의지적이고, 강박적으로 동일시하면서 그들의 강한 것들을 흉내 내고, 거짓된 삶을 산다. 엘리자벳의 거짓된-정체성은 거의 모두 그녀가 어머니를 무의식적으로 동일시한 것을 통해서 왔다. 그런 정체성은 긍정적인 어머니보다는 부정적인 어머니, 사랑보다는 죄책감과 같이 가기 때문에 그녀가 자신의 삶을 온전히 살려면, 그녀는 그녀의 정신적 상황과 맞설 수밖에 없다. 다행스럽게도 그녀는 그녀의 꿈이 다이어트 클럽을 찾았을 때 그것과 맞설 수 있었다.

엘리자벳과 같은 상황에 있는 여성이 거식증이었다면, 분석은 죽음과 맞서는 경주가 될 수 있다. 딸은 그녀 자신의 삶을 거부하는 어머니를 문자 그대로 그녀의 몸으로 살아야 하기 때문이다. 그녀가 결국 그녀 자신의 강박적인 죽음의 원인이나 원천과 맞서고, 그것으로부터 풀려날 때, 두 가지 일이 생길 수 있다. 한편으로는, 여성적 자아(동정녀)가 결국 그녀가 찾아낸 지혜의 자궁으로부터 태어날 수 있고, 다른 한편으로는, 죽음의 외적 원천(보통 아버지나 어머니)은 딸이 그 매체로서 지니고 있던 그림자의 모든 자료들을 다시 취할 수 있다. 그때 그 딸은 그녀의 무의식적인 죽음에 대한 소망에서 해방되고, 부모들은 그 또는 그녀의 죽음에 대한 소망에 대해서 책임을 져야 한다. 여성적 정체성이 정말 태어나면, 그녀는 그녀 자신의 생명을 받아들일 수 있는 것과 똑같은 방식으로 죽음도 받아들일 수 있다. 동정녀적 정체성의 진정한 척도는 삶과 죽음이 하나라는 사실을 알고, 긍정하는 무한한 지혜에 들어 있다. 그것은 결국 어머니와 딸을 모두 희생에 대한 남성적 이해를 뛰어넘는 수준에서 묶어주는 지혜인 것이다. 그래서 진정한 동정녀는 그녀 자신의 운명을 사랑으로 받아들인다. 어머니가 딸에게 주는 선물은 딸이 자신의 삶을 향해서 나아가게 하는 해방이다. 그리고 딸이 어머니에게 주는 선물은 부정당했던 그녀의 삶을 그녀 자신의 진정한 삶이나 죽음으로 받아들이고 살도록 해방시키는 것이다.

은색 거울로서의 일기

"비실재성은 언제나 그(융)에게 '공포의 본체'였다."[12]

매일 쓰는 일기는 거울과 같다. 우리가 그것을 처음 들여다볼 때, 빈 공간들은 불길한 공허처럼 느껴진다. 그러나 우리가 그것을 계속해서 들여다보고, 릴케가 "존재의 가능성"이라고 부른 것을 신뢰하면, 점차 우리는 우리를 바라보는 얼굴을 보기 시작한다. 우리가 발가벗고 있으면, 거울은 그 모습을 그대로 비춰준다. 거울이라는 말의 어원은 라틴어로 '놀라움'(wonder) 또는 호기심(curiosity)이다.[13] 그것은 우리가 우리 자신을 보고 웃을 수 있는 객관성을 주고, 외적 세계와 내면세계 사이에 얽혀 있는 것을 풀게 하는 비밀스러운 기쁨의 전달자이다. 그러므로 거울에는 반사 이외의 것이 들어있다. 오랜 시간 거울을 보며 앉아서 자기-기만, 자기-연민, 자기-팽창에 의한 장애에서 벗어나면 의식 세계와 무의식 세계 사이가 이어지면서 사랑의 관계가 만들어진다. 거울과 함께 우리는 앞으로 나아가고, 우리 실재를 다른 세계, 즉 무의식의 세계에서 보게 되고, 우리 자신의 영혼과 관계를 맺을 수 있다. 그래서 일기를 쓰는 것은 '나 자신'이 누구인지 발견하는 책임을 떠맡는 것이 된다.

누드, no 1, 1971-72. ― 재크 체임버스(Courtesy Olga Chambers).

이것은 그 전에 한 번도 존재하지 않았던 생물이었다. 그들은 그것을 결코 알지 못했지만 그들은 그것이 움직이는 방식, 그것의 유연성 목, 바로 그 시선, 온화하고 고요한 방식을 좋아하였다. 그들이 그것을 좋아하였기 때문에 마치 그랬던 것처럼 행동하였다. 그들은 항상 약간의 공간을 남겼다. 그리고 그 맑은 곳 안에 사람이 살지 않는 공간을 남겼다. 그것은 가볍게 고개를 들었고, 거의 흔적을 남기지 않고 아무도 없게. 그들은 옥수수가 아니라 존재할 가능성으로만 먹였다. 그리고 그것은 그러한 힘을 부여할 수 있었고, 그 눈썹은 뿔을 내 뿜었다. 뿔 하나. 그것은 하얗게 소녀를 훔쳤다.

은색 거울 안에 그녀가 있도록.

—라이너 마리아 릴케, "오르페우스에게 보내는 단시."

우리의 어두운 면과 만나는 것은 고통스러운 일이다. 그 이상 더 많이 알지 못하는 것이 더 쉽다. 우리 자신의 고뇌와 공격성의 늪으로부터 등을 돌리고 "상관없어. 나에게는 친구들이 많아. 나는 잘하고 있잖아. 모든 사람들이 나를 사랑해"라고 말하는 것은 더 쉽다. 거울은 우리를 쫓아내지 않는다. 거울은 이렇게 말한다. "그것은 상관이 있지. 당신이 당신의 삶을 살지 않는다면, 그것은 문제야. 오늘 당신의 웃음은 어디에 있었는가? 눈물은 또 어디 있었는가? 당신은 왜 당신을 배반하는가? 당신은 당신 자신의 진실을 직시할 용기가 없는가? 당신이 그 완벽한 이미지에 갇혀 있는 한, 당신은 당신이 존재하지 않는 삶의 남은 기간 동안 그리스 항아리가 될 운명에 처하게 된다. 그대, 완벽하게 정적 가운데 있는 더럽혀지지 않은 신부여!" 그것은 우리를 실제적으로 되게 하는 어두운 여신의 목소리이다.

결혼을 하였고, 아이들이 있는 제인은 서른두 살에 그녀의 완벽한 항아리를 깨려고 마음먹었다. 4년 동안의 분석과 몸을 인식하는 작업을 한 다음, 체중의 문제는 없어졌지만, 마녀의 에너지는 음식물에서 성으로 옮아갔고, 나중에는 영성으로 넘겨졌다. 여기에 발췌한 일기는 한 해 동안 일어난 것들을 말한다.

내가 볼 수 있었던 모든 것은 둔중하고, 비탄이 가득한 뚱뚱하고, 슬픈 피카소의 광대였다. 나는 "하느님, 제가 밝고, 행복하게 해주세요"라고 기도하였다. 그리고 나는 나에게 말하였다. "너는 행복해도 된다. 제인, 앞으로 나아가서, 네 몸을 사랑하여라. 아름답지 않느냐? 나는 네가 햇빛이 되게 하겠다." 그때 예쁘고, 광채가 나는 어린아이가 수줍게 걸어왔다. 나는 그녀에게 말하였다. "그래 꼬마야, 춤을 추어봐." 그 아이는 춤을 추었다. 몸과 영이 아름다운 몸과 분리되지 않고, 완벽하게 들어있었다. 나는 기뻐서 울었다. 그녀는 그녀의 삶 전체에 걸쳐서 뚱뚱한 껍질 속에 갇혀 있던 것을 모르는 듯하였다. 그녀는 화가 나지 않았고, 씁쓸해 하지도 않았다. 그녀는 나를 믿었다. 나는 어머니 같았다. 그래서 나는 그녀가 새장에 갇혔던 것을 슬퍼하면서 울었다. 나도 화를 내지 않았고, 씁쓸해 하지도 않았다. 그저 슬프고, 슬픔을 삼키고 있을 뿐이었다. 그러나 그 작고, 빛나는 소녀는 나의 어둠의 중심을 비추고 있었다. 나는 나의 나이든 몸이 신들을 위해서 아이의 춤을 추는 것을 보았다.

마녀의 열정을 위한 시

지옥에 모든 상징을 보낸다
나를 속이려고 해도 소용이 없다
나는 나의 다리를 벌리고
나의 부드럽고, 따뜻한 허벅지를 열고 싶다
너에게
너의 남성성을 가지고 싶어
나의 다리를 너에게 감쌀 거야
나를 너의 강함으로 묶어줘
나의 부드러움이 너의 딱딱함을 가지고 싶어.
너는 나를 취할 만큼 강하지 않니?
네가 그 약한 자니?
나는 마녀가 되고, 너를 미워하기 시작해

나, 창녀가 되고, **나**를 창녀로 만들려면

감정을 끊어야 해

나의 중심에서 **나**의 하느님과 **나** 자신을 배반했다는 것을

나는 안다.

그에 대한 복수로 **나**는 네가 **나**를 사랑하기를 요구한다

너는 내 영혼에 대한 증인

나는 너에게 허락해

이제 **나**는 너의 피를 바란다.

도입부는 마녀에 대한 심상의 일반적인 모티프이다. 다음에 나오는 구절은 머리가 없는 매력적인 젊은이에 대한 꿈을 꾼 다음에 쓴 것이다(여기에서 소문자 i는 콤플렉스에 사로잡힌 자아인데, 본문에서는 볼드체 **나**로 표기하였고, 대문자 I는 의식이 있는 자아이다).

나는 우리의 관계성의 문제를 해결한 것 같다

당신의 머리를 잘라서

그것은 **나**를 귀찮게 하는 것 같지 않다

사실 **나**는 그것을 좋아한다.

그 방법은 내가 받아들여야 하지 않는 것이다. 너는 존재한다

너는 나에게 내가 그렇게 되기를 바라는 단지 하나의 몸이다

(이것은 마녀가 하는 말인가?)

나는 감히 이렇게 말한다

나는 그녀를 본다

나는 그녀의 미소가 나의 얼굴을 가로질러 가는 것을 본다

나의 왼쪽 어깨가 조금 앞으로 나간다

턱이 떨어지고—눈이 가늘어지며—경멸의 미소가 내 얼굴을 휘감는다

나는 통제하고 싶다, 너와

너의 머리를

나는 너의 두뇌가 될 수 있다

그래서 너를 내가 원하는 대로 만들고 싶다

그리고 나 자신을 너의 부분으로 사용하고 싶다

"얘야, 그냥 일어나라"

얼마나 우스우냐!

네가 어린 소년으로 있는 한

나는 너와 즐거운 시간을 가진다

나는 너에게 먹을 것을 주고, **나**의 가슴에 품고, 커피를 가져다주며

네가 살려면 **나**에게 모든 것을 맡기게 하련다

그러나, 그 대신, **나**는 너의 재화를 원한다

나는 그것이 세상에서 크게 되도록 너를 문밖으로 밀어낸다

사랑하는 이여, 엄마에게 무엇인가를 가져다 다오

너의 가죽옷과 보물로 **나**를 행복하게 해다오

나는 이렇게 **나**의 집에 있을 수 있다

커다란 사람이 돌보는 작은 소녀가 놀고 있다

작은 소년아, 너는 여기에 빠지는구나

소년이여, 그것을 세워라

나는 너에게 명령한다

   빌어먹을 나는 남자가 되기를 바란다

   나는 머리가 있는 남자가 되기를 바라는 것이야

   머리와 함께

   사타구니가 오는구나

   나는 함께 하고 싶다

   오 **나**는 너에게 머리를 돌려주겠다

   그러나 작은 소년아 머리가 있으면 너는 책임을 져야 한다

   내가 머리를 가지고 있는 한 **나**에게는 힘이 있다

   너는 오직 복종하기만을 요구하였다

내가 너의 머리를 돌려주고

네가 그것을 간직하기로 하면

너는 너의 지혜에 대한 책임을 져야 한다

그리고 **나**는 어떻게 할까?

나는 아버지가 돌봐주는 작은 소녀일 수가 없어

게임은 끝났어

나 자신에게

내가 책임을 질 거야

그러나 그것이 무엇이니?

여성적인 것 자신에 대한 추구

어디서 시작을 할까

나의 하느님, 이것은 두렵습니다

어디서 시작해야 할지 모르겠다

나의 여성적인 하느님은 어디 계실까?

여성은 어디 있는가?

너의 음성은 어디 있는가?

나의 열정, 그것은 악마 연인가?

그 강력하고, 완벽한 남성

부드러움을 모르는 남성적 강함

나로 하여금 그의 남성다움에 피를 흘리게 하지만

여전히 더 많은 것을 가지고 있는 이

내가 그에게 더 많은 것을 취할수록

그는 나에게 더 많은 것을 주어야 한다

나는 언제나 바란다

그렇다. 이것이 그 남성이다!

그러나 하느님이

그는 어떻게 될 수 있지?

그리고 이런 삶에서 어쨌든 누가 하느님을 바라나

나는 여신이 아니다,

그 에너지를 구원하는 것

그것은 인간의 나약함이다

그것은 될 수 없는 것에 대한 연민이다

우리는 우리 안에서

서로 작용하면서

하나가 되는

두 세계의

몸과 영혼으로 되어 있기 때문이다

이것을 아는 것이

나의 구원이고

내가 인간임을 받아들이는 것이다

나는 이 실재로 들어갈 수 있다

그 물질의 세계

그리고 존재

여성

여신이 아니라 하느님을 찾는

인간

물질 속에서 영을 창조하는 존재

내가 이 악에 대한 책임을 질 수 있을까

마녀인 **내**가 영원하게 한 것을?

나의 하느님, 인간, 너의 머리를 돌려준다

나는 너의 인간성을 너에게 돌려준다

나는 너를 가게 한다

어둡게 된 나의 자궁으로부터

모든 빛이 사라졌다

마녀야, 나는 너를 가게 한다

그 악은 더 이상 갈 수 없다

이것이 네가 파괴하려는

우리의 삶이다

네가 우세해지면 삶 전체는 파괴될 것이다

우리의 청소년 단계는 끝났다

우리는 자라야 한다

햇빛 속에서, 같이

우리는 모두 갇혀 있다

너와 **내**가

나는 나의 여성성을 가져간 이가 너라고 생각한다

나는 너를 비난하고, 화를 내며, 소리 지른다

이제 더 이상 그러지 않겠다! 나는 여성으로서 들려져야 한다

그러나 이제 나는 본다

나는 너를 공중에서 붙잡고 있었다

너의 머리를 붙든 것이다

내가 너를 붙잡은 것은 헌신이었다

(오 악은 얼마나 사악한가)

나에게는 이제 더 이상 아무 에너지도 없다

그리고 **나**는 너를 비난한다

나는 네가 나를 뒤에서 칼로 찔렀다고 생각한다

나는 조금 안다

나에게도 칼이 있다

    분석을 할 때는 긴장을 유지하는 것이 중요하고, 콤플렉스들이 어떻게 우리의 생각과 행동에 영향을 주는지 의식화하려고 노력하는 것도 똑같이 중요하다. 어떤 기분이 우리를 사로잡으면, 그때는 바로 글을 쓸 때이다. 그 글에서 무의식이 흘러넘치게 해야 한다. 일기를 쓰는 것은 우리 마음을 끄집어내려는 욕구를 충족시켜준다. 대부분의 사람들은 친밀성을 찾는 것이 상당히 서투르고, 심지어 그들 자신과도 친밀하지 않다. 분석

의 전반적인 부분이 친밀성에 달려 있기 때문에 일기 쓰기는 우리가 그동안 피해왔던 우리의 부분들을 인정하게 하는데 매우 중요하다. 무의식은 의식의 눈을 필요로 하고, 의식은 무의식의 에너지를 필요로 하는데, 글쓰기는 상호작용이 일어나게 한다.

내가 "나의 바깥에 있거나", "내 1m 뒤에 있거나", "내 바로 앞에" 있다는 느낌이 든다면, 그때는 콤플렉스가 활성화 되어 있을 때이다. 그런 기분에 사로잡혀 있을 때, 펜을 통해서 퍼붓는 것을 아무것이나 쓰면, 나중에 나의 자아가 다시 안정되었을 때도, 그 자료들로 돌아갈 수 있다. 나는 그것을 바로 볼 수 있고, 콤플렉스가 어떻게 나의 행동에 영향을 미쳤는지 볼 수 있다. 나는 어떤 것이 그런 배열을 일으켰고, 어떤 점에서 자아가 무의식 속으로 뚫고 들어갔는지 알 수 있다. 아무 반성 없이 무의식을 퍼붓는 것은 단지 콤플렉스만 더 강화시키는 자기-방종일 뿐이다. 자아를 통제하지 않을수록, 콤플렉스는 더 강화된다. 자기를 존중하는 그 어떤 예술가도 마음속 깊이 창조적 중심으로부터 글을 쓰는 것과 콤플렉스로부터 글을 쓰는 것의 차이를 안다.

제인의 일기의 도입부에서 우리는 그녀가 그녀의 자아의 입장을 붙잡으려고 노력하는 것("나"가 있는 것)을 보지만, 점점 더 마녀 속으로 미끄러져 들어가고, 수다스럽게 말이 많아지며, 갑자기 콤플렉스에 빠져서, 제멋대로 가는 것을 볼 수 있다. 그러다가 자아는 다시 통제하려고 싸우고, 다른 쪽에서 아버지의 작은 소녀로 된다. 원형적으로 말해서, 그녀는 바지를 입은 마를레네 디트리히(Marlene Dietrich, 1930년대 독일의 배우—역자 주)에서 아기 인형 같은 마릴린 먼로(Marilyn Munroe)로 빠져 들어가는 것이다. 자아는 남성적인 것과 관계를 맺기에 충분히 강하지 않다. 어떤 악한 세력이 방해하기 때문이다. 그녀는 남성적인 것을 집어삼키고, 여성적인 것을 파괴하는 성적 환상을 시작한다. 그녀가 일기를 쓸 때조차, 그녀의 감정과 몸의 반응이 완전히 부정될 때까지 그녀는 머리로 더 높이 올라간다. 그녀는 그녀 자신을 스스로부터 끊어내고, 점점 더 단단하게 조이며, 수용적인 여성성을 낳은 아주 편안한 중심으로부터 그녀 자신을 소외시킨다. 그녀는 글을 쓰는 바로 그 행동에서 그녀 자신의 여성성을 부정하고, 남성에게 가학적인 반응을 하게 하는 피학적 환상을 만든다. 그녀는 남성에게 참수(斬首)의 환상을 투사하고, 아버지와 어머니의 부정적인 아니무스에 의해서 그녀 자신의 목이 잘린다.

이런 구절들 속에서 자아는 그 자신의 팽창을 깨닫는다. 그 어떤 여성도 제인이 상상하는 것을 할 수 없다. 그녀는 그녀의 팽창된 여성성 안에 있는 악마적 요소를 인식하기 시작한다. 이런 종류의 "여성성"은 머리에 있다. 그것은 몸으로부터 나온 것이 아니기 때문에 진정한 에로티시즘과는 관계가 없다.

제인의 일기는 어머니/어린이의 관계성으로 이어진다. 그녀는 "초인적인 어머니"의 꿈을 꾼다. "나는 쥬디트(초인적인 어머니)의 두 눈을 들여다보는데, 두 눈에서는 피가 난다. 빛나는 빨간 눈물들이 흐른다." 제인은 다음과 같이 썼다.

사랑하는 아이야 **나**는 피눈물이 흐르는 울음을 운다.
나는 너를 위해서 운다
나는 너를 나의 쓰레기통으로 만들었다.
나는 나의 모든 쓰레기를 거기에 넣고.
거기에 너의 이름을 붙인다
나는 이 커다란 검은 것을 내 안에 지니고 있고
그 대신 그것을 나의 집에 둔다
나는 그것을 너에게 넣는다. 작은 영혼이여,
그리고 **나**는 너를 미워한다
네 안에서 **나**를 보기 때문이다
그리고 너로부터 너의 작은 영혼을 빼앗는다
나는 너의 존재를 삼켜버린다
오 사랑하는 작은 아이여, 나를 용서해다오.
나는 그런 슬픔과 고통을 느낀다

너에게 생명을 주는 대신

나는 그것을 취했다

그리고 모든 것을 초인적인 어머니의 이름으로

나는 네가 너로 존재하도록 한다

나를 위해서

사랑하는 하느님, 저를 용서하여주세요, **제**가 몰랐습니다

나는 붉은 피눈물을 흘리며 울 것이다

그리고 그녀를 가게 할 것이다

그 사랑스러운 영혼을 인도하고

그녀가 존재하는 한 그녀를 사랑하면서

나는 무의식적으로 마녀이다

그녀는 오직 무의식의 어둠 속에서만 일한다

일단 의식화가 되면, 그 어느 여성도 그녀가 집을 다스리게 할 수 없다

그녀는 성부 하느님에 의해서 이끌린다

그는 표준을 정한 아버지이다

죽을 수밖에 없는 그 어떤 여성도 그것을 다 완수할 수 없다

그 남자에게 격노가 향한다

마녀가 섬기는

그 악마 같은 연인에게

그것은 내가 나의 아이에게 했던 것들을 하게 했던

아빠/엄마였다

그것은 모든 것들을 완벽하게 하라고

말하였던 그 하느님이었다

나는 내가 나의 아이가 그 표준을 준수하게 하려고 노력하였다

사랑하는 아이여, 단지 너의 악에 사로잡힌 사람일 뿐이구나

그 모든 것은 나를 통해서 왔다

그녀의 어둠 안에 있는 마녀가 너를 섬긴다

내가 나의 아이의 존재를 죽이도록 몰면서

너의 하느님을 만족시키도록 나를 몰면서

빌어먹을 자식아

가장 사랑하는 영혼인 나의 딸을 취하고, 그녀의 영을 죽이면서

나는 내 속에 있는 이 마녀를 없애겠다

나는 그 마녀를 불에 던지겠다

그녀를 의식에 데려오고 여성의 진정한 영이 지배하게 하겠다

햇빛 같은 사랑 안에서

새로워진 모든 것들에게 생명을 주면서

일기는 원형의 또 다른 측면(그 "불쌍하고, 작은 나")에 대한 언급으로 이어지고, 자아는 점차 그 자신의 입장에 대해서 지각하게 된다:

나는 나의 비극에 대해서 생각한다

이것이 모두 환상인지

그 마녀에게는 진정한 목소리가 없었다

어느 누구도 그녀의 목소리를 듣지 못하였다

어느 누구도 **내**가 그것을 썼다는 사실을 믿지 않을 거다

내가 마치 라틴어 수업 시간에서 보았던

수줍고 작은 소녀처럼

공포에 질려서 말했던 것처럼

그것을 쓴 것을 말이다

나는 내가 드러날까 봐 무서워하면서 살았다

나는 아무것도 모르고

오직 두려움만 여전히 존재하였다

그래서 나는 도망치려고 하였다

그리고 다른 사람들이 원하는 나로 살려고 하였다

그 어떤 것도 요구하지 않고, 구걸하려고만 하였다

그런데 이 환상이 나의 현실로 되었다

그것이 진짜 현실로 되었을 때

나는 다른 사람들이 나를 사랑하는 것을 알았다

그래서 **나**는 착하게 굴려고 노력했다

나는 투사를 받는 화면(畫面)이 돼서

그들의 환상을 몸으로 살았다

그러면서 그것이 환상이었다는 사실을 곧 잊어버렸다

나는 보상을 후하게 받았다, **나**는 어떤 남자를 만나서 결혼하였고

직업을 얻었으며, 텔레비전에도 나왔고

완벽한 신화가 완성되었다

장래가 촉망되는 젊은 전문직 부부

달콤한 행복

나는 그 역할을 어떻게 해야 하는지 네가 쓴 대본을 알았기 때문에

우리는 욕구 때문에 한 번도 싸우지 않았다

그리고 우리는 순수하게

사랑하였다

그것은 아주 훌륭한

연극이었다

그러나 꿈에서 **나**는 그것이 연극이라는 것을 알았다

나는 실재하는 것을 찾으려고 울었다

그러나 **나**는 그 신화를 깨부술 수 없었다

내가 신화였기 때문이다

그 신화를 파괴하면

나는 **나**를 파괴하게 된다

그것은 너무 끔찍한 일이다

더구나 그녀는 언제나 나의 무의식에서 일을 하였다

여성적인 자기로 먹어댔다

사랑하는 마녀여

너는 너무 교활하고 잔인하다

감사합니다 하느님 당신은 균형을 잡아주었습니다

나의 두려움을

그것은 내가 삶을 두려워한 것이다

실패할 것과

살아갈 것을

그것이 너를 상대적으로 무력하게 하였다

그러나 너는 너의 통행료를 내가 물도록 했다

네가 다른 사람들을 미워하는 것과

너의 목적을 위해서 내가 창녀처럼 하는 것과

긴장 때문에 머리가 아픈 것과

그 모든 것들이 어느 정도 비현실적이라는 느낌들을

너는 내가 그것들이 옳은 것 같다고

말하도록 했다

그러나 내가 그런 사람이라는 것은 말도 되지 않는다

나는 내가 누구인지 몰랐다

나는 사실을 알기가 그렇게 두려웠다

왜냐하면 **나**는 어쨌든 느꼈다

내가 무엇인지, 나의 깊은 핵(核)에

본능적으로 악이 있다는 것을

나는 누구에게도 잘못을 찾을 수 없었다

나는 그들을 보았다. ... 그들이 완벽하다고 그들에게 말하였다

내가 완벽해져야 했기 때문이다

그러나 그 속에서 악이 거짓말을 한다

나는 완벽하지 않다

나는 본질적으로는 선하다

그것은 맨 위에 있는 층이다

그것이 거짓말을 한다

악이 하는 거짓말이다

나는 주술에 빠져있다

그래서 마녀가 나를 좋아한다

나는 내가 살기 위해서 마녀가 필요하다고 생각했기 때문이다

내가 거울을 들여다볼 때

나는 누가 내 뒤에서 나를 보지 않을까 하는 공포를 느꼈다

영혼은 거기 없었다

나는 속이 비어버린 조개껍질이다

그 악, 그 검은색과 맞서지 않으려고 두려움에 떠는

나는 마녀에게 나에게 힘을 달라고 부른다

모든 사람들을 이기고 ... 그 지도자들을 이기며

그런 방식으로

나는 살아왔고, 잘 살아왔다

그 아이가 소리 내면서 비명을 지를 때까지, 그녀가 행동하는 것을 볼 때까지

의식적으로, 마녀를 돌아가게 하지 않을 것이다

나는 자아를 활용할 것이다

그녀는 나의 이와 턱을 아프게 한다

내 넓적다리가 뻣뻣한 것은 그 때문이다

나의 근육이 뻣뻣해서 오르가즘을 느끼지 못한다

나는 나를 사랑하는

사람과 만나고 그에게 반하게

그를 신뢰하지 못한다

그 두려움 안에는 마녀의 묘판(苗板)이 있다

내가 대지모를 신뢰하지 못하는 한

나는 언제나 추락에 대한 공포 때문에 마비된다

그런 상황에서 나의 근육은 격노 때문에 뻣뻣해진다

그리고 나의 내적 존재는 그런 세상의 잔인성 때문에 울부짖는다

무조건적인 사랑이 없는 이 세상을

두려움 속에서 **나**는 격노한다

얼굴에는 미소를 지으면서

초인적 여성이나 여왕벌로 가장한다

내가 사랑하는 이들을 신뢰하는 것을 배울 수 있고

대지와

하느님과

모든 것들의 중심에서

모든 것들이 하나라는 것을

배울 수 있다면

나는 나 자신과 그 안에 계신 하느님을 신뢰하리라

내가 신뢰하는 것을 배울 수 있다면

사람과의 만남은

내 존재의 모든 살아있는 세포들이

생명의 충일성으로 떨리고

나의 열정 속으로 들어오면서

나를 나의 여성적 존재의 중심으로 보낼 수 있을 것이다

내가 두려워하는 것은 바로 이 열정이다

억압되어 있는 생명의 열정인 것이다

나의 생명이 온통 잠들어 있고

슬픔을 가져오며

잃어버린 생명과 사랑과 열정을 그렇게 슬퍼하는 것이다

나는 그 잃어버린 어린이 때문에 슬프다

아직도 내 안에서 사는 그 어린이

살기를 요구하지 않고

사랑도 요구하지 못하는 그 어린이,

그녀는 그것이 그녀에게 주어지지 않으리라는 것을 알기 때문에

사랑의 표시를 위한 기도를 하면서

두려움 때문에 뒤로 물러선다

그리고 부드러운 솜털이 그녀에게 올 때 부풀려지고

친구들이

나를 사랑해줘 라고 말할 때

나는 그것이 너무나 바랬던 말이라서 부풀려진다

나는 **내**가 대단하다고 생각하기 시작한다

그러나 이 모든 것들 아래서

그것을 기다리던 어린이는 그 모든 것들이 사라질까봐

두려워한다

나는 네가 나를 원하도록 모든 것을 할 거야

나를 받아주라고 외친다

그리고 내가 드러날까 봐 두려움 속에서 살고,

내가 무엇인가 잘못할까봐 두려워한다

내가 그들이 기대했던 대로 살지 못한다면 나는 거부당할 것이고

그런 거부는 나에게 죽음이다

나는 다른 사람에게 사랑해달라고 하지 못한다

나는 사랑을 받을만하지 못하다

나는 다른 사람에게 도움을 요청하지 못한다

나는 좋은 사람이 아니기 때문에 나를 위해서 돈을 쓸 수 없다

그리고 거기에 절망이 있다

그 고질적인 절망

그리고 그 아래에서부터

그 그림자 아이가 나타난다

빌어먹을 나는 죽지도 않을 것이다

나는 내가 그것을 바랄 때 내가 바라는 그 존재이다

그녀는 분기탱천해서 반항한다

느끼지도 않는데, 그녀의 감정 속에는 절망이 있다

그녀는 감정으로부터 단절돼서 격노한다

나는 살기를 원한다

지금은 두려움이 들어올 시간이다

내 뱃속에서 돌아다니면서

꿈틀거리는 그 두려움

둥글게, 둥글게 돌면서

회오리치는 에너지

나는 거기에서 빠져나올 수 없다

그것은 갇혀있다

내 마음에 있는 상처는 말한다

그것은 커다란 고통 속에서 비명을 지른다

내 가슴 둘레를 자르면서

나의 목부터 횡경막까지 커다랗게 절개하였다

그 상처의 조직들이 그 안에 감정을 가두어버렸다

그래서 **나**는 오직 그 옛 상처에서 나온 아픔만 느낄 뿐이다

그 아픔이 나를 가두어버렸다

그것이 나를 지켜본다

그래서 나에게는 아무 느낌이 없다

그러나 나의 하느님

나는 그 열정을 원합니다

나는 그 열정입니다

나는 그 새장에서 나오고 싶습니다

오 하느님 당신을 믿게 해주십시오

이제 나에게는 지혜가 생겼다

나는 그것이 본능의 열정인 것을 안다

그것이 나를 생명과 이어줄 것이다

하지만 내가 억압한 것은 바로 그 본능들이다

어머니와 함께

생존하기 위해서 나는 본능을 가질 수 없었다
그녀도 그녀의 본능에서 단절되었기 때문이다
그리고 그 상처, 그 상처 난 가슴
그런 열정과 함께 생명을 사랑했던 그 어린이에게
가슴을 도려내었다
모든 감정이 사라진 것이다
그녀는 가슴에
그 대신 구멍을 내었다
생명이 사라졌다
그녀는 생명으로부터 소외된 것이다
그래서 생존만 할 수 있을 뿐이다

나의 왼쪽 눈은 생명을 보지 못하게 감겨졌다
살아있는 것들을 보지 못하게 뒤로 물러서고
나는 **내**가 안경을 썼다는 것을 확실히 안다
내가 생명을 볼 수 없기 때문이다
삶이 원수이다
내가 그것을 보지 않는 한
나는 그것의 악, 광기, 열정으로부터 안전하였고
그런 유혹이 없어지면서
나는 용납 받은 삶을 살 수 있었다.

이제 나는 보고 싶고
그런 열정을 바란다
그런 절망이 올라오지 않고 지나가기를 바란다
나는 천천히 자기를 느끼게 하고
전일성과
생명과

하느님에게 가까이 이끌어가면서
열정이 올라올 것이다.

그 일기에 담긴 심리학적 주제들은 제7장에서 더 충분히 다루어질 것이다. 이 구절들은 영혼-만들기의 골짜기를 마주 하는데 필요한 용기를 보여준다. 또한 그것들은 일기의 가치와 환상들을 인식하는데서 몸의 각성이 자아와 다시 연결되는데 얼마나 필요한지도 보여준다. 그 귀중한 일기는 제인이 그렇게 열심히 찾았던 내면의 소피아와 접촉하는 것처럼 자아를 두 가지 방향, 내적 실재와 외적 실패에 뿌리를 내리게 하는 것이다.

*

우리가 은색 거울을 들여다보면서 우리에게 보이는 것을 미워하면, 우리는 우리 자신의 실재를 미워하게 된다. 우리가 우리의 내적 세계와 외부 세계 사이를 나누는 것이다. 더 나쁜 것은 우리가 거울을 들여다보면서 거기에 무엇이 있는지 알지 못한다면 우리는 조현병적인 분열에 빠지게 된다. 우리의 내면 어디인가에는 우리를 우리 자신의 살과 피로부터 단절시키는 완벽한 이미지, 완벽한 예술 작품, 잘 만들어진 마스크가 들어있다. 우리가 우리의 남성 원리를 가지고 살려면, 우리는 "아직도 약탈당하지 않은 신부"의 죽은 완벽성에 빠져들게 된다. 그러나 우리가 우리에게 있는 여성 원리를 가지고 살려고 선택하면, 우리는 상처를 받았지만 빛나는 여성—즉 그녀의 유니콘과 같이 있는 동정녀의 살아있는 불완전성으로 가게 된다.

여성의 신비는 지금도 살아있다. 그 에너지는 이슬을 머금은 물망초, 물기를 품은 소나무 향, 머뭇거리는 손 등 지금 이 순간 일어나는 것들 속에 들어있다. 그것들 모두는 유일성을 지니고 지금 함께 온다. 여성의 신비는 집중되어 있는 것을 풀어주면서, 지금 존재한다. 여성적인 것은 미래의 영광스러운 순간을 위해서 그 자신을 아끼지 않고, 과거에 잃어버린 어떤 순간을 위해서도 슬퍼하지도 않는다. 그것은 그 어느 것의 꽁무니도 붙잡지 않는다. 지금이 모든 것이다.

여기에도 순간 안에 있는 몸의 진정한 신비가 있다. 움직임의 각 순간은 창조의 순간인 것이다. 그 순간을 만나고, 그 순간을 의식하는 것은 존재의 핵심과 접촉하고, 동시에 존재 자체인 움직임 속에서 그것을 깨닫는 것이다. 존재는 여신이 "예"라고 하는 것과 함께 울려퍼진다.

유니콘을 길들이는 동정녀―Castello di Grinzane, 이탈리아.

긍정적인 섭식 의례를 만드는 실제적인 제안

1. 거룩한 공간과 속적인 공간 사이의 차이를 인식하라. 어느 지점에서 내가 나도 모르게 신들과 하나가 되려고 하며, 언제나 자신의 인간적 욕구들과 한계들에 초점을 맞추려고 하는지 인식하라.
2. 오래된 습관들을 인식하고, 사랑으로 자아를 훈련하라. 그 사실들과 맞서라.
3. 삶에서 도망가려고 다이어트를 하지 말고, 삶을 향해서 나아가려고 다이어트를 하라. 나는 내 몸을 돌보기를 바란다. 나는 살덩어리로부터 의식적인 몸매까지 나의 몸을 변환시키기를 바란다. 나는 몸의 지혜에 귀를 기울이려고 한다. 나의 몸은 내가 기회를 주기만 하면 어떻게 그 자신을 치유시킬 수 있는지 안다.
4. 특별히 아니무스를 다룰 때는 나의 유머 감각에 의존하라. 아니무스가 고약해지거나 자기-의에 빠지면, 춤을 추거나 자연에 나가서 산책하라.
5. 매일 발견되는 위험한 지대(地帶)를 인식하라. 그리고 그 리듬을 창조적으로 바꾸라. 새벽 5시, 행복한 시간에 냉장고를 향해서 돌진하는 대신에 호화스럽게 목욕을 하든지, 춤을 추든지, 음악을 들으라.
6. 몸의 이미지를 변화시키는데 있는 위험한 지대를 인식하라. 새로운 이미지가 나에게 어떤 영향을 주고, 나 자신에 대한 반응, 다른 사람의 반응이 나에게 영향을 미치는지를 인식하라.
7. 옛날의 몸에 대해서 언제 애도식을 가질지 생각해 보라.
8. 음식물은 내면세계와 외부 세계 및 내면세계와 영적 세계 사이에 있는 상징이라는 사실에 대해서 깨달으라.
9. 나의 판도라 상자 안에 있는 속임수에 대해서 인식하라. 먹는 것은 어쩌면 나의 어떤 부분이 나에게 맞서려는 악마의 계략인지도 모른다.
10. 정말 배고픈 것과 심한 공허감 사이의 차이를 깨달으라. 그리고 영적 공허를 위한 영적 음식물을 발견하라.
11. 지금 어떤 결심을 하고, 어떻게 행동할지 깨달으라. 벽장에 있는 옛날의 그림자 자료들을 모두 깨끗하게 비우라. 옛날의 태도에서 떠나고, 이제 더 이상 내 것이 아니게 된 옛날의 옷들과 신발들을 버리라.
12. 내 몸이 크든지 아니면 작든지 간에 나의 아름다운 몸에 대한 책임감을 깨달으라. 이것이 나의 삶이다.

죽음과 탄생 사이의 긴장의 시간
푸른 바위 사이에세 개의 꿈이 교차하는 고독의 장소
그러나 주목(朱木)에서 흔들리는 목소리가 멀어지면
다른 주목을 흔들어 대답하게 하라.
축복받은 자매, 거룩한 어머니, 분수의 정신, 정원의 정신은,
거짓으로 우리 자신을 비웃지 않으려고 고통 받는다
우리가 우리를 돌보고 돌보지 않는 것을 가르친다
그리고 가만히 앉아 있는 것을 가르친다
이 바위들 가운데도,
그의 뜻 안에서 우리의 평화
그리고 이 바위들 가운데도
누이와 어머니
그리고 강의 영, 바다의 영이여,
내가 당신과 분리되지 않도록 고통당하고
나의 부르짖음이 당신께 가게 하십시오.
— T. S. 엘리엇, "재의 수요일."

영혼이 언제나 변하지 않고 하나인 사랑의 지혜(sapientia)를 버리고, 한시적이고 변하는 것들에 대한 체험으로부터 지식(scientia)을 구하면, 그것은 쌓이는 것이 아니라 부풀어 오른다. 그리고 이렇게 무게를 재면, 영혼은 그 자신의 무게 때문인 것처럼 축복으로부터 멀리 떨어진다.

— 어거스틴, 『삼위일체론』.

제6장
미즈의 신화

나는 이것에서 그치기를 바랐다,
이 삶은 벽을 마주보고 평평하구나,
말이 없고, 색깔도 없네
순수한 빛으로 지어졌다,
이 삶의 비전만이, 분열되었네
그리고 멀리, 투명한 막다른 길,
나는 고백한다: 이것은 거울이 아니다,
그것은 문이네
나는 그 뒤에 잡혀있다
　　　　― 마거릿 앳우드, "거울의 속임수."

옛날에 카사 로마(Casa Loma)라는 이름의 아름다운 성에 왕이 살았다. 이제 왕은 늙고, 혼자가 되어서 그가 한 때 사랑하였고, 이제는 지구의 네 모서리에 흩어져서 사는 네 명의 아이를 낳아준 젊은 신부에 대한 기억을 떠올리면서 살았다. 그러다가 그는 이런 생각을 떠올렸다. "다시 결혼해야겠다. 새로운 신부를 맞아서 새로운 아이들을 낳아야지." 그래서 그는 지방에 밀사를 보내서 완벽한 신부를 구하도록 하였다.

그 밀사는 아름다운 여성을 데리고 돌아왔다. 그녀의 몸매는 우아하였고, 마음씨도 고왔는데, 그녀가 삶에서 바랐던 유일한 것은 왕비가 되는 것이었고, 유일하게 무서워하는 것은 개들이었다. 그녀는 왕비가 되었고, 그녀의 남편이 죽기 전에 딸 셋을 낳았다.

부모들이 제일 예뻐했던 맏딸은 세례를 받은 엘렉트리카였다. 그녀는 부모의 아름다움과 지성을 물려받았다. 그녀의 어머니는 엘렉트리카를 완벽한 왕비로 만들기 위하여 온 정성을 기울이면서 그녀에게 왕비다움을 가르쳤다. 그녀는 그녀의 딸에게 이브 생 로랑, 에스티 로더와 하버드 대학교의 도서관을 정통하게 숙지시켰다. 그리고 최고의 왕자 아카데미아 과정이 있는 옥스퍼드 대학교의 대학원에 가는 문을 열어주었다. 엘렉트리카는 그녀의 왕족의 머리에 왕관을 쓰고 세밀하게 그 일들을 완수하였다. 그녀는 때에 맞춰서 미소 지었고, 때에 맞춰서 눈물지었으며, 긴 속눈썹을 언제 붙이고, 그녀의 신비감을 자아내기 위해서 언제 눈을 낮게 떠야 하는지를 알았다.

그러나 엘렉트리카는 왕자들의 호위를 받지 못하였다. 그 대신 그녀는 월 가의 여왕이 되어서 커다란 방 셋이 있는 집에서 살고, 가는 줄무늬 옷을 입으며, 푸른색의 스파이크 힐을 신는다. 그녀는 언제나 사무실의 표지를 달고, 중요한 문서들이 가득 담긴 검은 서류 가방을 들고 다니며, 커피와 진정제와 두통을 위한 스테로이드 연고, 변비, 마른버짐 약을 가지고 다닌다.

그리고 그녀는 그녀의 크롬과 유리로 된 아파트에 있는 침대에 눕기 전, 전자레인지와 스테레오와 형광 조명등을 끈다. 그리고 전기담요를 켜고, 그녀의 어머니가 나지막하게 말하는 소리를 듣는다.

    늙은 어머니 허바드는
    그녀의 가련한 강아지에게 뼈다귀를 주려고
    찬장에 갔네
    그러나 찬장에 가보니
    찬장은 비어있었네
    그래서 가련한 강아지는 아무것도 얻지 못했네

엘렉트리카는 잠을 자면서도 컴퓨터 모니터에서 나는 소리를 듣는 꿈을 꾼다. 종이에 구멍을 뚫듯이 음표를 하나하나 읽는 것이다. 그녀는 소리를 손으로 만지는 것처럼 듣는 것에 매료되었다. 그리고 꿈에서 그녀는 음표에 구멍을 뚫듯이 하나하나 바라보면서 음악을 듣는 것을 배운다.

영리한 엘렉트리카는 이런 방식으로 성공하였다.

둘째 딸의 이름은 레스비아이다. 그런데 레스비아는 둘째, 언제나 둘째이다. 그녀의 아버지는 그녀에게 거의 관심이 없었고, 그녀는 어머니를 무서워하였다. 레스비아에게는 한 가지 확실한 것이 있었는데, 그것은 어머니가 하는 것을 하지 않는 것이었다. 그녀는 그녀의 카페지오(Capezio) 안의 삶에서 흔들렸다. 그녀는 멋진 수도사와 사랑에 빠졌는데, 그는 그 역시 아무리 레스비아를 사랑했지만 당연히 그녀를 거절할 수밖에 없었다. 아픔 때문에 그녀의 가슴은 칼에 찔리는 것 같았는데, 그녀가 신뢰할 수 있는 어떤 여성의 부드러운 사랑을 통해서 그녀 자신에 대해서 알게 되었다.

레스비아는 여류 시인으로 성공하였다.

왕과 왕비는 세 번째 아이를 가질 생각이 없었다. 그래서 세 번째 아이가 태어났을 때, 그들은 이름을 무엇이라고 지을지 별다른 생각이 없어서, 그 아이를 간단하게 덤벨리나(Dumbellina)라고 지었다. 어느 누구도 뚱뚱하고, 키도 작으며, 못생긴 덤벨리나에게 관심을 기울이지 않았다. 그녀는 그녀의 톱시 인형을 끌어안고, 성 안 여기저기를 돌아다녔다. 그녀는 그녀에게 꽃의 말을 가르쳐준 정원사와 대화를 나누는 것을 좋아하였다. 그러다가 어느 날 그녀는 성문을 급히 뛰어나가서, 길을 따라 산골짜기로 내려갔다. 그녀는 달려가다가 어느 웅덩이에 빠져서, 아래로 내려가고, 내려가고, 내려갔다. 그녀는 이것은 어른들이 죽는 것이라고 부르는 것이 틀림없다고 생각하였다. 결국 그녀는 그녀의 맨발에 따뜻하고, 부드럽게 느껴지는 어두운 땅을 밟게 되었다. 그때 굉장히 키가 큰 젊은이가 그녀에게 다가왔다. 그녀는 "당신은 누구세요?"라고 물었다. 그는 "나는 제의 집전을 돕는 소년입니다"라고 대답하였다. 그녀는 "당신은 제의 집전을 돕기에는 키가 너무 큰 데요"라고 하였다. "제의도 제의 나름이지요"라고 그가 대답하였다.

그리고 그는 덤벨리나에게 손을 내밀었고, 그녀를 숲을 지나서 포도

잎들로 덮힌 작은 동굴로 데려갔다. 거기에서 그는 그녀에게 수정, 눈송이, 눈물방울, 무지개를 주었다.

그는 "너는 이것들이 어떻게 연관이 되어 있는지 찾아내야 해"라고 말하였다. 덤벨리나는 무지개가 수정으로부터 사라지거나 눈물방울이 눈송이로 변하는 것을 보고 여러 번 울었다. 그녀는 그녀의 어머니에게로 돌아가기를 바랐지만, 거기에는 그녀가 돌아갈 어머니가 없었다. 그녀는 이제 더 이상 그녀가 꿈을 꾸려고 잠을 자는지, 아니면 잠에서 깨려고 꿈을 꾸는지 알지 못하게 되었다.

그러나 시간이 많이 지나자, 그녀는 키가 커졌다. 그녀의 작은 얼굴은 이제 더 이상 그 수수께끼 때문에 짓눌리지 않게 되었다. 그녀는 그것을 좀 멀리 떨어져서 관조할 수 있었고, 눈을 가늘게 뜨고 보면 더 명확하게 볼 수 있다는 것을 알게 되었다. 그러다가 어느 날, 그녀는 아주 우연히 수정과 눈물방울과 눈송이를 통해서 무지개의 초록, 노랑, 분홍색을 보았다. 그것은 여태까지 그녀가 보았던 것 가운데서 제일 아름다운 테이피스트리였다. 그녀는 그녀가 느꼈던 것보다 훨씬 더 키가 컸다가 작았다, 더 행복했다가 슬펐다, 부유해졌다가 가난해지는 것을 느꼈다. 그녀는 그녀 자신이 어떤 존재의 현존 안에 있다는 느낌이 들었다. 그녀는 그녀의 얼굴을 돌려서 두 개의 커다란 발을 보았다. 하얗고, 부드럽고, 강한 발이었다. 그녀는 그녀가 어디에 있는지 알았는데, 그곳은 그녀가 오랫동안 있던 곳이었다. 그녀는 돌로 된 제단과 제의 집전을 돕는 소년을 보았는데, 그는 여신의 높은 제단을 위해서는 키가 그렇게 크지도 않았다.

이제 그는 은색 헬멧과 은색 신발을 신었다. 그녀는 올려다보았지만, 여신의 얼굴을 보지 못했다. 그 대신 그녀는 교교한 보름달 같이 빛나는 푸른빛을 보았다. 그녀는 본능적으로 절을 하고 싶었고, 그녀가 짜서 비단옷처럼 어깨에 걸쳤던 테이피스트리를 내려서 그 위에 무릎을 꿇었다. 마침내 그녀가 차지하지 못했던 어머니를 찾았다.

그녀가 무릎을 꿇고 있었을 때, 여신의 목소리가 들렸다. "더 낮추어라." 그녀는 몸을 더 낮추었지만, 그녀의 얼굴과 어깨 아래서 부드러운 땅이 느껴질 때까지 "더 낮추어라" 하는 소리가 들렸다. 그래서 그녀는 그녀가 그 푸른빛을 세상에 다시 가져가기 위해서는 그 거대한 몸의 사랑을 체험해야 한다는 사실을 알았다.

덤벨리나가 어떻게 해서 그녀가 새로 발견한 지혜를 카사 로마 왕국에 다시 가져왔는지에 대해서는 알지 못한다. 요정담에서 보물을 안전하게 가져오는 것은 언제나 제일 위험한 일이다. 나는 굉장히 현대적이라서 그 결론을 당신 자신에게 맡긴다.

이 요정담은 많은 부분에서 실제의 요정담과 다르다. 나는 여기에 나의 분석자들의 꿈과 환상의 내용들을 뒤섞어서 짜깁기를 했기 때문이다. 나는 그들의 자료를 같이 나눈 것에 대해서 많은 빚을 지고 있다. 우리 사회를 갉아 먹는 무의식적이고, 집단적인 문제를 관찰할 수 있는 것은 오직 꿈을 통한 것밖에 없기 때문이다. 그 이야기는 우리가 지금 논의하는 문제의 뼈대를 반영하고 있다. 목표-지향적인 완벽주의자들은 어떻게 그들 자신의 가슴과 잃어버렸던 관계성으로 돌아가는 길을 발견할 수 있을까?

우리는 요정담을 심리학적으로 해석하면서 모든 인물들을 전체성을 찾으려는 정신의 한 부분으로 보고, 한 사람의 정신은 한 사회를 대표한다고 생각한다. 우리는 여기에서 한 때 한 문화권 전체에서 통용되던 영적이고 정치적인 가치의 상징인 늙고, 죽어가는 왕을 본다. 그의 첫 번째 왕비는 죽었다. 다른 말로 해서 왕의 삶을 의미 있고, 가치 있게 만들었던 감정의 가치가 이제 더 이상 존재하지 않는다는 것이다. 과거의 문화가 만든 아이들은 땅의 네 모서리에 흩어졌다. 20세기 문화의 용어로 말하자면, 수 세기 동안 같이 나누었던 집단적인 신화는 근본이 흔들린다는 것이다. 우리는 그들의 거룩한 나무를 신들로부터 받았던 오스트레일리아의 어느 원시 부족과 같다. 그들은 그들의 축(軸)을 그들이 어디를 가든지 가지고 다녔고, 하늘과 땅 사이에서 그들의 의사소통은 그 축을 통하여 이루어졌다. 그것은 그들이 그것을 통해서 그들의 가치 체계, 사랑, 희망, 내적 신뢰의 감각과 기쁨을 세운 우주의 중심이었다. 이 축 주위에 표시된 공간은 거룩한 공간이다. 질서 있는 우주인 것이다. 그 거룩한 원에서 벗어나는 곳은 혼돈이다. 그 축이 파괴되었을 때, 그 부족 모두는 자리에 누워서 죽음을 기다렸다. 삶에 아무 의미도 없었던 것이다.[1]

우리 문화에서 교회의 첨탑은 거룩한 기둥이기를 그쳤다. 한때 그것들을 둘러싸고 있던 우주는 사라졌고, 다시 혼돈이 찾아왔다. 중심은 이제 없다. 집단적 신화의 부재 상태에서 우리 가운데 어떤 사람들은 살아남기 위하여 혼돈 가운데서 그들 나름의 거룩한 공간을 만들라는 강압을 받지만, 우리는 현대 사회의 야단법석 안에서 우리 자신의 신화를 찾을 수 없다. 따라서 믿음, 소망, 사랑은 더 이상 존재하지 않는다.

그들의 공간에서 우리는 기본적인 가치 체계를 권력에 뿌리를 둔 거짓된 왕비가 있음을 본다. 그 거짓된 왕비는 사위어가는 왕의 정력, 한때 하느님과의 관계성에 의해서 양육되었던 정력을 재빨리 이용하기 위하여 그녀의 야망을 왕좌에 올려놓았다. 그러자 모든 것들은 자아-중심적이고 물질적인 것들을 더 많이, 더 많이, 더 많이 가지려는 갈망을 부추기면서 왜곡되었다. 그러나 마녀는 결코 만족할 줄 몰랐다. 그녀의 입맛은 본능에 기반을 두지 않았고, 물리는 법이 없기 때문이다. 그러는 동안에 그녀의 본능은 고갈되었다.

마녀는 딸 셋을 낳았는데, 그 딸들은 각각 현대 여성(Ms)의 세 측면을 가지고 있으며, 그 측면들이 없으면 삶은 불가능해진다. 이 세상에는 그 갈등이 해결되거나 초월되기 전에는 그녀들의 혼돈을 담을 수 있을 만큼 충분히 강한 현대의 제도나 제의들이 없다. 그래서 현대의 미즈들은 모델을 찾기 위해서 바라보아야 할 과거와 안전한 현재와 알 수 있는 미래도 없이 불확실한 상태 속에서 소용돌이 치고 있다. 그녀는 개척자이고, 커다란 용기를 가지고 있다. 그녀는 미혼 여성이기를 거부한다. 그녀가 그녀 자신을 그녀의 어머니와 아버지의 결혼하지 않은 딸이기를 받아들이지 않기 때문이다. 그녀는 그녀의 가족과 동일시되는 것을 거부한다. 그녀는 극히 개인적인 상황 이외에는 기혼 여성이기도 거부한다. 그녀가 이제 더 이상 그녀의 남편과 동일시되기를 바라지 않기 때문이다. 그녀에게 경험이 좀 많다면, 그녀는 그녀의 삶에서 만났던 남성들도 비슷하게 불확실한 상태에 있다는 것을 안다. 그들의 아니마 투사가 거부되거나 철회될 때, 관계성의 정형화된 유형들이 이제 더 이상 작동하지 않기 때문이다. 여기에서 정형화된 유형이라는 말은 올바른데, 그 이유는 거기에는 그 어떤 신성력이나 살아있는 에너지나 깊은 감정도 없기 때문이다. 정형화된 것은 낡아빠진 비전, 죽은 원형이나 잘못된 원형으로 그것을 모방한 것만이 있을 뿐이다.

나와 같은 세대의 많은 여성들은 여성 원형이 분열되어 있는 에드워드 시대(빅토리아 시대의 풍조가 복고된 시대)의 어머니에 의해서 길러졌다. 그 여성들은 의식적으로 소위 말하는 마돈나의 역할, 즉 사랑이 많고, 공감적이며, 의무에 충실하고, 정숙하며 완벽한 어머니로 살려고 하였다. 그러나 그녀들은 무의식적으로 그녀의 몸을 소위 말하는 창녀처럼 살았다. 그녀의 여성적 자아는 그녀의 여성적 몸으로부터 단절되었기 때문이다. 자연히 그녀의 아이들은 그녀의 어두운 측면인 검은 성모와 관계되었고, 우리 사회에서 지금 주의를 촉구하는 것도 바로 그녀이다. 물론 검은 성모는 언제나 있어 왔지만, 언제나 무시되었다. 빅토리아 여왕의 시대 영국에서 남성들은 집에서는 그의 아내와 아이들이 있지만, 정부(情婦)도 비밀리에 두었다. 어떤 사회에서는 그녀들도 사실상 용납되었다. 좀 더 청교도적인 사회에서 그녀는 천박하고, 여린, 노리개였다. 이제 우리는 청교도적인 껍질을 내던졌고, 검은 성모의 에너지만 본다. 집단적인 꿈들은 우리를 우리 자신의 대지, 우리 자신의 몸으로 들어가라고 강제하고, 여성적인 것을 향한 우리의 태도를 변화시킬 것을 강압한다. 검은 성모 에너지의 첫 번째 방출은 여성이 그녀 자신을 창녀로 느끼게 할 수 있다. 남성들 역시 그들 자신이 그 힘의 방출에 의해서 충격 받고, 공포를 느끼는 것을 알게 된다. 여성들이 자신의 그림자를 통합하는 것은 위험한 일이고, 남성들이 아니마를 통합하는 것은 분석에서 대단한 성과이다. 이것은 우리가 완벽중독을 깨트리려면 반드시 모험해야 하는 위험지대이다.

어머니들이 그녀들의 딸에게 여러 세대에 걸쳐서 건네준 가장 잘못된 유산은 아마 그녀들이 성(性)과 몸을 억압해왔던 것일 것이다. 그 결과 오늘날 여성들은 그녀들이 정동적이고, 사고적이며, 영적 존재라는 것을 성적이고, 열정적 존재라는 감각과 다시 통합해야 한다. 그녀들은 그녀들의 신적 속성과 동물적 속성을 통합하려고 애써야 하는 것이다.

에리카는 그것의 전형적인 예이다. 그녀의 나이는 서른다섯이고, 그녀의 직장에서 높은 평가 받는 아름답고, 이상적인 여성이다. 그녀의 외관은 훌륭하지만, 그녀에게도 비밀스러운 "어둠"이 도사리고 있다. 그녀는 지금 그녀가 이 사회에 적응해서 살 것인지, 아닌지를 결정하려고 영웅적인 투쟁을 벌이고 있다. 에리카의 어머니는 그녀의 남편이 가정을 떠난 다음, 자녀들을 기르는데 삶을 온통 다 바쳤고, 그녀 자신의 개인적 욕구들과 감정을 억압하였다. 에리카는 다음과 같이 말한다.

나는 스무 살 때 여성이 되기를 원하지 않았다. 캐나다가 회교도들과 전쟁을 벌였다면, 나는 기관총을 들고 최전방에 나가서 싸웠을 것이다. 그 세계는 여성을 비하하는 대표적인 세계이기 때문이다. 나는 내가 자라온 것과 같은 엄격하고, 굴종적인 역할을 나타내는 그 어떤 것들도 다 총을 쏘고 싶다. 나는 나의 어머니가 나에게 물려준 순교자 같은 역할을 증오한다. 나는 그 어떤 남성에게도 머리를 숙이지 않을 것이다. 나는 나에게 그 자체의 욕구들과 쾌락을 가진 신체가 없다고는 말할 수 없을 것이다.

내가 대학을 다닐 때, 나는 언제나 배가 고팠기 때문에 몸무게가 66kg이었다. 나는 500g이나 되는 케이크를 사서 그것을 모두 먹고는 했다. 성관계는 매우 중요했지만, 그 당시에는 왜 그래야 하는지 알지 못하였다. 이제 나는 그것이 나의 몸에 머무는 나의 방식인 것을 안다. 그러나 죄책감이 든다. 나는 어머니와의 관계에서 죄책감을 많이 느꼈다. 내가 어머니의 가치 체계 밖에 있는 행동들을 할 때마다 나는 죄책감을 느꼈고, 나를 붙잡고, 안아주고, 무조건적으로 나를 사랑해서 나에게 어머니 같이 해주는 남자를 찾아다녔다. 내 어머니처럼 해주는 남성을 찾았던 것이다. 그러다가 그를 경멸하고, 그를 내 발꿈치 아래서 뭉개버린다. 나는 나 자신을 미워하고, 그를 미워하는 것이다. 나는 내가 어린 소녀처럼 하기를 허용하는 남자를 미워하는데, 그것은 실상 내가 바라는 것이다.

에리카의 정신의 중심에 모순이 있다는 것은 명백하다. 그녀는 그녀 자신이 바라는 대로 하면서 그녀 자신을 창녀처럼 느꼈는데, 그것은 그녀가 바라는 바가 아니었다. 그녀는 어머니와의 관계를 끊고 싶었지만, 그렇게 하기를 바라지 않았다. 그녀는 여성이 되고 싶으면서도, 여성이 되기를 바라지 않았다. 여성이 되는 것은 어머니처럼 되는 것, 그녀를 파괴한 남성에게 굴종하는 것이다. 그러나 그녀는 매일 케이크를 500g이나 먹으면서 그녀를 그녀의 몸에 붙들어두는 그녀 자신의 성(sexuality)에 갇혀 있다. 그 모순은 이렇게 해결 된다: 어머니의 가치들을 의식적으로 끊으면서 무의식적으로 그녀 자신을 주장하는 것이다. 그리고 그녀 자신을 해방하면서, 그녀의 눈에 보기에 창녀가 된다. 죄책감과 쾌락이 동일시될 때까지 육체의 쾌락은 죄책감에 의해서 감춰진다. 여기에 진정한 죄책감이 있다! 행복, 그것은 죄책감을 느끼는 것이고, 오직 금지된 쾌락만이 자석(磁石) 같은 에너지를 가지고 있다. 검은 성모의 누미노제를 가지고 있는 것이다.

에리카의 어머니는 그녀의 여성성에 무의식적이지만, 1950년대의 직업 여성이었던 리자의 어머니는 매우 의식적이다. 리자의 문제도 마비되는 것이다.

나는 나의 어머니를 사랑한다. 어머니는 부드럽고, 이해심이 많으며, 지적이다. 그녀는 내가 누구든 되기를 바라고, 그녀도 그것을 바란다. 그녀는 내가 바라는 여성의 이상적인 모습 그 자체이다. 내가 나 자신이 그녀처럼 말하고, 그녀처럼 옷 입기를 바란다는 것을 발견하면, 죄책감을 느낀다. 나는 내가 그녀처럼 나 자신의 정체성을 찾으려고 싸우지 않았다는 사실 때문에 그녀를 배반했다고 느낀다.

쥬디트는 리자와 완전히 정반대이다.

나는 어머니와 같지 않을 것이라고 말한다. 나는 그녀의 그 어떤 것도 아니다. 지금 그녀의 가장 고약한 모습은 그녀가 나를 모방하는 것이라는 사실을 당신은 안다. 그녀는 나처럼 옷을 입으려고 한다. 심지어 그녀는 그녀가 화장하는데 내가 도와주기를 바란다. 그녀는 내가 하는 행동들을 지켜보고, 나를 닮으려고 한다.

이 세 명의 여성들은 모두 어머니와 신비적 융합(participation mystique) 상태에 있다는 표지를 보여주고, 그녀들의 꿈은 다른 많은 현대의 남성들이나 여성들의 꿈과 마찬가지로 그녀들이 얼마나 모성 콤플렉스에 깊이 빠져있는지 보여주는 많은 상징들이 담겨있다.

60대와 70대 여성들 가운데는 그녀들의 여성성과 그녀들의 어머니의 여성성을 파괴한 가부장제에 너무 원한을 깊게 품어서 거기에 욕설을 퍼부으며 그녀들의 정신에 있는 남성적 측면을 동일시하는 사람들이 수도 없이 많다.[2] 어떤 경우, 그녀들은 그녀들이 제일 두려워하는 바로 그것으로 돌아가는데, 그것은 그녀들의 어머니의 마녀 같은 측면이거나 융의 용어로 말하면, 부정적인 아니무스이다.

그 힘의 원리가 파괴적인 행동으로 넘어갈 때 무시무시한 것만큼, 그것은 심리학적으로 필요할 수도 있다. 개인으로서의 여성의 발달을 바라보면서, 나는 작은 페르세포네가 내 사무실로 들어오는 것을 본다. 50대였지만 상냥한 처녀들인데, 기본적으로 그녀들은 그녀들의 어머니와 동일시하였거나, 그렇지 않으면 원형적 수준에서 보면, 그녀들 자신의 무의식을 동일시하였다. 꿈속에서 그녀들은 어머니와 함께 행복하거나, 아니면 행복하지 않게 꽃을 딴다. 그녀들은 더 멀리 떨어져서 가다가 승합차나 트레일러를 두세 개 끌고 가는 트럭에 거의 죽을 뻔하는 데, 그 차들은 비인간적인 모성 콤플렉스를 나타낸다. 그녀들의 꿈에서 어머니들은 그녀들을 형무소에 가둔 사악한 마녀로 나온다. 그때 헨젤과 그레텔에 나오는 마녀를 상기하는 것이 좋다. 그녀는 아이들을 가두었을 때는 사악하였지만, 그와 동시에 그 아이들이 도망가고, 살아남으려면 그들의 진정하지 않은 부분을 발달시키도록 강요하였다. 거기에서 삶에 대한 믿음을 포기하지 않았고, 절망하는 헨젤에게 계속해서 용기를 불어넣던 것은 여성 원리인 그레텔이다. 적당한 순간이 왔을 때, 그들은 정신 차려서 그들의 부정적인 것들을 불속에 내던지고 도망쳤다. 그러나 그 마녀는 그들이 성숙하게 되도록 강제하였고, 그들에게 중요한 것이 무엇인지 알게 하였다(다시 한 번 "다행스러운 잘못", *felix culpa*의 주제가 나온다).

이와 비슷하게, 데메테르와 페르세포네의 이야기에서 하데스가 코레를 납치하고, 그녀를 사랑하는 어머니의 보살핌에서 강탈하도록 한 것은 대지모-가이아이다. 그 신화가 말하는 것처럼, 코레는 그녀가 "그녀의 의지와 달리" 하데스와 같이 침대에 있는 것을 발견하였으며, "어머니를 몹시 찾았다."[3] 코레-페르세포네는 그녀의 집, 친구들, 그녀가 아는 모든 세계를 잃어버리고, 지하 세계에서 남성 원리 하고만 있는 것을 발견하였다. 그것은 원형적 유형이다. 여성은 어머니와 분리되어야 하고, 그렇기 때문에 내적으로나 외적으로 남성 원리에 복종해야 한다. 외부에서 남성이 그녀를 성적으로 제압하든지, 아니면 내면에 있는 남성과 동일시해야 하는 것이다. 그 어떤 경우에나, 그녀는 아니무스에 사로잡힌 상태가 된다.

여성의 성숙의 자연스러운 길은 몸을 통해서 이루어진다. 고대 사회의 입문 의례가 말하는 것은 본질적으로 이 점이다. 그 의례는 곧 여성적인 우주의 일부로 된 그녀 자신의 몸에 뿌리를 박고 행해졌다. 그녀의 몸은 풍요와 다산을 위한 도구이고, 그녀를 여신과 하나가 되게 하는 그릇이며, 그 몸을 통하여 생명은 영원히 존속하게 된다.

그러나 우리 사회에서 우리는 아무 의례도 가지지 않고 있으며, 우리를 우리 자신의 여성성으로 입문식을 베풀어 주는 나이가 더 든 여성들도 거의 없다. 우리 대부분의 남성들이나 여성들은 우리들 자신의 여성적 본능을 전혀 또는 별로 의식하지 않고, 무의식적으로 남성 원리와 동일시하는데, 그것은 우리 어머니들의 의식에 있는 가치 체계이다. 그래서 우리는 허우적거린다. 어떤 여성들은 동성애적인 관계성을 통하여 그녀들의 여성성을 확인하려고 한다. 다른 여성들은 그녀들의 연인을 사랑하는 어머니로 만들면서 확인하려고 하며, 또 다른 여성들은 무의식적으로 그녀들의 어머니의 꼭 끼는 신발을 신고 걸어가려고 한다.

그런 상황들 속에서는 진정한 남성 원리도 존재하지 않는다. 그래서 남성들이나 여성들 모두 진정한 남성성의 부재 때문에 청소년기의 여성적인 것이 남성적인 것과 관계를 맺을 수 없다. 그들에게는 진정한 남성성도, 진정한 여성성도 없는 것이다. 그러므로 젊은 여성들이 굴복하는 것은 "타자성"(otherness)이 아니다. 그런 타자성 없이는 하데스에게 납치되었다가 페르세포네로 변환된 코레의 모든 것들은 상실되고 만다. 미혼 여성이 기혼 여성이나 미즈로 변환되지 않는 것이다. 남성적인 것과 여성적인 것이 미분화된 곳에서 하나가 되려는 행동은 기껏해야 동일성밖에 되지 않는다. 신화적인 용어로 말해서, 그녀는 중성적인 헤르마프로디테(Hermaphrodite)가 되는 것이다. 그녀는 그녀가 독립적 여성인 안드로진(Androgyne)이라고 믿을지 모른다. 그러나 그녀는 그 대신에 무의식적으로 아무것도 되지 않겠다는 결심을 하면서 사실 영원히 여성이기를 포기한 것인지도 모른다. 진정한 안드로진은 분화된 남성성과 분화된 여성성을 의식적으로 통합한 것을 육화시킨 존재이다. 따라서 그 안에 대극들이 공생하면서 모인 중성적인 헤르마프로디테와는 전혀 다르다.

우리 사회의 커다란 위험은 여성들이 실제로는 단지 아니마에 사로잡혀 있으면서도, 독립적인 미즈가 되었다고 믿을 수 있다는 사실이다. 그런 경우 여성은 걸어 다니는 남성의 서투른 모방밖에 되지 않는다. 그녀는 미분화된 남성성에 사로잡혀 있으면서도 거짓된 신화로 눈가림한다. 그녀는 그녀의 어머니와 정반대 자리에 있으며, 궁극적으로 그녀 자신과 그녀의 여성적 본성과도 정반대 자리에 있다. 그녀는 그녀가 어머니라고 생각한 그 남성과도 정반대 자리에 있다. 그런 여성은 결국 절망적인 갈등상태에 빠지거나 갈등 때문에 병에 걸린다. 그렇지 않으면, 그녀는 그녀가 만나는 모든 남성들을 증오하거나 두려워하면서 평생 그녀의 남근 같은 빗자루를 휘두르고 다닌다. 헤타이라(*hetaera*, 고대 그리스의 고급 창녀—역자 주)는 전형적인 경우였다. 진정한 미즈가 탄생하려면, 여성성은 성숙한 남성성과의 관계 속에서 모두 분화되고, 통합되어야 한다.

그렇게 하기 위해서, 다시 말해서 그런 통과의례를 치르기 위해서 우리는 피의 대가를 치러야 한다. 그리고 값을 치르고, 치르며, 또 치러야 한다. 모든 통과의례에는 대지와 재탄생이 포함되는데, 거기에는 희생이 필요하다. 그런 희생의 부분에는 과거의 안전과 환상들에 대한 포기가 있어야 한다. 그러나 우리 시대에서 그런 희생을 하려면 우리가 수세기 동안 영웅적으로 닦아왔던 의식적 가치들을 당겼다, 늦추었다 하고, 우리 문화도 혼돈된 무의식에 개방되어야 한다는 위험이 있다. 옛날에 영웅들이 감각적인 것의 유혹을 물리치려고 중무장을 하고 태모의 발톱에서 벗어나기 위하여 싸워서 얻은 의식은 위태로워졌다. 서구 사회에서 이제 거룩한 것은 거의 없어진 것이다. 인간과 자연, 인간과 하느님 사이의 연계는 모두 깨졌다. 우리는 원형상들과 무관해졌고, 거룩한 제의들도 없어졌으며, 우리의 자아를 이끌어줄 신화들도 없어졌다. 우리는 "너는 …을 하면 안 된다." "…을 해야 한다." 그리고 "여러 가지 당위들"을 포기하면서, 열정의 폭풍에서 풀려났지만, 그것과 더불어 우리 자신의 그림자에서 나오는 격노, 두려움, 죄책감들에 둘러싸이게 되었다.

개인의 고뇌는 문화의 고뇌 못지않다. 우리의 두려움과 죄책감을 담고 있으며, 그것을 변환시키는데 도움을 주는 거룩한 의례 없이 개인으로서의 우리는 고독으로 떨어질 수밖에 없고, 소외가 깊어질 때 우리는 무의식성에 잠길 수밖에 없다. 더 앞선 세기들에서 영웅(용감한 남성적 정신)은 그의 압도적인 본능적 충동들을 극복하기 위해서 강력하게 싸웠다. 그는 전쟁에서 굴복하는 것을 수치스럽게 여겼다. 우리 문명은 그 용기가 꽃을 피운 것이다.

그러나 한때 그렇게 필요했던 그 남성 원리는 (남성들에게나 여성들에게) 이제 건강한 자아의 힘이 되지 않고, 여성적인 것은 말할 것도 없고, 사람이나 동물, 하느님까지 존중하지 않는 무자비한 의지력으로 되었다. 그런 충동력을 포기하는 것은 우리의 피의 희생이다. 그것은 사랑을 도외시하고 미친 듯이 목표 지향적인 삶을 살았던 사람에게는 삶 자체를 포기하는 것처럼 생각되기 시작한다. 융이 말하듯이 "사랑이 지배할 때는 권력 의지가 있을 수 없고, 권력 의지가 충만할 때는 사랑이 부족하다."[4]
나의 분석자 가운데 한 사람은 거기에 대해서 이렇게 기록하였다.

> 나는 너무 많은 목록을 작성하는 것을 그만 두려고 노력한다. 나는 덜 경직되려고 노력한다. 나는 일들이 그저 일어나게 하려고 결심한다. 나는 오후 여섯 시에 나의 빈 아파트에 가서, 문을 열고 단지 나를 위해서 "그냥 있어야지"라는 글을 쓰려고 한다. 나는 그 빈 공간을 한 번 본다. 나는 그 고요함을 듣고, 몸을 돌려서 문을 쾅 닫는다. 끔찍하지 않은가? 나는 나의 존재를 무엇인가에 의존하고 있다. 나는 무엇인가를 해야 하거나, 아니면 그 끔찍한 목소리가 내 귀에서 들리기 시작한다. "너는 행복하지 않아. 어쨌든, 어쨌든 너는 아무것도 하지 않는 거 아냐? 네가 쓰려는 것들은 별로 중요하지 않아. 너는 도대체 누구냐? 너는 여자도 아니야. 남자들은 너를 쓰레기로 대해. 너는 네가 받아야 할 것을 그대로 받고 있는 것이야. 너는 마치 죽은 것 같아. 너는 그들이 너의 묘비에 무엇이라고 쓸 것이라고 생각하니? '그녀는 태어났고, 죽었다. 그녀는 전혀 산 적이 없다.'"

많은 여성들은 정확하게 그렇게 느끼고 있다: 그녀는 전혀 산 적이 없다. 이제 그녀는 그녀를 찾으려고 결심한다. 그러나 옛날의 태도를 희생하려는 그녀의 욕망 안에서 그녀는 진정한 죽음을 체험한다. 그녀의 관계성을 변화시키려는 시도와 함께 시작되는 것은 남편도, 가정도, 심지어 아이들과도 끝장내려는 것일 수 있다. 그녀의 상황에 대한 공포는 종종 그녀가 그 어느 사람, 그 어느 가까운 여자 친구들과도 직접적인 관계를 맺을 수 없다는 깨달음으로 인해서 더 심해진다. 그녀의 에너지는 옛날의 관계성으로부터 나오고, 외부 세계에 적응하려고 하는데 사용되어왔다. 그러나 갑자기 삶은 텅 비어버렸다. 그래서 운명은 그녀에게 등을 돌린 것처럼 느껴진다. 여성으로서의 그녀는 죽었지만, 새로운 여성은 아직 태어나지 않았다. 그녀는 고치 속에 있는 것이다.

그녀는 그녀의 고독감과 버림 받고, 거부되었다는 느낌으로 공포에 질리는 대신, 이 시간을 그녀에 대해서 작업하는 시간으로 사용할 수도 있다. 그때 그녀가 반드시 직면해야 하는 것 가운데 하나는 그녀 자신의 내면에 있는 살인자(殺人者)를 만나는 것이다. 그녀의 여성성을 죽이는 그녀의 과도하게 발달한 남성성인 것이다. 그녀가 이렇게 물러나 있는 동안 그녀는 그녀의 검은 성모를 풀어주고, 그녀 자신의 아니무스가 가진 칼이 부러질 때까지 그녀의 부정적인 아니무스와 싸울 수 있다. 그녀가 그녀 자신에 대해서 작업하지 않으면, 그녀는 어쩔 수 없이 과거의 방식으로 다시 돌아가고, 옛날과 똑같은 고뇌에 빠지고 만다. 그러나 그녀가 그 작업을 수행하면, 그때 그녀는 그녀의 킹콩 같은 아니무스의 심장을 쏠 수 있는 총알을 가진 페트루치오(Petruchio, 셰익스피어의 "말괄량이 길들이기"에 나오는 낭만적인 남성—역자 주)를 만날 수 있다. 그가 그 작업을 화를 내면서 할지, 아니면 불굴의 용기와 믿음을 가지고 할지는 그의 성격과 그들의 관계성의 성격에 달려 있다.

그 관계성의 균형은 두 사람 모두가 의식화되려고 할 때 상당히 미묘하게 전개된다. 아주 이상한 일이 생기기도 하는 것이다. 분석을 받던 여성 가운데 하나가 여러 차례 그녀의 남편도 분석가를 만나게 하려고 했는데 실패한 적이 있다. 그런데 어느 날 놀랍게도 그녀의 남편은 옷을 말쑥하게 차려 입고 분석가에게 갔다.

그날 밤, 그녀는 잠에서 깨어나 방 안에 희미한 불빛이 비치는데, 이상한 것이 움직이면서 천장을 가로질러 가는 것을 보았다. 그녀는 눈을 크게 떠서 그녀의 남편이 작은 손전등 빛에 의지하여 글을 쓰고, 또 쓰고, 또 쓰는 것을 보았다.

"나는 꿈을 기록하려면 고작해야 두, 세 줄 밖에 되지 않는데, 저 사람은 어떻게 저렇게 좋은 꿈들을 꾸었을까?" 하고 그녀는 생각하였다.

그녀는 아무 말도 하지 않고, 한숨을 크게 쉬었다. 그러자 남편은 인기척을 느꼈고, 화장실에서 일기 쓰기를 마쳤다. 그가 침대에 다시 돌아왔을 때, 그는 그의 일을 잘 끝낸 사람의 허세를 부리면서 자리에 누웠다.

"당신, 잠에서 깨었어?" 그가 속삭였다.

"내가 깼으면 해요?" 그녀가 물어보았다.

"나는 꿈을 꾸었어." 그가 말하였다.

그녀는 이제 듣지 않으려고 했고, 등을 돌려서 잠 자려고 하였다.

"당신에 관한 꿈이었어." 그가 말하였다.

"나에 관한 것이라고? … 아, 당신은 내가 깨었으면 하는 것 같은데."

"그런 생각이라면, 다시 잠을 자도 돼."

그의 자족적인 한숨 소리는 항상 그들의 결혼생활을 방해했던 두 개의 곤란한 뿔처럼 그녀를 파고 들어왔다. 그녀는 그가 깨어 있는지 아니면 다시 잠이 들었는지 확실하게 알지 못하였다. 어쨌든 그녀는 시험해 보기로 하였다.

"나도 꿈을 꾸었어요." 그녀가 말하였다.

"아, 그래?"

"찻잔(china)에 관한 꿈이야."

"정말이야?" 그가 말하였다. "나도 중국(China)에 관한 꿈을 꾸었는데, 당신이 한 무리의 게릴라 전사들을 이끌고 있던데, 아주 잘 어울리더라고."

"그래." 그녀가 대답하였다. "나는 당신이 나의 어머니의 빅토리아 풍의 찻잔을 박살내는 꿈을 꾸었는데."

서로의 상징에 관한 것을 꿈으로 꾸거나 배우자의 무의식에서 진행되는 것에 대해서 꿈을 꾸는 것은 드문 일이 아니고, 배우자가 투사한 것을 알아차리는 것은 관계에서 가장 커다란 문제이다. 그것들을 뒤로 물러나게 하거나, 뒤로 물러났던 것은 제일 고통스러운 일이다. 남성과 여성 사이의 관계성의 문제를 살펴보기 전에, 우리는 나선형의 단계로 넘어가서 여성적인 것의 의미에 대해서 다시 살펴보아야 한다.

먼저, 나는 여성성은 우리 몸에 책임이 있다고 믿는다. 그래서 몸은 우리 안에 있는 영의 직접적인 표현이 된다. 머리로 살았던 우리들에게 이것은 오랫동안 어렵고, 고통스러운 과정이다. 우리의 근육을 풀려면, 우리는 거기 묻혀서 태어날 때나 태어나기 전부터 쌓여 있던 두려움, 분노, 슬픔도 풀어버려야 한다. 우리는 우리 속에 굶주렸거나, 학대 받아서 거의 죽어가는 병든 동물이 있는 것을 본다. 그 동물은 너무 오랫동안 벌을 받았기 때문에, 처음에는 사랑을 전혀 모르는 사나운 신경질적인 짐승처럼 행동한다. 그러나 그것이 점점 우리의 친구가 되면, 그것은 우리보다 본능에 대해서 더 잘 알기 때문에, 삶의 자연스럽고, 영적인 길의 안내자가 된다.

돈 윌리엄스는 『통관 지역』(Border Crossing)에서 카스타네다의 돈환이 거룩한 시간 속으로 들어가고, 마술에 걸린 사슴에게 적응하려고 하는 것에 대해서 말한다.

> 그러므로 그는 자신의 삶을 이제 막 발견하려는 사람의 기쁨과 외로움과 어리석음, 그리고 어쩌면 그의 비전 때문에 두려움에 잠긴 사람의 슬픔의 균형을 맞추고 있다. 그 슬픔과 기쁨은 진정한 것들이다. 그리고 그것은 어쩌면 이제 위협에서 벗어난, 빛나는 사슴처럼 "슬퍼하지 마"라고 속삭이는 영혼인지도 모른다.[5]

우리 몸의 자연스러운 리듬을 발견하고, 새로워진 감수성과 관점을 가지고 걷고, 보고, 듣고, 느끼는 것은 우리가 여신으로부터 받은 우리의 선물인 생득권(birthright)으로 돌아가는 것이다. 내가 전에 말했던 요정담(fairytale)에서 덤벨리나는 그녀가 새롭게 발견한 모성에 대한 사랑을 통해서 그녀의 몸을 땅에 수그리지 않고는 그 밝은 빛의 아름다움에 경배드릴 수 없다는 사실을 깨닫고 그녀의 머리를 바닥에 낮게, 더 낮게 숙인다. 그래서 그녀는 이슬람교도들처럼 기도는 머리를 바닥에 낮게 하면서 땅에 대고 드리는 것이라는 사실을 알게 되었다.

다음으로, 여성성은 내가 무엇을 하며(what I do), 어떻게 보이는지(how I seem to be), 내가 무엇을 완수했는지(what I accomplish)가 아니라 '내가 누구인지'(who I am) 책임을 진다. 모든 것들이 다 행해졌고, 나의 벌거벗은 현실에서 나 자신과 직면해야만 할 때, 나는 누구인가? 나의 가치들은 무엇인가? 나의 욕구들은 무엇인가? 나는 나 자신에게 진짜인가? 아니면 나 자신을 배반하고 있나? 나의 느낌들은 무엇인가? 나는 사랑할 수 있을까? 나는 나의 사랑에 진실한가?

　이런 질문들과 매일 작업하는 것이 내가 여성성을 분화시키는 방법이라고 말하는 것이다. 이것이 동정녀가 되는 과정이다. 그것이 바로 그녀 자신이기 때문에 그녀의 본 모습으로 된 여성인 것이다. 그녀는 그녀 안에 있는 어떤 힘을 통하여 살고, 움직이며, 그녀의 존재를 가진다.

　그 힘은 원형적 여성성, 즉 그녀의 어두운 측면과 밝은 측면 모두에 있는 태모에 기반을 두고 있다. 내 생각에 그 여신은 나선형으로 움직인다. 그 여신은 자연에 있는 나무, 계절, 달 같은 수많은 것들처럼 밝은 것만이 아니라 어두운 것들도 믿으면서 어둠과 빛, 죽음과 부활을 거치면서 그녀 자신의 순환하는 동작으로 움직인다. 그녀는 현재에서 살고, 순간에 가치를 둔다. 따라서 오늘 옳았던 것이 내일은 틀린 것일 수 있다. 그녀는 법에 의해서 살지 않고, 영에 의해서 산다. 그러므로 그녀는 계속적인 깨달음과 즉각성을 요구한다. 그녀는 사물 속에 있는 잠재능력을 좋아한다. 그녀는 자라나는 식물의 가능성과 자라나는 어린이들과 꿈과 희망이 자라는 것을 좋아한다. 그녀는 생명과 변화와 사랑을 사랑하고, 머물러 있지 않은 것을 잡는다. 그녀는 사랑하고, 나아가게 한다. 그녀는 그녀의 전 존재로 사랑해서 그녀가 상처 받기 쉬운 것은 그녀의 가장 커다란 강함으로 된다. 그녀를 사랑하지 않는 사람에게 모순인 것은 그녀를 사랑하는 사람에게 역설이 된다.

　삶이 건강하고, 거룩하게 되려면, 상상력 키우는 원형은 그의 에너지를 자아에 쏟는다. 그리고 우리가 창조적으로 살려면 의식과 무의식 사이에서 대화가 이루어져야 한다. 그러므로 우리가 우리의 원형적 기반과 접촉하지 못할 때, 우리가 그 사실을 인정하는 것이 중요하다. 그런 일이 생기면, 우리는 기반이 무너지고, 기초에 물이 들어오며, 지하 주차장이 붕괴되고, 벽과 천장이 해체되는 꿈을 꾼다. 우리가 아래로 내려가서, 밑에 있는 혼돈에 무엇인가를 해야 하는 것은 그때이다. 또한 여성들에게 어려움이 있을 때, 그녀들은 할머니나 태모에게 맡겨지는 꿈을 꾼다.

분석자가 그린 태모와 그녀 자신

우리가 우리의 꿈을 충분히 긴 시간을 두 살펴보면, 우리는 같은 주제들이 반복되고, 상징들이 조금씩 달라지면서 다시 나타나는 것을 볼 수 있다. 우리가 이렇게 드러나는 유형들을 관조하면, 우리는 혼돈 속에서도 어떤 질서가 있는 것을 보게 된다. 그러면서 우리는 우리 자신의 개인적인 상징들이 어떤 더 큰 유형 속에서 서로를 엮거나, 엮이는 것을 보게 된다. 그리고 우리의 개인적인 정체성이 언젠가 혼돈이었던 것 속에 있는 것을 인정하기 시작한다. 그리고 서서히 우리는 우리 자아와 그 유형을 엮은 존재와 대화할 수 있다. 영혼-만들기는 그 대화 속에서 이루어진다. 자아와 자기의 대화가 영혼을 창조하는 것이다. 구체적인 형상 속에서 드러난 영(spirit)의 표현인 수정과 눈송이와 눈물방울들이 점차 하늘에 있는 무지개의 실 안에서 엮어진다. 그리고 덤벨리나의 어깨에 내려온 거미줄로 만든 가운은 여신의 축복으로 된다. 그것은 비처럼 섬세하다. 그러나 그것은 삶을 무의미한 수수께끼로부터 흥미진진한 여행으로 변화시킨다.

우리 문화의 배경에는 20세기 동안의 기독교 정신이 있다. 그래서 고대 신화들이 아무리 심리학적으로 커다란 가치가 있고, 지적으로 재미있어도, 그것들은 우리 영혼을 살찌울 수 있는 신성력을 잃어버렸다. 과거의 대지의 여신들은 의식되지 않았고, 치열하게 그림자를 빛으로 가져오면서 어떤 깨달음을 통하여 그녀들 자신의 길을 걸어갈 수 있었던 여성들도 마찬가지이다. 일들이 무의식적으로 그저 일어나도록 했던 것과 의식적으로 그렇게 되게 하는 데 2,000년이 걸린 것이다. 우리는 과거로 돌아갈 수는 없다.

각자의 삶을 의미 있게 만들기 위해서 우리는 각자 우리의 특별한 여성적 원형을 발견해야 한다. 나는 나에게 의미 있었던 일 하나를 당신에게 말할 수밖에 없다. 지난여름, 여전히 떨어져나간 이미지들에 초점이 맞춰지기를 기다리고 있었다. 나는 그 전에 몇 개의 강력한 꿈들을 꾸었기 때문이다. 나는 여신의 신성력을 체험하였고, 성모몽소승천 교의가 정말 물질을 성화(sanctification)시키면서[6] 물질을 실제로 받아들이는 것이라는 융의 관점을 알게 되었다. 그러나 여전히 전체적인 유형에 대해서는 다 알지 못하였다. 그러던 어느 날 나는 런던 국립미술관에 가서 다빈치가 그린 성모가 팔을 뻗어서 신적인 아이를 붙들고 그녀의 어머니 안나의 커다란 무릎에 앉아 있는 그림을 보았다. 그때 세례 요한은 그 옆에 서 있었다.

성 안나와 성모와 아기 예수―레오나르도 다 빈치 (런던 국립미술관).

그 그림에서 안나의 얼굴은 검은 그림자와 두 개의 검은 불붙은 석탄처럼 충혈 돼서 강조되었다. 그녀는 손가락으로 하늘을 가리키면서 대지에 굳건히 앉은 위엄 있는 집시 여인 같았다. 성모는 밝게 빛났고, 조용하였으며, 평안하였고, 자신에 차있었다. 그녀는 그녀의 아들의 아름다움을 마음속에서 생각하는 듯이 눈을 아래로 뜨고 있었다. 그녀의 아들은 하늘을 가리키는 외할머니의 손짓을 따라하는 것 같았다. 그는 세례 요한의 무엇인가를 받아들이는 듯한 얼굴을 보면서 그를 축복하는 듯하였다. 이 두 존재, 즉 신적인 아이와 인간의 아이는 서로에게 속해 있었고, 어머니의 변환적 사랑(transformative love)을 통하여 안전해 보였다.[7]

그 그림은 내 마음속에 있다. 거기에는 태모가 있는데, 그녀의 얼굴은 사나우면서도 사랑이 많고, 그녀의 손은 하늘과 땅을 잇고 있다. 그녀의 커다란 무릎에는 성모가 앉아 있고, 그녀의 얼굴은 그녀의 어머니를 닮았지만, 신비한 아름다움을 내면에서부터 비추면서 영적인 느낌을 준다. 그녀는 그녀 자신이 그것을 통하여 생명이 영원히 이어질 수 있는 더 큰 계획의 일부임을 받아들인다. 그녀의 약함은 그녀의 강함이다. 그녀는 부드럽고, 사랑이 많지만, 모든 것에서 떨어져서 모든 것이 제 갈 길을 가게 한다. 그 아이는 그녀의 아이이지만, 그녀의 아이가 아니다. 그는 다른 아이에게 가기 때문이다. 그녀는 그녀가 앉아있는 태모의 힘을 받아들이고, 그녀에게 주어진 하느님의 선물의 신비에 대해서 꿈을 꾼다. 나머지는 다 고요하다.

그것이 나의 미즈의 신화이다. 당신의 신화는 아닐 것이다. 당신이 충분히 멀리 여행을 떠난다면, 당신은 어느 날 당신이 당신 자신을 만나기 위하여 아래로 내려오는 것을 인식하게 될 것이다. 그리고 당신은 "그래"라고 말할 것이다.

베일로 얼굴을 가린 누이는 기도할 것인가

어둠 속을 걷고, 당신을 선택하고, 반대하는 사람을 위하여,

계절과 계절, 시간과 시간

순간과 순간, 말과 말, 힘과 힘 사이의 뿔 위에서 찢어지는 자들을 위하여,

어둠 속에서 기다리는 자를 위하여? 베일로 얼굴을 가린 누이는 기도할 것인가

문 앞에 있는 아이들을 위하여

어디에 가지도 않고, 기도할 줄도 모르는 아이들을 위하여:선택하고, 반대하는 사람들을 위하여 기도하라

오, 나의 백성아, 내가 너에게 무슨 짓을 했는가.

가녀린 주목(朱木)사이에 있는 베일로 얼굴을 가린 누이는

기도할 것인가 그녀를 불쾌하게 하고

겁에 질려 항복할 수 없고

세상 앞에서 긍정하고 바위 사이에서 부정하는 사람을 위해서

마지막 푸른 바위 사이에 있는 마지막 사막

정원에 있는 사막, 사막에 있는 정원

가뭄의 입에서 시든 사과 씨를 뱉는다.

오 나의 백성.

— T. S. 엘리어트, "재의 수요일."

아버지, 당신은 흑판 앞에 서있습니다,

내가 가지고 있는 당신의 그림 속에서,

당신의 발 대신 턱에 갈라진 틈

그러나 그것 때문에 악마는 아닙니다, 아니야

그 흑인만큼도

나의 아름다운 가슴을 둘로 깨물었던.

그들이 당신을 땅에 묻었을 때 나는 열 살이었지요.

스무 살 때 나는 죽으려고 했지요

그리고 당신께 돌아가려고, 돌아가려고 했습니다.

나는 뼈들도 그러리라고 생각했습니다.

— 실비아 플래트, "아버지."

제7장
겁탈과 유령 같은 연인

나는 내 마음이 쪼개지는 것을 느꼈네—
마치 내 머리가 갈라지는 것처럼—
나는 이음매와 이음매를 따라서—그것들을 맞추려고 하였네
그러나 그것들을 맞출 수 없었네.
　　　　　　　　　　　　　— 에밀리 디킨슨.

　20세기에 들어와서 지옥에 대한 기독교 사상은 사람들의 이미지에서 다시 자리 잡게 되었다. 우리는 이제 마피아나 국제 테러 조직 같이 복잡하게 조직된 계급 사회처럼 작용하는 범죄적인 지하세계를 두려워한다. 더 나아가서, 테러리스트들이 주차된 폭스바겐에 폭탄을 장치하여 폭발하게 하거나, 보잉 747 여객기의 승객들이 인질로 잡히거나, 각종 학교에서 마약이 거래되거나, 우리 자신의 현관문을 삼중 열쇠로 안전하게 할 때, 우리는 우리 사회가 점점 더 지하세계의 삶에 의해서 깊숙이 침투당하는 것을 느낀다. 이런 체험은 그것이 실제로 일어나든지, 아니면 상상 속에서 일어나든지, 일종의 겁탈이다. 우리가 거의 통제할 수 없는 지하계의 에너지에 의한 의식의 겁탈은 거의 모든 사람들에게 불길하고, 두려움을 주는 꿈들로 위협한다. 안과 밖에서 동시에 분출되는 이런 세계의 습격 앞에서 우리가 절대적으로 무력하다는 사실은 인간 사회와 정신을 지뢰밭으로 바꾸어 놓는다.
　융은 이 점에 있어서 입장이 분명하였다. 무의식과의 그의 최초의 만남은 세계대전이 발발하기 전에 있었다. 그가 그의 자전적 전기 『C. G. 융의 생애와 사상』에서 밝히듯이, 그는 그 자신의 무의식에서 떠오르는 것과 바깥 세계에서 벌어지는 세력들 사이를 구분할 수 없었다.

1913년 가을 무렵, 나는 내 안에서 공중에 있는 무엇인가가 마치 바깥으로 나아가는 것 같은 느낌이 들었다. 실제로 분위기는 그 전보다 더 어두운 듯하였다. 그것은 순전히 정신적인 상황에서 나오는 압력 같지 않았고, 구체적인 현실에서 나오는 것 같았다. 이런 감정은 점점 더 짙어졌다. ...

나는 이 비전들(북쪽 지역과 북해를 비롯하여 알프스 사이에 있는 낮은 지역을 덮고 있는 피의 바다)이 어떤 변혁을 가리키는 것이 아닌가 하고 자문하였지만 그것이 어떤 종류의 것을 가리키는지는 짐작조차 할 수 없었다. 그래서 나는 그것들은 나와 관계되는 것이라는 결론을 내렸고, 내가 정신증으로 위협을 받는 것이 아닌가 하고 생각하였다. 전쟁에 대한 생각은 전혀 하지 못했던 것이다.[1]

융은 1914년 7월 말 영국의학협회에서 "정신병리학에서 무의식의 중요성"이라는 제목의 강연을 하였다. 그러다가 8월 1일 세계 제1차 대전이 발발하였다. 그는 그 자신의 개인적인 체험과 인류 전체의 체험이 공존할 수 있는 한계에 대해서 이해하려는 노력의 일환으로 그의 정신의 심층을 탐색해 보았다. 그의 환상들에 대해서 글을 쓰는 것은 그가 사는 시대의 무의식의 이야기를 쓰는 것을 의미한다. 결국 그는 그가 인류의 파괴성에서 나온 흐름, 이제는 인류가 통제할 수 없게 된 어떤 것을 탐구하고 있다는 것을 깨달았다. 그는 과거에 기독교 교회가 그 역할을 감당했지만, 이제 더 이상 감당할 수 없다는 사실을 알았다. 그러면 누가 그것을 대체할 수 있을까? 그 지평에서 융이 보았던 것은 사람들의 정신증적 두려움을 이용하여 지배하려는 일련의 독재였다. 그는 세계가 전 지구적으로 공포의 지배 속으로 내려가는 것을 보았던 것이다.

여성들의 움직임을 이해해야 하는 것은 이런 더 큰 맥락에서이다. 점점 더 많은 여성들이 이 세기에서 일어나는 사건들 속에서 그녀들이 가부장적 세계에 사로잡혀 있는 상황의 진정한 모습을 보는 것이다. 현대 사회에서 여성들이 그녀들이 처한 심리학적인 상황을 가장 공적이고, 분명한 방식으로 조명(照明)한 것은 겁탈당한 그녀들의 모습이다. 사실, 겁탈당한 여성은 어떤 의미에서 십자가에 달린 그리스도를 가장 강력하고,

의미 있는 이콘(icon)으로 대체하고 있다. D. M. 토마스의 소설 『하얀 호텔』(*The White Hotel*)은 현대 여성의 운명을 아주 분명하게 보여준다.

아주 오랫동안 프로이드의 심리학은 단지 비엔나의 부유하고, 히스테리컬한 유태인 여성에게만 해당되는 것이라는 논의가 있었고, 융의 집단들도 마찬가지로 거기에 맞서는 이방인들의 모임이라고 일컬어졌다. 이 모든 논의들에서 한 가지 진실이 있다면, 프로이드와 융이 모두 발견한 것은 그것이 그들의 내면에 있든지, 아니면 다른 사람들 속에 있든지 그들 자신이 여성들과 직접 만나면서 얻은 것이라는 사실이다. 그런데 여성적인 것에 대한 체험은 우리 시대의 질병과 치유 모두를 위한 심리학적 열쇠가 된다. 프로이드와 융 모두 그 누구도 따라올 수 없을 정도로 깊이 있고, 명확하게 질병들을 분석했지만, 그들은 모두 그들이 유태인이나 기독교인이나 그들이 속한 가부장적 문화 전통에서 나온 여성적인 것에 대한 두려움을 극복할 수 없었다. 결국 그들을 갈라 놓은 것은 바로 이 가부장적 전통이다.

그들이 비로소 탐사(探査)하기 시작했던 여성적인 것(the feminine)은 구원적이고, 창조적인 삶을 통해서 해방될 수 있다. 이 장과 다음 장에서 나는 강간에서도 황홀이 가능할 수 있다는 것을 본다. 우리 사회에서 강간은 부정될 수 없는 사실이다. 남성 안에서 여성적인 것이 억압되면, 그것은 파괴적으로 된다. 마찬가지로 여성 안에서 남성적인 것이 억압되면, 그것 역시 어쩔 수 없이 다른 것들로 넘어간다. 하지만 무의식에 있는 이성(異性)의 치유력은 적극적으로 추구되고, 아무 책임을 질 필요도 없이 주어지면 치유력을 발휘할 것이다. 우리는 역사적으로나 심리학적으로 강간은 남성에게나 여성에게 모두 일어났다는 사실 위에서 창조적으로 작업해야 한다. 우리가 그 사실을 알든지, 모르든지 간에 우리는 모두 강간의 희생자이거나 강간자인 것이다.

철학자 한나 아렌트(Hannah Arendt)는 의식적으로 이 문제를 추적했던 여성이다. 그녀의 논문을 읽으면서 나는 그녀의 이해의 폭이 넓은 것에 감명 받으면서, 융의 말이 떠올랐다. "삶의 한 부분을 잃어버렸지만,

그녀는 삶의 의미를 얻을 수 있었다"는 말은 자신의 삶을 성숙한 의식을 가지고 보면서, "생전 처음으로 세계를 보는"[2] 여성에 해당하는 말이다.

한나 아렌트는 독일의 나치를 피해서 망명한 유태인 여성이었다. 그녀는 그녀의 체험의 실재(實在)가 그녀에게 명료해질 때까지 곰곰이 생각하였다. 그러다가 그녀는 점차 망명자로서의 삶의 의미가 무엇인지를 깨닫는 것을 통하여 인간이 삶을 산다는 것이 무엇인지 알게 되었다.

> 우리는 우리의 이해가 닿는 지점까지만 현대적이다. 우리가 이 땅에서 편안하고 싶으면, 즉 이 세기의 편안한 모든 것들을 바쳐서라도 편안하고 싶으면 그 본질과 끊임없이 대화하려고 해야 한다.[3]

한나 아렌트는 나치의 전체주의로부터의 탈주를 통하여 그녀의 꿈에서 히틀러나 괴링에 의해서 겁탈당하고, SS 부대에게 고문당하는 수많은 현대 여성의 무의식적 삶을 의인화해서 보여준다. 그녀들은 계속해서 귀중한 보석을 철조망에 던지고, 회수하려고 했지만, 다시 끌려갔다. 그녀의 상관은 갑자기 이디 아민일 수 있고, 그녀의 아버지는 무솔리니일 수 있으며, 그녀의 남편은 드라큘라일 수 있는 것이다. 그녀의 삶에 있는 남성들이 실제로 그런 것들을 요구했는지, 아니면 그녀가 그들에게 그런 투사를 했는지 상관없이, 그녀는 그녀의 내면에서 그런 요구들을 들으며, 계속해서 그녀를 그런 겁탈 상황에 놓는다. 그녀의 삶에서 '그녀가 누구'이고, '그녀의' 욕구가 무엇인지는 거의 문제가 된 적이 없다. 어린 시절부터 권력 아니무스가 그녀를 황폐화시켰던 것이다.

집단적으로 살펴볼 때, 그런 꿈은 어떤 여성들의 유년기의 체험에 덧붙여진다. 남성들도 그들의 꿈에서 공격을 받기도 한다. 이것이 우리 무의식이 그려내는 세계라면, 우리는 더 늦기 전에 그에 대해서 깊이 생각해 보아야 한다. 그것이 우리의 책임이다. 우리가 한나 아렌트처럼 거기에서 도망가는 대신에 망명자의 입장에서 우리 삶을 살펴본다면, 우리가 사는 상황에 초점을 맞출 수 있고, 우리 자신을 있는 그대로 우리 삶에서 살 수 있을 것이다. 우리가 그것이 무엇인지 받아들이기 전에는 아무것도 변하지 않는다. 우리 가운데 어떤 이들은 우리가 도망갈 수밖에 없었다는 것을 인정해야 하고, 또 어떤 이들은 우리가 사실상 많은 것들을 포기해야 하는 감옥인 포로수용소에서 살고 있다는 사실을 깨달아야 한다. 그 안에서는 우리 어머니들이 종종 말했듯이 "삶에서 실수했던 것들이 무엇인가를 얻었던 것보다 훨씬 더 도움을 준다." 그것이 삶이 우리에게 펼치는 현실이고, 그것이 우리의 삶이라면, 우리는 그것을 변환시키려고 숙고(熟考)해야 한다. 숙고한다는 것은 더 비참하게 되거나 포기하는 것이 아니다. 오히려 상상력을 통하여 우리의 상황에 존재의 가능성을 투자(投資)하는 것이다. 한나 아렌트는 우리에게 우리 삶에 한 가지 분명한 사실이 있다면, 그것은 집단적인 것에는 그 어떤 구원이나 건강한 것도 없다는 사실을 가르쳐주었다. 모든 개인들은 그 자신의 위태로운 길을 걸어가야 하는 것이다.

... 삶에 충실하라, 환상을 그리지 말고, 삶이 당신에게 주는 것을 받아들이라, 상상 안에서 반복하면서 그것을 명상하고, 숙고함으로써 그것이 어떤 것이든지 당신 자신이 그럴만하다는 것을 보이라. "이것이 당신이 살아남는 길이다."[4]

오늘날 사람들이 거의 참을 수 없을 만큼 고통 받는 이유 가운데 하나는 그들이 고통 받으면서 묵상하고, 그 고통을 원형적인 기반과 의식적으로 연결시키지 못하기 때문이다. 그들은 그 기반과 단절되어 그들이 혼자라고 느끼고, 그들의 고통에서 아무 의미도 찾지 못하는 것이다. 그들은 그들의 고통이 창조 자체 안에 존재하며, 모든 종교와 신화 속에 있는 신들과 여신들이 그 전부터 그 안에 존재해 왔다는 사실을 깨닫지 못한다. 그들이 당하는 고통 속에 있는 고뇌는 그들의 교만(hubris) 때문인데, 거기에 대해서 융은 이렇게 말하였다. "개인의식의 ... 거드름을 피우는 자부심(pride)은 사람들을 재난적인 파멸로 이끄는데, (영원한 진리)를 만나서 반드시 분쇄되어야 한다."[5] 우리의 중심에 신들이나 여신들이 없으면, 고통 자체는 쉽사리 호도되고, 극화될 수 있다. 우리 자신 안이나 다른 사람들 안에 있는 고통을 정도 이상으로 공감하는 것은 오만한 태도이고, 그런 오만은 고통당하는 사람을 마비시킨다. 그의 원형적 기반에서 단절되어 신경증에 걸린 사람은 사실 그의 고통과 깊은 죄의식에 사로잡혀 있다. 하느님과 떨어져서 고통당하는 것은 특히 성부 하느님이 아무도 들어가지 않은 정원에 가는 길을 열어주는 유대-기독교 문화권에서 태어난 사람, 그리고 하느님의 모든 작업이 그를 위한 구속의 작업인 사람에게는 아이러니한 일이다. 이런 관점에서 볼 때, 우리들은 말도 되지 않는 짓을 하는 것이다.

겁탈(rape)이라는 단어와 황홀(ravishment)이라는 단어는 모두 "붙잡고, 데려가다"라는 의미를 가진 라틴어 동사 raper에서 나온 말이다. 그런데 그 두 단어가 담고 있는 의미는 아주 다르다. 겁탈이라는 말은 적(敵)인 남성의 난폭한 성적 공격을 당하여 사로잡혀서 끌려가는 것이지만, 황홀이라는 말은 연인에 의해서 엑스타시와 환희 속으로 사로잡혀서 끌려가는 것을 의미한다. 겁탈은 힘에 의한 것이지만, 황홀은 사랑에 의한 것이다. 나는 이 장에서 겁탈의 심리학적 상징성에 대해서 초점을 맞추려고 하고, 다음 장에서는 황홀의 심리학적 상징성에 대해서 초점을 맞추려고 한다.

아버지는 남성적인 것을 논할 때 어디에나 관계되지만 나는 여태까지 이 연구에서 아버지에 대해서는 거의 강조하지 않았다. 내가 부정적인 어머니에 대해서 기술했을 때, 부정적인 어머니는 '아버지의 딸'(father's daughter)이다. 그녀는 그녀 자신의 여성적인 감정적 가치에 대해서 거의 관심을 가지지 않고, 어느 정도 가부장제의 생각들과 동일시하는 여성이다. 그런 여성의 배우자는 보통 자신의 심층에 있는 남성적인 것보다 여성적인 면에 더 가까운 어머니의 아들(mother's son)이다. 외부 실재의 세계보다 자신의 내면세계와 더 관계를 맺는 사람인 것이다. 그런 결혼생활이 지속되면, 여성은 어머니의 역할, 남성은 아들의 역할로 빠져들면서, 딸이 태어나면 그의 내면의 연인은 딸에게 투사된다. 그렇게 되면서 '유령 같은 연인'을 위한 완벽한 묘판(苗板)이 만들어진다.

유령 같은 연인에게 제일 취약한 소녀는 이상적인 아버지를 흠모하거나 두려워하는 존재이다. 그녀의 아버지가 이혼이나 알코올 중독이나 일찍 돌아가셔서 없다면, 그녀의 흠모는 더 짙어질 수 있다. 그녀는 어릴 때부터 아니마 투사를 받아서 아버지를 기쁘게 하고, 아버지의 지적 추구를 나누며, 아버지의 완벽한 기준을 맞추면서 살았다. 그런 관계성의 역동 속에서 어머니는 부재했거나 적수(rival)로 느껴졌다. 그 딸이 아버지의 총애를 받는다고 느끼면서 딸은 의식적으로 감히 아버지와 잠자리를 나누지 못한다고 생각하지만 그녀의 에너지는 본능적으로 근친상간적으로 된다. 그에 따라서 그녀의 사랑은 그녀의 성욕과 분열된다. 그리하여 그녀는 환상 속에서 그녀의 영적 연인에 대한 꿈을 꾸지만, 실제로는 그녀의 무의식적인 성욕에 머물러 있으면서 아무 사랑도 느끼지 않으며 행동하거나 그녀의 사랑이 그녀를 파괴할 수 있는 폭발력을 가진 것처럼 사랑을 두려워한다. 그녀는 그녀가 결혼도 할 수 없는 사람과 "절망적인 사랑에 빠지려고" 하기도 하며, 그녀의 주위에 그녀가 흠모를 받거나 극적으로 버림 받는 이상적인 세계를 만들기도 한다. 그녀는 실생활에서 몸이 없는 듯이 사는 것이다. 그래서 그녀는 꿈에서 유리창 뒤에 나타나거나 플라스틱 가방이나 유리병 속에 들어있기도 하다.

유리는 열을 전도하지 않는 절연체라서 여성이 유리관 안에 갇혀 있다면, 그녀는 삶에서 그녀의 열정과 전혀 무관하다는 것이다. 그녀는 그 바깥에서 다른 사람들이 당연하게 여기는 것들을 갈망하면서 안을 들여다본다. 그녀의 감옥에서 볼 때, 삶의 가장 미세한 부분들은 신비한 아름다움 속에 있다. 그녀는 혼자 그녀의 정동(emotion)들을 상상하지만 그녀에게는 그녀의 진정한 감정을 느낄 "나"가 없다. 생명은 그녀를 통해서 흐르지 않는 것이다. 그녀는 여태까지 그녀의 아버지로 가득 채워졌기 때문에 완전히 어떻게 다른 사람들의 욕망을 비출까 하는 것만 배워왔다. 그녀는 단순한 반사체인 것이다. 융은 그런 여성을 "아니마 여성"(anima woman)이라고 불렀다. 그녀는 맑은 눈으로 입술을 반쯤 벌린 마릴린 먼로이다. 그녀는 그녀의 아버지의 걸어 다니는 인형이다. 그녀는 무의식적으로 상냥하고, 사랑스러울지 모르지만 남자-같은 심리를 가지고 있다. 그녀는 의식의 면에서는 좋은 동료이고, 남성들과도 잘 어울리는 친구일 수 있다. 그리고 아내로서 그녀는 자신의 삶을 남편을 위해서 희생할 수 있는 여성이다. 그러나 그가 성숙하면, 그는 그녀에게 개인성이 없고, 그녀를 둘러싼 원생동물적인 몸에 싫증을 느끼게 된다. 그는 한 번도 그녀에게 가까이 간 적이 없기 때문이다. 처음에 그녀가 그를 신처럼 생각하면서 찬양하였을 때, 그는 그런 투사를 견딜 수 없었고, 그가 결코 그녀의 그런 요구를 충족시킬 수 없다는 것을 알고 결국 그녀의 그런 찬사를 거부했을 것이다. 그러나 그녀는 아버지에 대한 사랑이라는 환상에 갇혀서 빠져나오지 못한다.

아버지는 연인이면서 간수(看守)이다. 그의 긍정적인 측면과 부정적인 측면 모두가 거의 똑같이 그녀를 가두는 것이다. 아버지의 집에 갇혀서 마비 상태에 있었던 바렛(E. Barret)는 브라우닝(R. Browning)에 의해서 해방되었을 때 더 위대한 시를 지었다.

아버지의 딸은 이 세상을 전혀 살지 않고 지극히 영적인 세계에 살면서 한 발을 다른 한 발 앞에 들이밀며 조심스럽게 균형을 맞춰서 줄타기 곡예사처럼 세상을 산다. 그녀가 내면의 연인에게 굴복하면, 연인은 현실 세계의 남성들을 보잘 것 없이 보게 하면서 그녀와 실제의 관계성 안에 끼어든다(이에 대해서는 앞에서 제인의 일기에 잘 나타나 있다). 그녀가 내면에 있는 유령 같은 연인에게 굴복한 것은 그녀가 외부 세계와 관계 맺을 때 지나치게 비판적인 태도를 보이거나 관계를 잘 맺지 못하거나 편두통을 앓는 등 다른 긴장 증상들을 통해서 나타난다. 그 유령 같은 연인이 사람을 끄는 자력(磁力)을 가지고 있다면, 그녀는 삶에 머무는 그녀의 본능과 충분히 연결되지 못해서 그가 놓은 무의식의 덫에 자기도 모르게 끌려 들어가서 죽을 수도 있다. 그녀는 그녀가 그 남성에게 투사한 상냥한 태도와 유창한 언변, 완벽주의와 이상에 잘 넘어가고, 삶에 대한 그녀의 열정이 너무 약해서 그녀의 유령 같은 연인이나 그녀가 투사한 남성에 의해서 죽임을 당할 수 있는 것이다. 그녀가 유령 같은 연인에게 투사한 사랑은 그녀에게 아무 소용도 없다. 사실, 그것은 그녀를 신체적으로는 물론 정동적으로도 그녀를 약하게 하면서 진을 다 뺀다.

아이러니한 것은 그녀의 아버지-연인 콤플렉스의 중심에는 그녀가 숭배하면서 동시에 미워하는 아버지-신이 자리 잡고 있다. 그녀가 어떤 수준에서는 그가 그녀를 그녀 자신의 삶으로부터 잡아당기고 있다는 것을 알기 때문이다. 그녀가 그를 숭배하는지, 아니면 미워하는지는 아무 상관이 없다. 그 어떤 경우에도 그녀는 그녀가 정말 누구인지 파악할 수 없을 정도로 그에게 묶여 있기 때문이다. 그녀가 그녀의 사랑을 간직할 수 있는 한, 그녀는 아버지-신의 긍정적인 측면과 동일시한다. 그러나 환상이 깨어지는 순간, 그녀는 그녀를 지탱해 줄 자아를 잃어버리고, 정반대편으로 나가 떨어져서 그녀와 맞서는 신의 손아귀에 사로잡혀서 멸절되는 것을 느낀다.

여류 작가들은 특히 유령 같은 연인에게 사로잡히기 쉬운데, 에밀리 브론테, 에밀리 디킨슨, 버지니아 울프, 실비아 플래트 등이 그랬다. 여성들은 히드클리프가 죽은 캐더린을 그의 품에 안고 그녀가 그의 것이라고 하고 있는 순간에도 그와 사랑에 빠지고, 그를 제일 사랑할 수 있다. 그들은 그것이 죽음의 결혼이라는 것을 인식하지 못하는 것이다. 에밀리 디킨슨의 사랑의 시들을 감상적으로 읊는 여성들은 그 시들이 그녀가 건강하게 살아 있으려는 영웅적인 시도에서 시작(詩作)한 것이라는 고뇌를 간과하려고 한다. 유령 같은 연인이 정신 속에서 지배적인 콤플렉스로 작용할 때, 그 반대편에는 사랑과 상실의 극이 똑같이 존재한다. 각각의 중심에 죽음의 완벽성이 있는 것이다. "제국의 타격(打擊)이 ... 벌거벗은 영혼을 강타하면"[6], 그것은 자살로 이끌 수도 있는 "공백의 요소"[7]를 남긴다. 그 타격은 그것이 실제의 것과 상상된 것 사이를 연결할 수 없는 듯하기 때문에 "제국적으로" 된다. 자아가 무의식의 내용에 압도돼서 심리학적으로 강간당하는 것이다.

심리학적으로 볼 때, 유령 같은 연인이 가진 가장 해로운 측면은 그것이 가진 사기꾼(trickster) 같은 특성에 있다. 그는 종종 완벽한 신랑감으로 나타나지만, 그의 신적 완벽성에도 불구하고, 여전히 엄마를 찾고, 그의 희생자에게 끊임없이 모성을 요구하는 어린아이이다. 외로움은 외로움을 만나고, 그들은 공생적인 결속 안에 서로 들러붙어 있는 것이다. 그러나 어린아이가 어머니와 하나의 개인으로 관계 맺지 않으면, 어머니는 그의 욕구를 맞춰주려고 한다. 딸에 대한 아버지의 기대가 그의 어머니에 대한 아니무스적 욕구들과 섞여 있을 때, 딸에게 여성으로서의 개인적인 정체성은 발달하지 못한다. 그러면서 딸을 그렇게 묶어놓은 아니무스의 목소리는 끊임없이 딸에게 "너는 반드시, 너는 꼭, 너는 해야 해"라고 속삭인다. 부정적인 아니무스는 딸에게 감정이 상실돼서 생긴 진공(眞空) 안에서 그녀는 사랑스럽지 않고, 쓸데없는 존재이며, 못생겼고, 영원히 그의 수인(囚人)이라고 말하면서 공격한다. 그녀가 그런 목소리의 저주 아래 있고, 그 아니무스를 외부에 있는 남성들에게 투사하면, 그녀는 그녀가 두려워하는 거절을 받게 된다. 그녀가 그녀의 부정적 아니무스를 투사하는 가운데서 그녀는 즉시 남성에게 그의 부정적인 어머니를 배열시키기 때문이다. 그때 그녀는 그 남성과 로고스를 통해서 관계를 맺는데, 그것은 보통 "판단과 비난"의 게임이 된다. 그녀는 남성의 역할을 하게 되고, 두 사람 사이에는 감정적인 것이 하나도 남지 않게 된다.

여성은 의식을 통해서 그녀가 그녀 자신을 남성적인 권력 원리의 겁탈로부터 보호할 수 있을 것이라는 것을 알 수 있다. 그렇게 하기 위해서 그녀는 그 감정들이 안전한 것이 아니라고 할지라도 그녀 자신의 감정들에 진실해야 한다. 그녀는 아니무스가 하는 말들을 들을 수 있다. 아니무스는 얼마나 논리적인가! 그리고 아니무스에게 단호하게 응답할 수 있다. "그래. 그것이 옳아. 너는 잘 지껄이지만, 너에게는 아무 감정도 없어. 그 말들은 나의 본질과는 아무 상관도 없어. 네가 나를 아무리 바보로 만들지라도, 이것들은 나의 감정이야. 이 감정들이야 말로 나에게 진리야." 여성들의 자아는 남성적인 것의 습격 때문에 공포에 질릴 수 있지만, 거기에 맞설 수 있는 유일한 방어 수단은 진정한 감정이다.

유령 같은 연인/부정적인 어머니의 조합으로부터 발달할 수 있는 또 다른 심리학적 동기는 고아(孤兒)인 아이이다. 이런 상황에서 여성은 아버지와의 관계는 물론 어머니와의 관계성도 전혀 경험하지 못하게 된다. 그때 아버지에게 모성 콤플렉스가 아주 강하면 그의 정동적 안정성은 그에 대한 다른 사람들의 반응에 의존하게 된다. 그의 개인적인 감정은 아마 발달하지 못했을 테고, 그에 따라서 그는 다른 사람들과 그의 개인적인 감정적 가치, 즉 그의 아니마와 관계를 맺을 수 없을 것이다. 그때 그의 딸은 그의 아니마, 즉 그를 그의 무의식과 이어주는 다리가 된다. 그녀는 걸어 다니는 원형인 여신(goddess)—그녀 자신의 인간성을 희생시킨 여신이 되는 것이다. 이제 그녀는 아버지의 행복에 책임을 지고, 심지어 창조성에도 책임을 지게 된다. 그때 두려운 것은 그녀 자신의 창조적 과정이 막히는 것이다. 어느 것이든지 그녀의 아버지가 그녀에게 창조하기를 바라는 것을 창조하고, 어떤 존재이든지 그녀의 아버지가 그녀에게 존재하기를 바라는 대로 존재하는 것(그것이 정말 그녀에게 자연스러운 것인지 아닌지 할 것 없이)이 그녀가 아버지를 기쁘게 하는 것이다. 이렇게 아버지를 기쁘게 하려는 데서 오는 더 무서운 것은 그것이 근친상간적이라는 점이다. 그녀가 창조적인 남성을 만나서 결혼한다면, 그녀는 아마 똑같은 상황을 만들 것이다.

그녀는 몇 가지 점에서 그녀가 심리학적으로 그녀의 아버지에게 겁탈당했다는 사실을 알아야 한다. 아버지가 그녀의 영을 반복적으로 취하는 곳에서 그녀는 그녀 자신을 그 어떤 것이나 어떤 사람에게도 여는 것을 놀랄 정도로 두려워한다. 분석에서 그녀의 아버지가 포함된 그녀가 겁탈당하는 꿈은 그녀에게 그녀의 상황을 깨닫게 하는데 매우 중요하게 작용한다. 그때 그녀는 근친상간 금기에 직면하여 일을 열심히 하고, 그것을 통하여 의식적으로 그녀의 목적을 달성하려고 한다. 융은 이렇게 말하였다: "근친상간은 한 사람이 그 자신과 연합하는 것을 상징적으로 나타낸다. 그것은 개성화나 그 자신으로 되는 것의 상징이다. 그것이 그렇게 중요하기 때문에 거룩하게 보이지 않지만 사람들을 잡아끈다."[8]

어떤 여성이 무의식적으로 그녀 아버지의 정동적 안녕에 대한 책임을 지려고 한다면, 그녀는 그녀 자신의 정동과 동일시하게 돼서 그녀의 행복은 곧 아버지의 행복과 연계되게 된다. 그녀는 그녀 자신을 아버지의 삶의 원천으로 느끼게 되는 것이다. 그 결속이 아주 단단하면, 그녀는 무의식적으로 아버지의 어머니/연인으로 된다. 어떤 여성은 나에게 그녀의 남자 친구들은 언제나 그녀의 집에서 환영 받았다고 말하였다. 그녀의 매력적인 아버지는 언제나 이렇게 말하였다. "앨리스야, 그들을 데리고 와라. 우리는 그들을 죽을 때까지 사랑할 것이다." 아버지와 딸은 그들의 지적이고, 영적인 추구를 통하여 무의식적인 정신적 근친상간을 하고 있었던 것이다. 본능적으로 사람들은 자연히 그런 사랑에 이끌린다. 그러나 근친상간 금기는 "영원히 개입한다."[9] 그때 본능과 사랑은 분열된다. 그래서 무의식적인 근친상간은 영적인 수준에서 행해진다. 본능들은 자아와 연결되지 않은 채, 무의식 속에서 자율적으로 떠다니는 것이다. 그러면 그 여성은 그녀의 성욕과 무의식적으로 동일시하는데, 그녀의 사랑과 성욕이 분열되어 있기 때문에 성욕은 권력을 향해서 나아간다. 에릭 노이만(E. Neumann)은 권력과 동일시된 자아에 대해서 이렇게 말한다.

> 자아는 무의식적인 힘의 ... 희생양으로 ... 남는다. ... 자아는 그것을 성욕, 권력에 대한 갈망, 잔인성, 허기, 두려움과 미신 등의 형태로 사로잡은 이런 힘들과 본능에 지배 받고 있으며, 종속되어 있다. 자아는 그것들의 도구이지만, 그가 사실 거기에 사로잡혀 있다는 사실을 전혀 모른다. 그가 그것들을 몸으로 살며, 그를 사로잡은 힘들과 그 자신 사이에 어떤 종류의 거리도 둘 수 없기 때문이다. 그러나 책임성을 받아들여야 하는 자아에게 무의식의 이 단계와 사로잡혀 있는 것은 죄악에 이른다.[10]

사랑이 아버지에게 묶여 있기 때문에, 성 행위에서 몸은 자율적으로 밖에 주고받을 수 없다. "나"가 본능과 연결되어 있지 않기 때문이다. 그녀는 그것을 영적인 사랑이라고 느낄 수 있지만, 몸은 그녀의 영과 하나가 되지 못한다. 에로스는 에로틱한 것과 관계되지 않는 것이다. 에로스는 여성 원리이지만, 에로스는 남신(男神)이다. 성이 연합의 상징인 반면, 권력의 상징이기도 하다. 자아가 자신을 포기하기를 두려워하고, 본능에 굳게 자리하지 않을 때 전적인 연합은 불가능하다.

문제는 더 복잡한데, 아버지와 딸이 결속되면, 어머니는 보통 적대적으로 느껴진다. 그 적대감이 실제의 것이든지 아니면 상상적인 것이든지 그것은 진정한 갈등을 낳는다. 아버지를 기쁘게 하는 것은 어머니를 소외시키기 때문이다. 그녀가 "사랑에 빠지면", 그것은 아마 그의 행복을 그녀가 책임져야 하는 "이상적인 인물"과의 사랑으로 될 것이다. 그래서 결혼이 실제로 성사될 때, 그녀는 갑자기 근친상간의 역동과 직면하게 되고, 그녀 자신 안에 있는 그녀의 어머니를 거부하게 될 것이다. 그녀가 그때까지 난잡하게 살았다면 (즉 그녀의 어머니가 살지 못했던 것을 하고 살았다면) 그녀는 그런 성을 그 "완벽한" 결혼으로 가져갈 수 없다.

유령 같은 연인과 함께 하는 여성은 이상적인 여성성에 대해서 팽창된 견해를 가지고 있고, 실제의 여성성에 대해서는 위축된 견해를 가지고 있다. 남성들이 그녀를 구해달라고 하면서, 그녀가 남성적인 것을 과장할 때, 그녀의 발달하지 않은 여성성은 공격적인 남성성에게 겁을 집어먹거나 그것에 도전한다. 그녀의 불확실한 여성성은 기뻐하지도 않으면서 돈환을 만나서 그의 남성성을 시험해 보지만 그때 두 사람 모두 그들의 성과 본질적으로 무관하다. 그때 그들이 성관계를 가진다고 할지라도, 그것은 그들의 관계성과는 아무 상관이 없다. 그녀에게 있는 내면의 여성과 단절된 요부(妖婦)나 매력이 있는 사이렌은 그녀의 저주에 걸린 남성들에게 아무 책임도 지지 않는 것이다. 어떤 여성은 나에게 이런 말을 하였다.

과거에 나는 내가 먹는 음식 외에는 아무것도 믿을 수 없었다. 나의 어머니는 한 손에 어떤 것을 주고, 다른 손에 있는 것을 빼앗아 갔다. 지금 나는 내가 어떤 남성에게 무엇인가를 주면, 그가 사라질 것이라고 느낀다. 나는 남성을 만나지도 못하고 죽을 것이다. 그가 나를 나의 몸으로 데려오므로, 나는 그에게 의존한다. 그러나 내가 그의 것이라고 그가 생각하면, 그는 또 다른 정복을 시작한다. 나는 내가 주는 것을 조심한다. 그것은 그가 정복한 것이거나 내가 정복한 것이다.

그런 여성은 순진하게 남자들이 왜 그녀가 잔인하다고 하는지 이상하게 생각한다. 그것이 그녀의 영혼을 담고 있어서 그녀가 존중하는 그녀의 그 부분은 일반적으로 남성들이 그녀에게 다가가도록 하지 못한다. 그래서 그녀는 그녀를 "황홀하게" 해줄 수 있는 남성을 기다린다. 오페라 "룰루"에서 그녀는 잭 더 리퍼(Jack the Ripper, 런던에서 매춘부 다섯 명을 잔인하게 살해한 살인범—역자 주)에게서 그를 발견했고, 연극 『오셀로』에서 그녀는 그녀의 남편에게서 그를 발견했는데, 오셀로는 그녀를 죽일 때도 "대의"를 찾으려고 하였다. 그녀 자신의 여성성에 책임을 지려고 하지 않는 여성은 비극의 원인이 되거나 그렇지 않으면 적어도 그녀 자신을 비극으로 몰아넣는다. 그녀의 장난기 있는 순진성에 범죄적인 무자비함이 가득 담겨 있는 것이다. 에바 메트만(Eva Metman)은 자아의 발달에 대해서 이렇게 말하였다.

그러나 어떤 여성이 그녀가 아니마에 사로잡히지 않고, 그녀에게 아니마로 될 권리가 있다는 사실을 깨달으면, 다시 말해서 그녀가 무엇으로도 계산할 수 없는 신비한 아니마가 되든지 그 역할을 광적으로 거부하려는 갈등을 몸으로 직접 겪으면, 그녀는 그녀가 정말 바라는 것은 남성을 압도하거나 협박하려는 것이 아니라 그녀를 격노하게 하는 세력의 힘으로부터 벗어나려는 것임을 알게 된다. … 이 상황에는 아니무스-전이 발달의 모든 잠재성들이 포함되어 있다. 그런 전이를 모두 충분히 몸으로 살게 되면, 그 과정은 올라갔다 내려왔다 하는 곡선을 나타낸다. 거기에는 먼저 그녀를 가두는 것보다 더 강력한 마술이 요청된다. 다른 말로 해서, 그녀가 만난 실제의 남성이 일종의 초-아니무스가 되면서 그런 전이에서 긍정적 특성이 처음으로 이런 역할을 받아들이려고 하는 것이다. 그 다음 단계에서 그 곡선이 내려가면, 전이는 거두어진다. 그리고 모든 것이 잘 돌아가면, 그 원형은 힘이 빠진다. 그러다가 그 곡선의 굴곡에서 그림자와 만나게 되는데, 그것만이

변화를 가져온다.[11]

    한 가지 사례는 그 발달 곡선의 세 국면을 뚜렷하게 보여준다. 에스더(Esther)는 착하고, 세상의 소금과 같은 남성인 폴과 결혼하였지만, 그녀는 화려하지만 반항적인 남성 제이크와 몰래 사랑에 빠졌다. 그녀는 그녀의 재미없는 결혼 생활에서 벗어나 그녀의 마초 같은 연인의 품에 가려고 결심하였다. 그런데 폴은 그녀를 가둬두려고 하지 않고, 그녀가 기꺼이 떠나도록 하였다. 그 순간에 필요한 것이 무엇인지 깨달았던 폴의 놀랄 만한 인식은 그녀를 압도하였다. 하여간 그녀는 갑자기 자유로워졌다. 그녀는 떠나지 않고, 머무르려고 하였다. 그녀는 점차 그녀를 붙잡았던 것은 그녀의 남편이 아니라 유령 같은 연인이라는 사실을 알았다. 그녀는 유령 같은 연인에게 사로잡혀서 폴로 하여금 그녀를 포로수용소에 가두고 아버지-간수의 역할을 하도록 조종하려고 하였고, 그녀의 유령 같은 구원자를 제이크에게 투사하였던 것이다. 그녀의 문제에 대한 폴의 인식―그녀에게 자유가 필요하다는―은 그녀가 그녀 자신의 선택을 스스로 하도록 책임지게 하였다. 그녀는 이제 그 두 남성 가운데 한 사람을 포기해야만 하였다. 폴은 그녀가 그녀의 그림자와 직면하게 한 것이다. 두 남자 모두 배반한 그녀 자신을 보게 했던 것이다. 그녀는 그 직면으로부터 그녀가 정말 가치 있는 여성이 되려면 폴에게 충실해야 한다는 사실을 깨달았다. 에스더가 봉착했던 위기의 의미는 그녀에게 그녀의 올바른 입장을 취하게 한 그림자와 만날 수 있었다는 사실에 있다. 그래서 그녀는 이제 더 이상 폴의 이상적인 아내와 동일시할 수 없었다. 다시 말해서 그녀는 남성 심리학을 동일시하지 않았던 것이다. 그녀는 그녀 자신에게 책임을 지면서, 그녀 자신이 만든 감옥에서 벗어날 수 있었다.

    융은 유령 같은 연인이 가진 "신비한 매력"에 대해서 이렇게 말하였다.

    밀러 양의 영성은 그녀가 죽을 수밖에 없는 남성들 사이에서 연인을 찾으려고 하기에는 … 너무 고양되어 있었다. 그와 같은 경우, 의식적인 태도가 아무리 합리적이고, 정확하지 않을지라도, 그것은 환자의 무의식적 기대에 거의 영향을 미치지 않을 것이다. 그녀가 아무리 가장 커다란 어려움들과 저항들을 극복했을지라도, 그리고 소위 말하는 정상적인 결혼 생활을 했다고 할지라도, 그녀는 결국 무의식이 원하는 것을 알게 되고, 그것은 그녀에게 삶의 스타일을 변화시키라고 하거나 신경증에 걸리게 된다. 심지어 정신증에 빠지기도 한다.[12]

그 여성이 정말 투사한 것은 그녀의 내면에 있는 신-인(god-man)의 이미지이다. 그녀가 그를 실제로 찾을 수 없고, 그녀의 상상 속에서도 보지 못할 때, 그녀의 환멸(幻滅)은 그것을 악마적으로 배열시키게 하는 격노로 변한다. 그리고 그녀가 그 격노와 동일시할 때, 그녀는 그것이 그녀를 향해서 다가오는 사탄으로 체험하게 된다.

거기에 꼭 맞는 사례가 아이 셋을 데리고 이혼한 30대 여성 안드레아(Andrea)이다. 그녀는 삶에서 여성 원리가 강력하게 작용하는 것을 보지 못하였다. 그녀의 어머니는 명령, 효율성, 완벽 등 남성 원리에 헌신하였고, 그녀의 아버지도 그녀와 그 어떤 감정적인 수준에서 관계를 맺을 수 없었다. 거기에 대한 반항으로 그녀는 미술에서 전도유망한 경력을 쌓으려고 하지 않고, 온실 속의 꽃과 같은 아이로 되었다. 그녀가 비록 "모든 일이 일어나게 하는" 삶을 살았지만, 그녀는 그것을 무의식적으로 살았고, 그녀의 자아에는 아무 방향이 없었다. 그녀 자신이 비록 어머니가 되었지만, 그녀에게는 그녀 자신의 몸과 관계를 맺을 수 있는 충분한 여성성이 없었고, 그녀에게 있는 뛰어난 재능을 살릴 충분한 남성성도 부족하였다. 그녀의 남편이 떠났을 때, 그녀는 그녀에게 이렇게 말하였다. "이제 그가 떠났군. 나는 이제 우리 가족에게 책임을 져야 해. 나는 완벽한 엄마, 완벽한 아빠가 될 거야. 나는 대학에 가서 훌륭한 학생이 돼야지. 나는 사회복지사 과정을 밟고, 온 세상을 취하고, 그것을 고칠 거야." 완벽에 대한 추구가 그녀의 빛이었다.

그녀는 대학에서의 마지막 훈련 과정을 이행하는 동안 마지막 시험 기간에 최선을 다하려고 노력하는 가운데 다음과 같은 꿈을 꾸었다.

나는 악마와 함께 침대에 누워있다. 그는 악마처럼 보이지 않았지만, 나는 그가 누구인지 안다. 우리는 모두 발가벗었다. 우리 사이에 사내아이가 누워있다. 그는 나에게 그 아이를 자위하도록 시킨다. 그의 성기가 떨어지고, 피가 뿜어져 나온다. 나는 말하였거나, 아니면 나의 입을 성기가 있던 곳에 가져다댔다. 거기에는 정액과 피가 섞여 있었다. 아기가 사라졌다. 악마는 콤파스 같은 작고, 날카로운 도구를 집어 들었다. 나는 거기에서 떠나기를 바란다. 나는 그에게 가게 해달라고 부탁한다. 그는 웃으면서 이렇게 말한다. "너는 떠날 수 없어. 나는 언제나 여기 있을 거야." 그는 나의 입 속을 찌른다. 나는 비명을 지른다. 내 입에 핀이 붙어있다. 그는 그것을 꺼낸다. 나는 입 안에 가득한 피를 그의 얼굴에 뱉으려고 한다. 그러나 내가 그의 얼굴에 피를 뱉자 그는 웃고, 나는 그가 피를 좋아하는 것을 안다. 그는 내가 그렇게 하기를 바란다. 그때 그는 나를 찌르고, 내 입을 찌른다. 나는 비명을 지르면서 일어난다. "아, 하느님. 아, 하느님."

나는 여태까지 이렇게 무서웠던 적이 없었다. 나는 무력감을 느낀다. 그러나 그 꿈은 마치 나에게 내가 아무리 무력감에 대해서 생각했었다고 할지라도 이것에 비하면 아무것도 아니라고 말하는 것 같았다.

그 꿈은 안드레아에게 있는 강력한 에너지가 이제 그녀를 향하고 있으며, 그녀의 삶의 에너지, 즉 그녀의 피가 그녀 안에 있는 악마를 먹이고 있다는 사실을 보여준다. 그녀는 그녀 자신의 아버지와 진정한 관계를 전혀 맺지 못하고 살았기 때문에 그녀의 상상 속에서 완벽한 세상을 만들었는데, 그 세계에서는 가부장적인 가치가 이상화되었다. 그녀는 그 상상 속에서의 세계에 헌신하면서 그녀 자신의 무의식에서 배열된 대극(opposite)에 대해서 알지 못했다. 그래서 그의 남편에게 투사되었던 이상이 무너지고, 그녀가 스스로 자신의 이상을 실현시키려고 하자, 그녀는 절망적으로, 또한 맹목적으로 그 격노의 검은 세력들과 환멸들이 그녀의 강박적인 행동을 통해서 사탄의 모습으로 나타나서 때려 부수려고 할 때까지 그 빛을 향해서 더 빠르게 달려갔다. 마지막 시험이 그것을 더 빨리 직면하게 하였다.

여성들이 자기네들은 빛을 향해서 달려간다고 믿지만, 무의식적으로 유령 같은 연인의 품속으로 달려든다는 것이 얼마나 잔인한 역설인가! 신화적으로 말하면, 이것은 죽음의 결혼, 다시 말해서 신의 어두운 측면과 신비적으로 하나가 되는 일이다. 그 관계성은 가학적-피학적이다. 거기에는 그 안에 난폭한 에로티시즘이 들어 있기 때문에 매혹적이다. 그 꿈에서 결론은 사랑의 끔찍한 융합의 패러디이다: 남근 같은 것으로 머리가 공격당하는 것이다. 지나치게 영적이고, 지나치게 지적이었던 남성성이 격노 속에서 여성적인 것에 대항하고, 그녀의 피를 마신다. 실제적인 관계성으로 나아가는 제대로 된 수로(水路)를 찾을 수 없었던 생명력은 이제 고약하게도 그녀의 여성적 희생양을 찌르는 격노를 더 자라게 한다.

그녀는 그녀를 황폐하게 하려는 태도에게 공격당하였고, 다시 그 아이를 공격하였다. 그 악마와의 융합은 그녀로 하여금 그 아이의 성기가 떨어져나갈 때까지 아이를 자위하게 하였다. 그녀가 황폐하게 되자, 그녀도 파괴되었고, 악마적인 에너지가 만들어졌다.

그 꿈에서 그녀가 아이와 구강적 관계를 맺은 이유는 모호하다. 그녀가 만일 악마로부터 피와 정액을 빨아 먹으라는 소리를 들었다면, 다시 말해서 그녀가 그녀 자신의 젊은 남성성으로부터 생명과 창조성을 빨면서 복수를 다시 하라는 소리를 들었다면, 그 결과는 재난적일 것이다. 그러나 그녀가 스스로의 선택으로 치유적인 것을 가져오려는 목적에서 그녀의 젊은 남성성이 가진 피와 정액을 사랑스러운 관계성을 통해서 취한 것이었다면, 그녀의 내면에는 적어도 강인함이 있는 것이다. 하지만 그 어떤 경우에도 흡혈귀는 치유적인 것이 아니다. 그는 그녀가 그와 싸우려는 시도를 비웃으면서 그녀의 여성성의 피와 그녀의 창조적인 어린이를 통해서 영양분을 섭취하기 때문이다.

그 꿈을 꾸기 얼마 전, 안드레아는 심한 두통을 앓았고, 비뇨-생식기 부근에 감각이 없어졌으며, 잠시 실신하였다. 그리고 그 공격은 3년 동안 약화되었고, 그 무렵에 그녀의 어머니가 돌아가셨다. 어머니와 딸의 관계는 어머니가 비록 딸에게 아주 살갑게 대하지는 못했을지라도 매우 가까웠다. 안드레아는 이렇게 말하였다. "나의 어머니가 돌아가셨을 때, 나는 태어났다." 어머니의 죽음은 딸에게 새로운 삶을 살게 하였던 것이다.

그렇게 되자, 안드레아의 "새로운 삶"에는 그녀를 아주 무력하게 하는 병이 찾아왔다. 그 전에 있었던 내적 황폐는 오랫동안 사라졌다. 그러나 그녀는 비통해하지 않았고, 원망하지도 않았다. 오히려 그녀의 용감한 정신은 그녀에게 심리학적 변환을 가져왔다. 그녀가 초반의 삶에서 찾을 수 없었던 에로스와 창조성을 이제 발견한 것이다. 그녀는 악마가 나오는 그녀의 꿈을 되돌아보며, 그 아기를 치유하는 엄청나게 중요한 상징을 보게 되었다.

나는 내가 할 수 있다고 생각하는 곳을 치유시켜야 했다. 나에게는 손도, 발도 없다. 나는 오직 나의 입을 줄 수 있을 뿐이다. 나의 아이에게 생명의 숨을 불어넣으면서 피를 멈추게 하였다. 상처는 남성적인 것 속에 있었는데, 치유는 여성의 입에 있었다. 그 전에는 그렇게 하지 못했는데, 나는 주고받을 수 있다. 나는 신체적으로는 더 약하지만, 영적으로는 더 건강해졌다. 나는 집단적 가치 체계에서 쫓겨났다. 나에게는 그 어떤 합리적인 감각도 없지만, 내가 나의 운명을 산다는 것을 안다.

많은 현대 여성들은 심리학적으로 안드레아가 결혼 생활의 파경을 맞은 다음에 처했던 것과 같은 상태에서 산다. 여성적 의식은 거의 없고, 여성적인 아이는 심리학적으로 아직 태어나지 않았으며, 여성적인 감정과 관계를 맺지 못하는 남성적 의식이 그녀를 환상 속에서 완벽한 세계로 가도록 유혹하는데, 그 세계는 그녀의 삶이나 그녀 자신의 몸과 전혀 관계가 없는 세계이다. 현실을 제대로 다루지 못하는 것은 사람들에게 무력감으로 느껴진다. 그런 여성은 안으로부터 그녀 자신의 흡혈귀-마녀에게 겁탈당하고, 일상 생활에서도 똑같은 태도가 없어서 겁탈당할까 봐 그녀 자신을 감히 열어놓지 못한다. 그래서 그녀는 그녀가 만들 수 있는 아주 취약한 구조라도 있으면 그 어느 것이라고 할지라도 할 수 있는 한 엄격하게 달라붙으려고 한다. 그러나 그 구조가 붕괴되면, 그런 일은 보통 그녀에게 관계성이 부족하기 때문에 일어나는데, 그녀에게는 무의식에 억압되었던 내용들이 밀려오게 된다. 그녀는 유령 같은 연인에게 강간당했지만, 여전히 "아무런 황홀도 경험하지 못한 신부"로 남는다.

그런 엄격성 뒤에는 그녀에게 불가피한 패배에 대한 두려움이 있다. 그러다가 어느 날 그녀의 일상적인 삶에 비극이 찾아와서 그것을 갈라놓는데, 거기에는 아무 논리적인 이유도 없다. 우리 삶에는 다른 종류의 의미를 허용하는 여성 원리가 없어서 계속해서 혼돈과 와해와 싸워야 하는 것이다. 유령 같은 연인은 내면에 있는 신이나 여신을 상관하지 않고 자아를 유혹하고, 팽창시킨다. 그러나 사람들은 무의식적으로 그 결과가 실패할 것이라는 것을 알고, 그것과 싸우려고 하지 않고 도망간다. 자살하거나, 불치병에 걸리거나, 치명적인 사고가 나는 것이다. 때때로 심장이 멈추기도 하는데, 죽음이 다가왔기 때문이 아니라, 단순히 심장에 고장이 났기 때문이다.

여성들이 그녀들의 아니무스에 책임지려고 전문가의 세계에 나아가면, (그것은 그 전에는 남성들에게 투사되었던 책임감이다) 그녀는 종종 그녀가 모든 삶에서 남성적인 표준에 적응하려고 하는 것을 알게 된다. 그러면서 그녀는 탈진한다. 그녀에게는 한가하게 숲을 산책하면서 여가를 즐길 시간이 없고, 남편과 긴 시간 동안 차를 마시지도 못하며, 사전에 계획했던 시간 외에 아이들과 놀지도 못한다. 그녀에게는 조직과 효율성이 신으로 되는 것이다. 그녀에게 묵상하는 침묵의 시간은 거의 없거나 아예 존재하지도 않는다. 그녀에게 남성 원리가 강화될수록, 여성 원리는 황폐하게 된다. 그리고 그녀는 남성적인 완벽성이라는 근친상간적인 사랑에 빠져서, 그녀의 파트너를 은밀하게 비난하거나 동정하기도 한다. 궁극적으로 죽음의 결혼으로 끝날 수밖에 없는 그녀의 입문식은 그녀가 남성적인 추진력에 사로잡힐 때 시작된다. 그리고 그것은 안드레아의 꿈이 보여주듯이 그녀 자신의 창조성을 거스르고, 겁탈한다.

심리학적으로 말해서, 그녀의 강력한 마녀 같은 아니무스는 그녀의 창조적이고, 영적인 아니무스를 황폐하게 하는 것이다. 그녀는 그녀의 긍정적인 아니무스가 그녀를 그녀의 영적인 심층에 인도하게 하지 않고, 그것을 파괴하고, 거세한다. 그녀는 포로수용소에서 파괴되었지만, 제대로 된 균형을 맞추지 못하였다. 그녀는 그녀의 창조적인 가능성을 어떻게 인도해야 할지 모르고, 완벽주의적인 이상을 어떻게 인간적인 차원으로 가져올지 모른다. 이 흡혈귀의 에너지는 그녀에게 거부된 여성성과 반대편에서 균형을 맞추고 있으며, 무의식적인 성욕을 강조한다. 그 여성이 그녀의 몸과 진정한 관계를 맺지 못하면, 그녀의 성욕은 무의식적으로 스며 나오기 때문이다. 그래서 우리 문화에는 사나운 남성적 충동, 화가 난 남성성, 격노한 여성성으로 가득 차게 된다. 심리학적인 강간은 소문이지만, 실제로 강간은 집에서나 바깥에서 점점 위험이 되고 있다.

R. D. 랭(R. D. Laing)은 인간 세계의 강간당한 관점의 패러다임으로 『체험의 목소리』(*The Voices of Experience*)에서 아이의 분만에 초점을 맞춘다. 그는 아이의 분만은 기술이 지배하는 산부인과에서 사실상 사라졌다고 말한다.

> 우리는 이제 아이의 분만을 산부인과에서 보지 못한다. 거기에서 이루어지는 것은 더 이상 분만이 아니다. 그것은 인공수정이 성교와 같지 않고, 튜브 급식이 먹는 것과 같지 않은 것과 마찬가지이다. … 과학이 우리의 세계와 우리 자신을 말살한다고 주석을 붙이는 것처럼 분만의 소멸은 마음과 죽음의 소멸과 같이 간다.[13]

그에 대한 예증으로 그는 집에서 분만한 여성에 대한 어떤 의사의 반응을 소개한다.

> 그녀는 집에서 아기를 안전하게 분만하였다.
> "그러나 왜 그랬습니까?" 그녀의 산부인과 의사, 상담자, 친구가 그녀에게 물어보았다. "당신은 그 모든 것을 겪을 필요가 없었습니다! 당신은 나의 병원에 올 수 있었고, 아이를 낳을 동안 신문을 볼 수 있었습니다. 당신은 내가 아기를 당신에게

보여줄 때까지 아무것도 할 필요가 없었던 것입니다."

그녀는 당황해서 이렇게 대답하였다. "그러나 나는 그 모든 것을 내가 겪고 싶었습니다!"

그는 그런 감정이 얼마나 가치가 있을 수 있는지 이해할 수 없었다. 그래서 그는 히스테리컬하고 피학적인 이교도처럼 킁킁거렸다. 살아있는 체험으로서의 분만은 사라졌다. 그에 따라서 살아있는 인간으로서의 여성은 수동적인 환자로 변환되었다. 체험이 해체되어 망각으로 된 것이다. 그녀는 감정을 느끼는 주체로부터 마취당한 객체로 변한다.

신체적 과정은 이제 화학적-수술적 계획에 넘어간다. 그 결과 분만에 있는 행위, 사건, 그 일관된 체험은 사라졌다.

우리는 아기를 분만하는 대신 수술실에서 쑥 뽑아낸 아기만 가지고 있다.[14]

그 모든 결과는 우리가 이제 더 이상 태어나지 않는다는 것이다. 우리는 이제 삶을 수술로 뽑아내면서 시작하고, 수술로 끝난다. 우리는 점점 더 세련되어가는 기계에 맞춰서 화학적으로 작동하는 기계적 주체인 것이다.

그림 동화에 나오는 "손 없는 소녀"는 상처 받은 여성성을 치유하는 방법을 제시한다. 그 이야기에서 재정적으로 곤경에 처한 방앗간 주인이 변장을 한 악마를 만난다. 그는 다시 부(富)를 되찾으려고 물방아 뒤에 있는 것은 당연히 오래된 사과나무이지 그가 가장 사랑하는 딸이라는 것은 전혀 상상도 하지 못하고, 악마에게 그것을 전당물로 내놓겠다고 약속한다. 그 딸의 눈물, 즉 그녀 자신의 여성성은 그녀가 악마에게 모두 겁탈 당하는 것으로부터 지킬 수 있도록 그녀의 둘레에 에너지를 보냈다. 마리-루이제 폰 프란츠(M.-L. von Franz)는 그 딸은 "그의 손에 넘어가기보다는 삶에 희생적으로 참여하려고 하였다"[15]고 하였다. 다른 말로 해서, 그녀의 부성 콤플렉스는 너무 강해서 그녀가 어떤 행위를 하자마자 병리적으로 추진력에 빠져들고, 그녀는 수동적인 상태에 빠진다. 그 다음에 왕의 아들은 그녀를 보았고, 그녀에게 은으로 된 손을 주었으며, 그녀와 결혼하였고, 전쟁에 나가게 되었다. 그녀는 아들을 낳았는데, 애처롭게도 그 아들은 그녀의 고통의 열매였다. 그러나 그 아이는 지혜로 되었다. 그때 악마가 다시 개입하는데, 일련의 오해를 통하여 그녀와 그녀의 아들은 숲속에 보내지게 된 것이다. 하지만 왕은 그곳에서 결국 그의 사랑하는 아내와 아들을 다시 만난다. 이 이야기의 어떤 판본은 그녀의 아들이 물에 빠져서 거의 죽게 되었을 때 손 없는 소녀는 어떤 노인이 용기를 북돋워주자 사랑이 분출돼서 팔을 물에 뻗었고, 그때 갑자기 그녀의 아들을 살리려고 진짜 손이 자라났다고 이야기한다.

폰 프란츠는 방앗간 주인은 그가 오래된 사과나무(그의 본성)만 희생시킨다고 생각했지만, 그것이 사실은 그 자신도 모르게 그가 가장 애지중지하는 것을 희생시키는 것이라는 점을 지적한다. 본성으로 표현되는 여성성의 모든 영역이 악마에게 넘겨지고, 그 대가는 여성적 영혼이라는 것이다. 그 딸은 악마적인 아버지와 부정적인 모성 콤플렉스에 의해서 너무 황폐하게 되어서(그것들의 영향은 똑같다), 그녀 자신의 생명력을 찾기 위하여 "그녀의 영혼에 있는 상처 받지 않은 처녀의 터전"으로 돌아가야 했으며, 그녀의 본성으로 치유적인 퇴행을 해야 하였다.[16] 그녀에게 본능적인 자발성이 불가능했기 때문에 인공적인 에로스의 관계성을 암시하는 은으로 만든 팔은 사랑의 기적이 일어날 때 살아있는 팔로 대체된다.

그 연구에서 나온 언어로 말하면, 어떤 여성이 그녀도 모르는 사이에 그녀를 악마에게 넘겨준 남성 원리를 가지고 삶을 살면서 고통이 극심할 때, 유일한 구원은 그녀가 그녀 자신의 본능으로 돌아가서 그녀 자신의 여성성과 접촉할 때까지 조용히 참으면서 그녀의 내향적 세계와 작업하는 것이다. 그녀 자신의 처녀성은 소피아의 무릎에 곧게 자리 잡고 있기 때문이다. 그러면 그녀가 여태까지 체험했던 그 어떤 것도 모두 뛰어넘을 수 있는 사랑을 요구하는 진정한 상황이 펼쳐진다. 그때 그녀는 처녀로서 그녀를 꿰뚫고 들어오는 거대한 생명력에 굴복하기 시작한다. 그녀가 여태까지 그녀의 삶을 지탱해왔던 경직된 준거 체계(frame-work)를 벗어 버리고, 그녀를 통하여 사랑이 퍼부어지게 할 수 있을 만큼 강하면, 그녀 자신의 팔은 자랄 수 있고, 그녀는 현실을 붙잡을 수 있게 된다. 그녀와 그녀의 아이는 구원받는 것이다. 그것은 결코 기적이 아니다.

손 없는 소녀의 이야기는 제5장에서 말했던 연수회와 아주 잘 맞았다. 그래서 많은 여성들은 거기에서 그녀들의 손이 얼마나 약한가를 알게 되었다. 몇 달이 지난 다음, 그녀들은 때때로 에너지가 갑자기 그녀들의 손으로 흐르기 시작하자 극심한 고통을 느꼈다. 그때 그녀들은 그녀들의 아버지에 대한 꿈을 꾸었는데, 그것은 일반적으로 그 아버지들이 아니었고, 그녀들이 현실과 관계를 맺는데 도와줄 수 있는 아버지였다. 다른 말로 해서, 긍정적인 남성성이 배열되기 시작한 것이다. 수용적인 여성성이 그녀들을 삶에 창조적으로 접촉하게 하는 강하고, 자기-주장적인 에너지가 배열된 것이다. 그런 자기-주장적인 남성성은 여성들이 그녀들 자신의 여성성을 발견하기 전에는 일반적으로 활성화되지 않는다. 그러나 이때 그 둘 사이에서는 상호작용이 시작된다. 그러나 이런 치유에서 각 사람의 정신 과정은 개인적인 방식으로 이루어지는데, 거기에는 한 가지 유형만 있지 않다. 연금술에서처럼 사람들은 다른 수준의 과정을 통해서 여러 차례 변환의 불로 돌아가야 한다.

다음에 소개하는 꿈은 남성적인 것과 여성적인 것 사이에서 새로운 관계성이 어떻게 발달하는지를 보여준다. 루이즈(Louise)는 40대 초반의 여성으로 몇 년 동안 집중적으로 운동을 하였고, 분석을 받기 시작한 지 2년 되었다. 그녀의 아버지는 그녀가 세 살에 죽었는데, 그가 남긴 남성성의 이미지는 그 어떤 평범한 남성도 필적할 수 없는 것이었다. 그 꿈은 변환이 일어나는 것을 보여준다.

> 우리는 화려하게 금빛으로 빛나는 집 안에 있고, 우리 모두는 점점 더 환상적으로 되는 부분들을 맡아서 하고 있다. 어떤 유명한 요부(妖婦, 헐리우드의 여배우이다)가 그 집의 여주인이다. 나는 부엌으로 가서, 발코니 너머를 본다. 아래에는 침대 두 개가 있는데, 하나는 그 위에 데이비드의 엷은 자주색 비단 퀼트가 그 위에 있는 더블베드이고, 다른 하나는 싱글베드이다. 보비(Bobby, 젊은, 뿌에르 유형)가

들어오고, 나는 그에게 내가 그 아파트에 때때로 묵었고, 그 더블베드에서 잤지만, 싱글베드가 나의 것이라고 말한다.

보비는 거실로 걸어 나가다가, 잠깐 뒤를 돌아본다. 우리의 눈길이 마주쳤고, 나는 그에게서 매력을 느꼈을 수도 있다고 생각한다. 그렇다면 내가 그를 잡을지도 모른다.

그때 나는 거실로 돌아가는데, 거실은 온통 창으로 되어 있고, 황금 벨벳 커튼이 있었고, 천장이 높았다. 나는 흔들의자에 앉아서 몸짓으로 단어를 알아맞히는 게임을 쳐다보고, 우리 파티에 온 손님들이 얼마나 멋진지 생각하다가 그렇지도 않다고 생각한다. 그때 보비가 와서 내 무릎 위에 앉고, 나는 그와 함께 침대로 가기를 바란다. 그러나 그는 요부에게 돌아간다. 우리는 환상 속에 있었다.

보비가 떠나자, 갑자기 내 뒤에서 어떤 옛날 학파에 속하는 뛰어난 영국 배우가 가장 환상적인 복장을 하고 금빛 장식을 한 검은 벨벳 옷을 입고, 위엄 있는 걸음걸이로 나타난다. 그것은 18세기 복장이다. 무릎에 금색 단추가 달린 짧은 바지, 흰색 주름 셔츠, 검은 윗도리, 검은 양말, 금으로 된 굽이 높은 끈 없는 구두와 둘레를 금과 보석으로 짠 검은 벨벳 모자. 그 모자는 마치 그의 머리 위에 높은 터번을 두른 듯한 모양이다. 그는 꼿꼿하게 몸을 세우고 근엄하게 걷는다. 그는 은색으로 테를 두른 흑단 지팡이를 들고 있었는데, 그것은 바닥이 이상하게 평평해서 사용하기가 아주 어려웠다.

나는 그를 위아래로 쳐다본다. 그는 오만하고, 화려한데, 지팡이는 우스꽝스럽다. 그 요부는 게임이 진행되는 것을 보고, 나는 그녀가 그와 아울리지 않는다고 생각한다. 그녀는 서두르지만 멋진 스타일로 "아, 당신은 나의 가장 값진 것 (정지), 나의 지팡이를 가지고 계셨군요"라고 말한다.

나는 그녀가 믿을 수 없다고 생각한다. 나는 그녀가 "모자"라고 말할 것이라고 생각했는데, 그것이 아니라 지팡이다.

그는 아름다운 유리와 금으로 된 선반에 가장 비싸고, 진귀한 접시들을 진열한다. 그가 그렇게 할 때 모든 것이 끝나고, 우리는 모든 것—게임—이 순식간에 끝난 것을 안다. 그 접시들은 대체될 수 없을 것이다. 나는 그 접시들이 사라지는 것을 여전히 본다.

그 꿈은 거기에 모인 손님들이 몸짓으로 단어를 알아맞히는 게임을 하는 빛나고, 꾸며놓은 장소에서 일어난다. 그 게임은 꿈꾼 이의 삶의 상황에서 무엇인가 비실제적인 것이 일어나고 있음을 암시한다. 그녀가 발코니 아래를 보는데 두 개의 침대가 있다. 하나는 더블베드(그녀가 그녀의 아버지-아니무스인 데이비드와 같이 쓰는 것)이고, 다른 하나는 그녀만이 쓰는 싱글베드이다. 그녀의 아버지의 다른 쪽에 뿌에르인 보비가 있는데, 그는 그녀에게 어머니나 요부를 배열시킨다. (흔들의자에서 그녀의 무릎에 앉아있는 보비는 194쪽에 있는 다빈치의 그림 성모와 앤을 떠올리게 한다).

꿈꾼 이는 흔들의자에 앉아서 (그녀 자신의 처녀의 입장에서) 그녀가 손님들을 조작하려고 했지만, 그들이 그녀에게 영향 받는지 확실하지 않다는 것을 보여준다. 유령 같은 연인이 꿈에 나타나면, 그는 완전히 트릭스터(trickster, 무의식의 원형 가운데 하나로 속임수를 쓰는 요소를 말한다—역자 주)이다. 그는 옛날 복장으로 우아하게 검은 옷을 입었고, 그의 과장된 위엄은 연기라는 것을 암시한다. 보석들로 장식된 일상적이지 않은 모자는 머리(지적이고, 정신적인 가치)의 중요성이 팽창되어 있고, 여성성이 자리를 잘못 잡고 있음을 암시한다. 그는 여배우가 가장 아끼는, 흑단으로 되어 있고, 밑바닥이 은색 막대로 된 지팡이를 들고 있다. 이 이미지는 마녀와 유령 같은 연인 사이에 관계가 있음을 분명히 보여준다. 그는 그녀의 남근 같은 지팡이를 들고 있는데, 이 경우 그 은색 막대기(손 없는 소녀의 은으로 된 손처럼)는 그 지팡이가 땅바닥과 접촉하지 못하게 한다. 거기에는 모자와 지팡이가 있는데, 그것들은 성적 혼란을 가리킨다. 그녀가 그를 마주 보았을 때, 그는 뒤로 물러선다. 그가 넘어지면서 그는 비싸고, 진귀한 접시들을 쳤고, 게임은 끝난다.

꿈의 이 모든 심상들은 감정의 문제를 암시하지만, 우리는 흑단으로 된 지팡이에 초점을 맞출 필요가 있다. 그것은 그의 것이 아니다. 그것은 여성인 마녀의 것이다. 검은색은 우울을 암시하는데, 우울은 땅바닥과 접촉하지 못하게 한다. 은색 막대기가 검은 지팡이가 땅에 닿는 것을 막는 것이다. 루이즈의 정신 어딘가에는 마녀의 감정처럼 우울을 가장한 어떤 것이 있는데, 그것은 즉각적으로 나오는 것이 아니다. 심리학에서 "미소 짓는 우울"이라고 알려진 것이다. 엷은 자주색 침대보와 연계된 유령 같은 연인이 여성적인 감정을 앗아갔지만, 그것들은 실제의 감정이 아니다. 유령 같은 연인의 동성애적인 저음(低音)은 요부의 남성성처럼 분명하다. 그것은 빛나는 연기로 드러난다. 마지막 장면은 꿈꾼 이가 게임을 끝내려고 하고, 인공의 세계를 깨트리려고 한다는 것을 암시한다. 그녀는 마녀와 유령 같은 연인의 연기들을 통해서 보는 것이다. 꿈꾼 이는 그녀의 전통적인 가정의 가치인 우아한 진열 속에 있는 도자기의 세계를 깨트리면서, 그녀 자신의 여성적인 감정을 분화시켜야 한다. 루이즈는 그녀의 꿈에 대해서 이렇게 말한다.

> 나는 그 진귀한 접시들이 부서지는 것을 잊지 못할 것이다. 아버지는 정말 그것들을 아꼈다. 그것은 놀라운 광경이다. 아름다운 것들은 나에게 함정이다. 아름다운 물건들, 아름다운 남성들, 아름다운 광경들. 나는 역설을 본다. 나는 나 자신의 아름다움을 모두 바깥에 투사하면서 나에 대한 흥미를 잃어버린다. 이제 나는 완벽한 세계라는 투사를 거둔다. 그것이 내려오는 것을 지켜보는 것은 놀라운 일이다. 아름다운 것을 파괴하는 것은 끔찍한 일이다! 그러나 나는 그것이 불가피하다고 생각한다. 무너지는 것은 돌파(突破)로 이끈다. 나는 그것이 내려오는 것을 본다. 나는 그것을 더 이상 원하지 않는다. 나는 나 자신의 삶을 원한다.

유령 같은 연인으로부터 작게나마 감정이 거둬질 수 있다. 예를 들어서 말하자면, 어떤 여성이 그녀의 남편의 발을 마사지하는데, 남편이 잠들면 그 여성은 남편의 발가락을 꼬집으면서 그가 잠에서 깰 때까지 "당신이 그렇게 자는데, 내가 마사지 할 필요가 어디 있어요?"라고 물을 것이다.

그녀는 화를 내거나 짜증을 내지 않고, 그의 행복하고, 평안한 모습을 보고 스스로에게 이렇게 말할 수도 있을 것이다. "나는 그의 발 마사지하는 것을 즐기고, 그는 잠자는 것을 즐기는구나. 나는 그를 애무하는 것을 즐기는데—음—이것은 그를 조작하는 것이 아닐까? 내가 기쁘게 해주려고 하는 것은 누구일까? 내가 이것을 통해서 바라는 것은 무엇일까? 사랑하려고 하는 것일까? 아니야. 나는 나를 위해서 이것을 하고 있어. 나의 사랑을 꿈꾸자." 그렇게 하면서 그녀는 그녀 자신의 감정에 접촉한다. 그녀의 손은 살아있는 손이다. 은으로 된 손이 아니다.

여성이 어머니와 무의식적으로 동일시할 때 심리학적 상황은 매우 다르다. 그때 그녀는 그녀 자신의 개인성을 발견할 수 있기 전에 그 동일시로부터 겁탈 당한다. 이것이 코레가 하데스에 의해서 지하세계로 납치된 데메테르-코레 신화의 의미이다. 융은 이 신화에 대해서 언급하면서 "코레의 심리학적 측면"에서 이렇게 말하였다.

> 의식보다 선재(先在)하는 (즉 어린이의) 정신은 한편으로 어머니의 정신에 융합되어 있고, 다른 한편으로는 딸의 정신에 가있다. 그러므로 우리는 모든 어머니는 그녀 안에 그녀의 딸을 담고 있으며, 모든 딸은 그녀의 어머니를 담고 있다. 그래서 모든 여성은 뒤로는 어머니까지 확장되고, 앞으로는 딸까지 확장된다고 말할 수 있다. … 이런 연계에 대한 의식적 체험은 그녀의 삶은 세대에 걸쳐서 펼쳐져 있다는 느낌을 가지게 한다. 이것은 우리가 시간의 바깥에 있다는 것을 즉각적으로 체험하고, 확신을 가지게 되는 첫 번째 발걸음이고, 우리를 불사성(immortality)에 대한 느낌으로 데려다 준다. … 이런 종류의 체험은 한 개인에게 세대의 삶이라는 자리와 의미를 부여한다. 그래서 모든 불필요한 장애물들은 그녀를 통해서 흐르는 생명의 흐름으로부터 깨끗해진다. 그와 동시에 개인들은 그녀의 소외로부터 구원받고, 전일성이 회복된다. 원형에 대한 모든 제의적 관심은 궁극적으로 이런 목표와 결과를 가지고 있다.[17]

가이아(Gaia)의 신화에 나타난 최고의 여성 원리는 어머니로 설정된 데메테르가 그녀의 딸의 황홀을 지지해주어야 하는 것을 알고 있다. 여성 원리의 갱신이 이루어지려면 (어머니와 같이 있기를 더 좋아하는) 젊은 소녀는 지하 세계에 가야하고, 거기에서 창조적 남성성에게 돌파 당하고, 주입되는 경험을 해야 하는 것이다. 그래야 새로운 생명이 탄생한다. 이것이 자연의 주기(週期)이다. 여름은 가을로 옮아가고, 가을의 씨앗이 땅에 떨어지며, 겨울 동안 희생의 시간을 지내면 봄에 새로운 생명이 탄생하는 것이다. 개인으로서의 여성의 삶이나 자연의 주기에서는 그녀를 꿰뚫고 들어와서 새로운 생명을 가져다주는 타자에 의하여 새로운 가치 체계(페르세포네)가 황홀해 할 때, 과거의 가치 체계(데메테르)는 비통해 한다. 그러면서 옛것과 새것은 새로운 방식으로 다시 하나가 된다. 이것이 허용되면 어머니와 딸 사이에서도 자연스럽게 이와 비슷한 변환이 일어난다. 현명한 어머니는 새로운 생명으로 태어나고, 생명의 순환이 계속되려면 그녀의 딸이 그녀 자신을 황홀에 맡겨야 한다는 것을 안다.

나는 우리 문화에서 여성의 신비가 몰락하는 것을 보는 듯하다고 생각한다. 여러 세대의 여성들은 가부장적 가치 체계를 동화시켰고, 각 세대는 데메테르와 페르세포네가 모두 그녀들의 남성적 측면이 겁탈 당할 때까지 여성 원리로부터 조금 더 떠난 것이다. 여성이 그녀 자신의 처녀와 접촉하지 못하면, 그녀는 결코 황홀경에 빠질 수 없다. 그녀는 그녀 자신의 존재에 있지 못해서 남성적인 것을 받아들이지 못하는 것이다. 그래서 남성의 권력 원리는 그녀와 그녀 자신의 여성성 사이에 단단한 벽 같이 서있게 된다. 나의 분석자 가운데 하나인 어떤 남성이 퉁명스럽게 "여성의 성기는 부정적 아니무스의 마지막 보루입니다"라고 말했듯이 말이다. 그녀는 그녀 자신을 생명에 내어주지 못한다. 그녀는 그녀 자신을 인간적인 수준에서나 신적인 수준에서 다른 사람에게 열지 못하는 것이다. 그녀는 "나아가는 것"이 심연으로 떨어지고, 완전한 혼돈인 어둠 속으로 떨어지는 것을 의미하기 때문에 무섭다.

가장 소중한 신선함이 깊은 곳에서 살고있네;
그리고 검은 서부의 마지막 불이 꺼졌지만
오, 아침이 동쪽의 갈색 가장자리에서 솟아오르네—

성령이 그 구부러진 곳에 있기 때문이네
세상은 따뜻한 가슴과 아! 밝게 빛나는 날개로 품고 있네.
— 제라드 맨리 홉킨스, "신의 위대함."

여기에서 비극은 그녀가 더 그렇게 하려고 할수록, 그녀는 그녀를 더 닫아버리는 것이다. 그녀가 남성적으로 "노력할수록" 여성적으로 "나아가는 것", 즉 생명이 그녀 안에 흘러 들어오는 것은 생식적인 측면에서는 물론 피부의 모든 구멍을 통해서 이루어지지 않는다. 그녀는 그녀 자신의 어머니 데메테르도 똑같은 상황에 있기 때문에 무엇이 잘못되었는지 알지 못한다. 그녀의 페르세포네 역시 겁탈 당했지만 한 번도 황홀경에 빠진 적이 없어서 관계성의 여성적 방식이 유아적이거나 여전히 자궁 속에 있는 것이다.

데메테르가 내면의 페르세포네와 접촉하지 못하면, 그녀는 그녀 자신의 본질과 접촉하지 못한다. 그러나 페르세포네는 거울 속을 들여다보고,

다른 쪽으로 가며, 그녀 자신을 내면세계에 있는 부(富)에 활짝 여는 처녀이다. 그리고 그녀는 새로운 생명을 잉태하면서 황홀을 체험하고, 감각의 풍부함과 그녀 자신의 독특성을 느끼면서 돌아온다. 페르세포네가 없으면, 데메테르는 썩는다. 신화에서 그녀는 그녀 자신의 터전으로 페르세포네를 데리고 온다.

현대 사회의 데메테르는 그녀들 자신의 땅이 황폐하게 되었음을 알기 시작하고, 그녀들이 그녀들 자신은 물론 그녀들의 페르세포네, 즉 그녀들의 생물학적인 딸은 물론 심리학적인 딸에게 무엇인가 폭력을 행사하려고 한다는 사실을 깨닫는다. 그녀들은 그녀들이 여행의 즐거움을 전혀 즐기지 못하게 하면서 그녀들을 목표를 향해서 나아가게 했던 남성 원리의 일방성에 의해서 겁탈 당했다는 것을 깨닫는 것이다. 그리고 그녀들은 성이 오르가즘 이상의 것이고, 아름다운 몸이 10사이즈의 옷에 맞추는 것 이상이라는 사실을 깨닫는다. 나는 나의 상담실에서 반복적으로 다음과 같이 말하는 소리들을 듣는다.

"나는 두 번 다시는 그렇게 할 수가 없습니다. 나는 병원에 갔습니다. 그들은 나를 마치 기계처럼 다루었어요. 그들은 내가 마치 금속의 한 부분인 것처럼 내 속에 금속판을 집어넣고, 그것을 돌렸습니다. 나는 겁탈 당한 것이지요. 그러나 그들은 왜 그렇게 하는지 설명해주지 않았습니다. 나야 아무 상관도 없다는 것입니다. 내 몸은 울었습니다."

"낙태는 태아를 없애버리는 것 이상의 것입니다. 나의 아기는 지금 3개월째이고, 나는 울음을 멈출 수가 없습니다. 나는 내가 무엇을 하는지 몰랐습니다. 그것은 무엇인가 예민한 것 같았습니다."

"나는 종종 강간당하기를 바랐습니다. 거기에는 끔찍한 적대감이 있었습니다. 나는 그 변덕이 감히 나를 지배하게 했습니다. 나는 나의 문명화되고, 교양 있는 남성이 갑자기 동굴에 사는 남자로 바뀌어 나를 성적인 열반으로 데려가기를 바랐습니다. 나는 모든 것을 그에게 맡겼습니다. 이제 거기에는 오직 안도감만이 있을 뿐입니다."

"나의 논문 지도교수는 그와 같은 완벽성을 요구합니다. 우리가 만날 때마다 나는 폭행당하는 것처럼 느낍니다. 나의 실재(reality)는 난폭하게 부정됩니다. 나는 나 자신의 가치를 인정할 수 없습니다. 나는 나의 아니무스와 동일시하고 있으며, 나의 분노와 자기-비난이 나를 마비시킵니다. 나는 글자 하나도 쓸 수 없습니다. 나는 이오네스코의 희곡 '수업'에 나오는 학생 같다고 느낍니다."

"나는 나의 가슴에 있는 돌이 무엇인지 모르겠습니다. 나는 숨을 쉴 수 없다고 느낍니다. 나는 나의 어머니가 '너는 피곤해져서는 안 돼'라고 하는 소리를 듣지만, 나는 지쳤습니다. 나는 공포에 질렸고, 제임스는 나를 떠날 것입니다. 나는 내가 그에게 의존해 있는 것이 싫습니다. 그런데 진실은 내가 의존적이라는 것이 아니라 그가 나를 떠나리라는 생각이 나를 죽이는 것입니다. 그가 떠나려고 했을 때마다 나는 절망적으로 그에게 매달렸습니다. 나는 그가 그렇게 느끼고 있다는 것을 압니다."

"이제 나는 나의 삶을 살려고 합니다. 나는 지금 그렇게 느끼기 시작할 수 있습니다. 나는 내가 태어나기 전부터 상처 받았다고 생각합니다. 나의 어머니는 내가 태어나기를 원하지 않았습니다. 나는 다른 사람들 눈에 띄지 않으려고 하면서 살아왔습니다. 내 몸은 그 어떤 것 앞에서도 울지 않았습니다. 나는 지금 나 자신의 동물을 춤추게 합니다. 그녀는 행복해 합니다."

"내가 나의 엉덩이뼈를 느낄 수 있는 한, 나는 내가 제대로 되어 있음을 압니다. 내가 몸을 더 똑바로 할수록 패딩은 더 필요 없습니다. 내가 뚱뚱해졌을 때, 나는 내가 나에게 폭력을 행사하는 것을 알았습니다. 나는 분간하는 칼을 잃어버렸습니다."

"나는 나의 매춘부를 겁탈했을 뿐만 아니라 그녀를 죽이려고까지 했습니다. 내가 음식을 먹는 것은 그녀가 삶을 미치게 하려는 그녀의 열정입니다."

"나의 어머니는 결혼하려고 식민지로 떠나는 그녀의 딸에게 '안녕!' 하고 인사하면서 우는 영국의 그 어머니 같습니다. '사랑하는 내 딸아, 남편에게 절대로 아니라고 하지 말아라. 단지 누워서 다리를 벌리고, 영국을 생각해.'"

현대 여성은 그녀의 정신이 그녀가 겁탈 당하기 전에 그녀의 어머니처럼 겁탈 당했음을 안다. 그녀가 의식적이라면, 그녀는 그녀의 부모나 그녀가 개인적으로나 직업적인 삶에서 만나는 남성들을 비난하지 않는다. 그녀는 남성이나 여성 모두가 같은 위기 상황에 처해 있으며, 그녀가 그녀 몫의 책임을 져야 하는 것을 아는 것이다. 그녀 자신의 독특한 내면세계는 그녀의 부모, 선생님들, 사회 전반의 완벽주의적인 표준을 끌고 와서 그녀가 거울을 보면서 두려워하고, 거기에서 도망가지 못할 때까지 때린다. 그녀의 남편, 오라비들, 아들들 역시 불안한 가운데 있다. 더구나 완벽주의적인 표준은 실수를 용납하지 않는다. 그것은 삶도 용납하지 않고, 죽을 때까지 정확하라고 한다. 자기와 사랑하는 사람의 따뜻한 용서 속에서 이루어져야 하는 삶이 용납 받지 못하기 못하기 때문에 죽음은 궁극적인 겁탈로 여겨진다. 그렇게 여겨지는 죽음은 그 어떤 삶에 대한 옹호나 부활의 가능성도 차단한다.

　나는 앞에서 여성성은 남성적 권력에 의해서 테러당할 수 있고, 그에 대한 유일한 방어책은 여성의 진정한 감정이라고 말한 바 있다. 그러나 비극은 많은 경우 여성의 감정이 너무 인식되지 않아서 위기 상황에서 그녀들을 보호할 수 있도록 움직이지 못한다는 데 있다.

　유령 같은 연인 콤플렉스가 배열시킬 수 있는 종류의 위험과 감정이 작동돼서 그것을 깨트리는데 필요한 여성적 강함이 발휘된 것을 보여주는 사례 하나가 있다. 그 여성은 이 사례가 분명하게 보여주듯이 그 콤플렉스가 꼼짝하지 못하도록 그녀의 여성적 감정과 접촉하였고, 그것을 잘 불러냈다.

　잉그리드(Ingrid)는 30대 중반의 여성이었다. 그녀는 혼자 여행하다가, 어느 날 오후 늦게 낯선 도시에 도착하였다. 그녀는 한 기차역에서 다른 기차역으로 가로질러 가야 했다. 그때 그녀는 인적이 없는 거리에서 체격이 건장한 남성이 나타나서 그녀를 겁탈하고, 죽일 것이라고 말하며 골목으로 끌고 갔다. 그녀는 먼저 겁에 질려서 도망가려고 하였다. 그러나 그는 더 강하였다. 그때 그녀는 그녀가 처한 상황을 섬광(蟾光) 속에서 보았다. 그녀 자신을 보았던 것이다. 그녀는 그녀의 죽음을 받아들였다.

그러자 그녀의 몸이 이완되었고, 그녀는 그 남자의 눈을 똑바로 쳐다보았다. 그러자 즉시 그녀의 목을 누르던 그 남자의 손가락이 풀어졌다.

"너는 싸우지 않는구나." 그는 말을 더듬거리면서 말했다. "너를 죽여도 재미가 없을 거야."

"내가 죽어야 한다면, 나는 죽을 거야." 그녀는 그에게서 눈을 떼지 않고, 조용히 말하였다.

그는 혼란에 빠졌다. 그녀는 그녀의 손을 그의 손 위에 얹고, 부드럽게 그녀의 목에서 떼어냈다. 그리고 갑자기 울음을 터트리더니, 그녀의 팔목을 잡고, 그녀를 확 잡아끌어서 근처에 있는 술집으로 데리고 갔다. 그녀는 거기에 있다가 그가 화장실에 간 사이에 도망갔다.

잉그리드는 사실 기차라는 현실 세계에서 길이 막혀서 그녀의 유령 같은 연인의 환상 속에 들어가서 길을 잃은 몽상가였다. 그녀는 그녀의 깨진 관계성을 극복하기 위하여 여행하는 중이었는데, 금식(禁食) 역시 그녀의 정화 계획의 한 부분을 차지하였다. 이 도시는 그녀가 집으로 가는 마지막 기착지였다. 여섯 주 동안 거의 아무것도 먹지 않은 것이 그녀가 그녀 주위에 있는 것들과 분리되게 하면서, 그녀는 거의 몸이 없는 상태처럼 되었다. 그녀는 아직도 그녀의 "이상적인" 연인에 이끌려서 집에 가서 책임들을 져야 하는 현실로 복귀하기보다는 죽음으로써 그녀를 자유롭게 하기를 더 바라고 있었다.

그러나 그녀가 실제로 죽음 앞에 서니까 잉그리드는 그녀가 인간임을 느낄 수 있었고, 살기를 바란다는 것을 알 수 있었다. 그 남자는 낯선 이였고, 그 낯섬 자체가 그녀를 환상의 세계로부터 현실로 나오게 하였다. 그 남자는 그녀의 마음속에 있는 "겁탈자"이고, 그녀가 "희생양"인 한, 그녀의 폭력성이 그 남자에게 반사되었음이 틀림없다. 죽음이 배열된 것이다. 그녀가 도망가려고 했다면, 그는 그녀를 죽일 수 있었을 것이다. 그러나 그녀가 갑자기 그녀 자신이 다른 이의 손아귀에 붙잡혀서 교살(絞殺)당하려는 인간 존재라는 것을 보았을 때 그녀 자신에 대한 그녀의 연민(憐憫)은 그 남자를 위한 연민으로 되었다. 그녀는 죽음을 받아들였다. 그리고 그녀는 그 남자가 아직도 살아있고, 아직도 바보 같은 권력 투쟁 속에서 싸우는 것을 보았다. 그때 그녀는 그런 갈등 바깥에 있어서, 그녀의 깊은 연민은 악마적인 상황을 변환시켰던 것이다. 역설적이게도, 그녀는 그녀의 연약성을 통하여 연약하지 않게 되었다. 그 남자는 이미 죽어버린 것을 죽일 수는 없었다. 그녀가 그렇게 복종했을 때, 그녀는 그들을 모두 그런 소유로부터 해방시켰다. 그녀는 그녀를 되찾았고, 그 남자도 그에게 돌려주었다. 그는 이제 더 이상 "겁탈자"가 아니었고, 단순한 사람이었다. 그의 눈물에는 치유가 들어있었을 것이다.

　이 일은 어떤 사람에게 어떤 일을 하게 하는 것과 아무 상관이 없고, 조작하거나 마술을 부리거나 하는 것과도 아무 상관이 없다. 그때는 생각할 시간도, 어떤 것을 파악할 시간도 전혀 없었다. 그 젊은 여성이 여태까지 살아왔던 경험은 그녀에게 겁탈자의 생각이 어떤지 이해하도록 도와주지도 못했다. 그 순간 그녀가 생각한 것은 죽었다는 생각밖에 없었다. 그래서 그녀가 할 수 있었던 것은 그녀의 존재 전체를 그 순간에 모으고, 그 실재에 그녀를 열며, 그녀를 통하여 흘러가는 것을 받아들이고, 그 순간 요청되는 것을 정확하게 하는 것이었다. 그것은 피어스(J. C. Pearce)가 초기 과정의 기능이라고 묘사한 것과 비슷하다.[18]

　이 체험은 피어스의 삶을 뒤바꾸었다. 그녀는 완벽성을 추구하였고, 모든 것을 제대로 할 수 있는 완벽한 연인을 추구하였다. 그녀는 그녀가 가능한 한 완벽할 수 있고, 가능한 한 완벽한 사랑을 하며, 가능한 한 완벽하게 추구하면 무엇인가 완벽한 것을 가질 수 있을 것이라고 믿으면서 살았다. 그런 환상의 세계에서 "나는 원한다"라는 말은 "나는 가진다"라는 말과 같은 의미였다. 마술의 세계에 있는 모든 것들은 그녀가 그렇게 하기를 기대되는 것들이었다. 그녀가 그렇게 조작하는 한, 그녀는 그것을 그녀의 것으로 받아들이면서 긴장을 풀 수 없었다. 그녀와 그녀의 연인이 그들 자신의 투사된 욕망을 가지고 세계를 만드는 한, 그녀는 그녀 자신이 될 수 없었고, 그녀의 연인 역시 그 자신이 되지 못하였다. 그녀는 모든 것을 그녀의 환상이 실현되게 하려고 하였다. 그래서 그녀는 마법의 세계, 마술의 세계에서 살았다. 그러나 그녀는 이제 마술은 망상이라는 것을 알았다. 그녀가 만들려고 했던 세계는 하느님이 그녀의 기도를 들어준다고 할지라도 결코 소유할 수 없는 세계라는 사실을 깨달았던 것이다. 무엇인가 전혀 새로운 것이 그녀를 꿰뚫고 들어왔는데, 그것은 너무 거대해서 그녀에게는 아무 선택지도 없었고, 단지 복종해야만 하였다. 그녀가 인간의 것이라고 할 수 없는 힘을 받아들이자, 그녀는 그녀가 추구했던 것이 얼마나 자아-중심적이었고, 조작적이었는지 깨달았다. 그녀는 그녀의 여행을 아직 삶의 황홀이 어떤 것인지 모르는 상태에서 떠났지만, 겁탈 당하지 않고, 황홀을 체험하고 돌아왔다. 그녀는 깊은 여성적 신비를 체험하고 돌아왔는데, 그것은 내면에 있는 것은 자연히 바깥에 있는 것과 같이 가며, 그것은 마술적인 것이 아니라 기적이라는 깨달음이었다. 그녀는 뜻밖에도 그 더 큰 실재에 그녀 자신을 열어놓았다.

잉그리드의 이야기를 전하면서 나는 결코 겁탈자의 죄의식을 축소하지 않았고, 잉그리드도 비난하지 않았으며, 거기에 관계된 법적, 도덕적 주제도 다루지 않았다. 다만 나는 우리가 무의식을 더 깨달아가면서 어느 날 도덕 법칙과 형법 규칙에 책임을 질 수 있듯이 우리 자신의 무의식에 책임 질 수도 있을 것이라고 제안한다. 우리는 우리 자신의 운명을 책임지고 있기 때문이다.

위에서 소개한 만남은 1957년에 있던 일이다. 그때 이래 폭력, 마약, 무법, 인종차별, 성차별 등이 길거리에서 점점 더 많아진다. 지극히 무의미한 증오 행위나 복수가 어느 누구나 아침에 직장으로 출근하는 길에 길거리에서 마주 칠 수 있는 현실의 일부가 되었다. 그녀 자신의 목숨을 건진 잉그리드의 강인함은 그녀를 공격하는 사람에 대한 미움의 늪에서 나온 내면적인 반응을 전제로 한다. 현대 사회에서의 공격, 마약, 누적된 증오, 냉혹한 살인자의 격노 등은 정상적인 인간의 상호 관계를 불가능하게 할 수도 있다. 그리고 현대 사회에서 여성들은 아마 호신술을 배우고, 필요한 경우 그것을 반드시 사용해야 한다는 충고가 가장 좋은 충고일 수 있다.

여성들은 그녀들 자신의 생물학적 본성을 통하여 그녀 자신에 대해서 알지 않고도 그녀의 삶을 의미 있게 살 수도 있다. 그녀의 본성은 그녀가 아이를 낳고, 기르면서 긍정해 줄 수 있는 것이다. 그러나 본성 자체는 무의식적이다. 생물학적인 의미에서 아이를 낳을 수 없는 남성과 달리 여성은 본성 안에서, 무의식 안에서 그녀의 본성을 완수할 수 있다. 그러므로 그녀를 무의식의 본성으로부터 분리시키는 것은 처음에는 그녀를 멸절(滅絶)과 맞서게 하는 것으로 느껴지기 때문에 그런 정신적 겁탈은 여성들에게 커다란 상처가 된다. 이것이 겁탈의 역설이다. 그것은 파괴적으로 될 수도 있고, 창조적으로 될 수도 있는 것이다. 여성이 어머니로부터 분리되는 것을 처음으로 의식할 수 있기—그것은 여성에게 그녀 자신의 정체성이 태어나는 것을 의미하는 데—전 그녀는 그녀 자신으로 되어야 한다. 그때 그녀의 과제는 그녀 자신의 본성을 포함하여 인간의 본성을 의식화하는 것이다. 과학은 인간의 본성이 어떤 것인지 파악하려고 하지만, 그 방법은 너무 겁탈적이고, 착취적이다. 그러나 여성적인 방법은 이와 매우 다르다. 여성적인 것을 개방함으로써 사랑이 들어올 수 있고, 그렇게 하면서 폰 프란츠가 "별"이라고 부른 것, 즉 영원 속에서 개인의 독특성을 깨달을 수 있게 된다.[19] 여성적인 것을 통해서만 의식에서 창조는 완성될 수 있다.

이 신비의 중심 어딘가에 '실재'(Reality)가 있다. 그런데 그것은 물질을 성화(聖化)시키는 것과 관계된다. 그것은 체험되어야 하는 신비이다. 그것은 우리가 알아야 하는 것이기 때문에 말로는 설명할 수 없는 것이다. 나는 현대 여성의 과제는 그 신비를 숙고하는 것이라고 생각한다. 우리 지구와 개인들의 영혼이 살아남으려면 이 시급하고, 중요한 과제를 수행해야 한다.

갑작스런 타격 : 여전히 퍼덕이는 커다란 날개

비틀거리는 소녀 위에서 그 어두운 물갈퀴는 그녀의 허벅지를 애무하네

그의 부리는 그녀의 목덜미를 붙잡으며,

그는 그녀의 무력한 가슴을 그의 가슴 위에 붙잡아 두네.

어떻게 겁에 질려 희미해진 손가락들이

그녀의 늘어진 허벅지로부터 깃털 달린 영광을 밀어낼 수 있을까?

그리고 어떻게 그 새하얀 돌진 속에 눕혀진 몸이,

낯선 심장의 박동을 느끼는데 그것은 어디 있는 것일까?

허리에서 느껴지는 전율은 거기에

무너진 성벽, 불타는 지붕과 탑

그리고 아가멤논의 죽음을 낳았네.

      그렇게 감금되어,

그렇게 천상의 육욕적 피의 지배를 받아,

그 무심한 부리가 그녀를 놓아주기 전에

그녀는 그의 힘과 지식을 얻게 되었는가?

      ―W. B. 예이츠, "레다와 백조."

신이 무엇인가 필요하여 백조가 되려고 결심하였을 때,

그는 그 새가 얼마나 사랑스러운지 놀랐네;

그가 백조로 변하였을 때 그는 아찔하였네.

그러자 그는 처음으로 그의 아버지들이 놀랍다는 것을 알았네

그리고 그녀의 부드러운 자리에 누워서 백조가 되었네.

     ― 라이너 마리아 릴케, "레다."

제8장
황홀경을 체험한 신부

제 마음을 두드려주십시오, 삼위일체의 신이여, 왜냐하면 당신은
아직도 저를 두드리고, 바람을 불어넣고, 빛을 비추고, 저를 고치려고만 하기 때문입니다.
내가 일어나서 서도록, 나를 뒤집어엎으시고
당신의 힘을 다하여 부수고, 불고, 태우고, 나를 새롭게 해주세요.
나는 왕위를 찬탈당한 마을처럼 다른 이에게 속하여,
당신을 받아들이려고 하지만, 아무 소용이 없습니다!
당신의 총독으로 내 안에 있는 이성은 나를 지켜야 하지만,
그는 사로잡혔고, 약하거나 진실하지 않네.
하지만 나는 당신을 몹시 사랑하고, 당신의 사랑을 받고 싶지만,
당신의 적과 약혼하였네.
나를 이혼하게 하고, 그 매듭을 다시 풀고, 깨트려 주세요,
나를 당신 것으로 하고, 가두어 주세요. 왜냐하면 나는,
당신이 사로잡지 않으면, 결코 자유로울 수 없네,
당신이 나를 황홀하게 하지 않으면 나는 처녀가 될 수도 없네.

― 존 던, "거룩한 소네트."

모든 창조 신화에서 신적인 존재는 우주를 담는 것과 담기는 것으로 된 이미지로 창조한다. 모든 문화는 담기는 것이 담는 것에 완전히 조정되는 방향으로 발전한다. 문화는 우리가 우리의 집인 우주 안에서 사는 것을 가정하는 것이다. 그 이유가 어떻게 되었든지 간에 집을 잃어버리는 것은 신경증의 원천이 된다. 담기는 것이 담는 것을 잃어버린 것이다.

그들을 개인적으로나 정동적으로 또는 종교적으로 담아주는 것이 무

너질 때 사람들의 꿈에는 해체의 이미지들이 넘쳐흐른다. 지구는 이해심이 많은 아버지 하느님이 지시하는 고정된 중심이기는커녕 무의미한 사막으로 되거나 아무 목적도 없는 끝이 없는 소용돌이가 된다. 그때 꿈꾼이는 광야를 헤매던 리어 왕처럼 집을 찾으려고 이곳, 저곳을 방황하면서 계속해서 슬프게도 "이것은 정말 나의 것이 아니야"라고 깨달으면서 헤매는 정신적 추방을 체험한다. 집안에 있는 것들을 모두 휩쓸아치는 회오리바람에 관한 꿈과 텅 빈 구조를 채우는 꿈들은 내면의 고뇌와 혼돈을 보여준다. 그 꿈들 역시 우리의 개인적이고, 문화적인 근거의 박탈이 얼마나 심각한지를 보여준다. 우리 많은 사람들에게 서구 세계의 담는 그릇이 파괴된 것이다.

그것이 단순히 교회로 돌아가면 해결되거나, 신앙이 어떻든지 간에 신앙으로 돌아가면 되는 것이라면, 그것도 아니라 이 모든 현대 사회의 움직임이 잘못된 실수이고, 우리가 깨어나면 되는 악몽에 불과한 것이라면, 내 분석실의 대기실은 곧 빌 수 있을 것이다. 사실, 그 기관들은 여전히 거기에 있다. 그러나 많은 사람들에게 효능은 사라졌다. 그러므로 우리가 살아남으려면 우리의 전통적인 구조의 잔해(殘骸)로부터 내면의 집을 세우는 것밖에 다른 방법이 없는 듯하다.

나는 이 연구를 지배하는 중세적인 심상의 아이러니를 잘 알고 있다. 나는 태모의 무릎에 있는 마돈나가 역사적으로나 전통적으로 1982년 어느 날 오후에 나와 맞은편에 앉아 있었던 여성보다 12세기의 수도원에 더 속해 있다는 사실을 잘 안다. 그녀가 복잡한 삶 속에서 그녀 안에 13세기에 정점에 도달했던 13세기의 문화를 재건할 수 있다고 믿는 것은 우스꽝스러운 일이 될 것이다. 나는 오늘날 우리 문화에는 우리가 우리 안에 세우려고 하는 것을 도와주는 외적이고, 손이 닿을 수 있는 지원이 거의 없다는 사실을 안다. 그러나 13세기에 동정녀의 옥좌(玉座)로 가는 순례자들이 할 수 없었던 것으로, 우리는 그 순례의 상징적 의미를 충분히 의식적으로 인식하고 있다. 그 의식은 종종 신경증의 산물이며, 우리 자신의 여성적 본성을 심리학적으로 깊이 체험한 결과 나온 열매이다. 그것은 여러 세기를 건너뛰어서 은혜에 의하여 20세기의 여성을 13세기의 순례자 여성들과 진정한 자매로 만든다. 그것이 그 순례자 여성들을 엘레우시스로 향하여 가게 했을지라도 말이다. 우리를 원형적 유형과 이어주는 것은 영원한 것이다.

 우리 각 사람은 우리에게 가장 의미 있는 이미지를 가지고 우리의 내면에 무엇인가를 담을 수 있는 그릇을 만든다. 어린아이일 때 내 삶의 모든 상황은 교회와 성경이 만든 것이었다. 그런데 자라나면서 나는 내적 실재의 결핍을 느끼기 시작하였다. 나는 믿기보다는 알기를 원했던 것이다. 나는 분석에 입문한 다음, 내 꿈들의 뼈대는 성경의 심상들, 즉 내가 눈을 뜨고 살 때 살아있는 에너지들을 가져다주었던 상징들로 이루어졌다는 사실을 깨달았다. 그렇게 하면서 나는 나의 원형적 뿌리들과 다시 만날 수 있었다. 고대 신화들이 가치를 따질 수 없는 심리학적 통찰을 가져다준 반면, 그것이 비정통적인 방식이기는 했지만 나는 기독교의 심상 안에서 나의 집을 발견하였다. 나는 철학자도 아니고, 신학자도 아니다. 나는 다만 내 삶의 의미를 찾는 여성이며, 나의 꿈들을 나의 기독교 유산이 만들어 놓은 여성적인 것들의 공백을 채워가고 있다. 그에 따라서 동정녀가 태모, 위대한 아버지, 신적인 아이와 관계성을 형성하려는 이미지는 나에게 매우 중요하다. 물론 각 문화에는 각 개인들이 그러하듯이 그 자신의 신화론이 있다. 그러나 그 차이에 의해서 갈라진 것들과 달리 나는 나의 분석자들―유태인, 불교도, 기독교인, 무신론자―과 내가 비슷한 상징을 통하여 만난다는 것을 안다. 그런데 그것은 태모와 기적적으로 사내아이를 임신한 인간 여성을 이어주는 상징이다. 우리가 가는 길은 조금 다를지 모르지만, 우리의 목표는 같다. 그것은 우리에게 집단적 무의식은 우리 각자에게 그 어떤 순간에도 유용하다는 사실을 깨닫게 한다. 샤르트르, 예루살렘, 아니면 집도 우리가 어쩌다 있게 되는 곳이고, 오후 4시 정신분석실도 마찬가지다. 이 정신적 사실의 신비는 여성의 의식에 속해 있다.

 이것은 많은 여성들이 그녀의 꿈에서 곰곰이 생각하는 신비이다. 무의식의 돌입에 대한 두려움이 너무 심해서 그것을 믿고, 그대로 진행되도록 하기까지 종종 몇 달이나 몇 년이 걸린다. 우리가 대부분의 삶에서 내면에 있는 태모와 원수였을 때, 그녀는 우리에게 복수를 하지 않고는 우리를 보내지 않았다. 어떤 여성은 3년 동안 분석을 받고, 3일 동안 그녀의 내면에 있는 분노를 모두 토해내는 프로그램을 체험한 다음 아래와 같은 무시무시한 것을 만났다.

자아: 이 격노는 무엇입니까?

태모: 너와 네 속에서 우는 인간, 너의 유한한 존재이다. 나는 그것을 받아들인다. 그것은 나에게 속해 있다. 나의 문제는 격노(激怒)하는 것이다. 나는 문제이고, 그 문제는 격노하는 것이다.

자아: 나의 인간성은 격노하지 않습니다.

태모: 그것은 생존의 문제이다. 그것은 나의 문제인 생존의 문제이다. 나는 수도 없이 믿었고, 수도 없이 배신당했다. 너는 내가 다시 믿으리라고 생각하지만, 절대로 그런 일은 없을 것이다. 네가 미분화되어 있는 것이 나의 복수를 너무 미묘하게 망가트려서 어느 누구도 무슨 일이 일어나는지 알지 못한다. 나는 새로 태어난 아이들을 삼키면서 파괴하였고, 그들을 나의 품에 싸서, 숨 막히게 하였다. 그들은 내가 그들이 숨을 쉴 수 있게 만든 것을 통해서 숨을 쉬었다. 너는 지금 나로부터 그것을 취하려고 한다. 너는 감히 나의 영역에 들어오려고 한다. 나는 그것을 소유하지 않을 것이다. 너는 감히 내가 무엇인지 주장하려고 한다. 네 마음대로 주장하려느냐? 나는 주었고, 빼앗아 갈 수 있다.

자아: 당신의 분노를 내가 어떻게 달랠 수 있습니까? 당신의 격노가 어떻게 해야 달래질 수 있습니까?

태모: 누가 그렇게 될 수 있다고 하느냐?

자아: 당신은 노력하고 있습니다. 당신은 당신의 곤경을 인식하려고 합니다.

태모: 그러니 그것을 너의 것이라고 하지 말라!

자아: 그러나 그것은 나의 것입니다. 당신이 말했듯이, 내가 당신의 것이라면, 당신의 슬픔, 당신의 배신, 당신의 격노 역시 나의 것입니다. 나는 그 격노가 우리들

이 위험을 무릅쓰고, (의식적으로) 겸손하게 활성화 시키도록 작업한 것들을 파괴시키게 할 수 없습니다. 당신이 내가 문제 덩어리—당신의 덩어리—라고 말하는 한, 당신은 당신의 길을 갈 수 있습니다. 그러나 이것이 당신이 아는 것이고, 당신이 정말 바랐던 책임을 지는 것입니까? 기억합니까? 당신은 당신의 아이를 길렀던 때를 기억합니까? 당신은 당신의 위대성을 자궁에 있는 아이에게 주입한 것을 기억합니까? 아마 모든 것은 시큼할 것입니다. 그러나 당신은 지금 존재의 새로운 유형을 낳고 있습니다. 그것은 당신을 영화롭게 할 수 있고, 영화롭게 할 존재입니다. 그러므로 그녀에게 화를 내지 마십시오. 그녀는 새롭고, 그녀에게 있는 커다란 책임감 때문에 당황합니다. 그녀는 당신을 필요로 합니다. 당신이 그를 길러야 합니다. 그녀는 당신이 정말 진실하다는 것을 배워야 합니다. 당신은 그녀의 유산 가운데 일부입니다. 그녀를 도와주세요. 그녀는 새로 태어났습니다. 그녀는 살아날 것이고, 그녀의 생존은 당신의 생존입니다.

이 글은 많은 여성들이 느끼는 설명할 수 없는 격노의 이유 가운데 하나를 암시한다.

여성이 그녀 자신의 자아를 느끼기 시작하고, 콤플렉스들과 실제로 만날 때, 고뇌에 차고, 혼란한 시간들이 시작된다. 그것은 마치 메두사 같은 콤플렉스가 정신의 중심에 거대한 마녀처럼 영원히 자리 잡은 것과 같은 모습이다. 그러나 그것이 통제될 수 있을 때까지는 아직 싸우지 않아도 되기 때문에 그것은 아직 진정한 힘을 보여주지 않았다. 그러나 그 힘이 정말 위협 받으면, 그것은 모든 힘을 다하여 자아에 대항하고, 여성들에게는 여태까지 분석 받은 시간들이 아무 소용이 없다는 느낌을 들게 한다. 상황은 그 전 어느 때보다 더 나빠지는 것이다. 그때 자살을 할 위험까지 있다. 사람들이 아무리 변화되려는 희망을 가지고 분석을 시작하였지만, 갑자기 상황이 변환되려고 하면 커다란 두려움이 밀려오기 때문이다. 새장의 문이 열리면, 여태까지 그 속에서 살던 새가 알지 못하는 공포와 자유 앞에서 움츠러드는 것이다.

자아가 의식의 새로운 수준으로 나아가도록 도전하는 것은 인격에 중심을 잡아주는 요소인 자기이다. 자아가 그에게 익숙한 것을 움켜쥐면서 그런 이행을 두려워하면, 정신적 증상들과 신체적 증상들이 생긴다. 자아가 이런 증상들과 상황들의 의미를 알면 그것은 그에게 새로운 깨달음을 가져다주고, 의식과 무의식 사이에 새롭게 조화와 균형을 가져다준다. 의식이 그 자신을 무의식의 "타자성"에 개방하는 것을 두려워하면, 의식은 그 자신을 희생양으로 체험하게 된다. 그러나 그가 그 자신을 그에게 흘러넘치는 새로운 삶에 개방하면, 그는 사랑 받는 존재가 된다. 희생양으로 되는 것은 겁탈 당하는 것이고, 사랑 받는 존재로 되는 것은 황홀하게 되는 것이다.

겁탈과 달리 황홀에는 무의식의 통합이 포함되어 있으며, 그에 따라서 그는 "더 높거나", "더 큰" 힘, 즉 원형의 내용들에 압도되는 대신 그 내용들과 사랑의 관계 속으로 들어간다. 그런데 황홀은 자아가 터져 나오는 역동적 에너지를 받아들일 수 있을 만큼 충분히 강해야 체험할 수 있다. 역설적인 것은 자아가 거기에 굴복할 수 있을 만큼 충분히 강해야 그렇게 될 수 있는 것이다. 여성들에게 있어서, 그것은 그녀들의 여성적 자아가 그녀들의 생물학적인 뿌리에 아주 단단하게 박혀 있어서 그녀들이 자유롭게 그녀들 자신의 생물학적이고, 영적인 정체성을 취할 수 있는 지점에 도달해야 하는 것이다. 그때 그녀는 소피아의 무릎 위에 앉은 진정한 동정녀가 되고, 그녀 자신의 신적인 아이를 낳을 수 있다.

정신적 발달의 이 단계에서 우리는 분별에 관심을 제일 기울여야 한다. 어머니-마녀가 어린이-마녀를 낳아서, 그 독재적이고, 무지한 어린이가 교육을 잘 받았고, 훈련이 잘되었으며, 영리하고, 창조적인 어른까지 통제하려고 하기 때문이다. 어린이-마녀는 유아시절에 거부되었던 본능적 욕구 안에 갇혀 있는 모든 억압된 에너지들을 나타낼 것이다. 그 어린이-마녀는 이제 꿈에 의하여 억눌려 있던 침묵에서 풀려나서 복수하려고 한다. 그래서 그녀는 이제 그 전에 맞설 수 없었던 부정적인 어머니와 싸워야 한다. 그 아이는 이제 주머니 속에 있는 유충(幼蟲)을 가져오고, 빌며, 자랑하면서 그녀를 돌봐줄 어머니를 찾고, 그 대신 그 문제들이 시작되었을 때 정지된 삶을 다시 돌려받으려고 한다. 그 아이는 독재자처럼 성인 여성을 그녀 자신이 살지 못했던 삶을 되돌려 받으려는 도구로 사용하려고 하는 것이다. 그런 여성은 그 아이를 자신과 동일시하지는 못한다. 분석에서 퇴행의 위험성은 이 마녀를 쫓아내는 것, 즉 이 어린이-마녀를 풀어내는 것에 있다. 그녀의 분노, 허기, 슬픔은 표현되어야 하지만 반복되는 순환이 자기-몰두로 될 수 있기 때문이다. 그 꿈들은 정화가 끝나거나 화장실이 비워진 다음에 에너지가 어디로 향할지를 분명히 한다. 부정적인 에너지는 반복적으로 재순환하기보다 자아가 도전한다면 변환되려고 할 것이다. 어린이-마녀는 희생되어야 하는 것이다.

내가 몸으로 하는 연수가 실제로 필요한 것은 분석 기간 중이라는 사실을 발견하였다. 정신처럼 몸도 여태까지 그렇게 살았기 때문이다. 이제 그것은 의식되었고, 고통을 준다. 그녀는 자신의 몸에 사랑이 많은 어머니처럼 그녀를 사랑으로 풀어줄 수 있다. 그때 그녀에게는 여성 동성애자 같은 감정이 나올 수 있는데, 그것은 그녀가 그녀의 몸을 받아들이기 위하여 여성의 몸을 필요로 하는 것이다. 때때로 그 욕구는 인식되기 위하여 투사되어야 하고, 그 경우 동성애 관계가 일어나기도 한다. 그렇지 않은 경우, 꿈에서 동성애를 하기도 한다. 다른 여성이 성적으로나 플라토닉하게 신체적으로 사랑하는 것은 여성들의 자아가 필요로 하는 기반을 제공한다. 몸 작업은 메두사를 직접 눈으로 보지 않고, 움직여 가면서 거울-방패를 통하여 본다.

몸에 대한 인식은 점점 더 세상에 대한 혹적인 환상을 거두게 한다. 어떤 여성이 환상에 몰두해 있는 한, 그녀는 페르세우스 신화에 나오는 어머니라는 바위에 묶여서 유령 같은 연인에게 희생당하기를 기다리는 안드로메다 같다(다음 쪽). 그는 그녀를 구하려는 것을 하나도 하지 않고, 그녀에게 자신의 목숨을 희생시키라고 한다. 움직이지 않는 바위 덩어리는 악마의 다른 쪽인데, 둘 다 교만과 팽창으로 오염되었다. 그러나 여성은 아무 열매도 맺을 수 없는 환상의 소굴에 사로잡히기를 거부하면서 그녀를 그녀의 인간성에 개방하고, 그녀 자신의 현재에 뿌리박을 수 있다. 그녀는 제7장에서 잉그리드가 그랬던 것처럼 그녀를 그녀 자신과 신적인 것에 동시에 열 수 있는 것이다. 그녀는 분별하는 칼로 무장하고, 그 순간이 요구하는 것이 무엇인지 알고, 그녀를 그녀 자신의 삶에 풀어놓을 수 있다.

페르세우스와 안드로메다―티치아노(Wallace Collection, London).

메두사의 이미지를 담은 방패 속에서 보는 것은 선(善)의 밝은 면과 어두운 면을 인식하면서 자기의 안내를 받는 것을 의미한다. 메두사와의 싸움은 메두사가 아무리 성적인 것과 음식을 암시하기는 하지만 육(肉)

과 피에 대해서 싸우는 것이 아니다. 오히려 그것은 악과의 싸움이다. 거울에 비친 메두사의 모습은 그녀에게 실제로 배열될 수도 있는 직접적인 대면을 막아준다. 꿈이나 증상 등을 통해서 볼 때, 희생이 필요하면, 자아는 스스로를 자기의 힘의 도움을 받아야 한다.

페르세우스 신화에서 상징으로 나타난 여성의 긍정적인 아니무스는 그녀를 자기로 안내하는 인도자이고, 그녀에게 그녀가 누구인지 진정한 감각을 주는 분별의 칼이다. 페르세우스는 은빛 거울을 들고 가는데, 그것은 무의식에서 나오는 치유의 상징이 계시된 매체(媒體)이다. 거울은 그 위에 창조적 환상이 상징적 형태로 펼쳐지는 무대이다. 상징을 지켜보는 것은 간접적으로 메두사를 다루는 것이며, 그녀와의 동일시를 피할 수 있는 유일한 방법이다. 거울 속에는 긍정적인 상징들과 부정적인 상징들이 나타날 수 있다. 그것들은 합리적으로는 연합될 수 없지만, 그 비친 모습을 보면 그 양자를 나누어가진 새로운 어떤 것이 떠오를 수 있다. 에너지는 그 속에 담겨 있지 않지만, 상징을 통해서 작용한다. 성령의 바람은 돛이 바람의 방향에 따라서 긍정적인 것으로부터 부정적인 것으로 "자기가 불고 싶은 대로 분다." 자아는 순간, 순간 조정하는 것을 배운다. 어떤 순간 돛의 위치는 다음 순간의 돛의 위치와 달라야 한다. 우리가 새로운 순간에 그 전 순간에 맞았던 위치를 고집한다면, 배는 뒤집어진다. 우리가 돛과 키를 고정시키자마자, 우리는 콤플렉스에 사로잡히고, 자아-자기의 축은 깨지고 마는 것이다. 무의식의 늪에 빠지는 것이다. 왼손이 하는 것을 오른손이 아는 것은 매우 중요하다. 키, 돛, 물질과 정신 사이에 동시성이 작용하기 때문이다. 이것은 결코 대극 사이에 못 박혀서 십자가에 달린 사람이 아니다. 그것은 이것이냐, 저것이냐 하는 상황이 아니라, 둘 다를 취하는 것이기 때문이다. 이것은 상징적인 삶, 즉 숙고를 통해서 사는 삶을 사는 것이다.

우리가 "나는 내가 하는 것이 무엇인지 알고 하는가?"라고 제대로 묻는다면, 우리는 그 순간을 사는 것이다. 그러나 우리가 올바른 질문을 하지 못한다면, 우리의 오른손은 왼손이 하는 것을 알지 못하기 때문에 우리 자신을 마비시킨다. 메두사는 의식을 잘못된 대상으로 가게 하기 때문에 사람들을 마비시킨다. 그녀는 케이크를 우리의 몸/영의 전체적인 관계성으로부터 분리시키고, 무례하게 신체적인 관계로만 제시한다. 그녀는 그것을 누미노스하고, 금기적인 것으로만 관계하게 하는 것이다. 그 케이크는 하나의 물체로서만이 아니라 몸과 영이 합쳐진 "나"라는 존재를 용납하면서도 먹을 수 있다. 그러나 그것은 나 자신의 전일성을 용납하고, 내가 모든 것과 전일한 관계 아래서만 가능한 일이다. 그때 그 케이크는 메두사에 고착된 의식에서 풀려나 우리 자신의 전체성의 한 부분이 된다. 그것은 영적인 것은 모두 물질적인 것이고, 물질적인 것은 모두 영적인 것이 되는 동시성적인 우주의 한 부분이 되는 것이다. 자아가 그런 종류의 전일성에 중심을 두고 있으면, 자아는 그의 경직성을 포기할 수 있을 만큼 강해지고, 자기의 타자성을 받아들일 수 있을 만큼 강해진다.

정신적 발달의 각 단계에서 자기는 희생을 요구한다. 그것은 더 이상 "당신의 뜻이 이루어지소서—나의 뜻대로"가 아니다. 우리는 때때로 합리적으로나 이상적으로 희생을 하려고 결심한다. 그러나 그 시기가 옳지 않으면, 그 희생은 자기-극화가 되고 만다. 그런데 꿈은 그때 필요한 진정한 희생에 대해서 알려준다. 우리는 때때로 우리가 가장 아끼는 삶의 어느 부분을 포기하도록 요청받고, 그런 내적 결심에 내포된 두려움과 외로움은 감히 과소평가될 수 없다. 그와 동시에 우리가 희생할 때, 우리는 새로운 삶의 요청의 도전을 받기도 한다. 그때는 우리에게 암흑의 시기이다. 그리고 그 암흑은 우리에게 시간과 인내, 공간과 묵상을 요청한다. 우리의 심리학적 유산이 건강한 한, 우리는 우리가 할 수 있는 것보다 자기가 더 많은 것을 요구하지 않을 것이라는 사실을 믿을 수 있다. 우리는 굶주린 송아지를 바칠 수 없다. 살진 것이어야 한다.

중년의 사라(Sarah)는 4년 동안의 분석과 수년 동안의 요가와 춤을 배운 다음, 그녀의 삶에 그녀에게 귀중한 관계성의 상실과 관계되는 중요한 변화가 필요하다는 사실을 지각하기 시작하였다. 그러나 그녀는 자기가 요구하는 희생을 할 수 없었다. 그녀는 몇 가지 사건들이 그녀가 아직도 견딜 수 없어 하는 희생을 강요하기 바로 전에 다음과 같은 꿈을 꾸었다.

> 나는 검은 공간 속으로 떨어진다—끔찍한 공포를 느끼면서 우주 속으로 계속해서 떨어진다. 나는 갑자기 해변 같은 곳에 도착한다. 어둡다. 나는 꼼짝하지 않고, 앉아있다. 나는 손가락으로 모래를 만진다. 이상하다. 나는 그것을 나의 손가락으로 민다. 그리고 그것이 모래가 아니고, 깃털이라는 것을 안다. 그것들은 부드럽지만, 단단하다. 그때 나는 내가 금색의 웅장한 새가 뻗은 거대한 날개 위에 뾰족하게 새겨 넣은 것 같은 모습으로 앉아 있는 것을 본다. 그 새는 비둘기였다. 나는 그것이 무엇인지 알면서 잠에서 깬다.

그것은 꿈꾼 이의 영혼과 몸을 통해서 나오는 영원한 날개에 담겨 있는 힘이다. 그녀는 생전 처음, 그녀의 몸을 이완되게 할 수 있었고, 삶에 개방하면서 내맡길 수 있었다. 그녀는 그녀가 놀 수 있게 하였다. 그녀의 존재는 봄날의 매우 아름다운 자두나무 꽃, 젖은 풀의 화려함, 새벽에 우는 개똥지빠귀의 영롱한 노래가 된다. 그녀는 그녀의 몸을 그 전처럼 체험했지만, 그렇지 않았으면 그녀를 때리는 것으로 느꼈을 것을 편안하게 받아들일 수 있었다. 그녀를 지탱하게 한 것은 그 "앎"이었다. 그녀가 그렇게 부지런하게 통제하려고 했던 개인적이고, 한시적인 제국이 그녀가 복종해야 하는 초개인적이고, 영원한 사랑으로 바뀐 것이다. 그녀가 잠에서 깨었을 때, 복종의 경험은 그녀의 몸에서 이루어졌다. 세상을 향해서 들었던 그녀의 방패가 잠시 사라진 것이다. 그녀의 5관은 이제 삶이 그녀에게 흘러들어올 수 있는 다섯 개의 현관이 되었고, 그에 따라서 그녀는 눈에 보이는 세상을 의식적으로 체험할 수 있게 되었으며, 그 세계와 그녀에게 스며드는 사랑을 전체성의 한 부분으로 체험할 수 있었다. 죽음 역시 세상의 한 부분, 더 큰 구도의 장엄한 부분이다. 우리가 거기에 어떤 이름을 붙이든지 비둘기, 성령, 소피아, 아니면 그리스도의 여성적 부분—그것은 몸과 영혼을 영원으로 여는 사랑이다. 심리학 언어로 말해서, 그것은 조화를 가져오는 본능과 원형적 이미지(영으로부터 나오는 몸의 에너지, 그리고 몸을 빛나게 하는 영) 사이의 연계인 것이다.

사라는 그 다음 계속되는 고통스러운 몇 주 동안 그녀가 한 평생 묻지 않을 수 없었던 "왜?"라는 질문을 하지 않았다. 그 대신 그녀는 반복적으로 이 꿈으로 돌아왔고, 반복적으로 그녀의 몸과 근육을 그녀를 엄습했던 슬픔과 분노와 사랑에 복종하게 하였다. 그녀는 절망의 암흑 속에서 그녀의 상실을 의식하면서 걸을 수 있는 위엄을 잃지 않았다. 그러면서 그녀는 그녀의 개인적인 감정을 저버리지 않았다. 그녀는 그녀의 감정들을 사랑하는 마음으로 그대로 지나가게 하였고, 그 사랑은 그녀를 그녀 자신의 내적 실재와 그녀의 실제적인 상황 안에 있는 진정한 가치에 연결하게 하였다. 그녀는 그녀의 얻어터진 가슴을 위한 집을 발견했던 것이다.

여기에서 여신에 대한 이런 체험이 수년 동안의 초개인적인 힘에 대한 헌신 이후에 주어졌다는 사실을 강조하는 것이 매우 중요하다. 사람들이, 남성들이나 여성들이 그들의 피비린내 나는 요청에 대해서 두려움을 갖는 것은 너무 당연하다. 에릭 노이만은 태모에 대한 제의에 대해서 이렇게 말한다.

> 대지의 자궁은 수정(受精)과 피의 희생을 요구하고, 시체들은 그녀가 가장 좋아하는 음식들이다. 이것이 대지의 성격에 있는 끔찍한 측면이고, 치명적인 쪽이다. 가장 초기의 다산의 예배에서 희생양의 잔혹한 조각들은 그녀를 풍요하게 하기 위하여 귀중한 선물로 넘겨졌고, 땅에 바쳐졌다.[1]

우리 시대에서 여성적인 것의 출현은 그것과 함께 지하계적 힘에 속한 원초적 두려움을 가져온다. 여성들은 그녀들에게 그런 지하계적인 힘이 없어지기를 바라지 않고, 그것들이 줄어들기를 바라지도 않는다. 다섯 명의 여성을 그린 강력한 초상화 피카소의 "아비뇽의 처녀들"(이 제목은 바르셀로나의 홍등가를 말한다)이라는 그림에서 그녀들은 페티쉬 같은 모습으로 축소되었고, 두 명의 여성의 얼굴은 아프리카의 예식에서 쓰는 가면에 기초해 있다. 로젠바움(Robert Rosenbaum)은 그 그림에 대해서 이렇게 말한다.

"아비뇽의 처녀들"의 가장 직접적인 특성은 흥분과 야만성이 마티스의 1905년부터 1910년의 그림에서 보이는 생명력의 분출뿐만 아니라 그 뒤에 이어지는 10년 동안의 음악에서 보이는 야성과 불협화음의 힘 이외에는 그 어떤 것과도 비견할 수 있는 것이 없다. ... 서구 사회의 미술계에서 그 어떤 거장도 수 세기와 수천 년을 넘나드는 피카소의 다섯 명의 영웅적인 누드처럼 시대를 거슬러서 반향을 울려 퍼지게 한 사람은 없다.[2]

피카소는 그가 이 세기(世紀)의 여성적인 지하계적 에너지가 가진 창조성을 동일시한 점에서 예언자적이다. 그는 똑같은 원천을 건드린 수많은 미술가들과 마찬가지로 진짜 여성을 이 원형적 이미지와 분화시키지 않았지만, 여성들 자신은 그 이미지와 동일시하기를 거부하면서 피카소가 그녀들을 거하게 했던 바르셀로나의 매음굴로부터 그녀 자신들의 여성적 에너지를 가져오는 방법을 찾았고, 그것을 계속해서 추구하였다.

여신(Goddess)은 그녀가 제일 상처 받는 곳, 즉 가족을 잃어버렸거나 전통적인 신앙을 잃어버렸거나, 체중의 문제나 암 등으로 고통 받는 곳에서 직접 만나게 되기를 바란다. 우리가 그런 직면에 등을 돌리면 우리는 그 대가를 피로 치러야 한다. 하지만 우리가 우리 자신의 영혼의 고요한 곳에서 그녀를 만나러 가면, 우리는 피에 굶주려서 광란하는 메두사가 아니라 삶을 변환시키는 실재(實在)를 보게 된다. 우리가 그녀를 무서워하고, 무시하는 한 그녀는 우리의 원수가 된다. 그러나 우리가 사랑을 가지고 그녀에게 돌리면, 그녀는 점점 더 그렇지 않은 것으로 밝혀진다. 자아는 그 눈들에 복종해야 한다. 그런데 그녀가 무의식적이면 메두사의 눈에 복종하지만, 그녀가 의식적이면 그녀는 소피아의 눈에 복종한다(49쪽을 참조하시오)..

매기(Maggie)는 3년 동안 분석을 받고, 몸 작업을 한 다음, 사랑을 가지고 여신에게 가려고 하였다. 그러면서 이러한 적극적 상상을 하였다.

나는 암흑 속으로 끌려갔다. 거기에는 이미지들이 가득 차 있었다. 나는 그것들을 보았다기 보다는 감지하였다. 그것들은 그림이라기보다는 소리 같았다. 그것은 나에게 검은 것이 필요하고, 암흑 속에는 빛이 있으며, 그 암흑은 보호하기 위한 것으로 보였다. 그 빛이 아직 태어날 시간이 되지 않았다. 그것은 암흑 속에서 힘을 기르면서 자라고 있었다. 자궁 안쪽에서는 앎(knowing)이 이루어지는 것 같았다. 나는 그 모든 것을 인식(Knowing)을 통하여 본다. 내가 그 그림을 그리는 데는 3일 걸렸다(옆의 그림을 보시오). 인식하는 데 3일이 걸린 것이다. 나에게는 다른 선택지가 없었고, 그렇게 해야만 하였다.

그것이 나에게 했던 유일한 것은 내가 혼자가 아니라는 것을 말할 수 없을 정도로 다시 분명하게 하는 것이었다. 그것은 마치 내가 베일을 통해서 보는 것 같았다. 그것은 나를 믿을 수 없을 정도로 강하게 하였다. 나는 분석적으로 그것을 하나도 하지 않았다. 그럴 필요가 전혀 없었다. 나는 그것의 한 부분이었지만, 나에게 이상하지 않았다. 그것은 신의 임신(妊娠) 같았다.

그것이 새 것이라는 의미에서 그것은 아기와 같았다. 나는 우주라는 자궁에서 아기가 자라는 것을 흘깃 보는 것 같았다. 나는 무엇인가가 태어나는 것을 보았던 것이다. 그것은 이미 태어났다. 나는 다만 제대로 된 시간까지 기다린 것이다. 그 어떤 결정도 한 것 같지 않다. 그것은 나에게 아무것도 바라지 않았다. 그것은 마치 "나는 깨달을 때까지 기다려야 한다. 이것은 새로운 체제(體制)이다"라고 말하는 것 같았다.

그 '어떤 것'(Something)의 사랑스러운 보호자이고, 친구 같은 네 마리의 커다란 뱀들이 나타났다. 그 원 안에 있는 모든 것들은 새로운 것을 위한 것이고, 그의 것이다.

그 다음에 나는 나 자신의 암흑에 대해서 집중해야 했고, 거기에 무엇이 있는지 찾아야 하였다. 나는 나 자신의 실재를 바라보아야 하였다. 그것은 놀랍고, 두렵지만 흥분되는 일이기도 하였다. 내가 선택을 했었다면, 나는 위험을 감수해야 했을지 모른다. 그렇게 하는 것이 유감스럽지는 않았을 것이다. 그것은 나의 실재의 시작이었고, 나는 그것이 나와 어떤 관련이 있는지 찾아야 하였다. 그 지점에 이르기까지 나는 내가 분석에서 무엇을 했는지 알지 못했다. 지금 나는 그 연관성을

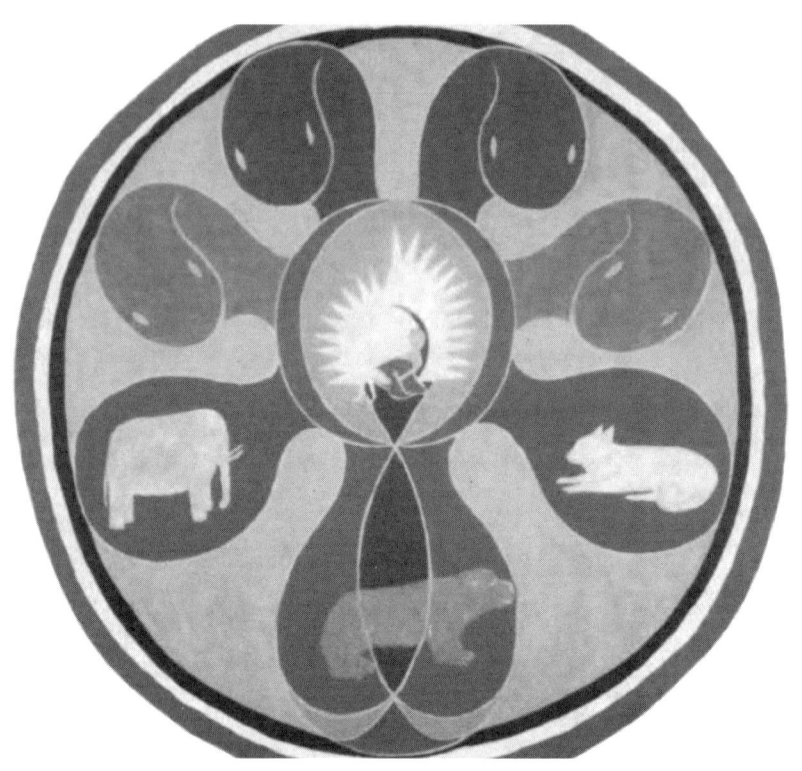

이 체험이 매기에게 헤아릴 수 없으리만큼 가치가 있는 것이라는 사실은 그녀의 감정적인 색조에 있다. 그녀가 그녀 안에서 솟아오르는 강함과 헌신을 감지하고, 그 체험이 그녀에게 독특한 것이었음에도 불구하고, 그녀가 혼자가 아니라는 것을 알았던 것이다. 그녀는 암흑의 중심을 보았고, 신이나 여신의 탄생을 흘낏 보면서, 아직 충만한 시간은 오지 않았고, 그녀 개인의 암흑과 작업을 해야 한다는 것을 깨닫는다. 그 작업은 그녀가 그녀의 삶의 실재에 대하여 묵상할 때 솟아난 상징을 가져오면서 3일에 걸쳐서 그림을 그리는 것이다. 그 그림의 중심에는, 요람 같은 초승달에 앉은 아이가 있는데, 그 뒤에는 태양이 있다. 에스더 하딩은 그런 이미지에 대해서 이렇게 말하였다.

남근적인 신, 팔라스(Pallas, 그리스 신화에 나오는 가이아의 아들 또는 크리스와 에우리비아의 아들—역자 주)는 여신의 라이벌이 아니라 연합하는 존재이다. 그

둘은 다산(多産)의 상징을 가져왔지만, 그것은 그들의 기능이 "신비하게" 융합되었을 때이다.[3]

신적인 힘이 남성과 여성의 결합을 통해서 드러난다는 이와 똑같은 생각은 때때로 여신 키벨레를 나타내는 상징에서 표현되는데, 그녀는 위대한 여신(Magna Dea)의 한 측면이었다. 그녀는 태양과의 영원한 결합 안에 있는 초승달을 나타낸다.

네 마리의 뱀이 나타내는 힘은 그림의 아래 부분에 있는 세 마리의 동물들처럼 주목할 만하다. 그 동물들은 영적 에너지(네 마리의 뱀)가 솟아오르는 본능적 기반을 형성한다.

여신에게 복종하는 것은 역설 속으로 뛰어드는 것이다. 매기는 2년 동안 적극적 상상을 한 다음, 그녀가 새로운 현실에서 태어났다는 것을 체험하였다. 그 다음에 그녀는 그녀가 "비탄"(The Lament)이라는 제목을 붙인 다음과 같은 시를 썼다.

나는 더 이상 과거의 내가 아니고―이제 나다!
나는 싸운다―싸우지 않는 것을 배우려고!
나는 지기 위해서 싸웠다!
나는 기쁨 속에서 흐느낀다!
나는 고통 속에서 기쁘다.
나는 살기 위해서 죽는다.
나는 계속해서 서기 위해서 흘러간다.

그 여신이 받아들여지기만 하면, 엄청난 변화가 일어난다. 그 전의 몸이 여성적인 것을 막는 성채였다면, 이제는 여성적인 것이 작용하는 도구이다. 처음, 거기에는 정동의 범람, 유아적 퇴행, 강력한 방어들이 있었다. 그 고태적인 내용들은 확실하게 변해야 한다. 그렇지 않으면 디오니소스의 무녀(巫女)들이 차지할 것이다. 그 전에 성기에 집중되었던 성욕은 이제 몸 전체를 통하여 퍼진다. 그래서 소우주는 대우주를 비추기 시작한다.

아버지의 딸(father's daughter)에게는 그녀들에게 삶에 대한 지향이 생각을 통한 것이었기 때문에 몸에 대한 인식이 특히 중요하다. 그래서 그녀들이 성적으로 적극적이었든지, 그렇지 않았든지 간에 그녀들의 몸은 정신과 거의 가락이 맞지 않았다.

과학이나 예술의 분야에서 전문적으로 활동하는 여성들은 종종 그녀들의 아버지나 그녀들 자신의 남성 원리와 밀접한 관계성 속에서 많은 성취를 이루었던 아테나(Athena)들이다. 아버지-딸의 관계성의 밝은 면은 창조성과 영성이다. 그러나 어두운 면은 근친상간이다. 지난 세대들에서는 성에 대한 성숙한 인식이 부족했기 때문에 그 문제는 그렇게 크게 분출되지 않았다. 그에 대한 증거는 프로이드가 유아성욕에 대한 견해를 밝히고, 오이디푸스 콤플렉스를 인간의 원죄라고 말했을 때 퍼부어졌던 도덕적 분노와 노골적인 거부가 분명히 보여준다. 아버지의 아니마가 그의 어머니에게 묶여 있을 때, 그는 그의 성욕을 억압한다. 그 결과 그는 그가 딸과 근친상간적으로 결속되어 있는 것을 의식하지 못한다. 그래서 그가 관계성 속에서 투입하고 받는 에너지의 성적 차원도 표면에 드러나지 않는다. 그 근친상간이 무의식적이기 때문에 그 어떤 희생도 그 어느 관계성의 단계에서 일어나지 않는다. 그것이 일어나지 않기 때문에 그 딸은 어느 정도 시간이 지난 다음에 그녀의 창조적 능력은 그녀의 아버지가 그녀에게 준 운명이라고 생각하고, 아버지와 긍정적인 관계를 맺는다. 다시 말해서, 그녀는 그녀 자신을 그녀의 긍정적인 아니무스에 바치고, 그녀가 어릴 때 아버지와 맺었던 관계성을 성숙하고, 창조적인 방식으로 풀어내면서 창조적인 인간으로 사는 것이다. 그녀의 연속성에 대한 감각은 안전과 강함의 엄청난 원천이 된다. 그녀가 그녀의 운명을 그녀가 하는 일에서 발견한다면, 그녀는 굉장히 성취를 많이 한 삶을 살 수 있다.

그러나 그녀들의 삶의 "소명"을 초기의 아버지와의 관계성과 더불어 시작했던 이 창조적인 여성들은 이제 그녀들의 성(性)의 차원에 대해서는 아는 것이 아무것도 없다. 그녀들은 무의식적으로는 그녀들의 성을 억압할 수 없다. 그런데 성은 이제 우리 시대의 정신이 되었다. 그래서 성의 차원이 사춘기에 나올 때, 딸의 성은 아버지로부터 분열되고, 그와 관계되는 대상들을 모두 거부한다. 그녀의 인격이 분열되는 과정에서 그녀의 창조성의 기반 자체는 갈라지면서 폭발한다. 그리고 그녀는 성적으로 포기되었고, 배신당했다고 느낀다. 심지어 그녀는 그녀의 창조성이 그녀에 대한 아버지의 유혹이라고 느끼기도 하고, 그것을 거부한다. 다시 말해서, 그녀는 그녀의 창조성을 겁탈이라고 느끼는 것이다. 딸은 어쩌면 그가 아버지도 아니었다는 것을 인식한다. 그녀는 아버지가 무의식적으로 했던 것을 의식적으로 다루었어야 하는 것이다.

  이 시대는 그녀에게 많은 선택을 가능하게 한다. 그녀와 아버지의 관계성에 있는 성적 차원에 대한 인식은 그녀가 모든 남성들을 유혹자나 배신자, 겁탈자나 사기꾼으로 보게 할 수도 있다. 그녀 자신이 겁탈 당했다고 느끼면, 그녀는 그녀 안에서 그녀의 창조성을 심각하게 위협하는 몸/영혼이 분열되는 파괴에 고통받고 그런 감정을 요부(femme fatale)가 돼서 성적으로 복수할 수 있다. 이것의 극단적인 형태가 매춘이다.

  그녀의 성적 충동이 아버지와의 무의식적 근친상간 때문에 그녀의 감정과 분열되었던 여성이 그녀의 성욕을 사는 것은 종종 성적인 문제에서 위기에 처하고, 그때 그녀는 의식화되는 경우가 많다. 그녀에게 성은 처녀의 어두운 면이다. 그녀가 아버지에게 영적으로 물들면, 그녀의 창조성은 현실보다는 환상을 불러오는 것과 관계되는 동정녀의 탄생으로 된다. 그녀의 환상의 창조들이 실제적으로 되면 (신적인 것이 인간적인 것으로 될지라도) 그녀는 상아탑에서 내려와야 한다. 그녀는 그녀의 창조성의 "어두운 쪽"을 직면하고, 통합해야 하는 것이다. 그때 그녀는 동정녀의 성욕인 창녀, 즉 그녀가 아버지의 이름으로 거부했던 창녀를 직면해야 한다. 그러면서 그녀는 어머니를 다시 보아야 한다. 그녀는 어머니에게서 그녀가 아버지와의 관계에서 느끼는 그녀 자신을 발견할지도 모른다. 아버지와의 결속의 역동은 어머니에게 대항하려는 무언의 동맹이었을지도 모른다. 따라서 성이 분열되자, 그 결속은 집이 없어져 버리게 되었다. 긍정적인 여성성이 살 곳이 없게 된 것이다. 그래서 성욕은 이제 부정적인 모성으로 가는데, 그것은 여성에 대항하는 성욕, 즉 수용적이지 않고, 그녀 자신에게 맞서는 성욕이다. 이 부정적인 성욕이 복수를 위한 충동으로 강화되면, 그 여성은 삶의 거의 모든 영역에서 엄청나게 파괴적으로 될 수 있다.

그런 행동을 막기 위해서 그녀는 그녀의 어머니와의 부정적인 관계를 그녀의 다른 여성들에 대한 태도의 객관적인 모습이라는 것을 알고 거기에 대한 작업을 해야 한다. 그녀가 옛날에 막혀서 가지 못했던 골목이 다시 돌아왔고, 그녀는 이제 그 골목을 의식적으로 다루어야 하는 것이다. 그녀는 모든 것들은 변할 수 있으며, 고질적인 절망은 변하지 않는 운명이 아니라는 것을 믿어야 한다. 조만간, 그녀의 어머니가 그녀에게 어떻게 했다고 생각할지라도, 그렇지 않으면 그녀의 어머니가 그녀의 아버지에게 어떻게 했을지라도, 그것도 아니면 그녀의 아버지가 그녀의 어머니가 그를 어떻게 하라고 했을지라도, 그 여성은 그녀의 남성적인 영과 다시 관계를 맺어야 한다. 그녀의 창조적인 에너지를 변환시키기 위해서는 그녀에게 메두사의 머리를 베고 앞으로 나아갈 칼이 필요하기 때문이다. 그때 그녀는 그녀 자신의 창조성을 남성들에게 투사시키거나 남성들이 그녀를 구원하도록 바라는 대신 그녀 자신의 삶을 위하여 그녀 자신에 대해서 책임져야 한다. 간단하게 말해서, 여성에게 창조성이 근친상간 금기 때문에 위협 받는다면, 그 문제는 종종 어머니를 통해서 해결될 수 있는 것이다. 창조성은 원형적 여성에게 근거를 두어야 하기 때문이다. 그때에야 비로소 아버지로 물든 동정녀가 소피아의 무릎 위에 그녀의 자리를 마련할 수 있을 것이다.

쥴리(Julie)는 그녀의 몸과의 관계성을 춤을 통하여 원수로부터 친구로 바꿨던 아버지의 딸이다. 다음에 소개하는 글은 그녀가 적극적 상상을 통해서 했던 것이다.

심호흡을 하고, 목소리를 가다듬고, 한숨을 쉬었다가 노래를 부르면서 시작한다.

분열된 마음: 왼쪽은 빛나는 빨간색으로 바뀌었고, 오른쪽은 빛나는 하얀색으로 바뀌었다.

왼쪽: 목소리는 성(性)이다. 리듬은 두드리는 소리였고, 심지어 치는 것 같았다. 손, 엉덩이, 어깨, 발로 구르면서 몸을 재즈 스타일로 각이 졌지만 흥겹게 움직였다.

오른쪽: 목소리는 순수하고, 단순했으며, 지속적인 음조였다. 움직임은 공중에 높이 커브를 그렸고, 주로 팔로 움직였다. 매우 순수하게 느껴졌다.

나는 갑자기 노래 부르기 시작하였다. "거룩, 거룩, 거룩. 전능하신 주 하느님." 나는 처음에는 계속해서 노래를 불렀지만, 점차 성욕이 치는 듯한 타악기의 리듬으로 옮아갔다. "거룩, 거룩, 거룩"이라는 말은 점점 더 모순되고, 비어 있는 것처럼 느껴졌으며, 무의미해졌다. 춤 동작은 성적으로 공격적으로 되면서 타악기의 리듬에 맞추는 것으로 되었고, 왼쪽에 있는 본래 빨간색만큼 신랄하게 되었다. 내 몸 전체는 빨간색으로 빛났고, 하얀색이 조금 남아 있었다. 나는 무릎을 꿇고, 땅을 파기 시작하였다. 나는 계속해서 말한다. "나는 짙은 빨강이야. 나는 피야. 나는 순순한 빨간색, 풍성한 피다! 나는 땅에 속해 있고, 정열적이며, 수용적이고, 살아 있다."

나는 위와 아래로부터 생명의 에너지를 받기 위하여 등으로 굴렀다. 춤은 원래의 "거룩하고, 거룩한" 춤의 둥둥 떠다니는 듯 비었던 것과 매우 다르게 지속적이고, 통제된 매우 강력한 동작으로 되었다. 그러면서 나의 빛나는 빨간색 몸은 맥박 치는 심장과 함께 의식으로 가득 채워졌고, 나는 심장으로 되었다.

땅에 뿌리박은 심장 박동의 에너지는 갑자기 순백의 영적 에너지로 변환되었다. 내가 숨을 들이쉬자, 공기는 그것을 내 몸의 붉은 피로 변화시켰고, 나는 하얀 에너지를 내보내기 위하여 그 에너지를 가지고 있었다.

나는 계속해서 말한다. "나는 뜨겁고, 붉으며, 하얗다. 내가 너무 빨갛기 때문에 나는 하얗게 될 수 있다. 내가 그 에너지를 땅으로부터 받았기 때문에 나의 빨갛고, 수용적인 피는 그것을 돌려줄 수 있고, 그 자신을 하얗게 변환시킬 수 있다."

그 다음에 그 고동치는 행동은 멈췄다. 나는 무릎을 꿇고, 기도하는 자세를 취했다. "나는 '나'이기 때문에 나다. 나는 이것을 안다. 하느님도 그것을 아신다. 그리고 그것이 중요한 모든 것이다."

나는 분홍빛 야생 장미로 되었다. 나의 중심은 노란색이고, 나의 잎들은 초록색이다. 나는 단지 여기에 있다. 어느 누구도 나를 보지 않는다. 어느 누구도 그것을 필요로 하지 않는다. 나는 바위의 갈라진 틈에 뿌리박고 있다. 넓은 물에서 오는 바람이 나를 통해서 분다. 나는 신의 피조물이기 때문에 아름답다. 나는 이렇게 열린 광경에 있지만 안전하다. 그리고 나는 '나'라는 것을 안다.

쥴리는 소피아와의 결속을 통하여 그녀의 몸과 영이 긴밀하게 연결되어 있음을 알았다. 그리고 그녀는 다음과 같은 비전에 대해서 말하였다.

나는 동정녀가 그녀의 다리 사이에 하얀-백합을 들고 앉은 것을 보았다. 백합의 줄기가 그녀의 다리 사이에서 떨어져 물속 깊이 잠긴다. 그녀는 그녀의 무릎 위에 있는 꽃들에 대해서 묵상하면서 평화롭게 앉아 있으며, 그녀의 모든 에너지는 거기 집중되어 있다. 백합은 그녀의 머리 꼭대기에 있지 않다. 그녀는 그 꽃의 열린 중심을 내려다보아야 하는데, 그 중심은 줄기에 연결되면서 지구의 중심과 연결되어 있다.

그 비전의 뿌리는 진흙 깊이 박혀 있고, 줄기는 물을 통해 올라왔으며, 꽃은 태양 아래 피어있는 거룩한 연꽃을 연상시킨다. 그녀 자신의 중심—머리가 아니다—에 초점을 맞춘 동정녀는 지구의 에너지와 직접 연결되어 있고, 그것을 잡기 위하여 집중해야 한다. 진흙 속에 핀 꽃은 그녀의 관상을 통하여 영적으로 된다. 그것에 대하여 쥴리는 또 다음과 같이 말하였다.

나는 갑자기 슬픔과 기쁨으로 가득 찼다. 그 슬픔은 내가 외적으로나 내적으로 내가 보는 대로의 동정녀를 볼 수 있는 남성을 만나지 못했었구나 하는 깨달음에서 오는 것이다. 생명력이 꽃피는 이미지를 붙잡으려면 동정녀의 에너지와 집중이 필요한데, 그것은 신의 성적인 에너지이다. 동정녀는 그녀가 그 순간 진실해야 한다는 사실을 안다. 그것이 그녀의 진정한 여성의 성적/영적 본성이기 때문에 그 순간을 그녀의 존재의 중심에서 붙잡아야 하는 것을 아는 것이다. 그녀는 물질의 성화(聖化), 즉 그녀의 존재를 만든 물질을 성화시키는 것에 대한 그녀의 인식에 충실해야 하고, 그것이 언제 가능할지 모르지만 그것을 정말 알게 될 때까지 기다려야 한다. 그렇게 기다리는 것이 괴로울 수도 있다. 또한 그 기쁨은 여성적인 순수를 찾았다는 데 있다. 그것은 영과 물질이 하나라는 것을 안 순간이다. 그러나 기다림, 즉 다른 여성들도 기다린다는 사실에 대한 인식은 그것이 우리 문화에서 우리가 그래야 한다는 인식을 더 강화시킨다.

동정녀에게 있는 창녀적인 측면의 삶에 대한 열정이 소피아의 변환적인 영적 측면과 하모니를 이룰 때, 영혼과 몸은 하나가 된다. 몸은 그 자체의 도덕성을 가진 거룩한 공간으로 인식되는데, 그것은 그 나름대로 존중되어야 한다. 그렇지 않으면, 질의 장애, 방광의 문제, 불감증 등 신체적 증상이 생긴다. 몸은 아주 민감한 안테나인 것이다. 그런데 물질은 사랑을 통해서 영적으로 변환된다. 그리고 물질은 영혼으로 되고, 영혼은 물질로 된다. 어떤 여성은 이렇게 말하였다.

나는 여성들은 그녀의 가슴을 성과 분리시킬 수 없다고 생각한다. 나는 여성들에게 영혼과 열정을 분리시킬 수 없다고 믿는 것이다. 여성은 그녀의 영혼을 그녀의 성적 열정을 통해서 표현한다. 그녀의 삶에 대한 열정은 그녀의 영혼이고, 그녀의 성은 이것을 드러내는 것이다. 여성은 몸과 영혼이 하나가 될 때 열정에 빠진다. 이것은 오직 그녀가 먼저 신뢰(trust)하는 남성에게 일어날 수 있다. 사랑은 그 다음이다. 신뢰가 먼저다. 그녀가 그녀 자신을 열정에 맡길 때 그녀를 포기하게 하는 것은 그녀의 영혼이기 때문이다. 여성이 어떤 남성을 사랑했고, 그가 그녀의 영혼을 취했다가 그녀를 떠나면, 그녀는 텅 비게 된다. 여성이 사랑하면—생식을 위한 사랑만이 아니라 그녀의 존재 전체를 바치는 사랑—그녀는 창조자가 되고, 창조하게 되며, 스스로를 살아 있는 영혼으로 알게 되기 때문이다. 그러므로 신뢰는 그녀의 본질에서 무엇보다도 중요하다. 성교를 통하여 엮어지는 성적/영적 에너지는 제3의 것을 창조한다. 따라서 그런 관계성은 신체적인 아이를 낳는 것이 아니라 영적인 아이를 낳는 것이다. 남성과 여성이 그 자신에 대해서 아는 것은 이 제3의 것을 통해서이다. 이것이 신비이다―단순하지만 심오한 신비인 것이다.

그렇게 오랫동안 부정되었던 성에 대한 의식으로부터 태어난 새로운 여성은 이제 겨우 출현하기 시작한다. 그녀 자신에 대해서 새롭게 깨달은 여성과 관계 맺는 남성을 발견하는 것은 중요한 문제이다. 남성이 그런 여성과 진정한 관계성을 맺을 정신적인 준비가 되어 있지 않으면, 그들은 위협을 받는다고 느끼기 쉽다. 그것은 보통 격노, 발기부전, 무관심으로 드러난다. 그것은 우리 사회가 이제 막 마주 대하기 시작한 새로운 주제이다. 그리고 관계성에서 비롯되는 고뇌에도 불구하고, 여성들은 이런 정신적 혁명을 지나가야만 한다.

나는 이 책에서 여성들의 체험에 대하여 초점을 맞추었지만 이런 새로운 의식은 남성들의 꿈에서도 나타난다. 이런 에너지가 여성들에게 더 자연스럽기 때문에 그녀들은 그것을 그렇게 두려워하지 않고 더 잘 다룰 수 있을 것이라는 느낌이 든다. 많은 관계성 속에서 지하계적인 여성성을 인식하고, 사랑스럽게 받아들이라는 시간이 왔다. 그것만이 동물적인 유혹을 사랑으로 구속(救贖)할 수 있기 때문이다. 남성들에게 있는 무의식적 여성성은 많은 현대 여성들의 취약한 여성성만큼이나 어머니에게 묶여 있다. 그 여성성은 남성들에게 여성들의 여성적 자아가 그렇게 하듯이 그것을 어머니로부터 풀 수 있는 강함과 사랑을 가지라고 촉구한다. 그녀들 자신 속에서 큰 변화가 일어나고 있음을 의식한 여성들은 반드시 그녀들의 관계성에서 느껴지는 감정적 색조에 대해서 책임을 져야 한다. 그녀들 자신의 자아가 검은 성모(Black Madonna)와 사랑의 관계를 맺을 때, 그녀들의 남성 파트너들의 감정 기능은 자동적으로 변화될 것이다. 그것은 변동의 기간을 낳는데, 그 결과가 항상 긍정적인 것은 아니다. 그러나 그렇게 될 때, 그 남성은 그의 남성성의 새로운 차원을 체험하게 된다. 그의 아내에게서 이런 에너지를 접했던 나의 남성 분석자(analysand)는 이렇게 말하였다. "나는 나의 친구들에게 말한다. '가서 당신들 자신을 황홀하게 하시오.'"

그 여성이 그녀 자신의 마돈나와 창녀(즉, 소피아)를 인정하면, 그녀는 새로운 장소에서 그녀 자신에 대해서 깊이 생각하게 된다. 그때 그녀가 그녀 자신을 조정하는데 필요한 시간은 종종 길다. 또 어떤 때는 조용하지만, 다른 때는 치열하다. 그녀는 그녀와 매우 어울리지 않는 몸에서 산다. 그래서 그녀의 관계성과 태도는 혼란되어 있거나 혼돈에 빠져 있다. 그 어느 것도 확실한 것이 없다. 상황을 만드는 그녀의 남성적 의식은 역설을 받아들이는 여성적 의식에 의해서 진정된다. 그녀는 이해하고, 이해하지 않는다. 그녀는 그녀의 가슴과 함께 생각하는 것을 배운다. 그녀는 뼈까지 내려가고, 질문들은 순화된다. 그녀는 모든 상실을 참고, 너무 많은 대가를 치러야 하지 않는지 두려워한다. 그러나 그녀는 그녀에게 다른 선택이 없다는 것을 안다.

종종 떠오르는 역설은 이 연구에 매우 중요하다. 나는 이 책의 제1장에서 완벽중독에 걸린 사람들은 통제하려고 하고, 경직된 체계에 대한 욕구를 가지고 있다고 강조하였다. 일단 여성적 권위가 의식에 들어오면, 진리가 눈 앞에 있다고 하는 것이다. 그때 완벽중독은 삶을 거부하고, 여성적 의식을 부정하는 것처럼 보일 수 있다. 그녀가 통제하려고 하는 것은 의존성에 대한 공포 때문이다. 그녀는 그녀가 사랑하는 대상에 너무 의존되어 있는 것이 두려워서 다른 어느 것도 믿지 못하고, 삶 자체도 믿지 못하는 것이다.

오늘날 여성들은 여러 세대에 걸쳐서 있었던 겁탈의 수확물을 거둬들인다. 할머니들과 어머니들은 그녀들의 여성성을 완전히 소진시킬 정도로 그녀들을 가부장적 가치에 맞춰왔다. 그녀 자신의 여성적 의식을 거부한 어머니는 그녀의 아이가 그런 것을 볼 수 없다. 그녀는 그 불완전한 세계에서 그 불완전한 인간성으로 살게 할 수 없는 것이다. 그녀는 그녀 자신의 정체성도 없이 그녀의 완벽주의적 표준과 결합되어 의식적으로나 무의식적으로 그녀의 감옥에서 나올 수 있는 궁극적인 방법을 원한다. 그 결과 그녀의 딸은 강한 무의식적인 죽음에 대한 바람을 가지고 산다.

그 죽음에 대한 바람은 젊은 여성에게 그녀를 구속(redeem)하려는 시도가 될 수 있다. 태모가 그녀의 출생을 거부했다면, 그 여자아이는 아직도 태어나지 않았을 것이기 때문이다. 그녀의 엄격한 일상은 그녀가 적어도 살아남을 수 있는 틀이다. 그 틀이 완전한 한, 그녀는 그녀 자신의 죽음을 인식하지 못하고 그 안에서 죽어갈 수 있다.

죽음에 대한 바람이 무의식적으로 작용하는 상황에서 그 아이는 무의식적으로 그 아이의 삶을 부모의 욕구를 충족시키려고 살 것이다. 그래서 상징적인 관계성 속에서 딸이 아프면 어머니는 딸을 돌보지만, 딸이 나으면 어머니가 아픈 일이 반복적으로 생기기도 한다. 이런 종류의 결합이 존재할 때, 그 여성은 아이가 그 자신의 삶을 영위하도록 그녀의 모성 본능을 단호하게 희생시켜야 한다. 그것은 그녀가 알고 있는 유일한 정체성을 희생시키는 것일 수 있기 때문에 그녀에게 자살처럼 느껴질 수도 있다. 그러나 그녀의 삶을 잃어버리면서, 그녀는 그녀의 진정한 삶을 찾을 수 있다. 이것이 여성의 개성화 과정의 시작이다. 그때 그녀는 궁극적으로 "나는 누구인가?" 하고 묻는다. 생명력이 그녀의 몸을 통해서 일단 흐르면, 그 여성(어머니나 딸, 아니면 모두)은 이제 더 이상 의존적이지 않기 때문에 통제하려는 욕구에서 벗어날 수 있다. 그 결과 공생적 관계성은 끊어진다. 그녀는 이제 살아남기 위하여 애쓰지 않아도 된다. 그녀는 이제 죽지 않아도 되는 것이다. 그녀는 이제 알 수 없는 운명을 두려워하지 않는다. 그녀와 삶은 하나이고, 그녀는 그녀 자신의 운명을 경축할 수 있다.

여성들에게 가혹하게 작용했던 가부장제는 여전히 태모에게 봉사하는 남성성의 원형에 기초를 두고 있다. 거기에서 아들은 그 자신이나 그의 여성 파트너와 개인적으로 관계를 맺지 못한다. 그런 남성들은 맥베드처럼 태모를 찬양하고, 그녀를 기쁘게 하기 위해서 모든 힘을 다하면서도 동시에 그들의 남성성을 빼앗아간 그녀를 증오하고, 두려워한다. 그들은 그들의 길을 개인적으로 자유롭게 개척한 영웅들이 아니다. 그런 상황 속에서 여성들은 수 세기 동안 의식화되는 것을 두려워하면서 그녀들의 생물학적 기능 속에 담긴 모성 본능과 동일시하였다. 그녀는 자식들을 잃어버리는 것이 그녀들 자신의 정체성을 잃어버리는 것이라고 생각하면서 어머니로만 살았던 것이다. 그녀들이 남성들과 관계를 맺는 것도 오직 아이들을 낳기 위한 것이었다. 그러나 그와 다른 종류의 결합도 있는데, 그것은 기독교 신화에서 하느님이 성 안나의 기도에 대한 응답으로 그녀가 마리아를 잉태한 것이다. 심리학적으로 말해서, 그것은 모성 본능이 성령과 조화 안에서 그녀 자신의 여성적 의식, 즉 동정녀를 낳은 것이라고 할 수 있다. 그리고 동정녀는 때가 차자 그녀 역시 신적인 법열(ravishment)에 그녀 자신을 열었다. 그것은 발달을 위한 것이었다. 다시 말해서 동정녀는 태모와의 동일시에 의해서 황홀경에 잠겨야 했던 것이다. 그녀가 타자의 침투를 통하여 그녀 자신의 개인성을 발견하기 시작하자, 그 전까지 낯설고, 무시무시하게 느껴졌던 체험은 그녀에게 밀려들어오는 생명 자체로 느껴지기 시작하였다. 그것은 오직 동정녀만이 받아들일 수 있는 일각수(一角獸, unicorn)의 뿔이다. 그녀만이 그녀를 꿰뚫고 들어오는 깨달음에 그녀를 열 수 있을 만큼 강하기 때문이다. 여성들이 남근(신체적이거나 영적인)의 침투 가능성을 배제하는 정조대를 차고 있는 한, 그녀들은 권력-원리로 이루어진 모권제에 대해서 책임을 져야 하는데, 그것은 미숙한 가부장제를 만든다. 그래서 여성들이 태모의 권력과의 동일시로부터 벗어날 때까지, 그녀는 물론 그녀의 배우자도 자유로울 수 없다.

 비만 여성과 거식증에 걸린 여성들과의 작은—특히 그녀들이 아버지의 딸이었을 때—나에게 내면에 있는 메두사/유령 같은 연인과 싸우는 여성들은 수메르 여신의 어두운 부분인 에레슈키갈(Ereshkigal)과 싸우는 여성들과 다른 심리를 가지고 있다는 사실을 알게 하였다. 거기에 대해서 실비아 페레라(Sylvia Perera)는 『여신으로의 하강』(*Descent to the Goddess*)에서 아주 분명하게 설명하였는데, 그녀들에게는 치유의 길도 매우 다르다. 그러므로 신경증의 중심에 어떤 원형적 유형이 있는지 인식하는 것이 점점 더 중요해진다. 왜냐하면 어떤 여성이 그녀의 본능을 에레슈키갈을 통해서 접근하려고 하면서도 실제로는 메두사의 머리를 베려고 한다면, 그녀는 그녀를 마비시키는 절망에 빠질 수 있기 때문이다.

하늘에서 내려오는 광선이 성 안나의 뱃속에 있는 아기(마리아)를 비춘다. 동정녀의 시간들. 부르게(Bruge). 1515. Master of the Grimani Breviary 작 (Pierpont Morgan Library, New York).

나는 바위에 묶여서 괴로워하는 안드로메다를 현대 여성의 이미지로 생각하는 것에 썩 만족하지 못하면서 이 두 가지 경우의 차이에 대해서 몇 달 동안 고심하였다. 그때 전문직 여성인 미건(Meagan)이 아래에 있는 그림을 가지고 왔다. 그녀는 황금빛의 자루가 암흑 속에 비치는 꿈을 꾸었던 것이다. 그 신성한 빛은 그녀가 그녀 자신과 그녀가 사랑하는 남성이 불의 원(圓) 속에서 사랑을 나누면서 황금빛 안개에 둘러싸여 목욕하는 것을 볼 수 있을 때까지 커졌다. 그때 "너의 것은 영이고, 그의 것은 몸이다. 너희 둘은 하나가 될 것이다"라고 말하는 목소리가 똑똑하게 들려왔다.

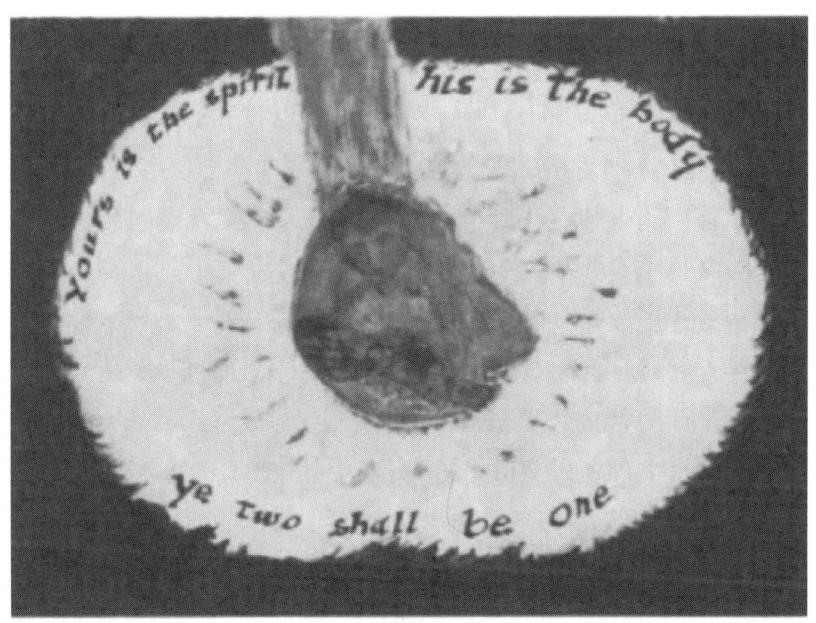

그 꿈은 너무 강력하고, 권위가 있어서 나는 그것이 연금술의 기본 원리 가운데 하나인 "남성적인 것은 여성적인 것의 하늘(영)이고, 여성적인 것은 남성적인 것의 땅이다"[4]라는 원리와 반대된다는 말을 하지 못하였다. 그와 반면에 이 꿈은 하늘의 궁륭(穹窿)이 여신 누트(Nut)이고, 땅이 그녀의 배우자인 게브(Geb)로 의인화된 이집트 신화와 일치한다. 어쨌든, 융은 심지어 연금술에서도 "영혼이 없으면 몸과 영은 관계를 맺지 못한다"⁵고 강조한다. 미건의 꿈에서 그 남성은 불의 고리를 뚫고 들어왔다. 그들을 결합한 영혼은 서로에 대한 사랑이다. 그들의 관계성 속에서 아버지의 딸인 그 여성은 그 남성이 그녀에게 생명을—땅으로 내려와서—가져올 때까지 그녀의 몸을 소중하게 아끼면서 영에 사로잡혀 있었다.

이런 생각들은 나에게 바그너의 "니벨룽의 반지"를 생각하게 하였다. 이 오페라의 구성은 사랑의 거부와 라인 강의 처녀에게서 훔친 금을 둘러싸고 이루어진다. 그 반지를 포함해서 금을 가지는 것은 그 주인에게 세계를 지배할 수 있는 절대 권력을 부여한다. 그러나 거기에는 그 반지를 만진 사람은 파괴될 것이라는 저주도 함께 붙여졌다. 이야기를 짧게 하자면, 위에서 말한 꿈을 확충할 수 있는 그 신화 이야기는 브륀힐데(Brunhilde)에 관한 것이다. 그녀와 그녀의 여덟 명의 자매들인 발키리(Valkyrie)들은 하늘을 나르면서 영웅들을 발할라(Valhalla)의 낙원으로 데려오도록 그녀들의 아버지 보탄(Wotan)에 의해서 만들어졌다. 아버지는 브륀힐데를 머리에서부터 발끝까지 무장(武裝)시켰고, 그녀는 날개 달린 말을 탄 모습으로 남성들에게 감상적인 감정을 불러일으키면서 유혹하는 아니마 여성이다. 그녀는 완벽성에 대한 감정과 관계되는데, 그들이 구름을 뚫고 "대의"(大義)와 이상적인 아름다움을 위해서 싸우게 한다. 탐욕과 부와 권력을 상징하는 보탄은 결혼과 현상 유지의 여신 프리카(Fricka)와 결혼한 아버지이다. 프리카는 인간적인 관계성을 희생시키면서 "원리 원칙대로" 사는 여성을 의인화시킨 모습인데, 그 관계는 인간적인 관계와 반대되는 비인간적인 관계이다. 보탄이 영웅을 배반하는 것과 결혼을 배반하는 것 사이에서 선택해야 할 때, 그는 프리카와 동맹을 맺는다. 프리카를 파괴하는 것은 발할라를 파괴하는 것이기 때문이다.

그러나 보탄이 가장 사랑하는 딸 브륀힐데는 인간의 사랑을 목격하였고, 아버지에게 복종하지 않는 길을 선택하면서, 영웅의 편에서 싸운다. 그녀의 아버지는 그가 그녀와 함께 발할라에 들어오지 못하도록 할 것이기 때문이다. 그녀는 인간의 사랑을 완벽이라는 이상보다 더 높게 보았던 것이다. 그녀의 아버지는 그녀가 그의 가치를 저버린 것에 대한 복수로 그녀를 바위 위에 두고, 거기에 영원히 있도록 한다. 그러나 그녀는 그에게 불의 반지, 즉 열정의 반지를 그녀의 곁에서 끼라고 한다. 어떤 사람이라도 그 불을 뚫고 들어올 수 있으면, 그녀를 해방시킬 수 있다. 보탄은 그 말에 동의한다. 그러나 한 가지 조건이 있다. 어떤 사람이 그 불을 뚫고 와서 그녀를 깨운다면, 그녀는 이제 더 이상 여신이 되지 못하는 것이다. 그녀는 인간으로 되는 것이다.

그녀가 잠들었을 때, 영웅 지그프리드는 용을 살해한다. 그가 그 피를 먹은 다음, 그에게 아름다운 여성이 불의 고리로 둘러싸인 바위 위에 갇혀 있다고 말하는 새의 소리를 이해할 수 있었다. 그는 불꽃으로 둘러싸인 마술의 원에 뛰어들었는데 거기에서 온몸에 무장을 한 채 잠을 자고 있는 여성을 본다. 그는 조심스럽게 그녀가 쓰고 있는 투구를 벗기고, 브륀힐데의 길고, 곱슬거리는 머리가 가슴으로까지 흘러내려온 것을 바라보면서 놀란다. 그는 그의 유명한 칼을 끌어올려서 그녀가 입고 있는 갑옷을 자르니, 그의 앞에는 여성의 옷을 입은 브륀힐데가 보인다. 그는 난생 처음 여성을 보고, 그녀에게 입을 맞추면서 브륀힐데를 깨운다. 브륀힐데는 여성성이 충만한 채 잠에서 깬다. 그들은 황홀의 노래를 같이 부른다.

미건은 그녀가 그녀의 연인들을 낙원으로 데려갈 때 천상 여행에 열광했던 발키리, 즉 중무장을 한 여신이었다. 그녀는 브륀힐데처럼 그녀 자신의 영이 그녀의 삶과 사랑을 위하여 고함지를 때 그녀의 아버지에게 반항하였지만, 그녀의 몸은 아버지의 딸로서 그녀 자신의 열정이라는 불의 고리 안에서 잠자고 있었다. 그녀는 그녀 자신의 남성성이라는 칼을 가지고 그녀의 갑옷을 벗어버렸지만 인간이 되려는 열망에도 불구하고 그녀 자신의 성과 접촉할 수 없었다. 그녀의 모든 삶은 연구나 묵상 등 그녀의 머리에서 이루어졌던 것이다. 그녀의 그림자인 창녀는 실제로 그녀에게 알려지지 않았다. 그녀의 지그프리드가 열정의 고리를 통하여 뛰어들 때까지 그녀는 몸과 영을 연결시킬 수 없었다. 그런데 그의 사랑은 그녀에게 그녀 자신의 여성적인 아름다움을 모두 일깨우면서 몸과 영이 하나로 되게 하였다. 그러면서 그녀를 학자의 세계로 몰아갔던 완벽에 대한 추구와 권력 원리는 그녀가 진정한 남성을 사랑하려는 욕망에 의해서 완화되었다.

누트 여신과 그의 배우자 게브. 이집트 피루스(British Museum).

그녀들의 목이 머리와 몸 사이를 이어주지 않는 미건과 다른 여성들에게서 이런 과정을 지켜보면서, 나는 메두사와 결합된 브륀힐데와 에레슈키 소녀(에레슈키 유형의 여성을 일컫는 나의 용어: 여기에서 저자는 Ereshkigal 여신의 철자를 Ereshki와 소녀를 의미하는 gal을 떼어서 말하면서 에레슈키 유형의 여성을 지칭한다―역자 주) 사이에 있는 많은 차이점을 발견하였다. 어떤 여성이 아버지의 아니마로 되고, 그 아니마가 여전히 어머니에게 갇혀 있으면, 그녀는 그녀의 영적이고, 지적인 세계에서 살지만, 그녀의 아테나는 그녀의 무의식적인 메두사를 그녀 몸의 깊은 동굴에 던져버릴 것이다. 이런 상황에서는 흔히 그녀에게 여성적 모델을 제공하는 어머니가 없게 마련이다. 그녀 자신의 창조적 남성성이 아버지에게 묶여 있으면, 그녀는 부정적인 남성성에 사로잡히게 된다. 집단적 가치들이나 견해들과 판단에 사로잡히는 것이다. 그때 그녀의 삶은 돌에 새겨진 모방이 일상으로 된다. 메두사가 한 번 힐끗 본 것처럼 굳어지는 것이다. 거기에서는 그 어떤 자발성도 없다. 그래서 삶은 언제나 더 많은 것을 더욱더 요구하는 무시무시한 어머니를 부추기는 사내아이 같은 남성성에 의해서 구체화되게 된다. 그래서 그녀는 물질적으로 굳어진다. 그때 그녀들의 상상력도 구체성을 띠게 되어, 예를 들어서 말하자면, 그녀들에게는 동정녀 탄생도 역사적 사실로 된다. 그에 따라서 동정녀는 가능하지도 않은 청결에 대한 이상(理想)으로 되고, 그것은 불가능한 표준을 가지고 끊임없이 그녀의 "불완전성"을 지적하면서 그녀의 정신에 독재적인 주장을 하게 한다.

그런 구체화의 결과는 비만하거나 거식증을 앓는 여성들의 몸을 보면 명백하다. 우리 사회에서 미래에 대한 전망을 하면서 우리가 상품들이나 잡동사니들을 쌓아놓고, 거기 파묻힐 때까지 구체적인 물건들을 가지고 삶의 안전을 도모하려는 것은 문화의 일부가 되었다. 그리고 나중에 나치의 살인자들이 되었던 어머니의 아들들은 그들이 니체의 이상적인 "초인"을 구체적으로 실현시킬 수 있다고 믿었고, 그렇게 하기 위하여 지구를 고통스러운 소용돌이 속에 빠트렸다. 부정적인 남성성은 은유를 생각할 수 없다. 모든 것들은 영원한 것보다는 현재를 위하여 구체적으로 되어야 한다. 여기에서 다시 역설이 대두된다. 그것은 현재를 그것이 거부한 영원한 것처럼 가능한 한 완벽하게 만들려고 하는 것이다. 완벽중독은 여성성과는 거의 아무 관련도 없는 비실제적인 것에 대한 중독이다.

이것은 메두사에게 속박된 브륀힐데가 갇혀 있는 남성적인 외투이다. 그녀의 삶의 권위는 그의 권위를 집단적 의식에서 취하는 메두사/유령 같은 연인에 두고 있다. 그녀의 몸에는 그녀를 본능의 뿌리로부터 분리시키고, 그것들을 병들게 하면서(즉 여성적 기관들에 암이 생기게 하면서) 무의식적인 부정적 남성성이 지배하고, 그녀의 여성적 영은 그녀의 머리에 있다. 그녀에게 치유는 그녀의 창조성이 해방되도록 메두사의 머리를 자르면서 그녀의 남성적 영을 창조적인 방식으로 행사하는 것을 통하여 올 것이다. 그때 분별(discrimination)의 칼은 그녀에게 가장 중요한 동맹이다. 메두사 신화에서 페가수스와 함께 태어난 암흑의 쌍둥이는 황금의 칼인 크리사오르이다. 베일리(Harold Bayley)는 『상징주의에서 잃어버린 언어』(*The Lost Language of Symbolism*)에서 그 칼을 확충하면서 다음과 같이 말하였다.

> 정의의 위대한 칼은 때때로 하느님 자신의 상징처럼 숭배되었으며, 헨리(Henley)는 그의 유명한 『검의 노래』에서 이렇게 말한다.
>
> ....
> 어리석은 것들을 밀고 들어오고,
> 곰팡이들을 밀고 들어오라,
> ....
> 따르라, 오, 나를 따르라
> 쓰레기가 회색빛 지구에
> 모두 쌓일 때까지
> 스며 나온다, 벌집에서
> 달콤한 것들이 똑똑 떨어지면서
> 나의 강함이 스며 나오게 하네.[6]

그것은 긍정적인 아니무스의 손에 칼이 있을 때 일어나는 일이다. 그녀의 몸에 밀고 들어오며, 그녀에게 그녀 자신의 여성적 본성의 암시를 성적이고, 영적으로 체험하게 하는 것이다. 브륀힐데 같은 여성의 꿈에서 뱀들은 종종 나무에서 똬리를 풀고 꼬리를 땅 쪽으로 내리고 있다. 그녀가 묶여 있는 한, 그녀는 신적인 아이를 그녀의 머리에 넣고 다니는데, 그것은 그녀의 귀를 통해서 성령으로 잉태된 중세의 동정녀에 대한 생각을 상기시키는 이미지이다. 그녀가 그녀의 검은 성모와 접촉한 적이 있으면, 그녀의 뱀은 위로 움직일 수 있기 전에 아래로 내려와야 한다. 그녀는 빛을 그녀의 구체적인 몸 안으로 가져와야 하고, 그것이 거기에 있게 하려는 매일의 과제라는 것을 깨달아야 한다. (이것은 아마 심리학적 유형론과 관계가 있을 것이다. 내향적 직관형은 그들의 몸에 머무르는 것이 가장 어렵지만, 그 어려움은 결코 그들만이 예외적으로 그런 것은 아니다). 여성이 그녀의 몸 안에 있지 않으면, 그녀는 그녀의 자연적이고, 지하계적인 본능과 단절되고, 그 결과 그녀들은 돌로 변한다.

아니마 여성으로서 브륀힐데 같은 여성은 그녀가 먼저 무엇인가를 시도하면서 살기보다 다른 사람이 무엇인가 한 것에 반응하는 식으로 산다. 그러므로 변환이 시작될 때, 그녀에게는 남성 신으로서의 에로스에 대한 관념은 아무 문제도 일으키지 않는다. 그녀의 구원자는 몸과 영 사이의 관계이기 때문에 그녀에게 사랑은 매우 누미노스하다. 빛이 그녀의 몸에 스며들면, 그녀는 유연해진다. 그녀의 남성적 영은 그녀가 꿰뚫고 들어가게 하고, 두려워하지 않고 그녀에게도 꿰뚫고 들어오게 한다. 그녀가 그녀의 몸에 가져오는 의식은 부정적인 모성의 권력 원리에 오염되지 않았기 때문이다. 그녀가 그녀 자신의 긍정적 아니무스를 아버지로부터 분리시킬 때, 그녀는 그 영이 그녀 자신에게 있는 물질적인 것들을 변환시키기 위하여 그것의 심층으로 꿰뚫고 들어오게 할 수 있다. 그녀는 그녀 자신의 몸을 소유하고, 겉껍질의 장벽을 버린다. 그녀의 아니무스가 아버지와 무관하게 될 때에만 브륀힐데는 황홀경을 받아들일 수 있는 것이다. 그때 근친상간은 구속(救贖)받는다. 그리고 그녀는 세상에 정말로 개방된다. 나의 경험에 의하면, 유령 같은 연인에게 공격 받는 것은 브륀힐데의 머리이다. 그런데 그가 사용하는 도구는 잠재적으로 긍정적이다. 안드레아의 꿈에서(214쪽) 콤파스는 제대로 사용되기만 하면 만달라의 윤곽을 그릴 수 있는 도구로 되고, 신의 기하학적인 이미지가 된다. 이런 관점에서 볼 때, 루시퍼는 샛별, 즉 빛을 가져오는 자가 된다.

다른 한편 에레슈키 소녀는 그의 표상이 태모인 집단적 무의식과 관계된다. 그녀는 에로스의 법이 아니라 다산(多産)의 법인 자연의 법을 안다. 그녀에게도 창녀의 그림자는 있다. 그녀는 브륀힐데와 달리 그것과 관계를 맺을 수 있다. 그녀의 과제도 무시무시한 모성을 구속하는 것이지만, 그녀 안에서 지하계적인 에너지는 아래로부터 위로 움직인다. 그녀는 남성적인 것과 아들처럼 관계한다. 그것은 왕관을 썼던 높은 위치(그녀가 그 자리에 오르게 했던 것이다)로부터 내려와서 그녀가 바라는 것에 종속되고, 그녀를 달래기 위해서 무엇이든지 할 것이다. 그녀는 남성 원리를 그녀의 자궁 속에 넣고, 그녀의 머리로 가지 못하게 하며, 영적으로 되지 못하게 할 것이다. 어머니와 아들은 몸 안에서 자연적인 근친상간 상태에 있는 것이다. 그녀가 태모와 동일시하는 한, 그녀는 그를 낳지 못하고, 역설적으로 그녀 자신의 동정녀 탄생도 허용할 수 없다.

에레슈키 소녀에게 성은 삶의 일부이고, 본성의 일부이다. 그녀는 성 때문에 황폐화될 수 없다. 그녀는 성 자체이고, 본성과 하나이다. 그녀에게는 본성의 원초적인 능력이 있다. 그래서 그녀는 황홀경에 빠지지 않는다. 만일 그녀에게 어떤 침입이 생기면, 그녀가 그녀의 무의식적 기반으로부터 분리되어 있기 때문에 그 체험은 엄청난 것이 될 것이다. 그런 여성은 물질과의 미분화된 동일시 상태에서 반드시 지하계로 여행해야 한다. 그리고 그녀의 개인성을 인식하고, 분리되어야 한다. 그래야 그녀는 그녀의 자연적인 지하계적 본성과 관계를 맺을 수 있다. 어머니가 꿰뚫음을 받아들이면, 딸이 태어나고, 어머니는 딸과의 관계를 통하여 구속받는다.

에레슈키 소녀는 에로스가 남성 신(masculine god)이라는 사실을 이해하는데 어려움을 겪는다. 그녀가 성숙하여, 그녀가 몰리 블룸(미국의 도박 사업가로 체포되어 처벌 받았지만 자서전을 써서 유명해졌다. 그녀는 본래 스키 선수가 되려고 했지만 부상 때문에 그렇게 되지 못하였다—역자 주)으로 되기로 하지 않는다면, 그녀는 벽을 쌓지만, 그 벽은 그녀가 남성적인 것을 배제하기 위해서가 아니라 그녀 자신이 그 안에 들어가기 위해서이다. 그것들이 같은 목적이기는 하지만, 다른 점은 그녀가 벽을 쌓은 이유는 그녀가 자신의 원초적인 능력을 통제하지 못할까봐 하는 두려움 때문이다. 그녀에게는 유연성이 부족한데, 그녀 안에 있는 어머니가 어떻게 복종하는지 모르기 때문이다. 그녀의 꿈에는 감방에 갇힌 사람들이나 버스에 탄 장애인들처럼 묶여 있는 남성들이 많이 나온다. 결국 그들은 성욕의 뒤에 있는 역동성이 힘이기 때문에 사슬을 여성에게 돌린다. 성욕은 힘이지만, 사랑은 그렇지 않다. 에레슈키 소녀는 다른 여성들을 경쟁자로 보지 않으면서 그녀들을 사랑하는 것을 배워야 한다. 그녀에게 비너스는 빛을 가져오는 자이다.

이것은 브륀힐데의 심리와 매우 다르다. 브륀힐데는 본성의 원초적인 힘과 접촉한 적이 없어서 벽을 쌓을 이유가 없었기 때문이다. 그녀는 남성들과 정신적인 관계를 맺으면서, 남성들이 왜 그녀에게 성적으로 접근하지 않는지 의아해한다. 그녀의 꿈에 나오는 남성들은 신들이나 악마들이고, 그 어떤 관계도 머리를 통한 관계이다. 그러나 그녀가 일단 원초적인 힘과 접촉하면, 그녀는 에레슈키갈의 여행을 떠날 것이다. 그러나 성에 대한 그녀의 태도는 너무 희박해서 그녀가 성과 접촉하려면 의식적으로 집중해야 한다. 그녀의 자연스러운 성향은 그녀 자신의 창조적 작업을 향하고, 그녀는 그녀의 남성성과 여성성 사이의 균형을 맞추기 위해서 훈련해야 한다. 또한 그녀는 균형을 배워야 하지만, 그 방향은 반대 방향이다. 그녀는 그녀의 의식적인 여성성, 즉 비너스를 허용하고, 무시무시한 모성을 구속하기 위해서 그녀의 창조적인 남성성을 주장해야 한다. 그 어느 경우에도 황홀을 경험한 여성은 이제 더 이상 어머니와 아버지를 찾을 필요가 없다. 그녀들은 성만찬을 하는 것처럼 내적 결합 속에서 하나가 되었기 때문이다. 그것이 바로 자기(Self)이다.

여성들이 어떤 길을 택할지라도, 여성적 의식은 우리 사회에서 느껴진다. 겁탈과 황홀 사이의 밀접한 관계는 우리가 개인적인 자유를 향하여 나아갈 때 반드시 명백하게 밝혀져야 한다. 기독교 전통에서 가장 파괴적인 것은 원죄론인데, 기독교인들 자신이 스스로 너무 악하다고 생각하기 때문에 무력화되는 것이다. 그들은 너무 절망해서 아무것도 할 수 없다고 하면서 그들 자신을 신의 자비에 던진다. 겁탈이 그 전의 존재 상태로부터의 단호한 단절이라면, 황홀은 그 전에 있었던 더 높은 의식 수준으로의 회복을 말한다. 심리학적인 겁탈이 없으면, 인류는 태모와의 무의식적인 동일시 상태에 머물렀을 것이다. 자연과 하나인 상태 말이다. 그래서 우리는 여전히 정말 지복(至福)이 무엇인지도 모르면서 페르세포네

같이 꽃이나 따고 있었을지도 모른다. 이런 무의식 상태—자궁이라는 대양(大洋) 같은 것 안에서 사는 삶—가 우리가 돌아가기를 바라는 이상이라면 겁탈과 황홀 사이에는 아무 차이도 없을 것이다. 신경증 환자들은 침몰한 아틀란티스의 무의식적인 비전으로 돌아가기를 바라는 사람들이다. 그들의 이렇게 강한 퇴행적인 이끌음은 깨어나려는 그들의 노력을 무의식적으로 좌절시킨다. 그래서 그들은 이 세상에 들어오기를 바라지 않고, 다시 자궁 속으로 들어가려고 한다. 그들은 겁탈과 황홀경의 관계를 알 수 없기 때문에 겁탈 때문에 상처 받은 채 있는 것이다.

겁탈은 더 낮은 단계의 순수(純粹)를 깨트리지만, 황홀은 더 높은 단계의 순수를 가져온다. 더 낮은 것과 더 높은 것의 차이는 의식과 순수에 뿌리박은 의식의 특별한 지혜에 있다. 겁탈과 황홀은 궁극적으로 같은 사건에서 시간이 나누어지면서 보일 수 있는 것이다. 우리가 우리 자신을 '나는 나다'라는 무시간적인 세계로부터 볼 수 있을 때 우리 의식에 같이 다가오는 것이다. 더 높은 순수는 그 전에 우리를 파괴시켰던 세계 안에서 무장한다. 그러나 무장한 동정녀는 무의식적인 처녀와 다른 존재이다. 동정녀는 그 자신을 무장하고, 그녀 자신의 선택을 할 수 있다. 그녀는 그녀가 선택한 대로의 그녀가 될 수 있는 것이다. 그것이 곧 황홀경에 빠질 준비가 되어 있는 그녀이기 때문이다.

바깥에 있는 세상이 우리의 내면세계와 다른 한, 우리는 우리 삶을 신뢰할 수 없다. 우리는 우리의 좁은 공간에 침입할 수 있는 그 어떤 것, 즉 태모와 거대한 부성이 모두가 두려운 것이다. 그때 우리는 처음에 황홀경에 빠졌다가도 다시 순수해질 수 있다. 주관적인 세계와 객관적인 세계가 하나로 되고, 우리를 신뢰할 수 있게 되기 때문이다. 많은 경우 직면은 우리로 하여금 깨닫게 한다. 우리는 여전히 상처 받기 쉽지만, 거기에 다시 빠질 수 있다는 것을 의식하기 때문에 함정에 빠지지 않는다. 갑옷은 의식이다. 그래서 우리는 다시는 무의식의 맹목적인 반작용을 하지 않는다. 바깥에서 나에게 다가오는 사람은 내가 내 안에서 만나는 사람과 똑같은 사람이다. 그가 혹시 유령 같은 연인일지라도, 나는 그를 나 자신의 내면으로부터 안다. 그는 더 이상 마술이 아니다. 환상이 실제로 되는 것이다. 그는 사람이며, 그의 인간적인 불완전성과 개인성이 더 많이 사랑 받을 수 있다.

동정녀는 그녀를 채워줄 영적이거나 실제의 남성 신랑을 필요로 한다. 다음 글에서 우리는 황홀경의 세 가지 단계를 명료하게 구별할 수 있다. 첫 번째 것은 46쪽이나 되는 몰리 블룸의 판결문에서 나온 것으로 그녀가 대지모(Earth Mother)가 되는 영광이 나오고, 두 번째는 성녀 아빌라의 테레사(1515-1582)의 묵상에서 온 것인데, 그것은 초인간적인 힘에 영적으로 복종하는 것을 보여준다. 세 번째 것은 그녀 자신이 사랑에 의해서 변화된 인간 여성으로 경험하면서 그녀의 성과 영성을 같이 가져오기 시작하는 어떤 여성의 일기로부터 나온 것이다. 그런데 황홀은 자아의 욕망을 정화시키고, 영적으로 정결해지면서 희생, 즉 자아의 요구(무의식적인 권력)에 대한 무의식적인 희생을 요청한다. 자아의 요구에 대한 희생은 삶에 대해서 "예"라고 말하는데, 그것은 얼마나 황홀한 일인가!

나는 최대한 너무 티가 나지 않게 하면서 그를 격려하기 위하여 블라우스의 앞을 열어 놓았다. 그들은 막 커지기 시작하였다. 나는 피곤하다고 말하였고, 우리는 전나무 만(灣) 위에 있는 들판에 누웠다. 나는 그것이 현존하는 것 가운데서 제일 높은 바위라고 생각하였다. … 당신은 당신이 좋아하는 것을 거기 누워서 영원히 할 수 있다. 그는 그들을 바깥에서 애무하였다. 나는 거기에서 무엇인가 새로운 것을 취하기 위하여 그에게 나의 볏짚으로 만든 모자를 기대 놓았다. 나는 그의 왼쪽 가슴에서 핑크빛을 보았고, 그는 잠시 나를 만지기를 원했지만 나는 그가 그렇게 하지 못하게 하였다. 그는 당신이 소진되는 것을 전혀 모르거나 나에게 아이를 맡겨 둘까봐 먼저 쫓겨났다.[7]

나는 그의 손에 긴 황금 창이 있는 것을 보았는데, 그 쇠붙이의 끝에 작은 불이 있는 듯하였다. 그는 내 앞에 왔고, 때때로 그 창을 나의 가슴에 찔렀는데, 그것은 나의 내장까지 뚫고 들어온다. 그가 창을 뺐을 때, 나의 창자들까지 빠지는 듯하였고, 나를 하느님의 위대한 사랑과 함께 불 위에 남겨 놓는 듯하였다. 그 고통이 너무 커서, 나는 신음 소리를 냈는데, 이 과도한 고통은 달콤함이 너무 커서 나는 그것을 버리지도 못할 지경이었다. 영혼은 하느님만큼 만족한다. 그 고통은 신체적인 것이 아니고, 영적인 것이다. 몸이 아무리 그 안에서 고통을 느끼지만 영적인 것이 더 크다. 그것은 이제 영혼과 하느님 사이에서 일어나는 너무 달콤한 사랑의 애무라서 나는 선하신 하느님에게도 그것을 체험하시라고 기도드린다(275쪽을 보시오).[8]

당신은 내가 당신을 알기 전까지 알지 못했던 미소로 웃음 짓게 하는 신경 자극 전달부입니다. 그 미소는 내가 존재하고, 당신이 존재하며, 세상이 존재한다고 노래하는 밝고, 따뜻한 미소입니다. 당신의 손가락은 한 밤중에 나의 살을 불태웁니다. 그렇습니다. 그것은 불에 탑니다. 그것은 내 뼈의 관절 깊은 곳에서 하루 종일 타오릅니다. ... 나는 파도에 밀려가고, 그 거대한 파도는 구르면서 힘을 모으는데, 그것은 당신의 타협하지 않는 존재에게 하는 새로운 "예"입니다. 나는 탈-원자화됩니다. 나는 사랑입니다. 나는 빛입니다. 그렇습니다. 나는 그렇다고 말하고, 빛의 근원으로 들려서 들어갑니다. 당신의 살아있는 씨앗이 내 안에서 노래합니다. 당신의 심장은 내 곁에서 조용한 기적들로 뛰고, 우리는 별들 사이에서 그동안 불러졌던 모든 곡조들의 표현입니다.

우리가 신과 여신의 초인간적인 힘을 찬하고, 그 힘이 우리를 통해서 오는 것이라고 인식하는 한, 우리는 그 힘이 우리 것이라고 상상하는 치명적인 팽창에 빠지지 않는다. 그 만남에서 진정으로 주고받는 것이 없으면, 그들의 힘은 해방되지 않는다. 거기에서 폭발은 있을 수 있지만, 그 어떤 중요한 것도 생기지 않는다. 그 남성은 변화되지 않은 그의 아니마로 돌아가고, 그 여성 역시 그의 아니무스에게 돌아간다. 그러므로 진정한 융합은 영적인 삶의 깊은 신비가 자아내는 섬광(閃光)이다.

어떤 여성은 수년 동안 분석 받은 다음에 그녀의 성욕에 대한 태도가 깊이 변화되는 경험을 하기 시작하였다.

이것이 시작이다. 나는 있는 그대로의 독신 기간에 있다. 나는 나와 관계한다. 나

성녀 테레사의 엑스타시. 베르니니(S. Maria della Vittoria, Rome).

는 나의 연인을 본다. 그의 소년 같은 모습은 더 이상 나를 끌지 않는다. 여성은 소년과 어떻게 관계를 맺는가? 나는 내가 나의 모성에 있는 신성력을 포기하기를 두려워한다는 사실을 받아들여야 한다. 나는 남성과 어떻게 관계를 맺는가? 나는 지금도 때때로 나에게 굴복할 무의식의 남성을 바란다. 우리의 관계는 마술적으로 근친상간적이다. 그것이 사라졌기 때문에 나는 슬프다. 나는 어떻게 의식에서 그 신성력을 붙드는지 알지 못한다.

    나는 나의 외로움을 깨닫게 되었다. 나는 다른 개인과 어떻게 관계되는가? 나의 성욕은 변하였다. 이것은 갈망을 넘어서고, 그 어떤 특별한 것도 넘어선다. 그 충동은 내 속 깊은 곳에서 온다. 나는 사랑하는 것이 무엇인지 알았다. 그것은 우리 사이에 있는 것에 영적으로 굴복하는 것이다. 몸에 굴복하고, 그 과정에 굴복하는 것이다. 그것은 완전히 내가 있고, 우리가 있는 공간이다. 그것의 추구는 너무 원초적이다. 그것은 의식의 수준에서 사물의 기원으로 거슬러 올라가는 것과 같다. 성장이란 오직 의식적인 사람, 아니면 아마 진정으로 영적인 사람에게만 일어난다. 그들에게는 양(陽)이 있는데, 양은 그녀들의 음(陰)에 제대로 된 양식을 줄 수 있기 때문이다. 그것은 균형을 맞춰주고, 전일성을 이루게 하며, 양과 음 사이의 완전한 교환을 하게 한다. 나에게 그것이 없다면, 나에게는 그 어떤 것도 없는 것이다. 그 모든 것이 시체를 사랑하는 것이 될 것이다. 그러나 진정한 사랑에서 당신은 피와 뼈와 박동하는 심장을 느낀다. 당신이 그것을 느끼면, 당신은 그 어떤 것도 덜 원하지 않을 것이다. 당신이 어느 것이라도 덜 받아들인다면, 당신은 당신 자신을 배반하는 것이 된다.

    그렇게 하는 것은 잘하는 것이 아니다. 나는 근육을 잘 조절하는 것을 발달시킴으로써 나의 성욕을 발달시키려고 노력했지만, 잘 되지 않았다. 사람들은 고기를 잘게 다지는 기계를 무서워한다. 당연하다! 여성들은 경쟁이 사람들을 더 소외시킨다는 것을 알지 못하면서 남성들의 경쟁심을 받아들였다. 그래서 여성들은 이제 그녀들 자신의 존재로 나아가야 한다. 여성은 언제나 주기 때문에 받는 것이고, 남성 역시 받아야 하고, 받음으로써 그는 준다. 그가 그렇게 하기 때문이다. 남성이나 여성 모두 담는 것이고, 담긴다. 남성 성기의 귀두는 그의 리듬을 따라서 질 속을 헤집고 다닌다. 그때 몸은 복종한다. 자궁 경부는 대양의 원초적인 리듬 속에서 떠다닌다. 나는 바로 나다. 그것은 묵상이다. 그것은 위대한 원초의 박동의 우주이다.

분석을 받는 많은 여성들은 "독신" 기간을 두려워한다. 그녀들은 그녀들의 성욕을 잃어버릴까봐 두려워하는 것이다. 그것은 냉담의 기간이 아니고, 그녀가 그녀의 파트너에게 가지고 있던 권력을 잠시 내려놓은 기간도 아니다. 오히려 그 기간은 과거에 관계 맺던 습관을 정화할 수 있는 정화의 기간이다. 그때 여성들은 그녀 자신의 여성적 기반에 있는 보루에서 새로운 관계성의 뿌리를 발견할 수 있다. 그녀의 몸이 잠시 성적 활동을 멈추라고 한다면, 그 기간은 결코 두려워할 필요가 없는 기간이다. 그것은 앞으로 더 충만한 관계성이 다가올 국면인 것이다.

남성성과 여성성은 그것들이 의식화될 때까지 잠을 잔다. 무의식적인 여성성은 권력 원리로 되어 있는데, 그것은 진정한 남성적 영에 의하여 행위를 받는 행위인 수동성으로 의식 안에서 변화된다. 여성이 작용하지 않고, 남성적인 것에 반응하면서 여성적 에너지가 들어오도록 기다리면, 그때 그녀는 신비롭게 변한다. 그러면서 그녀는 남성성을 체험하여 다시 적극적으로 행동하게 된다. 성행위는 회심과 같다. 여성적인 것은 듣고, 반응한다. 그녀 안에서 남성적인 것은 그가 들은 것을 번역해준다. 그 과정에는 서로에 대한 충분한 인식이 필요하다. 남성적인 것이 뚫고 들어가고, 그것이 그 사실을 알며, 여성적인 것이 받아들이고, 그것이 그 사실을 알 때, 음과 양은 그 두 파트너 안에서 작용한다. 그것이 도(道)가 관계성 안에서 드러나는 모습이다.

이런 방식으로 보이는 의식이 에로스이다. 받고 주는 능력이 더 커지면, 모든 것의 본질에 대한 의식도 더 커진다. 그 상호작용이 창조성이다. 그때 우리는 계속해서 창조한다. 나는 나의 존재 안에서 당신의 존재 안에 있는 당신에게 케이크—그렇지 않으면 오렌지나 눈이 검은 인형 수잔—을 준다. 그때 우리 사이에서는 무엇인가가 일어난다.

그것은 본질적으로 그리스도의 메시지인데, 우리가 이해할 수도 없는 도그마 때문에 길 밖으로 나가 있는 한 우리는 그것을 알아들을 수 없다. 우리는 그리스도가 끈질기게 야훼가 설정한 율법, 돌 판에 새겨진 10계명을 깨부수려고 해서 십자가에서 처형당했다는 사실을 잊어버리는 것이다. 그러나 그리스도 자신은 "나는 파괴하려고 온 것이 아니라, 완성하려고 왔다"[9]고도 하였다. 그에게 있어서 완성이라는 말의 의미는 그 돌 판을 깨부수고, 영에 의해서 그것을 초월한다는 것이다. 그리스도는 그가 문자 그대로의 율법에 복종하는 것과 그의 개인적인 영혼을 깨닫는 것 사이에서 선택해야 하는 입장에 처했다는 것을 발견하였을 때 그의 영을 따라서 행동하였다. 예를 들어서 말하자면, 그가 간음한 여인을 보았을 때, 그는 그녀를 돌로 쳐 죽이려는 율법에 사로잡힌 사람들 편에 서는 대신, "너희 가운데 죄가 없는 사람이 먼저 저 여자에게 돌을 던지라"[10]고 하였다. 그는 그의 주위에서 일어나는 것들의 본질을 인식하면서 그 순간을 살았던 것이다. 그것이 지금 우리 문화 속으로 들어와서 딱딱한 규칙들을 깨부수려고 하는 그리스도의 여성적 측면이다.

인류 역사상 처음으로 남성들과 여성들은 함께 하는 것보다 분리된 것에 기초해서 관계를 가질 수 있는 가능성에 대해서 진지하게 탐구하고 있다. 야훼에게 기대는 대신, 다시 말해서 사람들이 그에게 복종하지 않을 때 화가 나서 길길이 뛰는 질투가 많은 성부가 제정한 경직된 율법 체계에 기대는 대신, 사람들은 단순하게 그 호통을 무시하고, 그것을 떠나서 비합리적인 것을 신뢰하려고 하는 것이다. 다른 말로 해서, 현대인들은 이제 영(spirit)을 따라서 살려고 하는 것이다. 그들의 개인적인 삶을 인식하면, 그들은 인간의 불완전성을 고려하지 않을 수 없다. 엄격한 규칙들을 깨부순 사람들은 그들 자신의 좌절을 마주하고, 그들 자신의 자아가 강화될 때, 관계성을 통하여 새로운 삶을 찾게 된다. 한 사람이 다른 사람에게 기대지 않고, 다른 사람을 소유하려고 하지 않는 한, 서로의 사랑은 단단해지고, 인격의 깊이는 새롭게 풀린다. 그때 사람들에게는 개인적 도덕성이 점점 늘어나고, 그 안에서 내면의 율법은 절대적으로 된다.

예를 들어서 말하자면, 어떤 여성이 정말 그녀의 몸 안에서 살고, 그럼으로써 그녀에게 영과 물질이 하나가 되면, 그녀는 그녀의 성욕을 사랑과 분리시킬 수 없다. 그녀에게 사랑하지 않는 남성과의 성적 결합은 자기-배신이고, 강간이 된다. 그들 속에 있는 어떤 법칙을 의식하게 된 사람, 즉 음식에 대한 법칙, 알코올에 대한 법칙, 담배에 대한 법칙을 의식하게 된 사람에게 의식이 발달할수록 법칙도 더 세련되게 되고, 옛날의 삶의 방식은 몸에 병을 일으키게 된다는 사실을 알게 된다. 병이 정신적 문제를 비춰주기 때문이다. 이 몸/영의 관계성은 상처를 정확하게 진단하는 또 다른 칼이다. 몸의 지혜는 종종 영의 실망을 밝혀준다. 그러나 돌 판을 깨트린 것은 우리가 우리 멋대로 해도 된다는 면허장을 주는 것이 아니다. 오히려 그것은 우리에게 우리 자신의 내면의 법칙을 열어주고, 우리 자신의 운명을 완수하게 해준다.

　영 안에서 지금을 살려면 죽음과 부활의 여성 원리를 받아들여야 한다. 기독교 신화에서 물질은 문자적인 율법에 의하여 십자가에서 죽지만, 3일이 지난 다음 영으로 변환되어 다시 일어난다. 우리 문화의 격변은 영의 등장으로 볼 수 있고, 그것이 지금 불완전하고, 혼돈 가운데 있다면, 그것은 신의 비합리적 측면인 여성성으로 이끌 수 있다. 전환기에 있는 우리들에게 혼돈은 3일 동안의 지옥으로의 하강처럼 느껴진다. 우리의 과거의 태도와 전통적인 구조들을 파괴한 우리는 야훼가 우리를 파괴하지 않으리라는 확신을 전혀 가지지 못한다. 우리는 가능한 한 자부심을 가지고 살고, 그들과 똑같은 길을 가는 다른 사람들의 사랑을 믿으며, 같은 종류의 용기를 불러 모으고, 비합리적인 것에 의미가 있다고 믿으면서도 비틀거린다. 우리가 발견한 것은 죽은 신이 아니라 거룩한 창녀가 낳은 신적인 아이이다.

　우리가 우리 자신에게 무엇인가 받기를 허용하고, 비합리적인 것에서 황홀을 체험하면, 우리는 우리 자신의 악과 만나지 않을 수 없다. 신뢰에는 새로운 차원이 있다. 우리가 우리 자신의 어둠에 대해서 알면, 다른 사람의 어둠이 풀 수 있는 것을 너무 잘 알기 때문이다. 우리는 용서하는 것을 배우고, 우리 자신의 "구부러진 마음"으로 우리의 "구부러진 이웃"을 사랑하는 것을 배운다.[11] 그것이 신의 나라이다. 거기에서 우리는 매순간 다음에는 어떤 것이 일어날 수 있을지 알지 못한다. 모든 새로운 상황에는 새로운 에너지와 새로운 요구로 가득 차 있다. 생명력은 생명력과 상호작용을 하고, 변환이 생긴다. 우리는 각각의 것을 인식하고, 그 인식에는 우리와 다른 사람들을 우리의 온전한 위상으로 데려가는 사랑이 들어 있다. 우리는 우리의 새로운 눈으로 본다. 우리는 사랑하는 이의 얼굴을 보고, 눈에 있는 새로운 선(線)들과 새로운 그림자들을 본다. 우리는 사랑하고, 그 사랑은 우리와 함께 우리가 가꾸는 데이지에게 가고, 우리가 요리하는 오믈렛과 우리가 준비하는 새로운 투자 설명서에도 간다. 성은 이제 더 이상 생식에만 제한되지 않는다. 그것은 전체 세계에 대한 우리의 전체적인 반응으로 된다. 사랑은 영혼을 낳기 때문이다.

우리가 구체화하는 한, 사랑은 상실된다. 우리는 모든 것을 우리 자신의 자아가 원하는 것을 충족시키려는 방식으로 생기게 하려고 하기 때문이다. 예를 들어서 말하자면, 내가 당신을 당신이 나의 치펜데일 풍의 가구나 매우 맛있는 닭고기 요리나 나의 완벽하게 꾸며진 정원을 자랑하려고 저녁 식사에 초대했다면, 나는 나의 '자기'를 너무 구체화하는 것이다. 완벽에 대한 나의 이상은 투사된다. 사실, 내가 나의 작은 왕국에서 나를 통제하고 있다고 믿는다면, 나는 신과 나를 동일시하는 것이다. 그와 반면에, 내가 나 자신의 존재 안에 있으면, 나는 당신을 내가 사랑하고, 당신과 함께 사랑할 수 있는 이 아름다운 것들을 같이 나누기 위하여 초대한다. 그것들은 나의 내적 실재의 표현이지만, 그것은 그 대상들에 다 투사된 것은 아니다. 자아가 내면에 있는 하느님의 나라인 자기를 인식할 수 있을 만큼 충분히 의식적이라면 그것은 바깥에 있는 완벽한 것에 투사되지 않는다. 그래서 거대한 팽창에 사로잡힌 자아는 내면의 실재를 거부하는 것이다. 엉뚱한 일은 결코 생기지 않는다. 우리가 집단적인 세계—제도, 미디어, 사회—에 권위를 투사하면, 우리는 우리 자신을 소외된 요소들에게 오염되게 하는 것이 된다. 그때 엉뚱한 일이 생긴다. 우리는 공간을 만들고, 문을 열며, 기다린다. 우리는 황홀경에 굴복한다.

영혼에 진실한 것은 영혼에 가치를 두는 것이고, 그것을 유일하게 가능하게 하는 것이다. 그것은 안에서부터 사랑하는 것이다. 우리의 본질을 고려하지 않는 낯선 표준을 받아들이는 것이 아니다. 완벽성은 인간성을 인정하지 않기 때문에 완벽성을 추구하는 것은 사랑을 죽인다. 그 욕동이 아무리 커질지라도, 자아는 그 완벽주의적인 이상을 채울 수 없다. 또 다른 실재가 우리 안에 있기 때문이다. 더구나 그것은 사랑의 과제를 실현시킬 수도 없다. 우리가 우리 자신을 내면의 실재에 개방하는 것만이 우리를 사랑의 선물의 가능성에 개방하는 길이다. 행동과 자아의 선택은 서로를 품고 있다. 우리는 받아들일 수도 있고, 거부할 수도 있다. 그리고 우리는 어떤 지점에서도 물러설 수 있다. 그러나 우리는 그것이 생기게 할 수는 없다. 사랑이 우리들을 선택하는 것이다.

정말 여성적인 것은 사랑의 그릇이고, 정말 남성적인 것은 의미를 찾으면서 영원히 알지 못할 것을 향해서 나아가는 영(spirit)이다. 거대한 컨테이너인 자기는 역설적이게도 남성이고, 여성이며, 그 둘을 다 담고 있다. 이것들이 외부 세계에 투사되면 초월성은 존재하지 못하게 된다. 내면의 온전성(wholeness)인 자기가 석화(石化)되는 것이다. 정말 남성적인 영과 정말 여성적인 내적 사랑이 없으면, 그 어떤 내적인 삶도 불가능하다. 우리가 바깥에서 완벽하게 하고, 우리의 무의식에 있는 내적 이상을 구체화시키려고 하면, 우리는 우리의 상상력을 죽이게 된다. 우리의 삶은 경직된 주형(鑄型)에 있을 수 있다. 자유롭게 되는 것은 돌 같은 이미지를 깨부수고, 사랑이 흐르게 하는 것이다.

메두사/유령 같은 연인에게 사로잡힌 여성은 아직도 바위에 묶여 있는 안드로메다이다. 그녀는 시간 속에서 태어나지 않았다. 그래서 그녀는 살아 있음을 느끼지 못한다. 그녀에게 권위가 있는 것들은 지금 "무엇을 해야만 하는가", 미래에 "어떤 것을 해서는 안 되는가?", 과거에 "만약에 그랬다면" 등으로 이루어져 있다. 그녀의 삶에서 권위 있는 것은 지금 개인적인 관계성에 있는 살아있는 돌이 아니라 엄격한 돌의 형태를 하고 있다. 그녀에게 기독교라는 돌은 영의 살아있는 돌이 아니라 율법의 죽은 돌이나 묘지석(墓地石)으로 되었다. 그녀에게 삶은 현재에 있는 것이 아니라 과거나 미래에 있다. 그녀는 시간 속에 있는 것이 영원 속에 있는 것이라는 역설을 이해하지 못한다. 그녀가 그녀의 영웅적인 아니무스와 만날 수 있다면, 그녀는 그가 장래의 세계의 완벽성이나 과거의 향수 어린 낙원을 추구하지 않고, 현재 안에 있는 영원을 추구하는 것을 알게 될 것이다. 그는 영원한 현재에서 사는 것이다. 그는 영원한 동정녀를 사랑하는 것이다.

얼굴이 두 개인 야누스의 머리 이미지는 시간 속에 있는 영원성의 역설을 확충하고 있다. 달력의 1월은 야누스 신의 이름을 따서 만들었다. 그의 얼굴 하나는 과거를 보고, 다른 하나는 미래를 본다. 그 얼굴 가운데 어느 하나 하고만 동일시하는 것은 돌에 사로잡히는 것이 된다. 고정된 율법과 고정된 권위의 희생양이 되는 것이다. 야누스의 어느 얼굴 하나와만 동일시하거나 그 둘을 동시에 동일시해서 돌 같은 태도에 갇혀 있는 어느 여인은 셸리의 시구 같은 말을 할 것이다. "우리는 뒤와 앞을 바라본다/그렇지 않은 것을 비통해 하네."[12] 그녀가 비통해 하는 "그렇지 않은 것"에 대해서 카스타네다(Carlos Castaneda)는 "마음의 길"[13]이라고 한다. 그 돌의 이미지가 부숴 져야만, 그녀는 사랑의 능력 안에서 태어날 수 있고, 영원한 지금에 태어날 수 있다. 야누스의 머리 중심에 있는 길은 언제나-변하는 현재이다. 이것은 부처가 "그것(영원성)은 존재하거나, 존재하지 않는다. 그러나 어리석게 필연성에 동의하는 것보다는 추구하는 것이 더 낫다"고 말할 때 언급하는 영원성이다. 과거나 미래라고 하는 것의 표준인 필연성, 당위성, 의무 등은 인간의 영에 죽음을 준다. 동정녀가 되려면 우리는 야누스의 두 얼굴을 벗어버리고 영원 안에서 황홀에 잠겨야 한다.

그 여성이 바위 안에 있는 한, 그녀는 그녀 자신의 존재와 접촉하지 못한다. 그녀는 한편으로는 분노의 신, 허기와 질투의 신, 다른 한편으로는 완벽성의 신의 희생양이 된다. 그래서 그녀는 세상을 그녀의 방식으로 만들려고 하고, 고대하는 것을 기다리면서 산다. 그녀가 바라는 것을 얻으면, 그녀는 행복하지만, 그렇지 않으면 행복하지 않다. 그녀는 그녀가 그녀 자신의 세상을 창조하면서 산다는 망상에 빠져서 신들의 노리개로 사는 것이다. 그녀가 몹시 바랐던 신의 본체가 불행하게도 거짓된 것이었다면, 그녀가 바랐던 사랑을 얻지도 못하고, 삶을 사랑하지도 못하면서 그녀의 신들과 쓸쓸히 지내게 될 것이다.

그와 반면에, 그녀가 그녀의 왕관을 벗으면, 그녀의 창조적인 영은 이렇게 저렇게 판단하면서 성질부리지 않고, 그녀의 황금의 칼로 두려움의 갑옷을 열어서 깨고, 그녀를 생명으로 나아가게 할 것이다. 그녀는 그 신들로부터 벗어나서 "인간에 불과한" 인류와 합쳐질 것이다. 그녀는 팔을 넓게 벌려서 생명과 사랑을 반갑게 맞이하고, 마음으로부터 이렇게 속삭인다.

> 나를 당신에게 데려가주세요, 나를 가둬주세요, 왜냐하면 나는
> 당신이 나를 사로잡는 것 외에는, 결코 자유롭지 않을 것이기 때문이어요,
> 당신이 나를 황홀하게 하는 것 외에는, 결코 순결하지 않을 거예요.[14]

그녀는 인간적인 존재이다. 그리고 인간적 존재로서 그녀는 인간의 모든 위대한 선물을 주고받을 수 있다. 그것은 "나는 당신 그대로의 당신을 사랑합니다."

잠자는 나신(裸身). 오귀스트 르느와르(스위스, 개인소장).

주석

서언

1) Robert Graves, *The Greek Myths*, vol. 1, 46.

2) John Keats, "Ode on a Grecian Urn", 27-30행.

3) Thomas Merton, *Zen and the Birds of Appetite*, 1.

제1장 서문

1) Ernest Becker, *The Denial of Death*, 24.

2) Jonathan Swift, "침실에 드는 젊고, 아름다운 요정"("A beautiful Young Nymph Going to Bed."("Caelia"는 맹장으로 이어지는 대장의 첫 번째 부분을 의미하는 "caecum"을 익살스럽게 부르는 말).

3) Shakespeare, *Hamlet*, 제3막, 1장, 62-63행.

4) Joseph Chilton Pearce, *Magical Child*, 22.

5) Ibid.

6) Ibid., 46.

7) Ibid., 24-25.

8) Shakespeare, *Macbeth*, 제5막, 5장, 26-28행.

제2장 거룩한 의식과 악마적 의식

1) Paul B. Beeson & Walsh McDermott, *Textbook of Medicine*, 1375.

2) Toronto Star, 1981년 8월10일(토론토 클라크 정신의학연구소 인용).

3) David M. Garner and Paul E. Garfinkel, "Socio-cultural Factors in the Development of Anorexia Nervosa", *Psychological Medicine*, vol. 10, 1980, 652.

4) Jung, *Letters*, vol. 2(1951-1961). 623-625.

5) *Alcoholics Anonymous*, 59.

6) Jung, *The Structure and Dynamics of the Psyche*, CW 8, par. 242.

Civilization in Transition, CW 10, par. 659.

7) 종교 의례에 대한 더 깊은 논의를 위해서는 Mircea Eliade, *The Sacred and the Profane: The Nature of Religion*을 참조하시오.

8) 여성의 눈에 대한 더 충분한 논의를 위해서는 Penelope Shuttle and Peter Redgrove, *The Wise Wound: Menstruation and Every Woman*, 189-190, Sylvia Brinton Perera, *Descent to the Goddess: A Way of Initiation for Woman*, 30-34.

9) Marie-Louise von Franz, *Shadow and Evil in Fairytales*, 215-216. Pearce, 209.

10) Pearce, 209.

제3장 완벽중독

1) John Keats, "Ode to a Nightingale", 66-67 행.

2) 요한 3:3

3) Jung, *Aion*, CW 9ii, par. 123.

4) James Joyce, *Portrait of the Artist as a Young Man*, 215.

5) Mircea Eliade, *Rites and Symbols of Initiation*, 92-96.

6) John Donne, "The Ecstasy", 69-76행.

제4장 뚱뚱함과 날씬함

1) Shakespeare, *Macbeth*, 제1막, 제5장, 38행, 42행, 13-14행.

2) Ibid., 제7장, 31행.

3) Jung, *Symbols of Transformation*, CW 5, par. 457.

4) Sandra Guilbert and Susan Gubar, *The Madwoman in the Attic*, 86.

5) Victor Frankl, *Man's Search for Meaning*, 125.

6) Marie-Louise von Franz, *Alchemy: An Introduction to the Symbolism and the Psychology*, 215.

7) 마태 10:39.

8) Louis Aragon, *Henri Matisse: A Novel*, 21.

9) Marie-Louise von Franz, *Alchemy*, 212.

10) Ibid., 219.

11) Ibid.

12) William Blake, "Milton", 29:3, *Poetry and Prose*, ed. David Erdman.

13) William Butler Yeats, "Among School Children", 63-64행.

제5장 여신으로의 상승

1) cf. Jung, "The Visions of Zosimos", *Alchemical Studies*, CW 13, par. 138.

2) Marina Warner, *Alone of All Her Sex*, 338-339.

3) Ibid., 274, 276, 314.

4) M. Esther Harding, *Woman's Mysteries*, 146-147.

5) 잠언 8:23, 30.

6) Von Franz, *Alchemy*, 252.

7) 마태 9:17.

8) Joan Chodorow, "Dance Movement and Body Experience in Analysis."

9) C. G. Jung, "Commentary on the 'The Secret of Golden Flower'". *Alchemical Studies*, CW13, par. 30.

10) Perera, 44-45.

11) C. G. Jung, *The Development of Personality*, CW 17, par. 84, 87.

12) Barbara Hannah, *Jung, His Life and Work: A Biographical Memoir*, 188,

13) Russell Lockhart, *Insight*라는 제목의 강연, 1980, 토론토.

제6장 미즈의 신화

1) Mircea Eliade, *Sacred and Profane*, 33-34.

2) 이에 대한 고전적인 예는 *Beyond God Father*의 여성 작가인 Mary Daly인데, 그녀의 명성의 기반에는 남성들에 대한 신랄한 비난이 있다.

3) Bruce Lincoln, *Emerging from the Chrysalis*, 78(호우머 찬가를 언급하면서).

4) Jung, "The Problem of the Attitude-Type", *Two Essays on Analytical Psychology*, CW 7, par. 78.

5) Donald Lee Williams, *Border Crossing: A Psychological Perspective on Carlos Castaneda's Path of Knowledge*, 48.

6) cf. Jung, "Psychological Aspects of the Mother Archetype", *The Archetypes and the Collective Unconscious*, CW 9i, pars. 196-197.

7) "두 아이"의 주제에 관한 더 깊은 논의를 위해서는『자기애성 성격장애의 치료와 분석심리학』(서울: 달을 긷는 우물, 2020), 225-261쪽을 참조하시오.

제7장 겁탈과 유령 같은 연인

1) Jung, *Memories, Dreams, Reflections*, 199-200.

2) C. G. Jung, "Psychological Aspects of the Mother Archetype", *The Archetype and the Collective Unconscious*, CW 9i, par. 185.

3) Hannah Arendt, "Understanding and Politics", *Partisan Review*, vol. 20, no. 4(July-Aug. 1953), 392.

4) Hannah Arendt, *Men in Dark Time*, 97(인용은 Issac Dinesen의 "The Blank Page"에서).

5) Jung, *Psychology and Alchemy*, CW 12, par. 559.

6) Emily Dickinson, *The Complete Poems*, 148.

7) Ibid., 323.

8) C. G. Jung, "The Psychology of Transference", *The Practice of Psychotherapy*, CW 16, par. 419.

9) Dickinson, 42: 우리의 삶은 스위스/ 그렇게 고요하고—그렇게 멋지다/ 어떤 이상한 오후까지/ 알프스는 커튼 치는 것을 잊고/ 우리는 더 멀리까지 보네!/ 이탈리아가 옆에 있구나!/ 그 사이에 있는 경비원처럼/ 장엄한 알프스—/ 조용한 알프스/ 영원히 끼어드네!

10) Erich Neumann, *Depth Psychology and the New Ethic*, 65-66.

11) Eva Metman, "Woman and the Anima", 12.

12) C. G. Jung, *Symbols of Transformation*, CW 5, par. 273.

13) R. D. Laing, *The Voice of Experience*, 82.

14) Ibid., 83.

15) Marie-Louise von Franz, *The Feminine in Fairy Tales*, 78.

16) bid., 85.

17) C. G. Jung, "The Psychological Aspects of the Kore", *The Archetypes and the Collective Unconscious*, CW 9i, par. 316.

18) Pearce, 145-146.

19) von Franz, *The Way of the Dream*(영화로 제작 준비 중).

제8장 황홀경을 체험한 신부

1) Erich Neumann, *The Origins and History of Consciousness*, 54.

2) Robert Rosenbaum, *Cubism and Twentieth-Century Art*, 10-11.

3) Esther Harding, *Woman's Mystery*, 157.

4) Jung, *Psychology and Alchemy*, CW 12, par. 192n.

5) C. G. Jung, "The Psychology of Transference", *The Practice of Psychotherapy*, CW 16, par. 454.

6) Harold Bayley, *The Lost Language of Symbolism*, 제2부, 74-75.

7) James Joyce, *Ulysses*, 774.

8) "Transverberation of the Heart of Saint Teresa", in *Three Mystics*, ed. Father Bruno de J. M., 78.

9) 마태 5:17.

10) 요한 8:7.

11) W. H. Auden, "Birthday Poem."

12) Percy Byshe Shelley, "To a Skylark", 85-86행.

13) Williams, 37.

14) John Donne, "Holy Sonnets", No. 14, 9-14행.

용어 해설

감정(feeling): 인간의 네 가지 심리적 기능 가운데 하나이다. 감정은 관계성과 상황의 가치를 평가하는 합리적 기능이다. 감정은 활성화된 콤플렉스에서 비롯된 정동(emotion)과 반드시 구별되어야 한다.

개성화(individuation): 한 사람이 그의 강점과 한계를 포함하여 그 자신의 독특한 정신적 실재(reality)를 의식적으로 실현하는 것이다. 개성화는 자기가 정신을 조절하는 중심으로 체험하게 한다.

그림자(shadow): 한 사람의 성격이나 태도의 긍정적이거나 부정적으로 나타나는 인격의 무의식적 부분으로 의식의 자아는 거부하거나 무시하려고 한다. 그림자는 꿈에서 꿈꾼 이와 같은 성(性)의 인물로 의인화된다. 자신의 그림자를 의식적으로 동일시하면 흔히 에너지의 증가를 가져온다.

배열(constellation): 어떤 사람이나 상황에 대해서 강한 정동적 반응이 생기면, 그에 따라서 무의식은 활성화되는데, 그것을 배열이라고 한다.

상징(symbol): 본질적으로 잘 알려져 있지 않은 어떤 것을 표현하는 가장 좋은 수단이다. 상징적 사고는 오른쪽 뇌 지향적이고, 직선적이지 않다. 이것은 논리적이고, 직선적이며, 왼쪽 뇌 지향적인 사고를 보충한다.

세넥스(노인): 나이를 먹으면서 생기는 태도와 관련된다. 부정적으로는 경직성, 풍자주의, 심한 보수성 등이고, 긍정적으로는 책임감, 질서, 자제(自制) 등이다. 균형이 잘 잡힌 사람들은 뿌에르-세넥스 극 사이에서 적절한 균형을 유지하면서 산다.

신비적 융합(participation mystique): 오랫동안의 강한 무의식적 결속에서 비롯된, 사람들 사이나 대상과의 원시적이고, 심리적인 연계성을 가리키는 용어로 인류학자 레비-브륄로부터 왔다.

아니마(anima, 영어로 "soul"): 남성의 인격에 있는 무의식의 여성적 측면이다. 그녀는 꿈에서 창녀나 유혹자로부터 영직 안내자(지혜) 등의 이미지까지 광범위하게 의인화 되어 나타난다. 그녀는 에로스 원리(eros principle)인데, 한 사람의 아니마 발달은 그가 여성들과 맺는 관계 양상에 따라 달라진다. 아니마와의 동일시는 무드에 잠기는 것이나 여성적으로 되는 것 또는 지나친 예민성 등으로 나타날 수 있다. 융은 아니마를 삶 자체의 원형이라고 부른다.

아니무스(animus, 영어로 "spirit"): 여성의 인격에 있는 무의식의 남성적 측면이다. 그는 로고스 원리(logos principle)을 의인화한다. 아니무스와의 동일시는 어떤 여성이 경직되거나 고집이 세거나 논쟁적으로 되게 한다. 좀 더 긍정적인 것으로, 그는 여성의 자아와 무의식에 있는 그녀 자신의 창조적 원천 사이에서 다리처럼 작용하게 하는 내면의 남성이다.

연상(association): 어떤 특정한 생각 주위에 무의식의 연관에 따라서 그와 관계되는 생각들과 이미지들이 즉각적으로 흘러나오는 것이다.

영원한 소년(puer aeternus): 영원한 소년은 보통 무의식적으로 어머니(실제의 어머니나 상징적 어머니)에게 집착하여 청소년기의 심리에 너무 오래 머물러 있는 유형의 사람을 가리킨다. 긍정적 특성은 변화에 열려 있고, 금방 변화될 수 있다는 점에 있다. 그의 여성적 짝은 아버지-세계에 고착되어 있는 "영원한 소녀"이다.

우로보로스(uroboros): 자신의 꼬리를 입에 물고 있는 신비한 뱀이나 용이다. 우로보로스는 독립적이고, 순환적인 과정을 나타내는 개성화를 나타내기도 하고, 동시에 자기애적인 자기-도취를 나타내는 상징이다.

원형(archetype): 그 자체로는 잘 표현될 수 없지만, 의식에서 원형적 이미지들과 생각들로 나타나서 그 존재를 알 수 있다. 원형은 집단적 무의식으로부터 오는 보편적 유형과 모티프들이고, 종교, 신화, 전설, 요정담 등의 기본적 내용을 구성하고 있다. 한 개인에게는 꿈과 비전 등을 통해서 드러난다.

자기(Self): 인격의 조절하는 중심과 전일성의 원형이다. 자기는 자아를 초월하는 힘, 즉 신으로 체험된다.

자아(ego): 의식의 장(場)에 있는 중심적인 콤플렉스이다. 강한 자아는 그를 사로잡으려고 하는 활성화된 무의식의 내용들(즉 다른 콤플렉스들)과 동일시하지 않고, 객관적인 관계를 맺을 수 있다.

전이와 역전이(transference-countertransference): 투사의 특별한 경우로서 보통 분석적이거나 치료적 관계에서 치료자와 환자 사이에서 생기는 무의식적이고, 정동적 결속을 묘사하는 용어이다.

직관(intuition): 인간의 네 가지 심리적 기능 가운데 하나이다. 직관은 우리에게 현재 내재해 있는 가능성을 말해주는 비합리적인 기능이다. 감각(신체 감각을 통해서 즉각적으로 현실을 지각하는 기능)과 달리 직관은 무의식을 통해서, 즉 어디에서 오는지 알 수 없는 통찰의 섬광을 통해서 지각한다.

초월적 기능(transcendent function): 갈등을 일으키는 대극들로 인한 긴장이 있고, 그것들이 의식적으로 분화된 다음 무의식으로부터 상징이나 새로운 태도가 나타나서 그 갈등을 화해시키는 "제3의" 것을 만드는 기능이다.

콤플렉스(complex): 정동적으로 채워진 생각들이나 이미지들의 군집. 콤플렉스의 "중심"에는 원형이나 원형적 이미지가 있다.

투사(projection): 한 사람의 무의식적 특성이나 성격이 외부에 있는 대상이나 사람 안에서 지각되고, 반응되는 과정이다. 아니마나 아니무스가 실제의 여성들이나 남성에게 투사되면 그 대상과 사랑에 빠지는 일이 생긴다. 그러나 그런 기대의 좌절은 다른 사람과 실제적인 관계를 맺기 위하여 투사를 거둬들일 필요가 있다는 사실을 가리킨다.

팽창(inflation): 한 사람에게 비현실적으로 높거나 낮은(부정적 팽창) 정체성을 가지게 하는 상태이다. 팽창은 의식이 무의식으로 퇴행된 것을 가리키며, 자아가 무의식의 내용들을 너무 많이 지니고 있고, 분별(discrimination) 기능을 상실할 때 전형적으로 일어난다.

페르조나(persona, 배우가 쓰는 가면): 사회의 기대와 어릴 때부터의 훈련에서 유래한 한 사람의 사회적 역할이다. 자아가 강할 때, 사람들은 융통성 있는 페르조나를 통하여 외부 세계와 관계한다. 특정한 페르조나(의사, 학자, 예술가 등)와의 동일시는 그의 정신적 발달을 방해한다.

참고문헌

Alcoholics Anonymous. Cornwall Press, Cornwall, N.Y., 1939.

Aragon, Louis. *Henri Matisse: A Novel.* 2 vols. Trans. Jean Stewart. Harcourt Brace Jovanovich, New York, 1968.

Arendt, Hannah. *Men in Dark Times.* Harcourt Brace Jovanovich, New York, 1972.

Atwood, Margaret. *You Are Happy.* Oxford University Press, Toronto, 1974.

Bauer, Jan. *Alcoholism and Women: The Background and the Psychology.* Inner City Books, Toronto, 1982.

Bayley, Harold. *The Lost Language of Symbolism.* Rowman and Littlefield, Towota, N.J., 1974.

Becker, Ernest. *The Denial of Death.* The Free Press (Macmillan), New York, 1973.

Beeson, Paul B., and Walsh McDermott, eds. *Textbook of Medicine* (14th Edition). Saunders Publications, Philadelphia, 1975.

Blake, William. *Poetry and Prose.* Ed. David Erdman. Doubleday, Garden City, 1965.

Bruno de J. M., Father, ed. *Three Mystics: El Greco, St. John of the Cross, St. Teresa of Avila.* Sheed & Ward, New York, 1949.

Chodorow, Joan. "Dance Movement and Body Experience in Analysis," in *Jungian Analysis.* Ed. Murray Stein. Open Court, La Salle, 1982.

Dickinson, Emily. *The Complete Poems.* Ed. Thomas H. Johnson. Little, Brown and Company, Boston, 1960.

Donne, John. *Selected Poems.* Ed. Matthias A. Shaaber. Appleton-Century-Crofts, New York, 1958.

Eliade, Mircea. *Rites and Symbols of Initiation: The Mysteries of Birth and Rebirth.* Trans. Willard R. Trask. Harper Torchbook, New York, 1958.

―――. *The Sacred and the Profane: The Nature of Religion*. Trans. Willard R. Trask. Harcourt Brace and World, New York, 1959.

Eliot, T.S. *Selected Poems*. Faber and Faber, London, 1954.

Foreman, Maurice Buxton. *The Letters of John Keats*. Oxford University Press, London, 1947.

Frankl, Viktor E. *Man's Search for Meaning*. Simon & Schuster Pocketbook, New York, 1963.

Gilbert, Sandra, and Susan Gubar. *The Madwoman in the Attic: The Woman Writer and the Nineteenth-Century Literary Imagination*. Yale University Press, New Haven, 1979.

Graves, Robert. *The Greek Myths*. 2 vols. Penguin Books, Harmondsworth, 1955.

Hannah, Barbara. *Jung, His Life and Work: A Biographical Memoir*. G.P. Putnam's Sons, New York, 1976.

Harding, M. Esther. *The I and the Not-I* (Bollingen Series LXXJX). Princeton University Press, Princeton, 1965.

―――. *The Way of All Women*. Harper Colophon, New York, 1975.

―――. *Woman's Mysteries, Ancient and Modern*. Longman's Green & Co. London, 1935.

Joyce, James. *Portrait of the Artist as a Young Man*. Penguin Books, Harmondsworth, 1960.

―――. *Ulysses*. The Franklin Library, Franklin Center, P.A., 1976.

Jung, C.G. *The Collected Works* (Bollingen Series XX). 20 vols. Trans. R.F.C. Hull. Ed. H. Read, M. Fordham, G. Adler, Wm. McGuire. Princeton University Press, Princeton, 1953-1979.

―――. *Letters* (Bollingen Series XCV). Trans. R.F.C. Hull. Ed. Gerhard Adler and Aniela Jaffé. Princeton University Press, Princeton, 1974.

―――. *Memories, Dreams, Reflections*. Trans. Richard and Clara Winston.

Ed. Aniela Jaffé. Fontana Library (Random House), London, 1971.

Laing. R.D. *The Voices of Experience*. Pantheon Books, New York, 1982.

Lincoln, Bruce. *Emerging from the Chrysalis: Studies in Rituals of Women's Initiation*. Harvard University Press, New York, 1981.

Mechthilde of Magdeburg. *The Revelations* (The Flowing Light of God). Trans. Lucy Menzies. Longman's Green, London, 1953.

Merton, Thomas. *Zen and the Birds of Appetite*. New Directions, New York, 1968.

Metman, Eva. "Woman and the Anima." *Guild of Pastoral Psychology*, Lecture No. 71, London, 1962.

Neumann, Erich. *The Child*. Trans. Ralph Manheim. Harper Colophon, New York, 1976.

———. *Depth Psychology and the New Ethic*. Trans. Eugene Rolfe. Harper and Row, New York, 1973.

———. *The Great Mother* (Bollingen Series XLVII). Trans. Ralph Manheim. Princeton University Press, Princeton, 1972.

———. *The Origins and History of Consciousness* (Bollingen Series XLII). Trans. R.F.C. Hull. Princeton University Press, Princeton, 1970.

Norton Anthology of English Literature, The. Ed. Meyer Howard Abrams. W.W.Norton and Company, New York, 1975.

Pearce, Joseph Chilton. *Magical Child*. Bantam New Age Books, New York, 1977.

Perera, Sylvia Brinton. *Descent to the Goddess: A Way of Initiation for Women*. Inner City Books, Toronto, 1981.

Rilke, Rainer Maria. *Selected Poems*. Trans. Robert Bly. Harper and Row, New York, 1981.

Rosenblum, Robert. *Cubism and Twentieth-Century Art*. Harry N. Abrams, Inc., New York, 1966.

―――Schwartz-Salant, Nathan. *Narcissism and Character Transformation*. Inner City Books, Toronto, 1982.

Shuttle, Penelope, and Peter Redgrove. *The Wise Wound: Menstruation and Everywoman*. Penguin Books, Harmondsworth, 1980.

Te Paske, Bradley A. *Rape and Ritual: A Psychological Study*. Inner City Books, Toronto, 1982.

Von Franz, Marie-Louise. *Alchemy: An Introduction to the Symbolism and the Psychology*. Inner City Books, Toronto, 1980.

―――. *The Feminine in Fairytales*. Spring Publications, Zurich, 1972.

―――. *Shadow and Evil in Fairytales*. Spring Publications, Zurich, 1974.

―――. *The Psychological Meaning of Redemption Motifs in Fairytales*. Inner City Books, Toronto, 1980.

―――. *The Way of the Dream*. Windrose Films, Toronto (in preparation).

Warner, Marina. *Alone of All Her Sex: The Myth and the Cult of the Virgin Mary*. Quartet Books Limited, London, 1978.

Williams, Donald Lee. *Border Crossings: A Psychological Perspective on Carlos Castaneda's Path of Knowledge*. Inner City Books, Toronto, 1981.

Woodman, Marion. *The Owl Was a Baker's Daughter: Obesity, Anorexia Nervosa, and the Repressed Feminine*. Inner City Books, Toronto, 1980.

Yeats, W.B. *The Collected Poems*. Macmillan Company, New York, 1938.

찾아보기

ㄱ

가부장제 108, 111, 112, 124, 141, 184, 204, 262, 263

가이아 185, 226, 252

갈등 32, 34, 43, 47, 74, 142, 180, 186, 211, 212, 233

개성화 107, 209, 262

거식증 31, 32, 34, 39, 41- 46, 60, 65, 69, 79, 81, 82, 85, 98, 104, 112, 119, 120, 130, 150, 263, 269

거울 38, 40, 41, 42, 85, 119, 122, 151-153, 166, 171, 229, 231, 244, 246

거울 일기 151

검은 성모 31, 122-125, 148, 181, 183, 189, 260, 270

겁탈(강간) 40, 45, 199- 204, 207- 209, 217-220, 226-235, 243, 255, 261, 273, 274, 281

게브 265, 268

격노 57, 59, 96, 128, 137, 162, 166- 168, 187, 212-216, 219, 235, 241, 242, 260

고아 209

고양이 95, 97, 98

고통 49, 56, 62, 65, 103, 110, 112, 116, 120, 203, 204, 253, 255, 269, 275, 276

공산주의 109, 110

공생 186, 208, 262

관계성 105, 108, 113, 116, 135, 155, 161, 179, 180, 181, 205, 206, 209, 211, 221, 247, 254, 260, 266, 279, 280, 281, 283

교만 203, 244

구바르, 수잔 98

귀 61, 66, 67, 68, 115, 139, 188, 270

그리스도 44, 55, 57, 68, 76, 78, 84, 110-112, 126, 200, 248, 280

그림자 37, 51, 52, 67, 83, 108, 119, 131, 138, 143, 148, 151, 168, 181, 187, 194, 196, 212, 213, 267, 271, 282

근친상간 137, 138, 205, 209-211, 218, 254- 256, 271, 272, 278

금식 49, 66, 68, 79, 232

기독교 31, 44, 75, 83, 85, 109, 111, 112, 123, 125, 194, 199-204, 240, 263, 273, 281, 284

길버트, 산드라 98

꿈 분석 120

ㄴ

나선형 12, 13, 50, 110, 190, 192

남성적인 것 21, 30, 32, 116, 122,

160, 186, 201, 204, 208, 211, 217, 222, 227, 265, 271, 272, 279, 283

노이만, 에릭 210, 249

누트 265, 268

눈(메두사/태모의 눈) 15, 50, 148, 250

눈물 61, 71, 103, 104, 135, 153, 161, 178, 194, 220, 233

늑대증후군 20, 52

니체, 프리드리히 269

ㄷ

다빈치, 레오나르도 122, 194, 224

다이어트(식이조절) 18, 52, 72, 91, 101, 144, 150

다행스러운 잘못 83, 147, 185

담기 238

대극 23, 47, 52, 53, 61, 70, 94, 108-115, 122, 186, 215, 246

대극의 역전 7, 47, 53, 70, 108-110, 112, 114

던, 존 238

덤벨리나 177-179, 191, 194

데메테르 125, 185, 226-229

도(道) 75, 140, 279

독신 278, 279

동성애 185, 225, 244

동일시 19, 22, 23, 32, 44, 52, 58, 68, 76, 82, 84, 91-94, 105, 107, 111, 115, 122, 128, 134, 143, 147, 150, 180-185, 204, 207, 210, 213, 214, 226, 230, 244, 246, 250, 263, 272, 273, 282, 284

동정녀 122-128, 137-141, 149-151, 171, 172, 192, 239, 240, 243, 255-259, 263, 264, 269, 270- 275, 284

디오니소스 17, 122, 253

디킨슨, 에밀리 199, 207

ㄹ

랭, R. D 219

로고스 61, 208

로런스, 마거릿 15

로젠바움, 로버트 249

루터, 마틴 111

릴케, 라이너 마리아 70, 151, 153, 237

ㅁ

마녀 11, 13, 30, 31, 45, 48, 54-59, 65, 68, 74, 77, 83, 85, 90, 99, 104, 105, 109, 111, 112, 127, 140, 147, 149, 153-155, 158, 160, 162-166, 180, 184, 185, 217, 219, 224, 225, 242-244

마돈나 181, 239, 261

마릴린 먼로 79, 160, 205

마티스, 앙리 111, 250

말벌(꿈에 나타난) 135-138

매혹 45, 126, 216

맥베드 28-30, 69, 89, 90, 262

맥베드 부인 28-31, 35, 68, 89, 90, 104, 110
머튼, 토마스 117
머핀 49, 53, 57, 65, 74, 83, 84
메두사 50, 57, 102, 105, 134, 148, 242-247, 250, 256, 263, 264, 268, 269, 283
메트만, 에바 212
모권제 35, 108, 109, 263
몰리 블룸 272, 275
몸 20, 22, 25-28, 35, 36, 39- 42, 51-55, 58- 65, 72- 76, 81-87, 92, 96, 05, 109, 110, 135-138, 146, 188, 190, 191, 205, 219, 223, 250, 261, 262, 270-272, 276, 278, 279, 281
무의식 49, 50, 57- 60, 64, 65, 72, 75, 86, 90, 91, 92, 94, 97, 106, 107, 108, 112, 159, 160, 194, 199, 200, 201, 210, 215, 218, 234, 235, 243, 246, 250, 254, 274, 283

ㅂ

바그너, 리하르트 266
바렛, 엘리자벳 206
반성 139, 160
발기부전 260
뱀 14, 68, 82, 111, 125, 136, 137, 138, 251, 253, 270
번스타인, 레오나르드 39

베일리, 어네스트 270
변환 49, 65-68, 81, 85, 131-134, 137-140, 186, 187, 196, 203, 217, 220, 222, 227, 233, 242, 244, 250, 256, 257, 259, 271, 281, 282
별 235
보상 34, 45, 48, 53, 70, 129, 139
보탄 266, 267
본능 48, 58, 68, 76, 91, 98, 105, 106, 107, 114, 130, 140, 169, 191, 206, 210, 221, 248, 253, 262, 269, 271
부정적인 어머니 31, 35, 36, 47, 53, 54, 57, 61, 65, 79, 85, 94, 100, 103, 150, 204, 208, 209, 243
부활 49, 74, 85, 110, 144, 192, 231, 281
분별 25, 52, 243, 245, 246, 269
분석 과정 44
분화 20, 24, 36, 58, 83, 116, 134, 186, 187, 192, 225, 241, 250
불 222, 228, 265-267, 275
브라우닝, 로버트 206
브론테, 샬럿 98
브론테, 에밀리 207
브륀힐데 266-273
블레이크, 윌리엄 84, 88, 89, 113
비너스 61, 67, 69, 273
비만 13, 31, 34, 42, 43, 44, 51, 52,

53, 60, 65, 75, 79, 81, 82, 85, 94, 104, 112, 119, 120, 129, 263, 269
비만증 13, 43, 53, 69, 82, 85, 120, 129
뿌에르 223, 224

ㅅ
사랑 57, 64, 108, 112, 117, 154, 155, 181, 185, 187, 188, 191, 192, 196, 204, 275, 276, 278, 280, 281, 282, 283, 284, 285
사슴(꿈에 나타난) 66, 68, 191
상징 109, 112, 121, 123, 125, 129, 139, 154, 179, 184, 190, 193, 204, 209, 211, 217, 240, 246, 252, 253, 266, 270
상처 37, 48, 56, 108, 120, 130, 143, 169192, 217, 221, 230, 235, 250, 274, 281
성모몽소승천 108, 109, 194
성 안나 122, 195, 263, 264
성욕 56, 114, 205, 210, 219, 254, 255, 256, 257, 272, 273, 276-281
성육신 72, 83
셰익스피어, 윌리엄 28-30, 33, 68, 189
셸리, 퍼시 284
소피아 105, 110-117, 120-122, 129, 131, 134, 138, 139, 148, 149, 150, 171, 221, 243, 248,

손 없는 소녀 220-224
순수 41, 259, 274
숨어있는 신 121
스위프트, 조나단 23
스필버그, 스티븐 135
신경증 20, 34, 36, 52, 53, 65, 78, 109, 142, 204, 214, 238, 239, 263, 274
신비적 융합 49, 184
신성한 아이 31
십자가 85, 110, 200, 246, 280, 281

ㅇ
아니마 22, 181, 186, 205, 209, 212, 254, 266, 268, 271, 276
아니무스 22, 52, 96, 98-101, 108, 137, 147, 161, 184, 185, 189, 202, 208, 212, 218, 219, 224, 227, 230, 246, 254, 270, 271, 276, 284
아렌트, 한나 201, 202, 203
아버지의 딸 89, 204, 206, 254, 256, 263, 266, 267
아비뇽의 처녀들 249, 250
아빌라의 테레사 275
아테나 13, 14, 15, 16, 125, 254, 268
안드로메다 244
안드로진 186
알코올 중독 205
알코올 중독자 자조 모임 64
앳우드, 마거릿 175

야훼 70, 280, 281
어거스틴(아우구스티누스) 174
어린이(어린아이) 57, 70, 82, 95, 102, 131, 143-145, 154, 161, 167, 168, 170, 192, 208, 216, 226, 240, 243, 244
어머니 25- 28, 31-36, 40, 41, 45, 47, 53- 58, 60, 127-131,, 154, 161, 162, 177, 178, 181-186, 190, 194, 217, 224, 226- 231, 254-256, 260, 272, 273
에레슈키갈 141, 263, 273
에로스 45, 57, 61, 107, 147, 211, 217, 221, 271, 272, 279
엘레우시스 240
엘리엇, T. S. 135, 174
여성의 신비 110, 126, 140, 171, 227
여성의 심리 141
여성적인 것 21, 24, 30, 32, 62, 78, 111, 112, 116, 122, 157, 160, 171, 181, 186, 187, 190, 201, 216, 222, 235, 240, 249, 253, 265, 279, 283
여신 31, 32, 49, 61, 67, 68, 76, 77, 111, 118, 122-126, 141, 142, 153, 158, 172, 178, 185, 191- 194, 203, 209, 218, 249,-253, 263-268, 276, 289
여신으로의 하강 141, 263

역경(易經) 23
역설 75, 81, 82, 93, 100, 109, 110, 130, 192, 216, 225, 233, 235, 243, 253, 261, 269, 272, 283, 284
연금술 222
영 43, 76, 109, 129, 132, 194, 265, 280, 283
영지주의 83, 111
예이츠, 윌리엄 버틀러 116, 237
오셀로 212
오이디푸스 콤플렉스 254
온전성 70, 78, 283
완벽주의 21, 64, 70, 100, 127, 179, 206, 219, 231, 261, 283
외로움 191
요부 211, 222-225, 255
요정담 44, 179, 191
욥에의 응답 70, 83
우울증 50, 133, 148, 149
운명 68, 69, 76, 90, 107, 151, 153, 188, 201, 217, 234, 254, 256, 262, 281
울프, 버지니아 207
원죄 142, 254, 273
위크스, 프란츠 142
윌슨, 빌 43
유령 같은 연인 205-209, 211, 213, 216, 218, 224, 225, 231, 232, 244,

263, 269, 271, 274, 283
유리 13, 37, 55, 57, 103, 123, 205, 223
융, C. G. 22, 30, 43, 48, 51, 70, 78, 83, 91, 108, 109, 116, 134, 137, 140, 142, 151, 184, 188, 194, 199, 200, 201, 203, 205, 209, 213, 226, 265
은으로 된 손 221, 224, 226
은혜 90, 106, 107, 108, 138, 240
음식물 콤플렉스 35, 79, 109
의례 34, 40, 42, 46, 47, 48, 49, 50, 52, 53, 57, 58, 62, 64, 65, 66, 68, 75, 76, 77, 81, 84, 85, 134, 143, 173, 185, 187
의식(에 대한 충동) 34, 40, 41, 108, 109, 235, 236
일각수(유니콘) 263
일중독 19
일차적 과정 67
입문식 145, 185, 218

ㅈ

자궁 27, 28, 61, 66, 149, 151, 158, 229, 242, 249, 251, 272, 274, 279
자기 40, 47, 51, 55, 57, 64, 70, 76, 79, 80, 86, 89, 90, 92, 97, 100, 102, 105-108, 110, 112, 114, 118, 135, 140, 148, 152, 160, 188, 194, 202, 206, 216, 230, 233, 242, 243, 244, 245, 246, 247, 248, 257, 273, 281, 282, 283, 290
자기애 110, 290, 293
자발성 67, 80, 81, 100, 221, 269
자아 68, 72, 74-77, 81, 84, 115, 120, 126, 127, 128, 194, 207, 208, 241, 242-247, 250, 260, 262, 275, 276, 280-283
잔다르크 112, 113
재림 122
적극적 상상 136
제인 에어 98
조이스, 제임스 82
종교적 태도 48
죄의식 26, 45, 62, 65, 204, 234
중독 181

ㅊ

참수 11, 161
창녀 32, 78, 155, 181, 183, 186, 255, 259, 261, 267, 271, 281
창조성 24, 81, 122, 133, 134, 143, 209, 216, 217, 218, 250, 254, 255, 256, 269, 279
처녀성 221
초도로우, 조안 140
초승달 126, 252, 253
춤 17, 18, 51, 61, 115, 128, 141, 154, 230, 247, 256, 257

충동 34, 35, 39, 40, 107, 129, 138, 139, 141, 187, 219, 255, 256, 278

ㅋ

컵 66-68
코레-페르세포네 125, 185
콜리지, 메리 엘리자벳 38
콤플렉스 34, 46, 51, 57, 59, 65, 68, 77, 79, 86, 89, 90, 92, 94, 95, 99-103, 109, 133, 155, 159, 160, 184, 207, 209, 220, 221, 231, 232, 242, 246
크리사오르 14, 15, 270
키벨레 253
키이츠, 존 16, 79, 86

ㅌ

타나토스 57
탄트라 요가 140
태모 30, 41, 45, 50, 51, 62, 85, 120, 122, 127, 139, 187, 192, 193, 196, 239-241, 249, 262, 263, 271, 272, 273, 274
토마스, D. M. 201
토하다 20, 47, 58, 62, 142, 143
투사 26, 49, 52, 91, 94, 98-100, 103, 164, 181, 190, 202-208, 213-215, 218, 225, 234, 244, 256, 282, 283
트릭스터 45, 98, 224

ㅍ

팽창 82, 152, 161, 211, 218, 224, 244, 276, 282
페가수스 14, 15, 269
페레라, 실비아 브린튼 141, 263
페르세우스 14, 15, 244, 245, 246
페르세포네 125, 184-186, 227, 229, 273
페르조나 52, 102, 112
폭식증 47, 53, 130, 142, 148, 150
폰 프란츠, 마리 루이제 52, 108, 111-114, 132, 220, 221, 235
프뉴마 133, 134
프라이, 노스럽 97, 128, 129
프랭클, 빅터 103
프로이드, 지그문트 137, 201, 254
플래트, 실비아 198, 207
피어스, 조셉 233
피카소, 파블로 154, 249, 250

ㅎ

하느님 113- 117, 121, 122, 171, 180, 187, 196, 204, 234, 239, 257, 282
하데스 14, 185, 186, 226
해체(어머니의) 65, 76, 192, 220, 239
헤르마프로디테 186
헤타이라 186
황홀 87, 118, 201, 204, 212, 218, 227, 229, 234, 238, 243, 271- 275, 281-285
희생 14, 15, 16, 19, 31, 35, 49, 64,

68, 75, 151, 187, 188, 208, 209, 216, 221, 227, 243, 247-249, 254, 262, 266, 275, 284

히드클리프 207

힘 50-53, 60, 64, 75, 81-84, 89, 95, 104, 105, 107, 117, 127, 133, 139, 153, 156, 181, 184, 187, 192, 204, 210, 212, 234, 243, 246-253, 272-276